D1574791

BANK- UND FINANZWIRTSCHAFTLICHE FORSCHUNGEN   BAND 188

Institut für
Schweizerisches Bankwesen
der Universität Zürich

Schweizerisches Institut für
Banken und Finanzen
an der Hochschule St. Gallen

Strategisches Bank-Management

von
Prof. Dr. Ernst Kilgus

Verlag Paul Haupt Bern · Stuttgart · Wien

Die Deutsche Bibliothek – CIP-Einheitsaufnahme

Kilgus, Ernst:
Strategisches Bank-Management /
Ernst Kilgus . –
Bern ; Stuttgart ; Wien : Haupt, 1994
(Bank- und finanzwirtschaftliche Forschungen ; Bd. 188)
ISBN   3-258-05048-1
NE: GT

Vorwort

Neue Geschäftsarten haben die Bankenszene während der letzten Jahre bedeutsam verändert. Eine reiche internationale Fachliteratur beschäftigt sich deshalb mit den bankbetrieblichen Tätigkeiten, die sich im Rahmen der täglichen Bank-Kunden-Beziehungen ergeben. Vernachlässigt wird dabei oft die Tatsache, dass Finanzinnovationen, Globalisierung und Deregulierung des Bankgeschäftes auch die Anforderungen an ein modernes Bank-Management haben ansteigen lassen, sowohl in strategischer wie in operationeller Hinsicht.

Mit den nachfolgenden Darlegungen sollen Kerngebiete des strategischen Managements von Banken erläutert und in ihrem Zusammenspiel aufgezeigt werden. Sie bilden in ihrer Gesamtheit Gegenstand der Pflichtenhefte von Verwaltungsräten und Geschäftsleitungen. Die Kenntnis der dahinter stehenden Bankgeschäfte wird dabei vorausgesetzt. Literatur und Quellenmaterialien haben bei der Redaktion des Textes gute Hilfe geleistet. Über weite Strecken werden aber vor allem auch langjährige Erfahrungen des Autors im Umgang mit Banken und Bankiers widergegeben, in der Überzeugung, dass sie es sind, welche die Akzentsetzungen in diesem Buch massgeblich mitbestimmen sollen.

Die Redaktion eines solchen Textes ist ohne die fachliche und administrative Unterstützung Dritter kaum möglich. Ich danke an dieser Stelle den am Institut für schweizerisches Bankwesen an der Universität Zürich tätigen AssistentInnen sowie MitarbeiterInnen für alle Anregung und gestaltende Hilfe: Hans Peter Bär, Antonio Gatti, Thomas Gysler, Martin Hofacker, Karin Lutz, Jürg Muffler, Dr. Linard Nadig, Brigitte Singer, Thomas Vettiger (AssistentInnen) Esther Rieder-Rickenbacher, Stéphanie Tschanz-Wäckerli (MitarbeiterInnen).

Ein besonderes Lob gebührt Herrn Dr. Christoph Brunner für die Gesamtkoordination vor der Drucklegung, Frau Barbara Good von der Swiss Banking School für die grosse Sorgfalt bei der Beurteilung der sprachlichen und stilistischen Gestaltung sowie Herrn Christian Tschanz für die Erstellung der Druckvorlage. Die Direktorin der Swiss Banking School, Frau Prof. Dr. Christine Hirszowicz, hat es ermöglicht, Teile des Buches während des Unterrichts an ihrer Schule zu erproben. Ohne die unterstützende Hilfe und das Verständnis meiner Frau Evelyn wären die Rahmenbedingungen für die Redaktion eines solchen Textes quasi «im Nebenamt» kaum gegeben. Ihr ist deshalb dieses Buch gewidmet.

Zürich, im Juli 1994   *Ernst Kilgus*

Inhaltsübersicht

Inhaltsverzeichnis

X

1. Kapitel
Grundlegung

Einführung

Die gesamte Finanzbranche befindet sich in einer Phase der Diskontinuität. Die Dynamik des Wandels liegt in einer Vielzahl gleichzeitig wirkender und sich teilweise überlagernder *Ursachen* begründet - Ursachen in Form gesellschafts-, staats- und wirtschaftspolitischer Veränderungen. Ihre umfassende Darstellung würde allein ein Buch im Umfang dieser Publikation rechtfertigen, weshalb hier nur einige ausgewählte Aspekte kurz berührt werden können.[1]

Klar ist, dass durch diese umweltbedingten Entwicklungen, die teilweise strukturellen, langfristigen Charakter haben, teils aber auch konjunkturbedingt und damit nur vorübergehend auftreten, die Schweizer Banken herausgefordert sind wie seit Jahrzehnten nicht mehr. Viele Veränderungen hängen vordergründig zwar nicht unmittelbar mit dem Bankensektor zusammen, trotzdem wirken sie sich auf die Profitabilität der gesamten Bankbranche und die Wettbewerbsfähigkeit einzelner Institute aus. Diese versteckten Implikationen auf das eigene Tun mögen auch Grund dafür sein, weshalb sie vom Bank-Management nur allzuoft negiert werden.

Ein Teil der Institute vermag die Herausforderungen anzunehmen, und es gelingt ihnen, dank einer aktiven, zukunftsgerichteten Unternehmungsentwicklung, erfolgreich im Markt zu bestehen. Manche Bank ist dazu, wie die Realität zeigt, aufgrund ihrer finanziellen und vor allem personellen Ressourcenausstattung nicht in der Lage. Der *wirtschaftliche Untergang*, sei es durch Liquidation oder - in der schweizerischen Praxis weit häufiger - durch Übernahme, ist die schmerzhafte Folge. Angesichts der vielen Banken, die in den letzten Jahren ihre Waffen strecken mussten, ist es kaum übertrieben, von einer eigentlichen *Strukturkrise* zu sprechen.

---

1 Zu Wandel und Wettbewerbsfähigkeit des Finanzplatzes Schweiz vgl. Kilgus, Ernst; Hirszowicz, Christine: Der Finanzplatz Schweiz im Spannungsfeld der internationalen Entwicklungen; 1991.

1.1. Gesellschafts-, staats- und wirtschaftspolitische Rahmenbedingungen

1.1.1. Gesellschaftspolitische Entwicklungen

Herbst 1993. Die Völker der Industrienationen stehen vor dem Abschluss eines Jahrhunderts, das in bezug auf die Raschheit der gesellschaftlichen Entwicklungen und Veränderungen nichts Ähnliches, Vergleichbares kennt. Der *medizinische* Fortschritt hat unzählige Krankheiten besiegt und den Menschen zu einem längeren Leben verholfen. Für manche aber sind die zusätzlichen Jahre im Alter ohne Sinn. Es fehlen Betätigungsfelder und ein zweckmässiges soziales Umfeld. Neue *Verkehrs- und Kommunikationstechniken* haben die Erde klein werden lassen. Alles ist übersichtlicher geworden. Reisen in andere Kontinente sind kurzfristig möglich. Das Kennenlernen fremder Völker, Traditionen und Lebensanschauungen bereichert uns und sollte uns einander näher bringen. Aber Kriege, Unruhen, politische Umstürze und ethnische Auseinandersetzungen haben die Welt nicht friedlicher werden lassen. Viele Menschen leben in materiellem *Wohlstand*, ohne existentielle Sorgen, andere verzweifeln, suchen nach Arbeit und Verdienst, verhungern.

Die *technologische* Entwicklung hat uns die Computerisierung und Roboterisierung in fast alle Lebensbereiche, nicht nur in der Wirtschaft, gebracht. Menschliche Arbeiten werden verbessert, vereinfacht, verkürzt oder völlig eliminiert. Der Arbeitsvorrat nimmt bei ständig wachsender Bevölkerung ab. Wenn es nicht gelingt, die noch anfallenden Arbeiten gleichmässig auf die Mitglieder der Gesellschaft zu verteilen, wird eine hohe *Arbeitslosigkeit* auf uns zukommen und wahrscheinlich unser Schicksal bleiben.

Neue *Krankheiten* machen uns zu schaffen. Viele Menschen sind HIV infiziert. In allen Kulturkreisen und Gesellschaftsschichten werden pflanzliche Wirkstoffe mit psychoaktiver Wirkung genossen, sei dies zur Anregung, Beruhigung, zur Erfahrung eines Rauscherlebnisses oder um einer unerträglichen Situation zu entfliehen. Die Sucht gehört offenbar zum Menschen; Tabak, Alkohol, Medikamente, Kokain und andere Suchtmittel werden im Übermass konsumiert.

Fundamente unserer Gesellschaft sind *Freiheit* und *Individualiät*. Selbstbestimmung in allen Lebensbereichen ist gefordert. In den Grundsätzen der Vereins-, Gewissens-, Religions-, Gewerbe-, Presse- und Publikationsfreiheit findet sie ihren Ausdruck. Die Gleichstellung von Mann und Frau ist in vielen Ländern rechtlich verankert, auch wenn traditionelle Vorstellungen zur Rollenverteilung die praktische Realisierung immer wieder erschweren und von den Frauen Mut und Selbstbewusstsein erfordern.

Gesellschaftspolitische Strömungen aller Art beherrschen die Szene. Der «neue Konsument» ist definiert und gefordert. Er wird charakterisiert durch seine *Multidimensionalität* und den *Pluralismus* der Wertvorstellungen. Wechsel von einem Verhalten zum anderen sind für ihn typisch: heute Jeans, Sparsamkeit und Rationalität, morgen Galakleidung, verschwenderisches Treiben und Emotionalität. Lebensfreude, Extraversion, Nonkonformismus, Erfolgsstreben, Wohlstandsmehrung, Eigentumspflege im bunten Wechsel mit gegenteiligen Wünschen und Forderungen aus der Welt der alternativen Szene.

Diese Entwicklungen haben auch die Wesensmerkmale der *Arbeitnehmer* verändert. Kürzere Wochenarbeitszeiten als Folge eines wachsenden Wohlstandes sind gefragt, nicht aber solche, die sich aufgrund eines unbefriedigenden Arbeitsmarktes ergeben. Die veränderten Altersstrukturen sind nicht ohne Auswirkungen auf die Sozialpolitik des Staates geblieben. Auch die ehemals reichen westlichen Gesellschaften realisieren heute, dass der Wohlfahrtsstaat seinen Preis erfordert. Dies wiegt um so schwerer, als die Staaten ja trotz der Einigungsbestrebungen in der westlichen Welt weiterhin gezwungen sind, an ihrem *sicherheitspolitischen* Konzept zu arbeiten und Militärpotentiale zu unterhalten.

1.1.2. Staatspolitische Entwicklungen

Bedeutende staatspolitische Veränderungen charakterisieren das ausgehende 20. Jahrhundert. Seit Herbst 1989 befinden sich insbesondere die Staaten *Zentral- und Osteuropas* im Umbruch. Aus europäischer Sicht steht zweifellos der Zerfall des Sowjetimperiums im Zentrum der Aufmerksamkeit, wobei sich neben das erleichterte Aufatmen die Sorge um die desolate Wirtschaftslage stellt. Die Nationalstaaten in Osteuropa haben sich abgesetzt und verselbständigt, die ehemaligen Republiken der UdSSR sind zu den «*Staaten der GUS*» avanciert. Eine rasche Privatisierung als Initialzündung scheitert aber nach wie vor an den ungeklärten Fragen der Verfügungsrechte und am Fehlen eines funktionsfähigen Kapitalmarktes, einer zuverlässigen Bewertungsbasis sowie inländischer Ersparnisse. Schlechte Versorgungslage, Inflation, steigende Arbeitslosigkeit, Unruhen, Streiks, organisierte Kriminalität und ein befürchteter Massenexodus von Wirtschaftsflüchtlingen nach Westeuropa bereiten den marktwirtschaftlich organisierten europäischen Staaten berechtigte Angst. Der überall anzutreffende *Fremdenhass* mag diese Lage verdeutlichen.

Gleichsam als Gegenstück zur Entwicklung in Osteuropa und in den Staaten der GUS vollzieht sich im Westen die *europäische Integration* vorangetrieben durch die in der Europäischen Union (EU, vormals Europäische Gemeinschaft - EG) organisierten Staaten. Die Verhandlungen zwischen der EG und der EFTA über einen (west-)europäischen Wirtschaftsraum EWR haben den Willen für einen gemeinsamen Markt deutlich gezeigt. Daran ändert auch nichts, dass die Schweiz aufgrund des Ergebnisses der Volksabstimmung vom 6. Dezember 1992 dem EWR «vorläufig» fernbleibt; denn eine neue Ordnung in Europa drängt sich auf. Ausgehend von den *Römer Verträgen* von 1957 steht die Schaffung eines einheitlichen europäischen Wirtschaftsgrossraumes im Zentrum aller Bestrebungen. Die Vollendung des *Binnenmarktes* wird angestrebt, zusammen mit einem gemeinsamen Vorgehen im weiten Feld der europäischen Rechtsentwicklungen. Er ist durch die sog. «vier Freiheiten» charakterisiert, die Freiheiten des unbeschränkten Waren-, Dienstleistungs-, Kapital- sowie Personenverkehrs. Mehr als die Hälfte der hierfür notwendigen rechtlichen Erlasse wurde bereits verabschiedet, was zuversichtlich stimmt, auch wenn manch schwierige Probleme bis heute ungelöst geblieben sind. So wird insbesondere auch in der Schweiz immer wieder der Frage nachgegangen, inwieweit entstehende *wirtschaftliche Abhängigkeiten* im Rahmen der Gemeinschaft die an sich gegebene *rechtliche Selbständigkeit* praktisch bedeutungslos machen. Damit steht natürlich auch der Begriff der *Neutralität* einmal mehr im Kreuzfeuer der Diskussion.

Ungelöst sind aber auch die Folgeprobleme, die sich aufgrund der demographischen Entwicklungen ergeben. Einmal zunächst weltweit, nachdem die *Weltbevölkerung* nach neuesten Schätzungen bis ins Jahr 2000 durchschnittlich um ca. 90 Millionen Menschen pro Jahr anwachsen wird, um bis zum Jahre 2025 die Zahl von $8^1/_2$ Milliarden zu erreichen. Entwicklungsländer und Industrieländer sind an diesem Wachstum beteiligt, wenn auch in unterschiedlichem Ausmass. Der prozentuale Anteil der *Industrieländer* an der Weltbevölkerung sinkt kontinuierlich. Die Weltbank schätzt, dass er im Jahre 2000 nur gerade einen Sechstel ausmachen wird.

Am Rande sei vermerkt, dass der generelle Zug zu *Wirtschaftsgrossräumen* kein rein europäisches Phänomen darstellt. Es sei hier erinnert an die angelaufenen neuen Beziehungsformen in Nordamerika, zwischen den USA und Kanada oder an die Kooperation zwischen Australien und Neuseeland im Fernen Osten. Zweifelsohne wird auch der erfolgreiche Abschluss der *8. Welthandelsrunde*, der sog. Uruguay-Runde, dem grenzüberschreitenden Handel weiteren Auftrieb verleihen. *Globalisierung* der Märkte und *Liberalisierung* der Wirtschaft charakterisieren auch diese Entwicklungen. Umgekehrt darf aber nicht übersehen werden, dass sich mancherorts ehemals bedeutende Wirtschaftsgrossräume wieder auflösen, um einer Vielzahl neuer Nationalstaaten das Feld zu überlassen. Die Auflösung der UdSSR oder die Entwicklungen im ehemaligen Jugoslawien mögen hier als Beispiel dienen.

1.1.3. Wirtschaftspolitische Entwicklungen

Zwischen den vorhin geschilderten gesellschafts- und staatspolitischen Entwicklungen und den feststellbaren weltweiten gesamtwirtschaftlichen Trends bestehen natürlich engste Zusammenhänge, was sich denn auch in klaren Konsequenzen für die *Wirtschaftspolitik* manifestiert.

Das Wachstum des BIP, des *realen Bruttoinlandproduktes*, hat sich in den Industrieländern massgeblich verlangsamt und ist in einzelnen Ländern teilweise sogar ein negatives geworden. Es belief sich in der Schweiz für 1993 auf 0.3% minus. Die noch anfangs 1990 festzustellende zunehmende industrielle *Produktion* hat sich verflacht, begleitet von Verunsicherung und Vorsicht. Die *Arbeitslosenquoten* sind im Steigen begriffen, im westlichen Europa und auch in der Schweiz. Sie betrug für unser Land auf Ende 1993 um die 4.5%. Die *Inflationsraten* zeigen, weltweit betrachtet, fast überall steigende Tendenz. In der Schweiz allerdings liess sich von 1992 auf 1993 ein Rückgang von 4% auf 3.1% (Jahresdurchschnittszahlen) feststellen. Die Industrienationen registrieren fast einheitlich einen Rückgang in den Ausgaben für *Konsumgüter*. Deshalb hat sich auch die *Investitionstätigkeit* verlangsamt und ist derzeit durch grosse Zurückhaltung gekennzeichnet. Auf dem Gebiete des *Aussenhandels* hat sich die reale Zunahme über die letzten Jahre hinweg verschlechtert.

Es hat sich mancherorts die Gewohnheit ergeben, die wirtschaftliche Entwicklung eines Landes mit Hilfe eines sog. «Misery-Indexes» zu verfolgen, um so auch die *wirtschaftspolitischen Konsequenzen* abschätzen zu können, wobei dieses Mass aus theoretischer Sicht von begrenzter Aussagekraft ist und eher die einzelnen desaggregierten Komponenten interessieren. Wie *Abbildung 1/1* zeigt, werden beim Berechnen des Misery-Indexes Arbeitslosenquote und Inflationsrate addiert und von der resultierenden Zwischensumme das Wachstum des prozentualen realen Bruttoinlandproduktes substrahiert. Für die Schweiz und für das Jahr 1993 ergibt sich so die folgende Rechnung:

- Arbeitslosenquote	4.5%	
zuzüglich		
- Inflationsrate	3.1%	
Subtotal	7.6%	
abzüglich		
- proz. reales BIP	-0.3%	
Misery-Index	*7.9%*	

Die so resultierenden Länderergebnisse spielen für das strategische Bank-Management insofern eine bedeutsame Rolle, als die international tätigen Institute
ja gezwungen sind, im Rahmen ihrer Geschäftspolitik unter Risikoaspekten ein
laufend zu adjustierendes *Länderrating* vorzunehmen, um daraus Länderlimiten
abzuleiten.

Abbildung 1/1: Misery-Index für einige ausgewählte Länder[2]

	Wachstum BIP[1]		Inflation[1]		Arbeitslosen-quote[2]		Misery-Index	
	1992	1993	1992	1993	1992	1993	1992	1993
Belgien	0.9	-1.5	2.4	2.2	11.3	12.0	14.6	15.7
Deutschland	1.0	-2.0	4.0	3.0	6.6	8.0	9.6	13.0
England	-0.5	1.7	3.7	2.3	9.9	10.7	14.1	11.3
Frankreich	1.3	-0.3	2.7	2.7	10.2	11.4	11.6	14.4
Holland	0.9	-2.0	3.7	2.3	4.4	5.2	7.3	9.5
Italien	0.7	-0.9	5.2	4.6	10.4	11.5	14.8	17.0
Japan	1.3	1.2	1.7	1.1	2.2	2.5	2.6	2.4
Österreich	1.5	-1.1	4.0	2.3	3.8	3.7	6.3	7.1
Schweden	-1.6	-1.5	2.4	6.1	4.8	8.7	8.8	16.3
Schweiz	-1.1	-0.3	4.0	3.1	2.5	4.5	7.6	7.9
Spanien	1.0	-1.1	5.9	4.2	18.4	21.0	23.3	26.3
USA	2.1	2.9	3.0	3.4	7.4	6.9	8.3	7.4

[1] Durchschnittliches Jahreswachstum in %
[2] Durchschnittliche Jahresrate in %

Man kann heute nicht mehr über wirtschaftspolitische Entwicklungen sprechen,
ohne auf die *technologischen* Veränderungen einzutreten. Wir meinen, wenn wir
von Technologie sprechen, die spezifischen Kenntnisse, Fertigkeiten, Methoden

---

2 OEF/BAK und Schweizerische Handelszeitung; 3. Juni 1993, S. 19.

und Einrichtungen zur Nutzung naturwissenschaftlich-technischer Erkenntnisse, in Anlehnung an die Terminologie von *Tschirky*[3]. Die Entwicklung der *Mikroelektronik* hat den Fertigungsbetrieb revolutioniert. Elektronische Uhren und Rechner, programmierbare Haushaltgeräte und Personal Computer sind in Privathaushalten genauso selbstverständlich wie Fertigungsstrassen oder Industrie-Roboter in Fabriken. Der Zug zur elektronischen Bank ist, so gesehen, ein ganz natürlicher und folgerichtiger. Gewaltig sind die Fortschritte in der *Informations-Technologie* und in der weltweiten *Kommunikation*. Die Produktion im Industrie-Unternehmen erlebt eine stetige *Automatisierung*. Die Einführung des Computer Integrated Manufactoring (CIM) wird für viele Unternehmen in Zukunft zur Überlebensfrage werden.

Wirtschaftspolitik, so meinen wir, ist heute auch nicht mehr denkbar ohne Beachtung der *ökologischen* Anliegen. Die Kräfte der Natur sind überall überfordert. Die Entwicklung der Industriestaaten hat mehr Ressourcen verbraucht, als die Natur ersetzen und mehr Abfälle produziert, als sie abbauen kann. Gegenmassnahmen sind unumgänglich und teils auch ergriffen worden, doch binden die Bekämpfung von Luftverschmutzung, Wasserverseuchung, von Schadstoffverbindungen aller Art gewaltige Mittel.

Vor diesem wirtschaftlichen und technologischen Hintergrund wirken weltweit die *Banken* als Kreditgeber und Finanzvermittler, in *nationalen Bankensystemen* verschiedenster Ausprägung zusammengefasst. Sie werden in der Regel durch eine grosse nationale Branchenorganisation angeführt, welche sie im wirtschaftspolitischen Alltag anführt. In der Schweiz steht diese Funktion der *Schweizerischen Bankiervereinigung* mit Sitz in Basel als einer der Spitzenorganisationen unserer Wirtschaft zu.[4]

---

3 Vgl. Tschirky, Hans: Technologie-Management - ein unterschätzter Erfolgsfaktor; in: Tschirky, Hans (Hrsg.): Technologie-Management; 1990, S. 9.

4 Zur Schweizerischen Bankiervereinigung vgl. Hirszowicz, Christine: Schweizerische Bankpolitik; 1993, S. 432ff.

1.2. Bank- und finanzwirtschaftliche Grundlegung

1.2.1. Finanzplätze im Umbruch

Wachstum und Integration der Weltwirtschaft sowie des Welthandels haben die Weltfinanzordnung revolutioniert und in den 80er Jahren zur grossen, weltweiten Schuldenkrise geführt. Sie blieb nicht ohne Konsequenzen für die Bankensysteme in den Gläubigerländern. Die Aussenverschuldung der Entwicklungsländer, der Gruppe der 107, erreichte 1990 mit rund 1'340 Mrd. US-$ einen Rekordstand. Länder wie Japan oder die Bundesrepublik Deutschland wurden zu den bedeutendsten Kreditgebern.

Gegen Ende der 80er Jahre hat sich mit der Aufhebung zahlreicher nationaler Restriktionen eine eigentliche *Globalisierung* des Bankwesens mit vereinheitlichten Bankenvorschriften ergeben. Vor dem Hintergrund solcher Trends hat ein Wettstreit der Finanzplätze um die Investorengunst eingesetzt. Die Tendenz zur Harmonisierung der Kapitalmarktregulatorien lässt sich im Bereiche des Gemeinsamen Marktes besonders schön beobachten. Dies zeigen insbesondere auch die Bemühungen der BIZ, der Bank für Internationalen Zahlungsausgleich, zur Angleichung der *Eigenmittel-* und der *Liquiditätsvorschriften* für Geschäftsbanken und zur Koordinierung der *Bankenaufsicht* in den Mitgliedsländern. Es ist zu erwarten, dass sich bis zum Jahre 2000 die meisten Regeln, Standards und Definitionen der Banken- und Finanzmarktaufsicht annähern werden. Eine solche Entwicklung ist natürlich auch *bankbetriebswirtschaftlich* von zentraler Bedeutung. So ist anzunehmen, dass manche der Deregulierungsmassnahmen *strukturbereinigende* Wirkungen zur Folge haben werden, vor allem innerhalb der nationalen und lokalen Bankensysteme. Wie die Entwicklungen seit 1990 zeigen, haben sich selbst im schweizerischen Bankensystem massive strukturelle Veränderungen ergeben, obwohl gerade die Schweiz seit langem über die strengsten Eigenmittel- und Liquiditätsvorschriften verfügt, der BIZ in dieser Beziehung sogar phasenweise auch Modell stand und somit die internationale Harmonisierung nicht zu fürchten brauchte. Es wird später zu zeigen sein, dass andere betriebswirtschaftliche Ursachen den Wandel in der Schweiz zumindest mitverursacht haben, wenn wir etwa an das Problem der *optimalen Betriebsgrösse* für Banken denken.

Unverkennbar werden aber auch die *Grenzen* der Deregulierung deutlich, vor allem in Ländern, deren national ausgerichtete Banken infolge des verstärkten Wettbewerbs in die Defensive gerieten. Typisch hierfür etwa zu Beginn der 90er Jahre die Banken in den USA. Auch führen neue Produkte oder *Finanzinnova-*

tionen zur Schaffung regulativer Rahmenbedingungen, so dass trotz der Grundströmung der Globalisierung immer wieder auch mit Reregulierungen zu rechnen sein wird. Da die Marktteilnehmer aber je länger desto weniger an einen physischen Ort für die Berufsausübung gebunden sein werden, führen die fortlaufende Globalisierung und die Deregulierung mit dem damit verbundenen intensivierten Wettbewerb auch zu Verlagerungen auf den internationalen Finanzplätzen. Alles deutet darauf hin, dass *London, New York* und *Tokio* auch künftig die dominierenden Finanzplätze dieser Welt sein werden, so wie sich denn schon heute das grosse und innovative Geschehen innerhalb dieser Triade vollzieht. Finanzplätze wie Frankfurt, Paris, Luxemburg und Zürich in Europa, wie Singapore, Seoul, Hongkong und Taiwan in Südostasien oder wie Chicago und Toronto in Nordamerika dürften in einer zweiten Staffel folgen.

Man muss sich aber bei solch prognostischen Aussagen immer bewusst sein, dass unausgesprochen stabile politische Entwicklungen angenommen werden, wenn man über solche Finanzplatz-Rangierungen spricht. Die Entwicklungen in Osteuropa und in den Ländern der ehemaligen UdSSR seit 1989, seit dem Fall der Berliner Mauer also, haben bewusst gemacht, wie anfällig damit auch westliche Wirtschafts- und Finanzsysteme geworden sind und wie rasch auch klassische Gläubigerländer wie etwa die Bundesrepublik Deutschland plötzlich in echte und gross dimensionierte Finanzprobleme geraten können. Ähnliche Eindrücke haben sich im Zusammenhang mit dem Golfkrieg oder mit den Auseinandersetzungen im ehemaligen Jugoslawien ergeben.

1.2.2. Rahmenbedingungen für den Finanzplatz Schweiz

Fachleute sind sich heute einig, dass für die Existenz eines internationalen Finanzplatzes Schweiz eine Reihe von Voraussetzungen erfüllt sein müssen, damit die Banken im globalen Wettstreit zu bestehen vermögen. *Voraussetzungen* in diesem Sinne sind u.a.:

- eine traditionell geordnete soziale und politische Stabilität und Kontinuität;
- eine internationale Ausrichtung und Offenheit im Denken und Handeln;
- ein hoch entwickeltes Kultur- und Ausbildungsniveau im Lande, von dem auch die Bankkader erfasst sind;
- einen effizient funktionierenden Arbeitsmarkt mit qualifizierten potentiellen Arbeitnehmern;
- eine moderne Transport- und Infrastruktur mit einem entwickelten Luftverkehr;

- eine zweckmässige geographische Lage mit Anschlüssen an die Linien des Luft- und des Bahnverkehrs;
- eine Staatsverfassung, die das Eigentum schützt und Rechtssicherheit garantiert;
- eine grundsätzlich marktwirtschaftliche Ausrichtung mit starker Anlehnung an internationale Gesetzes- und Verhaltensnormen;
- strenge, aber flexible Aufsichtsorgane;
- ein funktionierendes Bankgeheimnis, welches das ethisch vertretbare, legale Bankgeschäft und den Kunden, der es tätigt, schützt;
- ein Steuersystem, das effizientes und effektives Wirtschaften erlaubt und die internationale Konkurrenzfähigkeit der Unternehmen nicht beeinträchtigt;
- eine stabile Landeswährung, gekoppelt mit wirtschaftlichen Rahmenbedingungen, welche die Zusammenarbeit mit anderen Finanzplätzen ermöglichen und eine starke Präsenz ausländischer Banken in einem Gastland gestatten;
- ein Bildungswesen auf Stufe Hochschule und Universität, welches die Heranbildung international anerkannter Führungskräfte in Bereichen wie Volkswirtschaftslehre, Betriebswirtschaftslehre, Informatik und Telekommunikation erlaubt.

Der Finanzplatz Schweiz verfügt grösstenteils über die Mittel, um diesen Voraussetzungen zu genügen. Die Realität zeigt denn auch, dass sich in unserem Lande eine starke Bankenstruktur ergeben hat, welche Folge der relativ günstigen, gegebenen Konditionen ist. Diese Struktur ist nachfolgend kurz zu umreissen.

1.2.3. Struktur des Finanzplatzes Schweiz

Zweifellos sind es die *Banken,* welche dem Finanzplatz Schweiz das besondere Gepräge geben. Sie setzen sich nicht nur mit den grossen *Geschäftssparten* im Commercial, Investment und Trust Banking auseinander, sondern bestimmen auch das *Börsengeschehen* und damit auch die Entwicklungen auf dem Börsenplatz Schweiz, der bei allen Finanzmarkt-Betrachtungen mit einzuschliessen ist, in neuester Zeit auch mit allen Initiativen zur Schaffung einer EBS, einer Elektronischen Börse Schweiz. Die Banken- und Börsenaktivität wird ergänzt durch das Wirken der *Versicherungsgesellschaften* sowie der selbständigen *Vermögensverwalter* und *Treuhänder,* der Erbringer zusätzlicher Finanzdienstleistungen.

Abbildung 1/2 zeigt die «klassische», der jährlich erscheinenden Statistik der Schweizerischen Nationalbank folgende Bankenstrukturierung, ergänzt um einige weitere, die Struktur erhellende Zusatzdaten:

Abbildung 1/2:   Bankenstruktur und Merkmale der einzelnen Bankengruppen[5]

	Anzahl Institute	Marktanteil in % der Bilanz- summe	Marktanteil in % der Nieder- lassungen	Personal- bestand
Kantonalbanken	28	20.8	18.3	19'330
Grossbanken	4	49.4	22.7	61'896
Regionalbanken und Sparkassen	174	7.8	14.1	7'860
Darlehenskassen und Raiffeisenbanken	2	3.4	27.5	2'611
Übrige Banken	227	15.4	13.9	26'766
Finanzgesellschaften	101	1.7	2.4	1'001
Filialen ausländischer Banken	14	1.0	0.6	1'651
Privatbankiers	19	0.5	0.5	2'527
	569	100.0	100.0	123'642

Hierzu ist zu bemerken, dass die mit *Abbildung 1/2* vorliegende Zusammenstellung bewusst die Anzahl der *rechtlich selbständigen* Institute wiedergibt und nichts aussagt über die *wirtschaftliche Abhängigkeit* bzw. Unabhängigkeit einzelner Banken. Wird auf die Unterscheidung zwischen rechtlicher Selbständigkeit und wirtschaftlicher Unabhängigkeit verzichtet, werden Überlegungen zu Veränderungen in der schweizerischen Bankenszene meist recht fragwürdig.[6]

Eine an unserem Institut von *Christoph Brunner* verfasste Arbeit zeigt eindrücklich, welche fast schon als dramatisch zu bezeichnenden Entwicklungen in den letzten Jahren stattgefunden haben: Zwischen 1991 und 1993 wurden in der Schweiz 61 Banken übernommen oder sie haben fusioniert, unter ihnen eine Grossbank (Schweizerische Volksbank) und 46 Regionalbanken. Das Gesamtvolumen der akquirierten Institute gemessen am Eigenkapital beträgt für diese Zeitperiode über 5 Mrd. Fr. Mit der Bank Leu verlor 1990 eine zweite Grossbank durch Übernahme ihre wirtschaftliche Selbständigkeit, indem sie - wie die Schweizerische Volksbank - zur CS Holding stiess.

---

5   Zahlen aus: Schweizerische Nationalbank: Das schweizerische Bankwesen im Jahre 1992; 1993.

6   Vgl. Kilgus, Ernst: Unvermeidliche Restrukturierungen?, Betrachtungen zur Schweizer Bankenszene; in: Neue Zürcher Zeitung; 9. März 1993, S. 35.

11

Abbildung 1/3:   Übersicht über die Zielinstitute und Käuferunternehmen 1981 bis 1993[7]

Übernommene Institute / Übernehmende Institute	Kantonal-banken (1.00)	Gross-banken (2.00)	Regional-banken (3.00)	Übrige schweiz. beh. Banken (5.10)	Übrige ausl. beh. Banken (5.20)	Filialen ausl. Banken (7.00)	Privat-banken (8.00)	Total (abs.)	(rel.)
Kantonalbanken (1.00)	2		12	1			1	16	15.4%
Grossbanken (2.00)		2	11	5	2			20	19.2%
Regionalbanken (3.00)			37					37	35.6%
Übrige schweiz. beh. Banken (5.10)				1	6			7	6.7%
Übrige ausl. beh. Banken (5.20)			1	5	-	-		6	5.8%
Filialen ausl. Banken (7.00)					-	-		0	0.0%
Privatbanken (8.00)				1			2	3	2.9%
Schweizer Nicht-Banken			2				1	3	2.9%
Banken ausl. Rechts				12	-	-		12	11.5%
Total (abs.)	2	2	63	25	8	0	4	104	100.0%
(rel.)	1.9%	1.9%	60.6%	24.0%	7.7%	0.0%	3.8%		100.0%

7   Brunner, Christoph: Bankübernahmen in der Schweiz; 1994, S. 164.

Abbildung 1/3 zeigt anhand der seit 1981 durchgeführten Fusionen und Übernahmen, dass sich die Konzentrationsbewegungen nicht nur innerhalb von Bankengruppen abgespielt haben, sondern in der Mehrheit der Fälle gruppenüber-
greifende Zusammenschlüsse durchgeführt worden sind. Selbstredend resultierte
dadurch eine massgebliche Veränderung der Wettbewerbsverhältnisse im
schweizerischen Bankgewerbe.[8]

Weil aber bei *Übernahmen* die rechtliche Selbständigkeit eines Instituts gewahrt bleibt, erscheint es in der offiziellen Bankenstatistik der Notenbank weiterhin. Anders verhält es sich logischerweise bei den *Fusionen*. Nicht erfasst
werden auch die vielen Formen von *Kooperationsverträgen* zwischen zwei oder
mehreren Banken, so etwa die Vereinbarungen zur Zusammenarbeit unter Kantonalbanken. Fast nichts scheint sich in der Kantonalbanken-Landschaft zu bewegen, wenn man nur die Anzahl der bestehenden rechtlich selbständigen Institute betrachtet. In Wirklichkeit aber werden laufend Teile der wirtschaftlichen
Autonomie aufgegeben zugunsten einer gemeinsamen Aktivität, insbesondere in
den sog. logistischen Bereichen wie Informatik, Telekommunikation oder Ausbildung. Zu erwähnen ist in diesem Zusammenhang auch die oft sehr begrüs-
senswerte Mitwirkung der entsprechenden Fachverbände.

Natürlich reissen die Diskussionen über *Ursachen* und *Wirkungen* des Struk-
turwandels nicht ab. Sind Restrukturierungen *notwendig* oder liessen sie sich
mit gutem Willen verhindern? Müsste man nicht erzwingen, dass die Zahl der
bisherigen *Arbeitsplätze* bei Banken erhalten bleibt, wenn schon Übernahmen
erfolgen? Und nicht selten wird auch die Schuldfrage gestellt und so jene nach
den *Verantwortlichkeiten* von Verwaltungsrat und Geschäftsleitung. Dass dabei
dem *Gläubigerschutz* eine zentrale Bedeutung zukommt, versteht sich von
selbst, wie dies Gläubigerschicksale bei der Spar- und Leihkasse Thun eindrücklich gezeigt haben.

Wer sich, so fragend, an die Erhaltung der bisherigen Strukturen klammert,
verkennt das Wesen der marktwirtschaftlichen Gesetze und Spielregeln und so
die Bedeutung des *Wandels* auf den internationalen Finanzplätzen mit dem immer stärker werdenden Zug zur Globalisierung, Deregulierung und Liberalisierung des Bankgeschäftes. Vor allem dem schweizerischen Binnengeschäft ver-
pflichtete Banken haben oft zu spät realisiert, dass sie Innovationen im internationalen Geschäft, etwa im Bereiche der Geld- und Kapitalmarktgeschäfte und
der Derivate, ebenfalls tangieren, auch wenn sie solche Transaktionen in der Regel nicht pflegen. Zugegebenermassen zunächst einmal nur indirekt, weil sie nur
Reaktionen auf Kundenseite spüren, sehr bald aber auch im Alltagsgeschäft er-

---

8 Vgl. Brunner, Christoph: Bankübernahmen in der Schweiz; 1994, S. 149ff.

kennbar, weil sich die Aktivitäten und Ansprüche der kommerziellen Firmenkunden und der vermöglichen Privatkunden massgeblich ändern.

Im weiteren hat sich infolge all dieser Entwicklungen die Struktur der *Konkurrenz* gewandelt. Mit dem Aufkommen der *Allfinanz-Idee* sind neue Wettbewerber in den Markt eingetreten, angeführt von den vorhin schon erwähnten *Versicherungsgesellschaften*, die sich mehr und mehr als Para-Banken betätigen. Das geschätzte Bruttoprämien-Aufkommen der Schweizer Versicherer dürfte heute um die 80 Mrd. Fr. pro Jahr betragen, eine Leistung, die von 129 unter Bundesaufsicht stehenden Gesellschaften erbracht wird. Die Berührungspunkte zwischen Versicherungsgesellschaften und Banken sind sowohl bei der Kundengeldbeschaffung (Sparprodukte, Wertschriftenfonds, Kassaobligationen, Lebensversicherungsprodukte mit Sparanteil, Lebensversicherungsprodukte mit Anlagecharakter) wie bei der Anlage von Geldern (Hypotheken, Darlehen) gegeben, wobei auf beiden Seiten starke Positionen im 2. und 3. Säule-Bereich der schweizerischen Sozialversicherung entstanden sind. Banken wie Versicherungsgesellschaften denken heute mehr und mehr in sog. *Allfinanz-Strategien*. Dass sie sich dabei auch im Konzernverbund finden können, sei nur am Rande erwähnt.

Schliesslich ist auch die Tätigkeit der (nicht dem Bankengesetz unterstellten) *Vermögensverwalter* und *Treuhänder* zu beachten, deren Wirken später einmal in einem speziellen und neu zu schaffenden Bundesgesetz über Finanzdienstleistungen geregelt werden könnte.[9] Im Verband Schweizerischer Vermögensverwalter sind heute rund 110 Mitglieder organisiert. In der Mehrzahl der Fälle arbeiten Vermögensverwalter mit Banken zusammen und beziehen für ihre vermittelnde und beratende Tätigkeit eine Retrozession auf die belasteten Kosten. Schätzungen gehen dahin, dass bei privaten Vermögensverwaltern und Treuhändern etwa 10% der in der Schweiz verwalteten Vermögen liegen dürften, bei einem angenommenen totalen Marktvolumen an Vermögenswerten von zwischen 1'800 bis 2'000 Mrd. Fr.

Soviel zu den bank- und finanzwirtschaftlichen Branchenentwicklungen. Für die weiteren Überlegungen sollen nun staats- und bankpolitische Erwägungen in den Hintergrund treten und der zentralen Frage Platz machen, wie denn die einzelne Bank als betriebswirtschaftliche Einheit, eben als Unternehmung, zu führen sei. Damit rückt natürlich die Optik der *Führungs- und Leitungsorgane* einer Bank in den Mittelpunkt des Interesses. Ist eine Bank künftig nicht eher als Universalbank zu führen denn als spezialisiertes Institut? Welche Produkte und

---

9 Eine Expertenkommission des Bundes unter dem Vorsitz von *Prof. Peter Nobel* hat im
   Jahre 1991 einen diesbezüglichen Gesetzesentwurf vorbereitet.

Dienstleistungen sollen auf welchen Märkten angeboten werden? Welche Kundensegmente sind dabei anzusprechen? Ist das internationale Geschäft dem nationalen vorzuziehen? Wie werden dabei die anfallenden Risiken erkannt, erfasst, gemessen, bewertet? Auf welche Weise sind die Mitarbeiter zu entwickkeln, damit sie die Innovationsschübe zu verkraften vermögen? Sind Filialnetze noch sinnvoll und zweckmässig? Wo liegt die Idealgrösse für meine Bank? Fragen über Fragen typisch bankbetrieblicher Art, welche im Zuge eines entwickelten *strategischen Bank-Managements* zu beantworten sind.

2. Kapitel
Wesen und Begriff des strategischen Bank-Managements

2.1.   Wesenszüge eines Führungskonzeptes für Banken

2.1.1.   Strategische Führung und operative Leitung

Wenn man versucht, die besonderen Merkmale zu umschreiben, welche die Führung und Leitung einer Bank massgeblich charakterisieren, dann sind es zunächst, teilweise in Abweichung zu Führungstheorien in der sog. Allgemeinen Betriebswirtschaftslehre, zwei ganz deutlich erkennbare *Eigenheiten*:

- die vom Gesetzgeber erzwungene personelle Trennung von *Gesamtbankführung* und *Geschäftsleitung* sowie
- das konsequente Auseinanderhalten von *strategischer Führung* und *operativer Leitung*.

Banken sind in der Schweiz und im Ausland in der überwiegenden Zahl als Aktiengesellschaften organisiert. In unserem Land unterstehen sie deshalb dem *Obligationenrecht* und zusätzlich dem ergänzenden und verschärfenden *«Bundesgesetz über die Banken und Sparkassen»*[10].

Im *Aktienrecht* wird, was Führung anbelangt, mit Art. 716a OR folgendes festgehalten:

«Der Verwaltungsrat hat folgende unübertragbare und unentziehbare Aufgaben:
1. die Oberleitung der Gesellschaft und die Erteilung der nötigen Weisungen;
2. die Festlegung der Organisation;
3. die Ausgestaltung des Rechnungswesens, der Finanzkontrolle sowie der Finanzplanung, sofern diese für die Führung der Gesellschaft notwendig ist;
4. die Ernennung und Abberufung der mit der Geschäftsführung und der Vertretung betrauten Personen;
5. die Oberaufsicht über die mit der Geschäftsführung betrauten Personen, auch im Hinblick auf die Befolgung der Gesetze, Statuten, Reglemente und Weisungen;
6. die Erstellung des Jahresberichtes sowie die Vorbereitung der Generalversammlung und die Ausführung ihrer Beschlüsse;

---

10 Bundesgesetz über die Banken und Sparkassen vom 8. November 1934.

17

7. die Benachrichtigung des Richters im Falle der Überschuldung.

Der Verwaltungsrat kann die Vorbereitung und die Ausführung seiner Beschlüsse oder die Überwachung von Geschäften Ausschüssen oder einzelnen Mitgliedern zuweisen. Er hat für eine angemessene Berichterstattung an seine Mitglieder zu sorgen.»

Soweit der Gesetzestext. Leider spricht der Gesetzgeber abwechselnd von «Oberleitung», «Oberaufsicht» und «Geschäftsführung», drei in der Betriebswirtschaftslehre an sich unterschiedlich interpretierte Begriffe. «Führung», «Leitung» und «Aufsicht» sind offenbar für den Juristen synonyme Begriffe, was Verwirrung stiften könnte. In diesem speziellen Fall bereitet aber die jeweilige Wortwahl insofern keine Mühe, als in der Folge Art. 716b OR präzisierend festhält:

«Die Statuten können den Verwaltungsrat ermächtigen, die Geschäftsführung nach Massgabe eines Organisationsreglementes ganz oder zum Teil an einzelne Mitglieder oder an Dritte zu übertragen. ... Soweit die Geschäftsführung nicht übertragen worden ist, steht sie allen Mitgliedern des Verwaltungsrates gesamthaft zu.»

Art. 718 OR fährt fort:

«Der Verwaltungsrat vertritt die Gesellschaft nach aussen. ... Der Verwaltungsrat kann die Vertretung einem oder mehreren Mitgliedern (Delegierte) oder Dritten (Direktoren) übertragen.»

Während auch hier einige Fragen zum Verhältnis zwischen «Führung» und «Leitung» offen bleiben, nehmen *Bankengesetz* (BaG) und Art. 8 der *Bankenverordnung* (VBaG) schon klarer Stellung:

«Kein Mitglied des für die Oberleitung, Aufsicht und Kontrolle verantwortlichen Organs einer Bank darf der Geschäftsführung angehören.»

Obwohl auch hier noch von «Geschäftsführung» die Rede ist, trennt die Bankpraxis in Anwendung dieser Bestimmungen heute konsequent zwischen Verwaltungsrat als Führungs- und Direktion oder Generaldirektion als Geschäftsleitungsorgan. Für den Verwaltungsrat gelten grundsätzlich die in Art. 716a OR umschriebenen, nicht delegierbaren Pflichten, wobei es ihm allerdings verboten ist, sich in die Geschäftsleitung wählen zu lassen. Dieser *«Gewaltentrennung»* zwischen Verwaltungsrat und Geschäftsleitung kommt grosse praktische Bedeutung zu, zusätzlich zur Gewaltentrennung bei den gesetzlichen Organen der Aktiengesellschaft mit Generalversammlung, Verwaltungsrat und Revisionsstelle. So interveniert die Bankaufsichtsbehörde, wenn sich Verwaltungsräte zu operationell in die Belange der Direktion einschalten. Hoch brisant kann die Gewaltentrennung im Krisenfall werden, wenn zu klären ist, ob und in welchem Ausmasse der Verwaltungsrat seinen Pflichten im Bereich «Aufsicht und Kontrolle über die Geschäftsleitung» nachgekommen ist.

Bedingt durch die Unterscheidung zwischen *Verwaltungsrat als Führungs-* und *Direktorium als Leitungsorgan* ergeben sich für diese beiden Gremien logischerweise auch ganz bestimmte Ausrichtungen im betrieblichen Alltag: Nach moderner Auffassung hat der Verwaltungsrat die *strategische Führung* zu übernehmen. Darunter ist das grundsätzliche und langfristige Denken, Handeln und Verhalten der Bank zu verstehen, also das, was wir gemeinhin mit

«strategischem Bank-Management»

umschreiben. Die Willensäusserungen der strategischen Führung konkretisieren sich in der *operativen Leitung*, welche dem Direktorium obliegt und welche das mittel- und kurzfristige Management der Bank zum Gegenstand hat.

Natürlich sind die Grenzen zwischen strategischer Führung und operativer Leitung in der Bankpraxis *fliessend*. Dies hat mancherlei Gründe, nicht zuletzt deshalb, weil es in der Regel die Geschäftsleitung ist, welche die strategischen Entscheide des Verwaltungsrates vorbereitet, auf dem Gebiete der strategischen Planung etwa mit ihren Umwelt- und Konkurrenzanalysen. Auch muss man sich bewusst sein, dass das Verhältnis zwischen strategischer Führung und operativer Leitung bei mancher Bank nur unter Beachtung *historisch* gewachsener Gegebenheiten verstanden werden kann. Wie noch zu zeigen sein wird, haben eben viele Schweizer Banken eine stufenweise Entwicklung von einfacheren zu ambitiöseren Führungs- und Leitungstechniken durchlebt. Schliesslich darf auch nicht verschwiegen werden, dass man sich bei mancher Gelegenheit in guten Treuen darüber unterhalten oder gar streiten kann, ob eine bevorstehende Entscheidung strategische oder nur operative Wirkungen auslösen wird. So werden viele *Investitionsentscheide* zu Liegenschaftenumbauten, Computeranschaffungen oder zu Investitionen im Personal- und Ausbildungsbereich von der operativen Leitung getroffen, obwohl solche Entscheide halbe bis ganze Jahrzehnte massgeblich zu präjudizieren vermögen. Leider ist aber auch das Umgekehrte feststellbar: Verwaltungsräte, die sich in Detailfragen etwa zum rein operationellen Jahresbudget verlieren. Es sei daran erinnert, dass der Begriff «Strategie» aus dem Altgriechischen stammt und ursprünglich «Heerführung» («stratos» = Heer, «hëgeisthai» = führen) bedeutete.

2.1.2. Entwicklungsstufen des strategischen Denkens

Das vorhin erwähnte «grundsätzliche und langfristige Denken», welches das strategische Bank-Management charakterisiert, hat im Verlaufe der Jahre und Jahrzehnte gerade auch im schweizerischen Bankwesen verschiedene Entwicklungsstufen durchlaufen. Und bis zum heutigen Tag ist es bei den Banken je nach Art und Grösse des Instituts ganz unterschiedlich ausgeprägt. Es ist deshalb für das weitere Verständnis wichtig, diese Stufenfolge zu erkennen, wobei der Einfachheit halber *fünf* solcher Stufen auseinander gehalten werden sollen:

Stufe I: Budgetierung und finanzielle Kontrolle

Im Zuge des wirtschaftlichen Aufschwungs nach dem Zweiten Weltkrieg haben Banken damit begonnen, ihre *Jahresrechnungen*, Bilanz und Erfolgsrechnung, sowie ihre *Liquidität* zu budgetieren, meist mit Verfahren der direkten (primitiven) Bilanzprojektion und damit der mehr oder weniger linearen Fortschreibung. Da der Gesetzgeber auch heute eine bestimmte Eigenmittel-Unterlegung und eine minimale Liquidität erzwingt, sind solche Bilanzbudgets im Rahmen der *finanziellen Rechnungslegung* bedeutsam geblieben. Der Vorgang einer solchen Budgetierung ist aber zweifellos ein operativer, kein strategischer. Nach Ablauf einer Wirtschaftsperiode (Quartal, Semester, Jahr, mehrere Jahre) werden diese quantitativen planerischen Arbeiten mit einer vergangenheitsorientierten Budgetkontrolle abgeschlossen.

Mit dem Aufkommen der *betrieblichen Rechnungslegung*, umfassend eine Kosten- und Erlösrechnung samt Kalkulation, wurde der Budgetierungsprozess weiter ausgebaut. Kosten und Erlöse werden zum Gegenstand von Planungsrechnungen. Budgetiert werden üblicherweise *Kostenstellen*, gebildet nach Verantwortlichkeitsbereichen, getrennt also nach Departementen, Ressorts, Abteilungen und Arbeitsgruppen, oft von erwarteten Bestandes- und Transaktionsmengen (Anzahl Kunden, Anzahl Konti, Anzahl Depots, Anzahl Zahlungsaufträge, Anzahl Wertschriftenabrechnungen usw.) ausgehend. Trotz der offensichtlichen Fortschritte in Sachen Kostenerfassung und -überwachung trägt eine so verstandene Budgetierung rein operative Züge und ist von einem strategischen Denken noch weit entfernt.

Stufe II: Langfristige Planung

Nicht zuletzt die Erfahrung und Erkenntnis, dass laufend Entscheidungen getroffen werden müssen, welche den Finanzhaushalt der Bank und die Kostenstrukturen über mehrere Jahre hinweg belasten, führten zur weiteren Intensivierung der Anstrengungen im Budgetierungsbereich und so zur langfristigen Planung. In der Schweiz haben vor allem Dreijahres- und Fünfjahrespläne, meist gekoppelt mit Bilanzprojektionen über diese längeren Perioden hinweg, eine gewisse Beliebtheit erlangt. Wesensmerkmal dieser planerischen Unterfangen ist die (oft stillschweigende) Anwendung des *«Prinzips der Stetigkeit»*, des «Prinzips der Kontinuität». Es wird also von der Annahme ausgegangen, die Bank entwickle sich ohne wesentliche Innovationen stetig und kontinuierlich, was natürlich auch die Annahme mehr oder weniger gleichförmiger Prozesse in der bankbetrieblichen Umwelt impliziert. Hier liegt, wie noch zu zeigen sein wird, einer der zentralen *Unterschiede* zwischen *langfristiger* und *strategischer* Planung. Weil bei der Langfristplanung keine gravierenden Diskontinuitäten erwartet werden, kann man sich beim Budgetieren auch einer Reihe klassischer, statistischer Prognosetechniken bedienen, so auch der einfachen Trendextrapolation.

Stufe III: Strategische Planung der Bankgeschäfte

Mit dem Aufkommen neuer bankgeschäftlicher Transaktionen, etwa im Bereiche der Kapitalmarktgeschäfte und der damit verbundenen Finanzderivate, sind Banken in einer nächsten Stufe der Entwicklung dazu übergegangen, für die immer breiter werdende Dienstleistungs- und Produktepalette eigentliche *Strategien* zu entwickeln. Die Erkenntnis, dass heute die *Konkurrenz- und Marktverhältnisse* sowie die *Kundenbedürfnisse* von Dienstleistung zu Dienstleistung variieren, also kaum mehr «vom Bankgeschäft als geschlossener Einheit» gesprochen werden kann, führt bis heute im planerischen Geschehen zu einer differenzierten Betrachtungsweise für Sparten, Geschäftszweige oder Ressorts, wie immer man die Subsysteme innerhalb einer Bank auch bezeichnen mag. Die Erfahrung, dass die einzelnen Geschäftsarten in der gleichen Betrachtungsperiode ganz unterschiedlichen Marktgesetzen unterworfen sind, das kommerzielle Kreditgeschäft zum Beispiel schrumpft, während im Investment Banking expandiert wird, hat zusätzlich die Tendenz gefördert, differenzierte Strategien je Sparte zu entwickeln. Damit wurde natürlich auch die Idee und die Annahme von der Stetigkeit der Märkte und ihrer Fortentwicklung aufgegeben. *Diskontinuitäten* in den Märkten sind vor dem Hintergrund von Globalisierung und Liberalisierung in Rechnung zu stellen, die früher schon erwähnte einfache Trendextrapolation hat der *empirischen Marktanalyse* zu weichen. Eine neue dynamische Betrachtungsweise von Marktgebieten, Produkten und Kundensegmenten hat die frühere, eher statisch ausgerichtete verdrängt.

Unvollkommenheiten sind jedoch trotz allem auch in dieser Entwicklungsstufe III nicht zu übersehen. So wird als nachteilig empfunden, dass ein systematisches Zusammenführen der getroffenen Teillösungen je Geschäftsart zu einer eigentlichen *bankgeschäftlichen Gesamtstrategie* in der Regel unterbleibt. Die ganze Denkweise der planenden Instanzen ist vollumfänglich «nach aussen» gerichtet. Die Frage nach dem Ausmass der internen *Ressourcenbeanspruchung* und so letztlich auch nach der «Machbarkeit» einer Strategie wird bei dieser Stufe III noch kaum gestellt. Man geht vielmehr davon aus, dass die für eine Realisierung benötigten personellen Kräfte quantitativ und qualitativ stets gegeben sind und die technologische Unterstützung im Bereiche von Informatik und Telekommunikation spielt. Meist werden auch die früher bei der Langfristplanung schon erwähnten *Bilanzprojektionen* weiterhin gepflegt, weil in dieser Stufe III eine dynamische Finanzplanung noch immer fehlt.

Stufe IV: Strategische Planung für die Bank als Ganzes

Angesichts dieser Schwächen konnte der Versuch zur Erfassung der Bank als Ganzes nur noch eine Frage der Zeit sein. Banken haben erkannt, dass die strategische Planung der Bankgeschäfte so lange sinnlos bleibt, als die eigenen finanziellen Mittel, die personellen Ressourcen, die disponiblen Räumlichkeiten und insbesondere der Stand von Informatik und Telekommunikation nicht ausreichen, um die Strategien je Dienstleistungs- oder Produktegruppe auch «an der Front» umzusetzen. Dies musste zwangsläufig dazu führen, die *Gesamtheit der logistischen Bereiche* der Bank in die planerischen Überlegungen einzubeziehen. Über all dies hinaus wurde zusätzlich auch recht bald realisiert, dass noch so gute Strategien in den Geschäfts- und Logistikbereichen nur dann zum Tragen kommen, wenn die *Führungs- und Organisationsstrukturen* der Bank dazu geeignet sind, die geplanten strategischen Entwicklungen auch aufzufangen. Damit wurde die Notwendigkeit, ja die absolute Dringlichkeit einer integrierten und alle Bereiche der Bank verbindenden Gesamtsicht offenkundig. Wenn eine Bank heute echte *strategische Ziele* anvisiert, ist der Einbezug der ganzen bankrelevanten *Umwelt* und sämtlicher bankbetrieblicher Arbeitsbereiche «an der Front» und «hinter der Front» in den planerischen Prozess unerlässlich. Auf diese Weise und nur so werden Geschäftsstrategien eingebettet in die Unternehmensstrategie als Ganzes. Die ganze Organisation der Bank steht im Brennpunkt der Betrachtung, Insellösungen einzelner Departemente oder Abteilungen werden unter Nutzung von Synergieeffekten zu einer ganzheitlichen Lösung zusammengeführt.

Über die *Planungstechniken*, wie sie von der sehr anspruchsvollen Stufe IV gefordert sind, wird im 4. Kapitel, das ganz dem Thema «Planung» gewidmet ist, noch zu reden sein. Hier sei einzig erwähnt, dass eine solch integrierte Betrachtungsweise immer auch die Gefahr der *Bürokratisierung* der Planungsprozesse in sich birgt, weil ja eine gewisse Notwendigkeit besteht, die Harmonisierung der verschiedenen Pläne und Absichten mit einem Paket von *Weisungen* und *Richtlinien* zu erzwingen. Dies wird besonders dort deutlich, wo zwischen den Sparten- und Ressortchefs ein eigentlicher Kampf um die immer knappen finanziellen, personellen oder technologischen *Ressourcen* entsteht, die letztlich von einer sehr kompetenten Instanz zuzuteilen und zuzuordnen sind. Dies alles setzt voraus, dass die obersten Führungs- und Leitungsgremien wissen, in welche Richtung die Bank als Ganzes zu steuern ist. Die strategische Planung führt folglich in den obersten Chefetagen zum eigentlichen strategischen Bank-Management, der Stufe V in unserer Entwicklungsgeschichte.

Stufe V: Strategisches Bank-Management

Die obersten Führungs- und Leitungsgremien der Bank, Verwaltungsrat und Geschäftsleitung also, haben neben dem jährlichen, routinemässigen strategischen Planungsprozess eine Vielzahl anderer *strategischer Fragen* zu klären. Es handelt sich einerseits um Probleme, welche die Position der Bank in *Gesellschaft, Staat und Politik* betreffen und damit die «Aussenpolitik» der Bank berühren. Daneben steht eine Vielzahl von Fragen zur Diskussion, welche die *Unternehmungspolitik* der Bank tangieren. Es geht dabei um die Festlegung von Zielen, Strategien und der für die Zielerreichung benötigten Mittel auf Gesamtbankebene. Dabei kommt der Strategie die Aufgabe zu, der Bank im heutigen wie auch in einem zukünftigen Markt eine verteidigungsfähige Wettbewerbsposition zu sichern. Sowohl in der Theorie als auch in der Praxis haben dabei die Normstrategien von *Porter*[11] weltweit breite Beachtung gefunden. Porter's Grundaussage ist, dass grundsätzlich drei erfolgsversprechende Typen strategischer Ansätze existieren, um andere Unternehmen in einer Branche zu übertreffen. Diese drei Strategietypen sind in *Abbildung 2/1* überblicksartig dargestellt.

---

11 Porter, Michael E.: Wettbewerbsstrategie; 1992.

Abbildung 2/1:   Strategietypen nach Porter[12]

		Vorteilsposition durch	
		Singularität des Produktes	Kostenvorsprung
Tätigkeitsbereich	**ganze Branche**	**Differenzierung** Produkte, die dank ihrer Einmaligkeit beim Kunden einen speziell hohen Nutzen erzeugen.	**Kostenführerschaft** Tiefste Kosten aller Mitanbieter in einer bestimmten Branche.
	Branchensegment	**Nischenpolitik** Gezielte Bearbeitung eines abgrenzbaren Segmentes des Gesamtmarktes, wobei sowohl Differenzierung als auch Kostenführerschaft möglich sind.	

Um die gewählte Strategie erfolgreich durchsetzen zu können, bedarf es eines ganzheitlichen Führungskonzeptes, welches durch die Festlegung von Instrumenten, Institutionen und Prozessen die Rahmenbedingungen schafft, um die Erreichung der gesteckten Ziele zu ermöglichen. In dieses Führungskonzept ist ebenfalls das Controlling zu integrieren, welches die Steuerung der Organisationseinheiten sowie die Koordination des Informationsflusses zur zentralen Aufgabe hat (vgl. Unterkapitel 5.2.).

Viele Banken sind heute Teil eines Konzerngebildes und sehr oft auch die Kopfstelle des Konzerns, dem sie zugehören. Sie haben sich deshalb im Rahmen der *Konzernpolitik* auch der Entwicklung von Gesamtstrategien und Führungskonzepten auf Konzernstufe anzunehmen. An sich ist es durchaus denkbar, die spezielle Regelung auch dieser Probleme den Verantwortlichen für das strategische Gesamtbank-Management zu übertragen, auch wenn sich die Tendenz zeigt, diese bank- und konzernpolitischen Anliegen getrennt anzugehen. Im nächsten Abschnitt soll der Gegenstand des strategischen Bank-Managements etwas konkretisiert zur Darstellung gelangen.

---

12 Rühli, Edwin: Strategische Unternehmungsführung heute; in: Rühli, Edwin (Hrsg.): Strategisches Management in schweizerischen Industrie-Unternehmungen; 1989, S. 35.

2.1.3. Gegenstand des strategischen Bank-Managements

Wie in einer früheren Publikation schon dargelegt[13], verlangt die aktive, erfolgs-
orientierte und langfristig ausgerichtete Globalsteuerung einer Bank:[14]

- die Schaffung eines *Planungssystems,* umfassend eine Führungsphilosophie
  und eine strategische, etwa drei bis fünf Jahre abdeckende sog. «rollende»
  Planung im Jahres- oder Zweijahresrhythmus (siehe 4. Kapitel);
- die Schaffung eines *Führungskontrollsystems* mit Einschluss eines ausgebauten *Rechnungswesens* im Sinne des Management Accounting sowie dem darauf basierenden *Controlling* und *Reporting* (siehe 3. und 5. Kapitel);
- die Schaffung eines *Kommunikations- und Informationssystems,* schwergewichtig unterstützt mit Mitteln der *Informatik* und der *Telekommunikation*
  und einer entsprechend ausgerichteten Arbeitsplatzgestaltung, ohne dass dabei die zwischenmenschliche Kommunikation ohne Zuhilfenahme elektronischer Mittel vernachlässigt werden darf (siehe 7. Kapitel, teilweise auch 5.
  Kapitel);
- die Schaffung eines *Motivations- und Belohnungssystems* mit dem Zweck, im
  Hinblick auf die Erreichung der Unternehmensziele ein günstiges Arbeitskli-
  ma herbeizuführen, welches die Befriedigung der individuellen Bedürfnisse
  nach *Lebensqualität* fördert (siehe 8. Kapitel);
- die Schaffung einer *Organisationsstruktur,* welche sowohl auf *Stufe Konzern*
  wie auf *Stufe Bank* die Realisierung und Durchsetzung der bankpolitischen
  Ziele unterstützt und fördert und Basis bildet für friktionslose organisatorische Ablaufprozesse im geschäftlichen Alltag (siehe 6. Kapitel);
- die Schaffung eines *Marketing-Konzeptes,* welches die langfristige Erfassung
  der *Kundenbedürfnisse* und die sorgfältige Analyse der *Markt- und Konkur-
  renzverhältnisse* garantiert, damit die *Marketing-Instrumente* auf operativer
  Ebene zielorientiert eingesetzt werden können (siehe 9. Kapitel);
- die Pflege der *menschlichen Aspekte,* bezogen auf Individuen und Gruppen,
  mit dem Zweck, unter Beachtung hoher ethischer Forderungen eine ganz bestimmte *Unternehmenskultur* zu schaffen und ein *Banken-Image,* das die *Öffentlichkeit* zu akzeptieren vermag (siehe 10. Kapitel).

---

13 Vgl. Kilgus, Ernst: Zur Führung von Banken; in: Krulis-Randa, Jan S.; Staffelbach, Bruno; Wehrli, Hans Peter (Hrsg.): Führen von Organisationen, Festschrift zum 60. Geburtstag von Edwin Rühli; 1993, S. 135ff.

14 In Anlehnung an: Hax, Arnoldo C.; Majluf, Nicolas S.: Strategisches Management, ein integratives Konzept aus dem MIT; 1991, S. 93f.

Abbildung 2/2:   Strategisches Bank-Management[15]

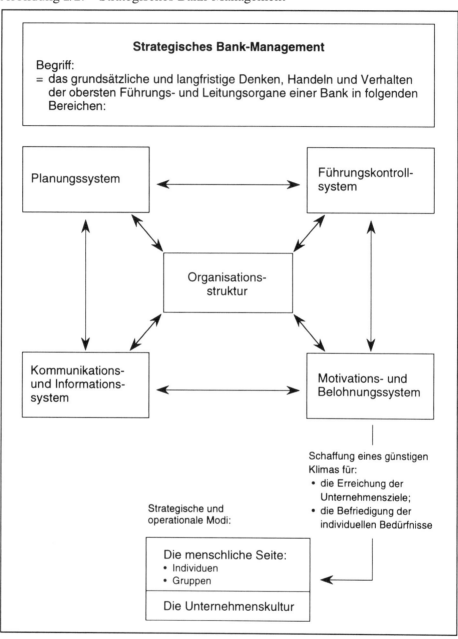

---

15 Hax, Arnoldo C.; Majluf, Nicolas S.: Strategisches Management, ein integratives Konzept aus dem MIT; 1991, S. 94.

Mit dieser sehr knappen *Übersicht* zum Gegenstand des strategischen Bank-Managements sind auch die weiteren acht Kapitel dieses Buches kurz vorgestellt, insbesondere, was deren Stellung im Konzept zu dieser Arbeit anbetrifft. *Abbildung 2/2* will dieses Zusammenwirken der einzelnen «Bausteine» visuell verdeutlichen und zum Ausdruck bringen, wie umfassend und komplex die Management-Aufgaben und die Funktionen ihrer Träger geworden sind. Dabei, das sei noch einmal betont, sind nur die *strategisch* bedeutsamen Elemente und Aspekte der Führung angesprochen. Auf welche Weise die Umsetzung auf *operativer Ebene* erfolgen sollte, müsste Gegenstand einer separaten Arbeit sein. Man darf allerdings ohne Bedenken beruhigend anfügen, dass ein sauberes und gut funktionierendes strategisches Bank-Management den späteren Erfolg auf den verschiedenen operativen Stufen weitgehend garantiert; denn die meisten Ungereimtheiten im Bankbetrieb resultieren, den empirischen Untersuchungen zufolge, auf Unklarheiten und Nachlässigkeiten auf der vorhin geschilderten strategischen Führungs- und Leitungsebene.

2.2.   Von der Vision zum Leitbild für das Management

2.2.1.   Die Vision als Grundlage bankwirtschaftlicher Aktivität

Im Unterkapitel 2.1. wurden mehrmals, wenn auch nur am Rande, die *strategischen Ziele* einer Bank angesprochen. Ziele sind anzustrebende, mit grossem Engagement aller Mitarbeiter zu verfolgende Endzustände, die man bei Abschluss einer Planperiode erreicht haben möchte, handle es sich nun um angesteuerte Endpositionen in den Geschäfts- oder in den Logistikbereichen. Mit Vorteil werden auch strategische, d.h. langfristig anzustrebende Ziele - und nicht nur die kurzfristigen Budgetziele - qualitativ, quantitativ, räumlich und zeitlich möglichst exakt beschrieben, so schwierig dies über einen Zeitraum von 3 bis 7 Jahren hinweg auch sein mag. Konkretisierte Vorgaben drängen sich jedoch auf, weil nur dadurch nach Ablauf der Planperiode *Zielerreichungsgrade* und Ursachen für allfällige *Zielabweichungen* durch die planenden Instanzen und durch das Controlling erkennbar und erfassbar sind.

Nun muss man sich in marktwirtschaftlichen Verhältnissen ohne besondere staatliche Aktivität und Einflussnahme stets bewusst sein, dass es keine letzten Autoritäten gibt, welche der planenden Bank die anzuvisierenden Ziele vorgeben. Die Führungs- und Leitungsorgane sind es, welche die Ziele *erarbeiten*, Teilziele harmonisieren und unter sich absprechen. Anders ausgedrückt: Ziele sind immer das Ergebnis eines *Zielfindungsprozesses*, der sehr komplex und anforderungsreich sein kann, auch wenn sich in der Praxis der Spielraum für neue Zielvorgaben innerhalb einer gewissen Bandbreite bewegen dürfte. Diese wird jedoch beschränkt durch die Umweltverhältnisse in den Märkten und durch die bankeigenen Stärken und Schwächen, die als Rahmenbedingungen oder Restriktionen wirken.

Der Prozess der *Zielfindung* bewegt in jüngerer Zeit sowohl die Vertreter der bankwirtschaftlichen Theorie als auch die im Alltagsgeschäft engagierten Bankpraktiker. Wie werden denn strategische Ziele bestimmt, so wird gefragt, wenn letztlich keine oberste und unbestrittene Instanz existiert, welche sie auf irgend eine magische Weise eingibt? Bei der Suche nach einer Antwort wird man heute immer wieder mit dem Begriff der *Vision* konfrontiert, im deutschen wie im englischen Sprachgebrauch. Am Anfang jeder bankbetrieblichen Aktivität, so kann man lesen oder hören, stehe die *Vision*. *Hax* und *Majluf* sprechen vom «ersten grundlegenden Schritt» der strategischen Planung, wenn sie das Thema «Vision» angehen.[16] Allgemein formuliert bedeutet der Begriff «Vision» das erahnende Verständnis der zukünftigen Lage einer Unternehmung sowie deren wegweisendes Selbstverständnis in dieser Lage. Bildlich dargestellt kann die Vision mit dem Polarstern verglichen werden: er ist nicht das Ziel der Reise, gibt jedoch die Richtung an.[17]

Einig ist man sich, dass die Vision eine längerfristig gültige Aussage zur Zukunft des Unternehmens darstellt. Diese langfristige Ausrichtung ist deshalb erforderlich, weil eine Organisation in fast allen Fällen schwerfälliger, träger ist und langsamer reagiert, als gemeinhin angenommen wird. Die Vision ist deshalb etwas Übergreifendes, eine Inspirationsquelle auch mit ansteckender, *motivierender Kraft*. Sie soll persönliche Triebkraft sein für das Leben der Mitarbeiter aller Stufen, weshalb heute mehr und mehr klar artikulierte Visionen gefordert sind. Eine solchermassen verstandene Vision könnte beispielhaft wie folgt ausformuliert sein: «Wir wollen durch hervorragendes personelles und technisches Know-how sowie erstklassige Servicequalität im schweizerischen Private Banking-Geschäft die führende Stellung und im internationalen Private Banking-Geschäft eine bedeutende Stellung erreichen.»

---

16 Vgl. Hax, Arnoldo C.; Majluf, Nicolas S.: Strategisches Management, ein integratives Konzept aus dem MIT; 1991, S. 305ff.

17 Vgl. Hinterhuber, Hans H.: Strategische Unternehmungsführung, Band 1; 1992, S. 42.

Beispiel: Neue Vision für die Kantonalbanken

Ein typisches Exempel dafür, dass eine Bank - oder hier eine ganze Bankengruppe - die Phase einer visionären Neuorientierung durchlaufen muss, zeigt das
Beispiel der Kantonalbanken. Die ungenügende Ertragslage und die schwachen
Reserven einiger Kantonalbanken haben die Diskussion zur Frage ausgelöst, ob
Staatsbanken nach dem Muster unserer Kantonalbanken vor dem Hintergrund
der Globalisierung und Liberalisierung der Märkte überhaupt noch zeitgemäss
seien.

Konkret sind zwei Hauptproblembereiche für die Kantonalbanken offenkundig: Zum ersten scheint die Zwecksetzung der Kantonalbanken in einer ertragsorientierten Bankenwelt überholt. Als Argument für die Schaffung von staatlichen Instituten wurde bei deren Gründung ein mit der Arbeit als Bank verbun-
dener volkswirtschaftlicher Auftrag (Wirtschaftsförderung, Anlagemöglichkei-
ten für den Kleinsparer, Förderung von Hauseigentum durch Hypothekarkredite
sowie die Schaffung einer Einnahmequelle für den Staat) genannt.[18] Dass es unter Berücksichtigung einer solchen visionären Ausrichtung schwierig ist, sich in
einem ertragsorientierten Bankenumfeld zu behaupten, liegt auf der Hand. Ziel
jeder Kantonalbank muss es werden, sich resultatmässig mit ähnlich gelagerten
privaten Instituten messen zu können. Um dieses Vorhaben in die Praxis umzusetzen, ist es von zentraler Bedeutung, die Vision den veränderten Rahmenbedingungen des Marktes anzupassen und jedes strategische Handeln daran zu orientieren.

Als zweiter Hemmschuh für das Gedeihen der Kantonalbanken entpuppt sich
mehr und mehr deren rechtliche Ausgestaltung. Hier sind Bestrebungen im Gange, durch die Änderung der Rechtsform an Flexibilität zu gewinnen. Grundsätzlich kommt entweder die Ausgestaltung als öffentlich-rechtliche Körperschaft
des Kantons (wie bisher als Anstalt mit Dotationskapital oder als spezialgesetz-
liche AG), oder die Rechtsform der AG (mit oder ohne öffentlichem Interesse)
als Alternative in Frage.[19] Welche Variante schliesslich von den einzelnen
Staatsinstituten gewählt wird, hängt nicht nur von betriebswirtschaftlichen
Überlegungen, sondern auch von politischen Sachzwängen ab.

Das Beispiel zeigt, wie Visionen entstehen können und wie sie im Laufe der
Zeit den veränderten Marktverhältnissen angepasst werden müssen. Ebenso
zeigt es auf, wie gross der Einfluss von Visionen auf den Erfolg einer Bank ist,

---

18 Vgl. dazu: Leu, Robert E.; Gemperle, Albert; Haas, Manuel; Spycher, Stefan: Privatisierung auf kantonaler und kommunaler Ebene; 1993, S. 49ff.

19 Vgl. dazu: Gehrig, Bruno: Strategische Alternativen von Kantonalbanken; in: Finanzmarkt und Portfoliomanagement; 4/1993, S. 413ff.

und dass eine falsche visionäre Ausrichtung die Zukunftschancen einer Bank ernsthaft gefährden kann.

2.2.2. Das Leitbild als Ergebnis der Vision

Die Konkretisierung der Vision erfolgt heute in der Regel durch Redaktion eines *Leitbildes*, das den Mitarbeitern der Bank - je nach Aussagegehalt möglicherweise aber auch nur dem Kader oder einem ausgewählten Teil des Kaders - in greifbarer Form vorgelegt wird. Der Begriff des Leitbildes, obwohl immer wieder zur Diskussion gestellt, scheint sich nicht nur im betriebswirtschaftlichen Alltag, sondern auch im gesellschaftspolitischen Leben mehr und mehr durchzusetzen, wenn man etwa von einem ökologischen Leitbild, vom Energie-Leitbild, oder vom Armee-Leitbild 95 spricht. Der Begriff «Vision» wird da und dort auch als Synonym zum Begriff des «Leitbildes» verwendet, was die Summe der Missverständnisse in bezug auf Sinn und Zweck des Leitbildes und den Nutzen, den es stiften soll, nicht unbedingt reduziert.

Umfang, Gestaltung und Gegenstand des Leitbildes werden ganz unterschiedlich gesehen. Häufig vermittelt es den Grundcharakter der Organisation bezüglich *Unternehmenszweck, Unternehmensauftrag, Geschäftsbereich und Marktposition im Wettbewerb*. Es umreisst die Art der Beziehungen zwischen der Bank und ihren *Interessengruppen* wie Mitarbeiter, Kunden, Aktionäre und Staat, letzterer auch über den Fiskus als stillem Teilhaber. Das Leitbild formuliert die für den Markt zu erbringenden *Dienstleistungen und Produkte* - Dienstleistungen im Sinne massgeschneiderter, *spezifischer* Leistungen für den Kunden, Produkte im Sinne *standardisierter,* meist im Verbund mit anderen erzeugten Massenleistungen - und legt für sie *Wachstum* und *Rentabilität* fest. Zudem macht es Aussagen über Grundprinzipien in Bereichen wie Moral und Ethik. So wird es sich beispielsweise über *erwünschte* und *unerwünschte* Kunden sowie erwünschte und unerwünschte Geschäfte aussprechen. Wenn man bedenkt, dass das Leitbild also den Unternehmensauftrag hinsichtlich Dienstleistungen, Produkte, Märkte und geographischer Ausbreitung formuliert, die strategischen Geschäftseinheiten mit der jeweiligen Ressourcenbeanspruchung definiert und letztlich die einzuschlagende (unternehmerische) Bankpolitik und die kulturellen Wertvorstellungen festlegt, muss zur wirklich existentiellen Bedeutung des Leitbildes wohl kaum vieles beigefügt werden. *Abbildung 2/3* zeigt, wie der Katalog der Fragen etwa aussehen könnte, der den Hintergrund bildet für die spätere Ausgestaltung des Leitbildes.

Abbildung 2/3:   Fragenkatalog zum bankbetrieblichen Leitbild[20]

1. Welche Marktleistungen wollen wir anbieten?
2. In welchen geographischen Gebieten soll unsere Unternehmung tätig sein?
3. Welche Marktstellung wollen wir erreichen?
4. Welche Grundsätze sollen unser Verhalten gegenüber unsern Marktpartnern bestimmen?
5. Welches sind unsere grundsätzlichen Zielvorstellungen bezüglich Gewinnerzielung und Gewinnverwendung?
6. Welches ist unsere grundsätzliche Haltung gegenüber dem Staat?
7. Wie sind wir eingestellt gegenüber wesentlichen gesellschaftlichen Anliegen?
8. Welches ist unser wirtschaftliches Handlungsprinzip?
9. Wie stellen wir uns grundsätzlich zu den Anliegen der Mitarbeiter?
10. Welches sind die wesentlichen Grundsätze der Mitarbeiterführung, die in unserem Unternehmen gelten sollen?

Natürlich bleibt dabei offen, mit welchem Detaillierungsgrad die einzelnen Fragen zu beantworten sind. Nach unseren Erfahrungen werden Leitbilder nicht gelesen und später auch nicht konsultiert und befolgt, wenn sie zu knapp gehalten sind, zu abstrakt auch voller frommer Bekenntnisse, an deren praktische Wirkung eigentlich niemand so recht glaubt. Das Leitbild muss, wie im 4. Kapitel zu zeigen sein wird, *inhaltlich* so gehaltvoll sein, dass die Entscheidungsträger im jährlichen, standardisierten Planungsprozess es zu konsultieren gezwungen sind, wollen sie nicht die Rückweisung ihrer Anträge riskieren. Neben den im Leitbild sicher wichtigen Aussagen zu den allgemeinen gesellschafts-, staats- und wirtschaftspolitischen Aktivitäten und zu den obersten *Gesamtbankzielen* sind im Leitbild mit Vorteil sämtliche *strategischen Geschäftseinheiten,* denen ja auch der Charakter strategischer Erfolgspositionen zukommt, sowie sämtliche *unterstützenden logistischen Funktionen* einzeln und konkret anzusprechen. Zur Frage, wieviele strategische Geschäftseinheiten und wieviele unterstützende Funktionen in einer Bank zu unterscheiden sind, wird im 4. Kapitel Stellung genommen. Dass die Zahl je nach *Grösse* der Bank und nach ihrer speziellen *Ausrichtung* variiert, muss wohl nicht lange begründet werden. Bedeutsam ist, dass für jede Geschäftseinheit und für jede logistische Funktion klare *Verantwort-*

---

20 Hirszowicz, Christine: Schweizerische Bankpolitik; 1993, S. 527.

lichkeiten bestehen, und dass sich das Kader, welches am Planungsprozess aktiv teilnimmt und später auf den zur *Vorschrift* gewordenen Plänen basiert, mit dem Leitbild praxisnah angesprochen fühlt. Und wenn man des weiteren erklärt, dem Leitbild sollte eine gewisse motivierende Kraft zukommen, dann muss sich eben das Kader im Leitbild auch wiederfinden.

Leider sind mit einem solchen Leitbild-Konzept immer auch gewisse *Nachteile* verbunden: je konkreter und gehaltvoller das Leitbild, desto häufiger muss es, zumindest in Teilen, mit jeder bedeutsamen Innovation revidiert, angepasst werden. Das bringt Arbeit, entlastet dafür aber die Planungsverantwortlichen bei der jährlichen Redaktion der operationellen Weisungen an die Kader. Je konkreter das Leitbild, desto grösser aber die Gefahr, dass es in die Hände Unbefugter gerät, die daraus möglicherweise Kapital schlagen (Werkspionage!). Das Leitbild, in der Regel nur gegen Quittung abgegeben und unter Verschluss zu halten, kann zwar als «Geheim» oder «Vertraulich» klassifiziert werden, doch fällt es nach eigenen Beobachtungen schwer, der missbräuchlichen Verwendung für immer einen Riegel zu schieben. Manche Vertreter der Medien erkämpfen sich fast jedes Dokument, das sie interessiert, wenn sie nur wollen.

Beispiel: Leitbild und CS-Gruppe

Die vorherigen Aussagen zum Leitbild einer einzelnen Bank gelten sinngemäss natürlich auch für einen ganzen Konzern. Das Beispiel «CS-Gruppe» ist insofern eindrücklich, als es in bunter Folge die Vor- und Nachteile, die Stärken und die Schwächen einer Leitbildidee verdeutlicht: Zwischen 1990 und 1993 hat sich dieser Konzern in schneller Folge gewandelt. Übernommen wurden in dieser Phase u.a. die Bank Leu, die Gewerbebank Baden und die Schweizerische Volksbank, neu gegründet wurde die CS Life, umstrukturiert die Fides Gruppe mit der Ausklammerung der KPMG Fides als Revisionsgesellschaft und der Schaffung der Fides Trust AG und der Fides Informatik. All diese Transaktionen haben im Grunde das Leitbild «überholt»: sie kamen überraschend, waren kaum voraussehbar. Viele Argumente deshalb für die Gegner der Leitbildidee. Umgekehrt haben in dieser Phase Tochtergesellschaften auch gelitten, weil sehr lange unklar blieb, wie denn die neue Aufgabenverteilung im Konzern gesehen wird.

Trotz dieser Schwierigkeiten überwiegen aber beim Leitbildkonzept die Vorteile. Auf deren zwei ist ganz besonders hinzuweisen: die Vorbereitung der jährlichen Planungsdokumente durch die verantwortliche Stabsstelle, das ganze Paket an Grundlagenpapieren, Reglementen und Weisungen, lässt sich massgeblich vereinfachen, wenn man das Leitbild mit ins Spiel bringt und darauf dann auch Bezug nimmt. Im weiteren kann dem Leitbild grosse Bedeutung zukommen, wenn Mitarbeiter ihre Funktion missbrauchen, Kompetenzen überschreiten, Geldwäscherei zum Beispiel ermöglichen, Geschäfte tätigen und mit Kunden kooperieren, die im Leitbild ausdrücklich als «unerwünschte Geschäfte» und «unerwünschte Kunden» definiert sind. Das Leitbild wird somit auch zur Basis für die gesetzlich geforderte Redaktion eines Geschäfts- und Organisationsreglementes.

2.2.3. Vision und Leitbild als Basis der Unternehmenspolitik

Eine gewisse Einigkeit also bei der Frage, was Vision und Leitbild sind und was sie wollen. Umstritten aber bleibt die Verfahrensweise, die Methodik zu deren Entwicklung und dies mit Einschluss der sehr bedeutsamen und zentralen Frage, welche Trägerschaft, welche Instanz sie denn eigentlich entwickeln soll. Nach der hier vertretenen Auffassung kann nur der Verwaltungsrat bzw. der Bankrat als gesetzliches Führungsorgan Entscheidungsträger sein, natürlich in Zusammenarbeit mit der Geschäftsleitung, welche - je nach gewähltem Verfahren - mit ihren unterstellten Führungsstäben die Entscheidungen vorbereitet. Im Zuge der Vorbereitung kann auch dem Controller als «Gewissen der Unternehmung» zentrale Bedeutung zukommen. Es wird Sache des 4. Kapitels zum Thema der «Planung» sein, Verfahrenstechniken im einzelnen zu beschreiben, diesen interaktiven Wechsel zwischen unternehmerischer Intuition und Fingerspitzengefühl einerseits und streng rationaler Vorgehensweise bei der Festlegung von Vision, Leitbild und letztlich auch der strategischen Ziele andererseits.

Die Unternehmenspolitik stellt eine weitere Konkretisierungsstufe im Prozess des strategischen Managements dar. In ihrer umfassenden «Schweizerischen Bankpolitik» behandelt *Christine Hirszowicz*[21] die *Bankpolitik* auch im Sinne einer betriebswirtschaftlichen Aufgabe, zu begreifen als spezielle, branchenorientierte Form der «Unternehmenspolitik». Sie stellt eine Art von Korrelat dar zur staatlichen und verbandspolitisch getragenen Branchenpolitik. Unter «betrieblicher Bankpolitik» versteht sie *die Gesamtheit aller wesentlichen langfristigen Entscheidungen über Ziele, Strategien und Ressourcen der Bank, sofern sie deren Struktur massgeblich bestimmen»*[22]. Ausgeklammert bleiben mithin die mittel- und kurzfristig wirksamen Entschlüsse auf operativer und dispositiver Stufe.

---

21 Hirszowicz, Christine: Schweizerische Bankpolitik; 1993.
22 Ebenda, S. 501.

Wenn wir dieser Auffassung folgen und davon ausgehen, dass sich die *betriebliche Bankpolitik* als Ergebnis einer Vielzahl von Grundsatzentscheidungen zur *Liquidität* und zur *Rentabilität* der Bank, zum *Cash und zum Risk Management*, zu den *strategischen Geschäftseinheiten im Binnen- und im Auslandgeschäft* und damit auch zum Verhältnis zwischen *Commercial, Investment und Trust Banking*, zur *Niederlassungs- und zur Konzernpolitik* und zum Einsatz der immer knappen *Ressourcen* äussert, indem sie zwischen *Zielen* und den Wegen zur Zielerreichung, eben den *Strategien,* unterscheidet, dann wird fast auf einen Blick der zentrale und fundamentale Stellenwert von *Vision* und *Leitbild* deutlich. Die Unternehmenspolitik muss auf diesen Führungsinstrumenten aufbauen, in logischem Bezug zu ihnen stehen. Damit bestimmen Vision und Leitbild im Grunde das langfristige Schicksal der Bank. Die betriebliche Bankpolitik wird im eigentlichen Sinne durch Deduktion zum konkretisierten Ergebnis der visionären Vorstellungen.

In einer Zeit, in der Banken im In- und Ausland in Bedrängnis geraten, *liquidiert* oder *übernommen* werden, mit anderen Instituten *fusionieren* und sich mit breit angelegten *Kooperationsverträgen* auf Gebieten wie Informatik, Telekommunikation oder Ausbildung sowie in einzelnen Geschäftsbereichen wie Zahlungsverkehr oder Anlageberatung und Vermögensverwaltung, etwa mit einem gemeinsamen Fondsgeschäft, zu retten versuchen, kann man sich der vorhin aufgezeigten Zusammenhänge nicht genug bewusst sein. Das Bankensterben - zwischen 1991 und 1993 haben, wie in Abschnitt 1.2.3. bereits ausgeführt, über 60 Banken ihre wirtschaftliche Unabhängigkeit aufgegeben respektive häufig aufgeben müssen - lässt sich zweifellos auf vielfältigste Weise erklären, von den Betroffenen auch rechtfertigen. Eines aber steht fest: das Bankensterben ist immer Ergebnis *falscher* Visionen und Leitbilder, das Ergebnis verfehlter Einschätzungen der Lage, der *Chancen* und *Risiken* in der gesellschafts-, staats- und wirtschaftspolitischen Umwelt, das Ergebnis von Fehlbeurteilung der eigenen bankbetrieblichen *Stärken* und *Schwächen.* Und geht man der Sache weiter auf den Grund, wird deutlich erkennbar, dass auch ein Zusammenhang besteht zwischen Fehlbeurteilung und Stand des Ausbaus der notwendigen *Führungsinstrumente*, insbesondere was das *Management Accounting* und die *Planung* anbetrifft. Natürlich können ein noch so tüchtiger Chef des Rechnungswesens oder ein erfahrener Planungschef eine Bank nicht vor dem Ruin retten, wenn anderes nicht stimmt. Eine Vision aber und ein realistisches Unternehmensleitbild lassen sich nur entwickeln, wenn ein Paket quantitativer Daten und sorgfältig entwickelte Ziel- und Strategiepapiere eine Lagebeurteilung durch den Verwaltungsrat ermöglichen. Es liesse sich aufgrund jahrelanger Erfahrung im Umgang mit Banken und Bankiers eine Fülle von Beispielen namentlich anführen, welche diesen Zusammenhang zwischen visionärer Gabe und seriöser sachlicher Unterlegung des dazu gehörigen Entscheidungsprozesses verdeutlichen. Man begegnet immer wieder Verwaltungsräten, die völlig überfordert sind, Mühe bekunden, eine Bilanz oder eine Deckungsbeitragsrechnung richtig zu lesen und einen raschen Gang zum ausgedehnten Lunch einer verlängerten Klausursitzung zur wirklichen Beratung der Basispapiere vorziehen. Da vermag auch der gewiegteste Berater keine Hilfe zu bringen. Und man fragt sich manchmal, warum sie denn eigentlich Verwaltungsräte oder Bankräte geworden sind. Aus Prestigegründen oder weil ihre eigenen bei der Bank hinterlegten Vermögenswerte den Wahlbehörden der Bank fast keinen Ausweg lassen?

Nach eigenen Beobachtungen haben viele Banken, nicht nur Grossbanken, sondern auch Kantonalbanken, gewisse Regionalbanken und Sparkassen sowie die Auslandbanken in der Schweiz die Notwendigkeit jährlicher, längerfristiger Beratung in diesen Belangen erkannt. Andere verzichten darauf, geraten in Krisenlagen und bejammern die «böse Umwelt und Konkurrenz», welche sie vom Markte verdränge.

3. Kapitel
Management Accounting und
Risk Management

Einführung

Es gibt wohl kaum eine etablierte Führungslehre, die sich nicht über Art und Umfang der vom Management zu bestimmenden *Führungsinstrumente* ausspre- chen würde. Die Forderung nach Führungsinstrumenten ist für die spezielle, bankspezifische Betriebswirtschaftslehre genauso berechtigt wie für die allge- meine.

Im Mittelpunkt stand schon immer und steht auch heute noch das *Rechnungs- wesen* der Bank. Wird es in seiner ganzen Gestaltung und Ausrichtung in den Dienst der Führungs- und Leitungsinstanzen gestellt, spricht man gemeinhin von der Schaffung und vom Betrieb eines *«Management-Accounting-Systems»*. Die Auffassung hat sich durchgesetzt, dass Führung und Leitung einer Bank oh- ne starke Abstützung auf eine seriöse und umfassende *quantitative Basis* kaum mehr denkbar sind. Wie früher in anderen Publikationen schon eingehend dar- gelegt, verstehen wir unter dem Begriff des *«Rechnungswesens»* die «Gesamt- heit der Zählungen und Rechnungen für wirtschaftliche Zwecke, mit Einschluss der für die Erfassung, Verarbeitung und Auswertung der Zahlen geschaffenen Einrichtungen»[23]. Der Begriff umfasst die Gruppe der planmässig durchgeführ- ten Rechnungen und sämtliche fallweise vorgenommenen Einzelrechnungen und Analysen. Auch in der Bankpraxis wird heute zwischen den Gebieten der *fi- nanziellen* (Buchhaltung mit den Jahresrechnungen) und der *betrieblichen Rech- nungslegung* (Kostenrechnung, Kalkulation, Statistik) unterschieden.[24] Diese Zweiteilung hat sich in den Unternehmen aufgrund der entsprechenden Rahmen- bedingungen über Jahrzehnte bewährt. Neuere Entwicklungen führen aber ver- mehrt zu einer integralen Betrachtungsweise des gesamten Management Ac- countings. Im folgenden soll es deshalb im Sinne sowohl eines Informationsin- strumentes für aussenstehende Empfänger als auch als internes Führungsinstru- ment behandelt werden.

---

23 Käfer, Karl: Rechnungswesen der Unternehmung; in: Handbuch der Schweizerischen Volkswirtschaft, Band II; 1955, S. 297 - 300.

24 Vgl. Kilgus, Ernst: Das Rechnungswesen im Dienste der Unternehmungsführung; 1968.

Im Rahmen der strategischen Führung hat in jüngerer Zeit neben dem Management Accounting vermehrt auch das «*Risk Management*» an Bedeutung gewonnen, an und für sich eine Selbstverständlichkeit, besteht das Geschäft des Bankiers doch darin, Risiken zu erkennen, zu bewerten, zu steuern und selber zu tragen. Der Gesetzgeber hat schon immer, wenn auch unter völlig anderem Titel, eine Politik der Risikosteuerung verfolgt. Nur schon angesichts der allgemein *akzentuierten Finanzmarktrisiken* muss aber innerhalb des gesetzlichen Rahmens ein aktives Risiko-Management stattfinden. Dabei können die unterschiedlichen Risikoarten in den einzelnen Phasen des Risiko-Management-Prozesses mit verschiedenen Instrumenten gehandhabt werden, so dass in risikobewussten Banken heute ein umfangreicher *Instrumenten-Mix* zum Einsatz gelangt.

3.1. Management Accounting

3.1.1. Management Accounting und die Information aussenstehender Empfänger

Wenn man vom *Zweck* der Rechnungslegung spricht, muss man sich bewusst sein, dass der Staat als Gesetzgeber vor allem die Art der finanziellen Rechnungslegung massgeblich bestimmt und auf verschiedenen Teilgebieten Mindestanforderungen stellt. Dem Bank-Management ist es aber freigestellt, das System zu erweitern, zu verfeinern.

Grundlage für die finanzielle Rechnungslegung bilden auch in der Bankbranche die Art. 957 - 964 des Obligationenrechts, die sog. *allgemeinen Buchführungsvorschriften*, die *Karl Käfer*[25] auf eindrückliche Art kommentiert hat. Diese sind für alle im Handelsregister eintragungspflichtigen Unternehmen verbindlich, so auch für die Banken. Sie werden ergänzt und vertieft durch die *aktienrechtlichen Bestimmungen*, wie sie vor allem in den Artikeln 662 - 674 OR (Erfolgsrechnung, Bilanz, Reservefonds usw.) zur Darstellung kommen. Auch diese Vorschriften sind für die Banken, die als Aktiengesellschaften konstituiert sind, relevant. Entscheidend ist nun aber der Eingriff, welcher durch das «*Bundesgesetz über die Banken und Sparkassen*» als Spezialgesetz und insbesondere durch die *Verordnung* hierzu erfolgt.

---

25 **Käfer, Karl**: Die kaufmännische Buchführung, Berner Kommentar zum schweizerischen Privatrecht; 1976 und 1980.

Aufsichtsbehörde als Informationsempfänger

Als eigentliche Aufsichtsbehörde gilt die durch den Bundesrat eingesetzte *Eidgenössische Bankenkommission* (EBK). Sie trifft die zum Vollzug des Gesetzes notwendigen Verfügungen und überwacht die Einhaltung der gesetzlichen Vorschriften. Zur Erfüllung dieser Aufgabe kann sie von den Revisionsstellen sowie von den Banken alle Auskünfte und Unterlagen verlangen (Art. 23bis BaG). Im weiteren übernehmen z.T. auch die Schweizerische Nationalbank, bzw. die vom Bankengesetz vorgeschriebene externe Revisionsstelle sowie die Revisionsstelle laut OR (in der Praxis häufig identisch mit der erstgenannten) und das interne Inspektorat gewisse aufsichtsrechtliche Funktionen. Eine der wichtigsten Grundlagen für die Arbeit der Aufsichtsbehörden stellen die Daten aus dem Rechnungswesen dar.

Von zentraler Bedeutung sind die von Gesetz und Verordnung definierten Bestimmungen über

- die Einhaltung eines ganz bestimmten *Finanzierungsverhältnisses*[26] (eigene Mittel im Verhältnis zu den gesamten Verbindlichkeiten) gemäss Art. 4 Abs. 1 lit. a BaG und Art. 11 - 14 VBaG,

- die Einhaltung bestimmter *Liquiditätsanforderungen*[27], d.h. von Relationen zwischen ausgewählten Aktiven (greifbare Mittel und leicht verwertbare Aktiven) und kurzfristigen Verbindlichkeiten gemäss Art. 4 Abs. 1 lit. b BaG und Art. 15 - 20 VBaG, sowie über

- die Einhaltung der Vorschriften zum *Klumpenrisiko* (Mitteilungspflicht beim Überschreiten gewisser Limiten bezüglich der Höhe der gesamten Verpflichtungen eines Kunden) gemäss Art. 4bis BaG und Art. 21 VBaG.

Im weiteren gehen aber auch die Jahresrechnungen und die Zwischenbilanzen, Frühinformationen über die Eigenkapital-, die Erfolgs- und die Länderrisikosituation bis 60 Tage nach Jahresabschluss sowie eine allfällig notwendige Meldung über den Devisenstatus an die Bankenkommission.

Die gesetzlich geforderten *Eigenmittel* zur Einhaltung eines bestimmten Finanzierungsverhältnisses orientieren sich an den Buchwerten der Aktiven, welche mit einem bestimmten Prozentanteil an Eigenmitteln zu unterlegen sind. Der Eigenmittelausweis ist nach einem von der Bankenkommission festgelegten

---

26 Zu den Eigenmittelvorschriften vgl. auch: Meyer, Conrad: Die Bankbilanz als finanzielles Führungsinstrument; 1991.

27 Zu den Liquiditätsvorschriften vgl. ebenda.

Formular zu erstellen. Er muss sich jährlich mindestens einmal *auch* auf die *konsolidierte Bilanz* stützen (Konsolidierungs-Richtlinie der EBK vom 17. März 1978). Wie die Praxis zeigt, bewegt sich die Eigenmittel-Ausstattung bei Schweizer Banken je nach Zusammensetzung der Geschäftssparten und dem Ausmass der internationalen Ausrichtung - Auslandgeschäfte werden mit Zuschlägen «bestraft» - zwischen 8% und 12% der Bilanzsumme. Im Vergleich zu ausländischen Banken werden die Schweizer Banken vom Gesetzgeber wesentlich härter angefasst, was natürlich, wenn man sich nur von den *kalkulatorischen Eigenzinsen* leiten lässt, zu Wettbewerbsnachteilen führen kann. Diese Nachteile können aber mit *Soliditätserwägungen* teilweise kompensiert werden. Es sei an dieser Stelle nochmals erwähnt, dass man sich heute in den verschiedensten internationalen Gremien, die der EU und der BIZ nahestehen, um eine *Harmonisierung* der Eigenmittelbestimmungen bemüht.

Bei der Liquiditätsabsicherung verlangt der Gesetzgeber die Einhaltung der Kassaliquidität und der Gesamtliquidität. Im Rahmen der *Kassaliquidität*, welche bei einer Vertrauenskrise für die ersten Stunden die Stossdämpferfunktion übernehmen soll, müssen die greifbaren Mittel einer Bank im Monatsdurchschnitt mindestens einen Prozentsatz ausgewählter, auf Schweizerfranken lautender Verbindlichkeiten betragen. Die *Gesamtliquidität*, die vielmehr der Idee des Notvorrates entspricht, stellt die im Gesetz genauer umschriebenen greifbaren Mittel und leicht verwertbaren Aktiven den kurzfristigen Verbindlichkeiten gegenüber. Erstere müssen mindestens 33% der letzteren betragen. Auch hier haben die Banken Liquiditätsausweise zuhanden der Bankenkommission und der Nationalbank zu erstellen und zwar monatlich für die Kassaliquidität und vierteljährlich für die Gesamtliquidität.

Der Gesetzgeber fordert im weiteren, dass die *Ausleihungen* an einen einzelnen Kunden sowie die *Beteiligungen* an einem einzelnen Unternehmen in einem angemessenen Verhältnis zu den Eigenmitteln stehen. Die Bank muss beim Überschreiten der Grenzwerte, die auch auf konsolidierter Basis gelten, dies vorerst nur der EBK melden, wobei eine Herabsetzung droht. Diese Bestimmung zur Einschränkung des Klumpenrisikos auf der Aktivseite wird ergänzt durch Art. 18 VBaG, welcher der Gefahr grosser Abzüge von Passivgelder einzelner Kunden entgegentreten soll. In diesem Fall muss die Bank die Revisionsstelle unterrichten.

Öffentlichkeit als Informationsempfänger

Neben der Aufsichtsbehörde ist die Öffentlichkeit der zweite, wichtige externe Informationsempfänger. Dabei gilt es, für jedes Unternehmen ein bedürfnisgerechtes und entsprechend umfassendes Informationskonzept zu erarbeiten. Auch heute stellen die Daten aus dem Management Accounting nach wie vor einen wesentlichen Bestandteil der Publizität dar. Gerade dieser Bereich ist sehr stark durch *gesetzliche Regelungen*, Obligationenrecht sowie Bankengesetz, geprägt. So bestanden z.B. schon relativ früh Vorschriften über die Mindestgliederung der Bilanz (Art. 23 VBaG) und der Erfolgsrechnung (Art. 25 VBaG). Für die als Aktiengesellschaften organisierten Banken haben sich mit Inkrafttreten des *neuen Aktienrechtes* gewisse Doppelspurigkeiten und Unklarheiten ergeben. Die EBK hat deshalb im Rundschreiben Bankengesetz/Aktiengesetz vom 25. August 1993 ihre Auffassung erläutert. Als Beispiel sei hier die Frage des Anhangs als Bestandteil der Jahresrechnung erwähnt. In Art. 24 VBaG verlangt der Gesetzgeber von den Banken zusätzliche Angaben zur Jahresbilanz. Gleichzeitig sind aber Aktiengesellschaften gemäss Art. 663b OR verpflichtet, einen Anhang zu erstellen. Gemäss Rundschreiben der EBK gelten beide Artikel für die Banken. Im Rahmen der Revision der Art. 23 - 25 VBaG wird heute versucht, die Vorschriften aus dem Aktienrecht auf die Besonderheiten der Bankbranche anzupassen.[28]

Bezüglich der Publizität stehen zur Zeit zwei Punkte im Zentrum der Diskussion: die Verwendung der *Mittelflussrechnung* und die *Konsolidierungsvorschriften*. Heute werden von den Banken nur statische Liquiditätsausweise verlangt. Dazu ist folgendes zu bemerken: die betriebswirtschaftliche, allgemeine Theorie zum Rechnungswesen lehrt schon lange, dass zeitpunktbezogene Ausweise mit zu vielen Mängeln, d.h. Ungewissheitsfaktoren behaftet sind. Daran ändere auch nichts, wenn man das Erstellen solcher Ausweise in kurzen Abständen wiederholt und somit über den Zeitvergleich mit Abweichungsanalysen arbeitet. Der Status gebe niemals an, welche *Mittelzuflüsse und -abgänge* stattgefunden haben beziehungsweise, welche bei einer Zukunftsrechnung morgen oder übermorgen zu erwarten sind. Man kann so verstehen, dass immer wieder Mittelflussrechnungen gefordert werden, im Sinne einer Erweiterung der bisher gesetzlich geforderten Ansprüche. Auch wenn verschiedene, vor allem international tätige Banken, auf «freiwilliger» Basis Mittelflussrechnungen publizieren, so zeigen sich nur schon bei einem Vergleich der drei Grossbanken unterschiedlichste, auch z.T. «kreative» Ansätze. Wenn Banken Mühe bekunden, solche Mittelflussrechnungen zu präsentieren, wie dies die Sachleistungsbetriebe tun, so mag dies verschiedene Gründe haben. Das Bankgeschäft schlägt sich grundsätzlich ganz anders in der Buchhaltung nieder. So ist im Industriebetrieb der

---

28 Vgl. Boemle, Max: Die Bedeutung des Anhangs für die Rechnungslegung der Banken; in: Gehrig, Bruno; Schwander, Ivo: Banken und Bankrecht im Wandel; 1993, S. 197 - 211; vgl. auch Bericht der Expertenkommission zur Revision Art. 23 - 25 VBaG; 1994, S. 18ff.

Umsatz oft wesentlichster Bestandteil der Liquiditätsspeisung. *«Umsatz einer Bank»* ist hingegen als Begriff sehr schwer zu fassen. Die Mittelflussrechnung bei der Bank basiert deshalb weitgehend auf Verschiebungen innerhalb der Bilanzpositionen, die aber ihrerseits natürlich nur einen Teil des Bankgeschäftes widerspiegeln. Aber auch die in der Schweiz lange Zeit allgemein vorherrschende Fondsdefinition des Nettoumlaufvermögens lässt sich auf Banken nur schwer umsetzen, da die Bankbilanz weniger nach liquiditäts- denn nach rechts- und geschäftsspezifischen Gesichtspunkten gegliedert ist.[29] Es ist deshalb nicht erstaunlich, dass die Idee der Geldflussrechnung eindeutig in den Vordergrund rückt. Die Expertenkommission *Boemle* hat im Rahmen ihrer Arbeit einen Entwurf für eine Gliederung der Mittelflussrechnung erarbeitet. Sie stützt sich dabei auch auf entsprechende Regelungen im Ausland (vgl. *Abbildung 3/1*).

Die *konsolidierte Jahresrechnung* gilt heute als unentbehrlicher Teil zur Beurteilung komplexer Unternehmenskonstruktionen. Dies wurde auch im neuen Aktienrecht berücksichtigt, besteht doch gemäss Art. 663e OR eine Konsolidierungspflicht für Aktiengesellschaften, die durch Stimmenmehrheit oder auf andere Weise eine oder mehrere Gesellschaften unter einheitlicher Leitung zusammenfassen. Die Gesellschaften sind jedoch von dieser Pflicht befreit, wenn sie zusammen mit ihren Untergesellschaften zwei der folgenden Grössen in zwei aufeinanderfolgenden Jahren nicht überschreiten (Bilanzsumme von 10 Mio. Fr., Umsatzerlös von 20 Mio. Fr., 200 Arbeitnehmer). Ausnahmen dazu werden in Absatz 3 von Art. 663e OR formuliert. Diese Vorschrift des Aktienrechtes betrifft auch entsprechende Banken, wobei das Kriterium Umsatz für Banken nicht gelten kann (Rundschreiben der EBK Bankengesetz/Aktiengesetz vom 25. August 1993, Abs. 19). Bisher bestand für die EBK keine eigene gesetzliche Grundlage, um Banken zur Veröffentlichung von Konzernrechnungen zu zwingen. Einzig für aufsichtsrechtliche Zwecke, z.B. für die Überprüfung der Eigenmittel- und Klumpenrisikovorschriften, wurden konsolidierte Meldungen verlangt. Die Expertenkommission *Boemle* zur Revision der Art. 23 - 25 VBaG schlägt neu in ihrem Bericht im Art. 23 Abs. 3 VBaG vor, dass Banken, die durch Stimmenmehrheit oder auf andere Weise eine oder mehrere Gesellschaften zusammenfassen, eine konsolidierte Jahresrechnung zu veröffentlichen haben.[30] Als Grössenkriterium für Ausnahmen werden die banktypischen Kriterien Bilanzsumme oder Anzahl Mitarbeiter in Betracht gezogen. Speziell verwiesen wird zudem auf die allgemein anerkannten Grundsätze der Konzernrechnungsle-

---

29 Vgl. Mittaz, Jean-Pierre: Reporting im Bankkonzern; 1992, S. 145.
30 Vgl. Bericht der Expertenkommission zur Revision Art. 23 - 25 VBaG; 1994, S. 20.

Abbildung 3/1: Gliederung der Mittelflussrechnung im Bankbetrieb[31]

Mittelflussrechnung	Mittelherkunft	Mittelverwendung
Mittelfluss aus operativem Ergebnis (Innenfinanzierung) • Jahresergebnis • Abschreibungen auf Anlagevermögen • Wertberichtigungen und Rückstellungen • Aktive Rechnungsabgrenzung • Passive Rechnungsabgrenzung • Sonstige Positionen • Dividende Vorjahr		
Mittelfluss aus Eigenkapital-transaktionen • Aktien-/ PS-/ Dotationskapital/etc. • Agio		
Mittelfluss aus Vorgängen im Anlagevermögen • Finanzanlagen • Beteiligungen • Liegenschaften • Übrige Sachanlagen • Immaterielle Werte • Hypotheken auf eigenen Liegenschaften		
Mittelfluss aus dem Bankgeschäft *Mittelfristiges Geschäft* • Ausgabe Anleihensobligationen • Ausgabe Kassaobligationen • Aufnahme Pfandbriefdarlehen • Darlehen Emissionszentrale • Spar- und Anlagegelder • Sonstige Verpflichtungen • Forderungen gegenüber Banken • Forderungen gegenüber Kunden • Hypothekarforderungen • Sonstige Forderungen *Kurzfristiges Geschäft* • Verpflichtungen aus Geldmarkt- und ähnlichen Papieren und Wertrechten • Verpflichtungen gegenüber Banken • Verpflichtungen gegenüber Kunden • Forderungen aus Geldmarkt- und ähnlichen Papieren und Wertrechten • Forderungen gegenüber Banken • Forderungen gegenüber Kunden		
Liquidität • Flüssige Mittel • Handelsbestände in Wertschriften und Edelmetallen		

---

31 Bericht der Expertenkommission zur Revision Art. 23 - 25 VBaG; Verordnung zu den Rechnungslegungsvorschriften; 1994, S. 41.

gung.[32] Damit soll das Vakuum, das durch die zum Teil fehlenden technischen Vorschriften entsteht, gefüllt werden.

3.1.2. Konzept des internen Management Accountings

Die rasanten Entwicklungen an den internationalen Geld-, Kredit- und Kapitalmärkten haben bei vielen Banken zum Angebot neuer Dienstleistungen und Produkte geführt und als Folge davon zu Wandlungen in den Entscheidungs- und Abwicklungstechniken. Auch wurden im Gefolge dieser Veränderungen zum Teil bedeutsame organisatorische Anpassungen unumgänglich. So ist in den Führungs- und Leitungsgremien der Banken das Bedürfnis gewachsen, neben bisherigen vor allem vergangenheitsbezogenen Zahlen ein *entscheidungsorientiertes Führungsinstrument* zur Hand zu haben. Demzufolge sollte ein modernes internes Rechnungswesen möglichst zukunftsgerichtete, objektive Daten über die bankgeschäftliche Aktivität zur Verfügung stellen.

Zentrales Element eines solchen internen Management Accountings ist neben der Finanzplanung die Kosten- und Erlösrechnung. Über ihren Sinn und Zweck für Banken wurde lange Zeit auch unter Fachleuten engagiert gestritten. Heute scheint Einigkeit darüber zu bestehen, dass eine ausgebaute Kosten- und Erlösrechnung den folgenden *Hauptanforderungen* zu genügen hat:

- Sie soll einen objektiven Einblick in die *Gesamtkosten- und die Gesamterlösstruktur* der Bank gewähren und - darauf aufbauend - den Erfolgsbeitrag der einzelnen Dienstleistungen und Produkte, nach Gruppen gebündelt, ausweisen. *Dienstleistungs- und Produktegruppen* können beispielsweise sein: Kommerzkredite Inland, Auslandkredite, Kleinkredite, Emissionen, Zahlungsverkehr, Treuhandanlagen, Anlageberatung, Wertschriftenhandel usw.

- Sie soll im weiteren Aufschluss geben über den Erfolgsbeitrag der bearbeiteten *Marktgebiete* oder Regionen. Weil in manchen Fällen das vorgegebene Einsatzgebiet einer Filiale mit einer klar umschriebenen geographischen Region zusammenfällt, liefert dieser Rechnungsteil indirekt meist auch erste Informationen zu den *Filialergebnissen*.

- Die Kosten- und Erlösrechnung soll auch über den Erfolgsbeitrag eines Kunden oder einer *Kundengruppe* informieren. Zu diesem Zweck wird die Kundschaft einer Bank segmentiert, z.B.: gewerbliche Kunden, übrige kommerziel-

---

32 Zu den Grundsätzen der Konzernrechnungslegung vgl. Zenhäusern, Markus; Bertschinger, Peter: Konzernrechnungslegung; 1993.

44

le Kunden Inland, kommerzielle Kunden Ausland, Privatkunden, institutionelle Kunden, Banken, Broker, Eigengeschäfte, usw.

Die amerikanische Lehre spricht im Zusammenhang mit den vorhin genannten drei Hauptanforderungen sehr anschaulich vom dreidimensionalen «CAP-Approach», der einer Kosten- und Erlösrechnung zugrunde liegen soll: C für Customers, A für Arenas und P für Products.[33] *Passardi* bringt die gleiche Idee mit dem Bild des Würfels zum Ausdruck, wie *Abbildung 3/2* zeigt.

Abbildung 3/2: Kunden-, Produkt- und Standortsegmentierung als Grundlage für die Anforderungen an die Kosten- und Erlösrechnung[34]

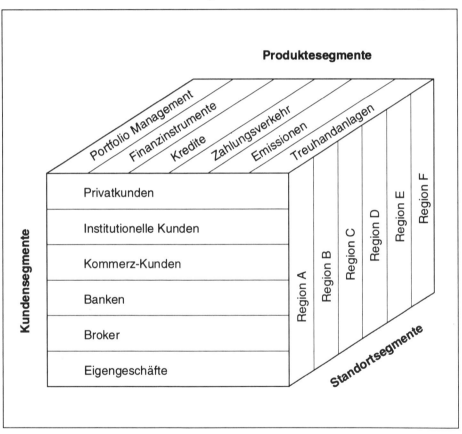

33 Vgl. Smith, Roy C.; Walter, Ingo: Global Financial Services; 1990, S. 587ff.
34 Passardi, Adriano: Bank-Management und Bank-Kostenrechnung; 1991, S. 34.

Die an sich sehr plausible These, die Kosten- und Erlösrechnung habe Auskunft zu geben über den Erfolg der verschiedenen Kunden-, Produkte- und Standortsegmente, bedingt für deren Erfüllung den Aufbau eines bankinternen betrieblichen *Rechnungssystems*, bestehend aus einer Vielzahl von Teilrechnungen, welche notwendig sind, um den genannten Anforderungen zu genügen.

Am Anfang steht eine *Gesamtbetriebsrechnung* für die Bank als Ganzes, welche nach erfolgter Korrektur der finanzbuchhalterischen Aufwendungen und Erträge die *Kosten- und Erlösarten* und, als Differenz daraus, den kalkulatorisch richtigen Gewinn oder Verlust aufzeigen soll. Daraus werden später *Kostenstellenrechnung*, *Zinserfolgsspannenrechnung* und *Geschäftsspartenrechnung* (oder auch Profit Center-Rechnung) abgeleitet. Im weiteren sind, basierend auf einem Mengengerüst, die *Stückkosten* je Transaktion zu kalkulieren, damit eine *Konten- und Kundenrechnung* möglich wird. Eine gesonderte *Filialrechnung* ergänzt das System. *Abbildung 3/3* zeigt die Zusammenhänge zwischen den einzelnen Teilen einer bankbetrieblichen Kosten- und Erlösrechnung im Überblick!

Alle diese Teile des betrieblichen Rechnungswesens stehen zunächst im Dienste der Abrechnung abgelaufener, vergangener Perioden. Ist-Kosten und Ist-Erlöse prägen das Geschehen. Nun aber ist die Kosten- und Erlösrechnung auch Teil eines umfassenden *Planungs-, Budgetierungs- und Kontrollsystems*. Mit der Festlegung von Budgetzahlen, sog. Soll-Grössen, wird ein klassischer Soll/Ist-Vergleich möglich und damit eine auf Kostenbasis erstellte *Betriebsanalyse*, welche dazu geeignet ist, *Produktivität* und *Wirtschaftlichkeit* zu überwachen.

Da Banken, ähnlich wie Industriebetriebe, gezwungen sind, ihre *fix verrechneten Kosten* auf möglichst viele Leistungseinheiten verteilen zu können, hat die analytische Arbeit mit *fixen* und (proportional) *variablen* Kosten an Bedeutung gewonnen. Sie kommt insbesondere zum Tragen, wenn Berechnungen zur *optimalen Betriebsgrösse* einer Bank oder einer Niederlassung notwendig werden. Will man diese Trennung in fixe und variable Kosten im Sinne eines ständigen Anliegens vollziehen, ist die Kostenstellenrechnung entsprechend auszubauen. Anderenfalls sind auch *ad hoc-Rechnungen* nach Bedarf denkbar, um das System nicht allzu sehr zu belasten. Das klassische Problem der Spaltung der Kosten in ihre fixen und variablen Bestandteile steht heute mehr denn je im Zentrum. Entscheidend ist dabei die grundsätzliche Frage der Bezugsgrösse, die auch im Zusammenhang mit den neuen Ideen der Prozesskostenrechnung diskutiert wird (vgl. weiter unten). Die Rechnung mit variablen Kosten führt automatisch auch zur Verwendung von *Deckungsbeiträgen*. Diese sind insbesondere für die Kalkulation standardisierter Massenprodukte (Retail Banking) denkbar. Für die Abrechnung individueller, massgeschneiderter Dienstleistungen dagegen

Abbildung 3/3: Zusammenhänge zwischen den einzelnen Bestandteilen der bankbetrieblichen Kosten- und Erlösrechnung[35]

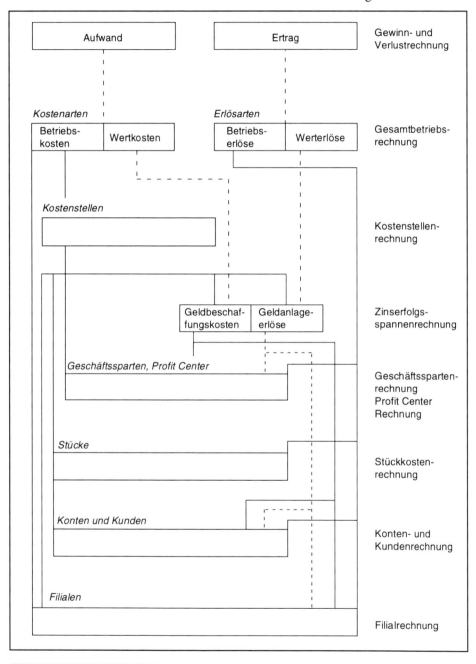

35 Passardi, Adriano: Bank-Management und Bank-Kostenrechnung; 1991, S. 42.

sind sie eher weniger geeignet. Relativ häufig gelangen mehrstufige Deckungs-beitragsrechnungen bei der Profit Center- und Filialführung zur Anwendung.

In einer Zeit, in der versucht wird, mit Gemeinkostenwertanalysen (GWA) und mit «Schlankheitskuren» aller Art die Kosten-/Erlösverhältnisse in den Unternehmungen zu verbessern, ist stets zu beachten, dass auch das Rechnungswesen als betriebliche Einrichtung *Kosten* verursacht, welche über die Preise (Zinsen, Kommissionen, Provisionen, Gebühren) für Dienstleistungen und Produkte auf die Kunden überwälzt werden müssen. Das Rechnungswesen ist deshalb nur insoweit auszubauen, als die Teile für die Führungs- und Leitungsorgane Nutzen stiften. So darf eine Kosten- und Erlösrechnung in ihrer Komplexität *nicht zum Selbstzweck* werden, eine Gefahr, die nicht zu übersehen ist, weil die Fortschritte in den Rechentechniken (Mathematik, Operations Research) und in der Informatik angesichts der Zahlenvielfalt zu Auswüchsen einladen. Gerade aus diesem Grunde ist der *Sinn* der einzelnen Bestandteile des Systems bzw. deren Ausgestaltung bezüglich Detaillierungsgrad, Sicherheit, Genauigkeit und Geschwindigkeit aus der Sicht der Entscheidungsträger in der Bank sorgfältig zu begründen.

3.1.3.   Elemente des internen Management Accountings

Planungsrechnung und Budgetierung

In allen Management-Lehren wird zu Recht betont, eine Unternehmung (und somit auch eine Bank) zu führen bedeute schwergewichtig stets, für diese Wirtschaftseinheit die *Zukunft* zu gestalten. Weil dem so ist, muss auch ein Management Accounting unter *prospektiven* Aspekten beurteilt und gestaltet werden. So ist der Frage nachzugehen, ob die Rechnungslegung von ihrem ganzen Ansatz her überhaupt in der Lage sein kann, von ihrer vergangenheitsorientierten Ausrichtung abzurücken und zur Lösung zukunftsorientierter, quantitativer Probleme etwas beizutragen. Konkret ist zu fragen, ob eine Bank in der Lage sei, mehrere künftige Wirtschaftsperioden zu planen und die Ergebnisse der planerischen Aktivität in *Planungsrechnungen* umzugiessen, d.h. den Planungsinhalt auf die Zahlenebene zu projizieren. In diesem Sinn steht das System der Planungsrechnungen im Zentrum des Management-Interesses. Bezogen auf das Rechnungswesen betrifft dies vor allem die Finanzplanung und die Plankostenrechnung.

Innerhalb der Finanzplanung wird zwischen der langfristigen, strategisch ausgerichteten Planung und der kurzfristigen Budgetierung unterschieden. Ziel ist dabei die Erstellung von Plan-Bilanzen, Plan-Erfolgsrechnungen und Plan-Mittelflussrechnungen. Im einfacheren Fall einer *direkten Bilanzbudgetierung*[36] sollen die Bilanzpositionen direkt über die Planung der Mittelherkunft (Passiven) und der Mittelverwendung (Aktiven) berechnet werden. Sie bilden anschliessend die Basis für das Erfolgsbudget (nur Zinsaufwände und Zinserträge) und für das Liquiditätsbudget. Die *indirekte Bilanzbudgetierung* widerspiegelt, wie *Abbildung 3/4* zeigt, die Komplexität der Bankorganisation. Ausgangspunkt ist das nach Kundengruppen segmentierte Absatzbudget. Daraus werden einerseits die budgetierte Bilanz, andererseits die logistischen Budgets im Investitions-, Material- und Personalbereich abgeleitet. Zusammen mit den Zinsaufwänden und -erträgen, die sich aufgrund der Budgetbilanz bestimmen lassen, werden die Aufwendungen aus den logistischen Budgets zur Erfolgsrechnung verdichtet. Man sieht hier offensichtlich die direkten Verbindungsmöglichkeiten zur Kostenrechnung.

In der Plankostenrechnung[37] werden *Soll-Kosten* und *Soll-Erlöse* für künftige Perioden vorgegeben, am häufigsten natürlich im Rahmen der operativen Planung für ein Jahr. Bei darüber hinausreichenden Planperioden wächst der Widerstand der budgetierenden Stellen spürbar. *Plankosten* sind bei ihrer Entwicklung zunächst Erwartungen, Vorgabegrössen. Mit der Genehmigung der Pläne und der Budgets können sie für die Betroffenen zum *Ziel*, zur indirekten *Verhaltensnorm* werden. Nach Ablauf der Planperiode wird der Vergleich zwischen Plan- und Ist-Kosten durchgeführt, *Abweichungen* werden erfasst und im Rahmen der *Produktivitäts-* und *Wirtschaftlichkeitskontrolle* analysiert. Je nach Lage wird später vom Management ein Kommentar und möglicherweise auch ein *Massnahmenpaket* erwartet. Es gilt, Fehler zu erkennen und aus Fehlern zu lernen. Auch im Bankbetrieb, ähnlich wie in der Industrie, wird darüber diskutiert, wie Plankosten bzw. Budgetvorgaben zu erarbeiten sind. Ursprünglich begnügte man sich damit, die vergangenheitsbezogenen Ist-Kosten als Basis zu nehmen, d.h. eine Art von Fortschreibungsmethode zu praktizieren, unter Einbringung gewisser Korrekturfaktoren wie teuerungsbedingten Lohnerhöhungen, veränderten Sozialabgaben usw. Heute wird versucht, die Budgetzahlen stärker zu objektivieren. Unter Zuhilfenahme von Zeitstudien, Zählungen und Messungen aller Art werden *Mengen- und Wertstandards* ermittelt, Standardbearbei-

---

36 Vgl. hierzu Fischer, Rudolf: Bankbudgetierung; 1980, S. 29.
37 Zur Standardkostenrechnung vgl. z.B.: Cole, Leonard: Cost analysis and control in banks; 1985, S. 94ff.

Abbildung 3/4:   Variante «Indirekte Bilanzbudgetierung»[38]

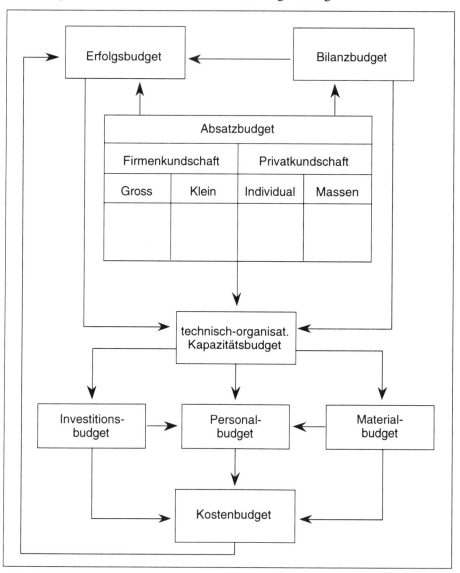

tungszeiten etwa für einzelne Operationen. Daraus lassen sich *Standard-Stück-kosten* ableiten, die, zusammen mit Mengenvorgaben, für das Aufstellen der Budgets verwendet werden. Im Rahmen der Analyse werden in Anlehnung an die Erkenntnisse der industriellen Standardkostenrechnung *Volumen- und Ko-*

38 Fischer, Rudolf: Bankbudgetierung; 1980, S. 35.

stenabweichungen ermittelt. *Abbildung 3/5* zeigt in der Übersicht die Kostenplanung mit Hilfe von Standards.

Abbildung 3/5:   Grundkonzept der Abweichungsanalyse[39]

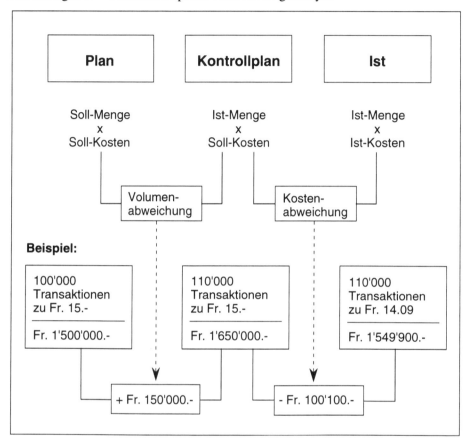

Nun muss allerdings klargestellt werden, dass es niemals möglich sein wird, *alle* Ressorts der Bank mit den gleichen Analyse- und Abweichungsverfahren zu durchleuchten. Es sind nur standardisierte Produkte, welche zu standardisierten Lösungen führen können. Im Individualgeschäft ist es sicher fraglich, ob Mengenvorgaben den Unternehmenszielen förderlich sind. Ein Anlageberater, der pro Tag 15 Kundenbesuche «bewältigt», braucht für die Bank keineswegs erfolgreicher zu sein als derjenige, der nur 7 oder 8 Besuche ausweist. Die Mengenillusion ist oftmals trügerisch, auch wenn man natürlich ein Interesse hätte, die Fixkosten auf möglichst viele Schultern zu verteilen. Gleiches gilt für fast

39 Passardi, Adriano: Bank-Management und Bank-Kostenrechnung; 1991, S. 128.

alle Bankgeschäfte mit beratendem Charakter, gehe es nun um die Kredit- und Finanzberatung, die Beratung in Angelegenheiten der Vermögensverwaltung oder um die Rechts- und Steuerberatung. Es ist deshalb nicht erstaunlich, wenn heute Banken grosse Anstrengungen unternehmen, um in ihrem Tätigkeitsbereich möglichst *viele standardisierte Produkte* zu definieren.

Zu uferlosen Diskussionen führt mancherorts die Wahl des *Budgetierungsprozesses*: sollen Budgetvorgaben «von oben nach unten» eingebracht werden, oder wären die Budgets nicht besser an der Basis zu entwickeln und dann «nach oben» zu konsolidieren? Nach eigenen Beobachtungen ist beides zu tun: ein Verfahren scheint sich zu bewähren, in welchem durch Rahmenbedingungen und Vorgaben, von höchster Stelle erlassen, der Handlungsspielraum abgesteckt wird. Diese Restriktionen beachtend, werden anschliessend die Budgets von unten nach oben entwickelt und von einer Stabsstelle konsolidiert. Die *Rahmenbedingungen* berühren in erster Linie die unterstützenden, logistischen Funktionen und beinhalten Vorgaben in bezug auf Personalbestände, Personalentwicklung und Ausbildung, Informatikmittel, organisatorische Vorkehren, Raumprogramme usw. Dagegen wird es dann meist der Basis überlassen, «den Markt» abzuschätzen und die geschäftlichen Teile planerisch einzufangen.

Viele Beobachtungen lassen darauf schliessen, dass der späteren Abweichungsanalyse nicht überall die nötige Aufmerksamkeit geschenkt wird. Oft fehlt der Mut, schlechte Resultate nicht nur zu konstatieren, sondern sie im Gespräch, nötigenfalls im Streitgespräch, auch zu diskutieren. Dann aber ist das Führen mit quantitativen Vorgaben in der Bankbranche nach wie vor recht ungewohnt, vielleicht, weil das Denken des Bankiers grundsätzlich eher ein gegenwartsbezogenes ist. Was interessiert, sind die Preise, die Kurse von heute. Es gibt denn auch Bankgeschäfte, man denke an den Wertschriftenhandel oder an das Devisengeschäft, welche sich den planerischen Bemühungen ohnehin fast entziehen. Die Analyse aber nur partiell durchzuführen, würde in den Augen vieler bankinterne Ungerechtigkeiten schaffen und alles in allem eher demotivierend wirken.

Abschliessend muss jedenfalls festgestellt werden, dass die zukunftsgerichtete Rechnungslegung vielerorts recht wenig entwickelt ist, teils bedingt durch die vorhin genannten Schwierigkeiten, teils sicher auch, weil rein von der Tradition her das kostenrechnerische Denken das Bankgewerbe lange Zeit nur am Rande berührt hat. Der Einstieg in die moderne betriebsbuchhalterische Welt führt daher zwingend auch zu einem Wandel im Führungsstil und dadurch zu Veränderungen in der Unternehmenskultur.

Gesamtbetriebsrechnung

Die Gesamtbetriebsrechnung hat den kalkulatorischen Betriebsgewinn zu ermitteln, der im Regelfall erheblich vom finanzbuchhalterischen Unternehmensgewinn abweicht. Die Gründe sind offensichtlich: in der Finanzbuchhaltung werden nicht *kalkulatorische, d.h. möglichst objektive* Werte verrechnet. Die entsprechenden Kosten müssen demzufolge im Rahmen der sachlichen Abgrenzungen speziell ermittelt werden, so z.B. die kalkulatorischen Abschreibungen, Mieten bzw. Raumkosten und Eigenzinsen. Diese Lücken hat die Gesamtbetriebsrechnung zu schliessen. In diesem Zusammenhang stellt sich natürlich die Frage nach den «richtigen» *Bewertungsverfahren* für verschiedene Bilanzpositionen, wie etwa für Anlagegüter (Liegenschaften, Betriebsanlagen, Einrichtungen, Mobiliar usw.) aber auch für Fremdkapitalpositionen. Damit auch angesprochen ist die Bewertung des Eigenkapitals bzw. die Höhe der stillen Reserven. Die Bank ist indirekt verpflichtet, den eigenen Bestand der stillen Reserven zu kennen, sonst ist es ihr unmöglich, die im Rundschreiben der EBK über stille Reserven vom 25. September 1990 festgelegten Bestimmungen einzuhalten, insbesondere die Offenlegung der Auflösung von stillen Reserven in wesentlichem Umfang.

Kostenstellenrechnung

Das Erfassen entstandener Kosten macht nur Sinn, wenn gleichzeitig versucht wird, Kosten zu senken, unnötige Kosten zu vermeiden. Zu diesem Zweck werden über die Kostenstellenbildung möglichst klare Verantwortlichkeitsbezirke geschaffen. Das sind in der Regel kleinere Abteilungen, dann Abteilungen, Hauptabteilungen, Ressorts usw. *Kostenstellenverantwortliche* sind die unteren und mittleren Kader, je nach Art und Umfang der Kostenstelle. Sie budgetieren für eine Planperiode die Kostenarten in ihrem Einflussbereich und analysieren und begründen später die Abweichungen. Kostenstellen könnten jedoch auch nach abrechnungstechnischen Gesichtspunkten, nach Funktionen oder Tätigkeiten gegliedert werden. In den meisten Fällen werden auf dieser Stufe nur jene Kosten erfasst, welche wir als «*Betriebskosten*» bezeichnen. Sie sind das Total aus *Personal-* und *Sachkosten*. Ausgeklammert bleiben die «Wertkosten» wie wertabhängige Zinskosten, Kommissionen, Provisionen und Courtagen.

Neben der Bildung der zentralen, marktorientierten *Hauptkostenstellen* ist die Schaffung von *Vor- oder Hilfskostenstellen* für unterstützende Dienste (z.B. Geschäftsleitung, Controlling, Informatik, Personalwesen, Ausbildung usw.) unvermeidlich. Deren Kostentotale sind im Zuge der Abschlussarbeiten am Ende einer Rechnungsperiode auf die Hauptkostenstellen *umzulegen*. Dies bedingt ein möglichst objektives und faires System innerbetrieblicher *Verrechnungen*, vorerst zwischen Vorkostenstellen unter sich, wenn sie interne Leistungen füreinander erbringen, und später bei der Umlage der Kosten der Vorkostenstellen auf die Hauptkostenstellen. Die dabei gewählten *Verrechnungspreise* und *Verteilungsschlüssel* bilden oft Stein des Anstosses und sollten deshalb sachlich begründet werden können. Wichtig ist, dass man Kostenstellenchefs nur für jene Kosten verantwortlich macht, welche sie selber zu beeinflussen vermögen.

Zinserfolgsspannenrechnung

Ein schwieriges Kapitel im Bereiche der betrieblichen Rechnungslegung stellt seit Jahren die Zinserfolgsspannenrechnung dar. Unter «Zinsspanne» oder «Bruttozinsmarge» versteht man die Differenz zwischen den Kosten für das Fremd- und Eigenkapital und den Zinserlösen aus dem Aktivgeschäft. Diese Zinsspanne wird, weil sie auf die Bank als Ganzes bezogen wenig aussagt, in «Teilzinsspannen» zerlegt und dies nach recht verschiedenen methodischen Ansätzen, die eben wegen ihrer Vor- und Nachteile recht umstritten sind. Bekannt geworden sind vor allem die in verschiedenen Abarten auftretende *Pool-Methode* (Ein-Pool-, Zwei-Pool-, Mehr-Pool-Verfahren) und die *Opportunitätszins- bzw. Marktzinsmethode* (vgl. *Abbildung 3/6*).

Bei Vergangenheitsanalysen können die diversen *Pool-Methoden* nach wie vor gute Dienste leisten. Unter (zukunftsbezogenen) Führungsaspekten allerdings gewinnt die *Marktzinsmethode* mehr und mehr an Bedeutung, weil in *Entscheidungssituationen* beim Geschäftsabschluss nur der Vergleich der Zinskosten bzw. Zinserlöse mit einem «von aussen» auferlegten Opportunitätssatz Sinn macht: ein zu gewährender Aktivkredit ist erst dann ein wirtschaftlich lukratives Geschäft, wenn er gegenüber dem entsprechenden Alternativgeschäft einen Überschuss bringt. Das Problem ist aber in der Realität komplexer; denn es geht nicht allein nur um die direkte Betrachtung der Geschäftsergebnisse aus dem Verkehr mit Kunden und Banken. Zusätzlich sind Überlegungen zu möglichen Zinsgewinnen durch *Fristentransformation*, d.h. durch das Eingehen von Inkongruenzen in den Zinsbindungsfristen, einzubeziehen. Die Thematik ist unter der Bezeichnung *«aus kurz mach lang»* populär geworden: billiges, sehr kurzfristiges Passivgeld wird in längerfristige Kredite investiert, verbunden mit allen entsprechenden Risiken.

Abbildung 3/6: Beispiel zur Marktzinsmethode[40]

AKTIVA

	Volumen	verein-barter Zinssatz	Geld- und Kapital-marktsatz für 4-Jahres-geld	Geld- und Kapital-marktsatz für Tages-geld
4-Jahres-Kunden-kredit	100'000	8.5%	7.75%	6.15%

PASSIVA

	Volumen	verein-barter Zinssatz	Geld- und Kapital-marktsatz für 1-Jahres-geld	Geld- und Kapital-marktsatz für Tages-geld
1-Jahres-Kunden-einlagen	100'000	5.5%	6.9%	6.15%

Zinserlös	8'500
- Zinsaufwand	5'500
= Zinsüberschuss	3'000
Konditionsbeitrag Kredit	+ 750
Konditionsbeitrag Einlage	+ 1'400
Strukturbeitrag	
• Aktiva	+ 1'600
• Passiva	- 750
	+ 850

40 Schierenbeck, Henner: Ertragsorientiertes Bankmanagement; 1991, S. 80.

Zusammenfassend lässt sich feststellen, dass es dank der Arbeit mit der Opportunitätszinsmethode möglich ist, marktgerechtere Konditionen festzulegen und somit dem Kunden «näher am Markt» zu offerieren.

Geschäftssparten-/Profit Center-Rechnung

Unter Führungsaspekten kommt der Geschäftsspartenrechnung, oft identisch oder doch sehr ähnlich mit der Profit Center-Rechnung[41], eine zentrale Bedeutung zu. Sie ist ein auf der Kostenstellenrechnung aufbauendes Instrument, werden doch zusammengehörige *Kostenstellen aggregiert*. Gezeigt wird der *Gewinnbeitrag* - aber auch der Verlustbeitrag - eines einzelnen Dienstleistungsbereiches bzw. Verantwortlichkeitsbereiches einer Bank. So werden gleichartige oder ähnliche Dienstleistungen (z.B. alle kommerziellen Kredite an schweizerische gewerbliche Kunden) zu einer Geschäftssparte «gebündelt». Im Idealfall entsprechen die so kalkulierten Geschäftssparten den sog. «Strategischen Geschäftsfeldern» in der Planung. Dies verdeutlicht einmal mehr die sehr enge Kooperation zwischen Rechnungswesen und Planung, eine Zusammenarbeit, die, sollte sie ausbleiben, nötigenfalls durch den *Controller* der Bank zu erzwingen ist.

Die besondere Bedeutung der Geschäftsspartenrechnung dürfte rasch erkennbar sein, wenn man sich die Ideen der *Portfolio-Theorie* vor Augen hält, geht es dabei doch darum, die Marktattraktivität und die Wettbewerbsvorteile der strategischen Geschäftsfelder zu beurteilen, um eine entsprechend angepasste Strategie zu implementieren.[42] Bei manchen Banken ist beispielsweise die Sparte «Zahlungsverkehr» nicht profitabel, es sei denn, man integriere sie in eine umfassendere Sparte «Retail Banking», welche erfolgsbringende Zusatzleistungen einschliesst, die den Misserfolg im «Zahlungsverkehr» kompensieren. Dies zeigt zunächst, wie bedeutsam und gleichzeitig auch problematisch die «Kunst der Spartenbildung», die Definition der «strategischen Geschäftsfelder», geworden ist. Im weiteren wird deutlich, dass die «ewige» Grundsatzfrage verbleibt, ob Banken nur gewinnträchtige Sparten verfolgen dürften oder ob sie, unter Beachtung der besonderen Natur des Metiers, schlicht gezwungen sind, Negatives mit Positivem zu verrechnen, die sog. *Mischkalkulation* zu pflegen. Die ganzen Diskussionen um Courtage- und Gebührentarife sowie um die Spesenverrechnung auf Konti und Depots vollziehen sich vor diesem Hintergrund. Dabei

---

41 Zur Profit Center-Rechnung siehe auch: Saluz, René: Kosten- und Erlösmanagement im Bankbetrieb mittels Profit Center; 1993; Mittaz, Anette: Die Profit Center-Konzeption und -Rechnung in Grossbanken; 1993.

42 Vgl. dazu 4. Kapitel.

kommen nicht zuletzt auch *Gerechtigkeitsüberlegungen* ins Spiel: ist es gerecht, wenn ein Hypothekarschuldner über zu hohe Schuldzinsen einen Beitrag an das defizitäre Kreditorengeschäft, z.B. an die Sparte «Salärkonti», leistet? Mit solchen Überlegungen berührt man letztlich auch *Leitbild-Themen*, so das Problem der Wahrung der Einheit der Bank als Ganzes. Soll die Bank Universalbank bleiben oder sich nicht eher auf ausgewählte, profitable Sparten zurückziehen?

Stückkostenrechnung, Konten- und Kundenkalkulation

Aus dem vorhin Gesagten ergibt sich die logische Fortsetzung: seit langem wird darüber diskutiert, ob die Bank ihre Leistungen gewinnbringend oder doch zumindest kostendeckend zu erbringen hätte. Dies hängt massgeblich davon ab, welche «Preise» die Bank auf den Finanzmärkten zu erzielen vermag. Wie immer man entscheiden wird: bedeutsam ist, dass das Management der Bank die Stückkosten überhaupt kennt, die unter dem Einfluss der Fixkosten in starkem Masse mengenabhängig sind. Stückkosten lassen sich nur kalkulieren, wenn die Bank über ein intern, mit statistischen Verfahren erarbeitetes *Mengengerüst* verfügt, zusammengesetzt aus *Bestandesmengen* wie Anzahl Konti, Anzahl Sparhefte, Anzahl Depots, Anzahl Kunden nach Kategorien usw., *Zeitpunktgrössen* also, und *Transaktionsmengen* wie Anzahl Buchungen, Anzahl Abrechnungen, Anzahl Depotbewegungen usw., *Zeitraum- oder Bewegungsgrössen*. Das Mengengerüst liefert übrigens für manche weiteren Analysen gute Dienste, weil keinerlei Frankengrössen eine Rolle spielen und damit das Problem der inflationistischen Verzerrungen entfällt.

Mit Hilfe der Stückkosten lassen sich *Konten- und Kundenkalkulationen* erarbeiten. So lässt sich ermitteln, welchen Erfolg das Führen eines Salärkontos bringt und wieviel Bodensatz bei den Salärkonti insgesamt anfallen dürfte. Dies wiederum führt zur Möglichkeit, den *Nutzenbeitrag* einer ganz bestimmten *Kundenbeziehung* zu bestimmen. Unter Führungsaspekten macht dies alles Sinn, wenn am Verhandlungstisch Massnahmen zur Verbesserung eines Kundenergebnisses getroffen werden können, sei es durch Absprachen über Mindestauftragsgrössen bei bestehendem Sortiment, sei es durch Verbreiterung des Geschäftsfeldes, eventuell unter Ausschaltung einer anderen, mitkonkurrierenden Bank!

Filialrechnung

Filialen stellen Teilbetriebe ohne eigene Rechtspersönlichkeit dar. Sie decken sehr oft nicht das ganze Sortiment an Bankdienstleistungen und Produkten ab und werden, in neuerer Zeit mehr und mehr, von der Übernahme gewisser logistischer Funktionen befreit. Dies gilt etwa für das Personal- und Ausbildungswesen, für den Rechtsdienst, für das aktive Marketing, für Informatik und Organisation und nicht zuletzt auch für das Rechnungswesen.

Dessenungeachtet verfügt die Filiale über ein eigenes *Management*, dem die Leitungsfunktionen zukommen. Es hat einen gewissen Freiraum, insbesondere an der Geschäftsfront, und trägt die *Gewinnverantwortung*, auch wenn es, wie vorhin angedeutet, in vielen Bereichen den Anordnungen und Weisungen eines Hauptsitzes oder einer Generaldirektion zu folgen hat und mancherorts gezwungen wird, bestimmte Leistungen beim Hauptsitz zu beziehen oder für den Hauptsitz zu erbringen. Die meisten Banken betrachten ihre Filialen deshalb als *Profit Centers*, oder sogar als *Investment Centers*. Immer wieder diskutiert wird unter anderem die Frage, wo und auf welche Weise eine Filiale ihre Liquidität beschaffen und ob sie im umgekehrten Falle bei sehr starkem Mittelzufluss autonom in den Finanzmärkten investieren dürfe. Ähnliches gilt etwa für die Obligatorien bei der Benützung der zentralen Stäbe. Filialleitungen werden in der Regel gezwungen, die hauseigenen, unterstützenden Stäbe einzuschalten, so etwa auf filialeigene Werbung zu verzichten. Für die Beanspruchung zentraler Dienste werden sie aber belastet, so wie sie «Zentralunkosten der Gesamtbank» mitzutragen haben. Filialen sind also «Betriebe», niemals aber rechtlich selbständige und wirtschaftlich unabhängige «Unternehmungen». Trotzdem erstaunt es immer wieder, über wieviel Freiraum auch Filialen grosser Banken verfügen können, insbesondere *Auslandfilialen* in den grossen Finanzzentren der Welt, in New York beispielsweise oder in London. Mit Beschäftigtenzahlen zwischen 1'000 und 2'000 Mitarbeitern kommt ihnen natürlich auch entsprechendes Gewicht zu. Bei sorgfältiger Beobachtung der Bankenszene lassen sich in bezug auf die Arten und Formen der Filialführung ganz unterschiedliche Lösungsvarianten erkennen, von sehr föderalistischen, dezentralen bis zu extrem zentralistischen. Welche «Philosophie» denn die richtige sei, darüber wird seit Jahren und Jahrzehnten immer wieder geschrieben und gesprochen.

Für unsere Zwecke bedeutsam ist in diesem Unterkapitel das Zusammenspiel zwischen *Filialführung* und *Rechnungswesen*[43], völlig losgelöst von der Frage, ob die Filiale über eine eigene Abteilung «Rechnungswesen» verfüge oder ob eine Zentrale (Hauptsitz, Regionalzentrum usw.) diese Aufgabe mit den modernen Mitteln der Informatik und der Telekommunikation erfüllt. Fest steht in allen Fällen, dass die einzelne Filiale über ein *System von Verrechnungspreisen* mit der Gesamtbank verbunden wird. Die Filialen, die Leistungen «im Hause»

---

43 Zur Filialrechnung vgl. auch: Zobrist, Rudolf: Aspekte der Filialführung mittlerer Banken; 1991, S. 317ff.

58

beziehen, haben diese auch zu bezahlen. Umgekehrt können sie Eigenleistungen im Hause auch verkaufen und dafür entsprechende Gutschriften erwarten. Es lässt sich sofort erkennen, wie bedeutsam dieses System an Verrechnungspreisen wird, kann man doch mit der Festlegung der Höhe dieser Preise die Zusammenarbeit innerhalb der Bank an allen Fronten fördern oder aber auch die Filiale in den freien Markt abdrängen, wenn sie dort - und letztlich sogar bei der Konkurrenz (!) - günstigere Konditionen vorfindet. Damit ist auch deutlich geworden, dass den Verrechnungspreisen neben der Allokations- und Motivationsfunktion sicher eine *lenkende, steuernde Wirkung* zukommt.[44] Zur Festlegung der Verrechnungspreise gibt es verschiedenste Ansätze, grundsätzlich lassen sich marktorientierte und kostenorientierte Ansätze unterscheiden. Die Wahl der Berechnungsmethode ist aber immer ein politischer Entscheid und kann nur unter den unternehmensspezifischen Rahmenbedingungen beurteilt werden. Die zentrale Bedeutung vor allem auch der Zinsverrechnung zeigt sich in der dazu vorhandenen Spezialliteratur.[45]

Prozesskostenrechnung

Schreibt man heute über Management Accounting, so gilt es auch, zum Thema Prozesskostenrechnung Stellung zu beziehen. Zentrales Ziel der Prozesskostenrechnung ist es, durch eine *bessere Abbildung* der Unternehmenswelt den Entscheidungsträgern objektivere und relevantere Informationen zur Verfügung zu stellen. Angriffspunkte sind dabei die Gemeinkostenschlüssel sowie die Bezugsobjekte. Zu diesem Zweck wird versucht, möglichst direkte Abhängigkeiten zwischen *Kostenmultiplikatoren* (Cost Driver) und *Tätigkeiten* (Activity) zu finden. Dies gelingt oft deshalb besser als in der traditionellen Kostenrechnung, weil man bei der Definition einer Tätigkeit, bzw. eines Prozesses nicht an aufbauorganisatorische Gliederungsvorgaben gebunden ist. Die Prozesskostenrechnung kann deshalb als neue Dimension innerhalb der Kostenrechnung verstanden werden (vgl. *Abbildung 3/7*). Wichtig ist, dass die Berücksichtigung dieser neuen Ideen die bisherigen Berechnungen nicht obsolet macht. Vielmehr eignet sich gerade die Prozesskostenrechnung als Instrument der strategischen Führung - im Rahmen eines Kernprozess-Managements - oder als ad hoc-Rechnung bei speziellen Entscheidungen. Auch wenn die Idee der Prozesskostenrechnung ursprünglich für den industriellen Sektor konzipiert wurde, so gelten die Aussagen

---

44 Vgl. Saluz, René: Kosten- und Erlösmanagement im Bankbetrieb mittels Profit Center; 1993, S. 135f.

45 Vgl. Schierenbeck, Henner: Ertragsorientiertes Bankmanagement; 1991 sowie Süchting, Joachim: Verrechnungspreise im Bankbetrieb; in: Krumnow, Jürgen; Metz, Matthias (Hrsg.): Rechnungswesen im Dienste der Bankpolitik; 1987.

genau so, oder sogar noch stärker, für den Bankensektor. Es überrascht deshalb nicht, dass sich heute sehr viele Institute mit der Prozesskostenrechnung auseinandersetzen.[46]

Abbildung 3/7:   Prozesskostenrechnung und traditionelle Kostenrechnung

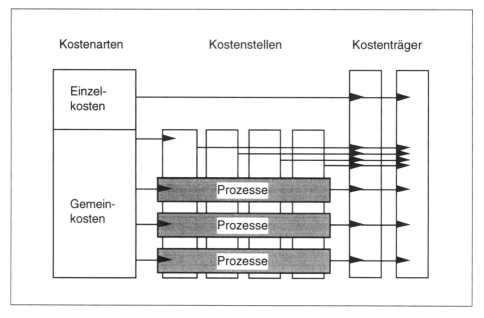

Projektkostenrechnung

Die vorgenannten Teilsysteme der Bankkostenrechnung basieren weitgehend auf der traditionellen Periodeneinteilung, d.h. man versucht, für die Bank, für die Sparte oder den Kunden zu beurteilen, welchen Erfolgsbeitrag er/sie innerhalb eines Zeitabschnittes geleistet hat. Einzig die produkt- bzw. transaktionsbezogene Stückkostenrechnung weicht von diesem Gedanken ab. In den letzten Jahren hat sich aber klar das Bedürfnis herauskristallisiert, für gewisse *eigenständig definierte Projekte* ein entsprechendes Führungsinstrument zu entwikkeln. Typische Merkmale solcher Projekte sind deren Einzigartigkeit, die zeitliche Determiniertheit und eine gewisse Komplexität. Dass solche Vorhaben im Bankbetrieb mehr und mehr an Bedeutung gewinnen, scheint offensichtlich,

---

46 Zur Prozesskostenrechnung vgl. Meyer, Conrad: Prozesskostenrechnung - eine aktuelle Standortbestimmung; in: Der Schweizer Treuhänder; 12/1993, S. 919 - 928; zur Prozesskostenrechnung bei Banken vgl. Mabberley, Julie: Activity-based Costing in Financial Institutions; 1992.

man denke nur an die *Informatik*.[47] Aber auch in anderen Bereichen wie dem Vertrieb oder der Produkteentwicklung ist es heute wichtig, für einzelne Projekte die entsprechenden Kostendaten zur Verfügung zu haben. Die Projektkostenrechnung muss jedoch Teil des umfassenden Projekt-Controllings sein, das neben den Daten aus dem Rechnungswesen auch andere wichtige Aspekte berücksichtigt, so beispielsweise den Projektfortschritt und die zeitliche Komponente.

Die verschiedenen Elemente einer Bankkostenrechnung müssen in ihrer Ausgestaltung neben den besprochenen Anforderungen einer weiteren genügen: der Flexibilität. Jede *organisatorische Veränderung* in der Bank (neue Geschäftsarten, neue Unterstellungen usw.) führt zwangsläufig zu neuen Kostenstellenplänen, insbesondere für Kostenstellen nach Verantwortlichkeitsbezirken, aber allenfalls auch zu neuen Prozessgliederungen, Spartenunterteilungen usw. Im Interesse des betriebsinternen Zeitvergleichs allerdings wäre Konstanz erwünscht. Weil sich aber stets das Rechnungswesen den betrieblichen Gegebenheiten anzupassen hat und nicht umgekehrt, muss das Management Accounting ganz grundsätzlich mit der höchst möglichen *Flexibilität* gestaltet werden und zwar eben so, dass organisatorische Veränderungen nicht das ganze System der Sparten-, Kunden- und Marktgebietskalkulation erschüttern. Bei sehr grossen reorganisatorischen Vorhaben hingegen, wie sie etwa für die schweizerischen Grossbanken zwischen 1985 und 1993 typisch waren, sind eigentliche Systemanpassungen im Accounting schlechthin unvermeidlich. Mit solchen Diskontinuitäten in der Entwicklung werden natürlich auch Vergleiche mit Vorjahreszahlen unmöglich. Es wäre deshalb eine strategische Planung erwünscht, die längere Wirtschaftsperioden, zum Beispiel von 3 bis 7 Jahren, überschaubar macht.

Alles in allem machen die Ausführungen in diesem Abschnitt deutlich, dass eine vielleicht etwas aufwendigere Kosten- und Erlösrechnung dann zu rechtfertigen ist, wenn mit ihren Ergebnissen, ihren Aussagen analysiert, entschieden und gehandelt wird.

---

47 Vgl. Gysler, Thomas: Informatik-Controlling im Bankbetrieb; Zürcher Dissertation am Institut für schweizerisches Bankwesen (in Bearbeitung).

3.2. Risk Management

3.2.1. Gegenstand und Zweck des Risk Managements

Seit der Aufgabe fixer Wechselkurse im Jahre 1973 (Bretton Woods) durchleben die Finanzmärkte eine anhaltende Deregulierungsphase mit steigenden Volatilitäten von Wechselkursen, Zinssätzen und Aktien. Vor diesem Hintergrund ist die *steigende Nachfrage nach Absicherungsprodukten* wie Futures, Optionen oder Swaps zu sehen. Das Volumen dieser derivativen Instrumente, deren Preis sich vom Wert anderer Produkte ableitet, hat sich im Vergleich zu den Basisinstrumenten sprunghaft entwickelt. «So entsprach beispielsweise im Jahre 1991 der Nominalwert der ausstehenden Swaps (4'500 Mrd. US-\$) der Hälfte der weltweit emittierten Aktien (10'100 Mrd. US-\$) und einem Drittel aller weltweit ausstehenden Bonds (14'400 Mrd. US-\$)! Das Volumen der Aktienderivate übersteigt an den meisten Börsen das Handelsvolumen am zugrundeliegenden Aktienmarkt.»[48] Eine ähnliche asymmetrische Entwicklung, wie sie zwischen den Basis- und Derivativmärkten zu beobachten ist, kann auch in bezug auf die börsenmässigen und ausserbörslichen (Over-the-counter-Geschäfte, OTC) Transaktionen festgestellt werden.

Die Meinungen bezüglich der entstandenen *Gefahr aus diesen neuen Entwicklungen* divergieren zum Teil sehr stark. Einerseits wird argumentiert, dass durch die Finanzinnovationen keine neuen Risikoarten entstanden seien, welche nicht bereits vorher Gegenstand des Risiko-Managements von Banken waren bzw. sein sollten. Zudem müsse zur Beurteilung des Risikos aus den derivativen Instrumenten nicht auf die publizierten Nominalwerte der abgeschlossenen Kontrakte abgestellt werden, da die den Kontrakten innewohnenden Risiken nur einen Bruchteil der Nominalwerte ausmachen würden. Andererseits wird sehr eindrücklich darauf hingewiesen, wie Swaps, Optionen und Terminkontrakte zwar aus dem Bedürfnis heraus nach einer effizienten Risikoabsicherung entstanden sind, nun aber selber zu einem ernsthaften Risiko für die hauptverantwortlichen Bank-Manager werden. Diese bekundeten zuschends Schwierigkeiten, die Rechenspiele ihrer «Raketenwissenschafter», die mit Computern eine finanzielle Wasserstoffbombe basteln, selber zu verstehen.[49]

---

48 Zimmermann, Heinz: Derivative Instrumente und Marktliquidität, in: Neue Zürcher Zeitung: Beilage Derivative Finanzinstrumente; 26. Okt. 1993, S. 3.

49 Vgl. Tzermias, Nikos: Boom am Markt derivativer Finanzinstrumente - Heikles Risikomanagement der Banken und Broker?, in: Neue Zürcher Zeitung; 26./27. Juni 1993, S. 31f.

Zusätzlich haben sich verschiedene staatliche und privatrechtliche Institutionen wie der Basler Ausschuss für Bankenaufsicht der BIZ, die Federal Reserve Bank of New York oder die Group of Thirty, mit dieser neuen Risikosituation durch derivative (insbesondere ausserbörsliche) Produkte auseinandergesetzt und Vorschläge erarbeitet, wie diese Risiken zu behandeln wären. In diesem Zusammenhang ist vor allem die unzureichende *Transparenz* der derivaten OTC-Geschäfte in der Rechnungslegung zu erwähnen, welche die wichtige Forderung nach sich zieht, dass die interne und externe Berichterstattung in Zukunft noch stärker in die Dienste des Risk Managements gestellt werden muss.

Diese einführenden Bemerkungen zur aktuellen Diskussion über die Risiken im Geschäft mit derivativen Finanzinstrumenten zeigt, dass sich Banken, Aufsichtsbehörden und verschiedenste Interessengruppen mit den Risiken in Bankinstituten intensiv auseinandersetzen. Anschliessend soll nun zuerst der vom Gesetzgeber aufgestellte Rahmen kurz skizziert werden, dessen Einhaltung die Voraussetzung für das Betreiben eines Bankinstitutes darstellt. Danach wird auf das *aktive Risiko-Management* eingegangen, welches die verschiedenen im Bankengeschäft inhärenten Risikoarten erkennt, bewertet und steuert.

Gesetzliche Grundlagen

Der Gesetzgeber hat, wie bereits erwähnt, schon immer eine Politik der Risikosteuerung verfolgt, hauptsächlich mit dem Ziel, den *Gläubiger- und Systemschutz* sicherzustellen. Zu nennen sind in erster Linie die *Eigenmittelunterlegung* (Art. 11 - 14 VBaG). Die Bilanzaktiven, die Ausserbilanzgeschäfte und die offenen Positionen im Devisen- und Edelmetallgeschäft werden dabei in 12 Wagnisklassen eingeteilt und je nach deren Risiko mit unterschiedlichen Pflichtsätzen bzw. Eigenkapital unterlegt. Die Zusammensetzung der Eigenmittel ist in Art. 11 der VBaG klar geregelt. Als Besonderheit muss wohl die Tatsache beachtet werden, dass auch gewisse Fremdmittel, Schulden also, anrechenbar sind, wenn Nachgangserklärungen der Gläubiger vorliegen, so vor allem bei sog. *nachrangigen Anleihen*. Durch die Eigenmittelunterlegung wird dem Ausfallrisiko Rechnung getragen, indem die Gegenpartei differenziert betrachtet wird und durch das Haftungs- und Garantiefunktion übernehmende Eigenkapital mögliche Verluste aus der Geschäftstätigkeit aufgefangen werden können. Die schweizerischen Eigenmittelbestimmungen üben auch eine Bremsfunktion aus, indem die differenzierte Unterlegung jedes einzelnen Aktivgeschäftes mit Eigenmitteln zu einer natürlichen Begrenzung des Geschäftsvolumens führt.

Auch für die Beschränkung des *Klumpenrisikos* hat der Gesetzgeber bzw. die EBK Regelungen erlassen, wonach verlangt wird, dass die *Ausleihungen an ei-*

nen einzelnen Kunden einer Bank sowie die Beteiligungen in einem angemessenen Verhältnis zu den *eigenen Mitteln* stehen müssen (Art. 21 VBaG). Zur Problematik der Risikodiversifikation wurden von der EBK zwei Rundschreiben[50] erlassen, wobei vor allem dasjenige über die Ausserbilanz-Klumpenrisiken von grösster Bedeutung und Aktualität ist.[51] Darin wird vor allem festgehalten, wie der dem Kreditrisiko ausgesetzte Betrag (*Kreditrisikoäquivalent*) von *ausserbilanziellen* Zins-, Devisen-, Aktien-, Aktienindex-, Edelmetallgeschäften etc. berechnet werden kann. Wie schon bemerkt, entspricht das Kreditrisikoäquivalent bei den derivativen Geschäften meist nicht dessen Nominalbetrag bzw. Kontraktwert, sondern beträgt oft nur einen Bruchteil davon und verändert sich aufgrund der Marktsituation laufend. Die Methode der *festen Anrechnungssätze* berechnet das Kreditrisikoäquivalent bei Termingeschäften und Derivaten mittels festen und zum Teil laufzeitunabhängigen Prozentsätzen des Kontrakt- bzw. Nominalwertes. Diese Methode hat den Vorteil, dass sie relativ einfach anwendbar ist, aber den Nachteil, dass die starren Anrechnungssätze den Marktverhältnissen oft nicht gerecht werden. Nach dem zweiten möglichen Vorgehen, der *Marktbewertungsmethode*, berechnet sich das Kreditrisikoäquivalent bei Termingeschäften und Derivaten anhand der aktuellen Wiederbeschaffungskosten (replacement value) zuzüglich einer Sicherheitsmarge (add-on) zur Abdeckung des zukünftigen potentiellen Kreditrisikos während der Restlaufzeit eines Kontraktes.[52]

In der Schweiz lassen sich problemlos weitere Bereiche (z.B. Liquiditätsvorschriften) anführen, in denen der Gesetzgeber oder die Bankenaufsicht mittels regulatorischer Massnahmen versuchen, Transparenz in die sich ständig verändernde Risikolandschaft der Bankengeschäfte zu bringen. Die *Aktivitäten internationaler Organisationen* (BIZ, Group of Thirty) tragen ebenfalls sehr viel dazu bei, dass die Bankenaufsicht mit der dynamischen Enwicklung des Bankgeschäftes bis anhin recht gut Schritt halten konnte. So publizierte die BIZ im April 1993 eine Reihe von Vorschlägen - die bankenaufsichtsrechtliche Behandlung der Marktrisiken[53], die Anerkennung des Nettings bei der Eigenkapitalbe-

---

50 Eidgenössische Bankenkommission: Rundschreiben zur Risikoverteilung vom 19. Sept. 1972 sowie Rundschreiben bezüglich Klumpenrisiken aus Termingeschäften und Derivaten vom 16. Dez. 1992.

51 Vgl. Gehrig, Bruno: Ausserbilanz-Klumpenrisiken begrenzen; in: Schweizer Bank; 4/1993, S. 4.

52 Eidgenössische Bankenkommission: Rundschreiben bezüglich Klumpenrisiken aus Termingeschäften und Derivaten vom 16. Dez. 1992, S. 4ff.

53 Unter dem Marktrisiko versteht die BIZ das Risiko von Verlusten bilanzwirksamer und ausserbilanzieller Positionen aufgrund von Veränderungen der Marktpreise wie z.B. Zinssätze, Wechselkurse und Aktienkurse.

Abbildung 3/8:   Die 20 Empfehlungen der Group of Thirty[54]

1. Das Topmanagement soll sich stets den Entscheid über Vorgehensweisen und Kontrollen in diesem Geschäft vorbehalten.

2. Tägliche Bewertung der eingegangenen Positionen zu Marktpreisen.

3. Die Derivativ-Portfolios sollen zu Marktdurchschnittswerten bewertet werden.

4. Der Handel soll regelmässig die Ertragsquellen und deren Komponenten erheben, um sich der Risiken besser bewusst zu werden.

5. Die Händler sollen ein konsistentes Risikomass anwenden, das auch einen seriösen Vergleich mit den Risikolimiten im Markt erlaubt.

6. Worst-case-Szenarien sollen regelmässig durchgespielt werden, damit die Auswirkungen auf das Portfolio sichtbar werden.

7. Erstellung von Prognosen über den zu erwartenden Liquiditätsbedarf.

8. Ein kompetentes und unabhängiges **Marktrisiko-Management** soll klare Richtlinien über die Verantwortlichkeiten erstellen.

9. Endbenützer von Derivaten sollen ähnliche Bewertungen und ein ähnliches Marktrisiko-Management anwenden wie der Handel.

10. Messung des gegenwärtigen und des erwarteten Risikopotentials von derivativen Positionen.

11. Derivativ-Exposures und andere Kredit-Exposures gegenüber einer Gegenpartei sollen aggregiert und jeweils mit den vorhandenen Limiten verglichen werden.

12. Institutionalisierung einer mit dem nötigen analytischen Know-how beschlagenen unabhängigen, mit dem **Management von Kreditrisiken** betrauten Stelle.

13. Händler und Endbenützer sollen wenn immer möglich im Rahmen sog. Master-Agreements Netting und Closeout Netting-Möglichkeiten ausschöpfen.

14. Risikominimierung durch Credit Enhancement soll verstärkt angewendet werden.

15. Die Durchsetzbarkeit grenzüberschreitender Vereinbarungen auf gesetzgeberischem und gerichtlichem Niveau soll besonders gefördert werden.

16. Händler und Endbenutzer sollen grundsätzlich nur kompetentes professionelles Personal im Derivatebereich einsetzen.

17. Der Händler und der Benutzer sollen adäquate Risiko-Management-Systeme einsetzen, die dem Umfang, der Natur und der Komplexität des jeweiligen derivativen Geschäfts gerecht werden.

18. Die Verantwortung und Kompetenz zum Eingehen derivativer Geschäfte soll beim Handel und beim Endbenutzer ganz klar geregelt werden.

19. Für die Rechnungsprüfung im Derivativbereich sind die Standards auf internationaler Ebene zu harmonisieren.

20. Sowohl Handel als auch Benutzer sollen mehr und bessere Informationen über ihre Derivate-Aktivitäten publizieren, um auf diese Weise die Markttransparenz zu verbessern.

---

54 Group of Thirty: Derivatives: Practices and Principles; 1993. Zusammenfassung in: Schweizer Bank; 11/1993, S. 6.

rechnung sowie die Messung des Zinsänderungsrisikos bei Banken - welche den einzelnen Staaten zur Konsultation übergeben wurden. Der neusten Risikosituation in der Bankindustrie versuchen auch die äusserst nützlichen Vorschläge der Group of Thirty Rechnung zu tragen, indem sie mit ihren abgegebenen Empfehlungen für mehr Transparenz im Derivate-Markt sorgen wollen (vgl. *Abbildung 3/8*).

Aktives Risiko-Management

Das Einhalten aller vom Gesetzgeber bzw. der Bankenaufsichtsbehörde verlangten Auflagen ist aber nicht ausreichend, um die verschiedenen Risiken des Bankgeschäftes zu beherrschen, vielmehr ist ein aktives Risiko-Management durch die Bank selbst zu betreiben. Unter dem Begriff «Management» werden die Tätigkeiten Gestaltung, Lenkung und Entwicklung subsumiert, so dass Risiko-Management in Banken als das *Ergreifen aller möglichen Massnahmen* verstanden werden kann, welche zur *Verbesserung der Risikosituation* eingesetzt werden können. Bei einer genaueren Begriffsumschreibung wird allerdings die Komplexität des bankenbetrieblichen Risiko-Managements sehr deutlich, sind sich doch die verschiedensten Autoren in der Identifikation und einer anschliessenden Systematisierung der in den Banken zu «managenden» Risiken nur in den wenigsten Fällen einig. Eine in der Literatur und Praxis sehr häufig vorgefundene Differenzierung zeigt *Abbildung 3/9*, wo fünf Kategorien der in den verschiedensten Bankengeschäften inhärenten Risiken unterschieden werden.

Dabei ist zu beachten, dass die Risiken einerseits bei den verschiedensten Bankgeschäften einzeln oder im Verbund auftreten und sich andererseits gegenseitig neutralisieren oder auch verstärken können. Einer isolierten Betrachtung der einzelnen Risikokategorie auf Einzelgeschäftsebene muss demnach auf Gesamtbankebene ein Risiko-Management gegenüberstehen, welches der gesamten Risikosituation Rechnung trägt.

Das *Ausfallrisiko* beschreibt den Umstand, dass die Gegenpartei nicht zahlungsfähig oder -willig ist, um den Bankforderungen nachzukommen. Dieses Risiko kann direkt in der Bonität des Kunden oder indirekt durch länderspezifische Gegebenheiten (Länder- und Transferrisiko) begründet sein. Ein zusätzliches Risikopotential birgt eine mangelnde Diversifikation in sich, indem die Geschäfte auf eine ungenügend grosse Anzahl Gegenparteien, Branchen und Regionen (Klumpenrisiko) verteilt werden.

Unter dem *Marktrisiko* versteht man eine Veränderung des Wertes des bilanziellen oder ausserbilanziellen Einzelgeschäfts, bzw. der Gesamtunternehmung, aufgrund von Veränderungen der Marktpreise an den Währungs-, Zins-, Aktien-

und Edelmetallmärkten. Das Risiko wird vor allem durch die Höhe der offenen Positionen und die Volatilitäten der Preise (Zinsen, Währungen, Aktien etc.) determiniert, wobei die neusten Finanzinnovationen - Swaps, Futures, Forwards u.a. - ein effizientes Hedging zulassen.

Abbildung 3/9:   Risiko-Management im Überblick

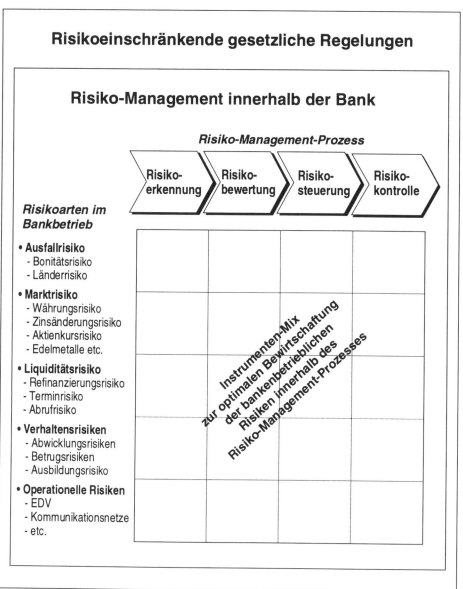

Das *Liquiditätsrisiko* kann durch das Eintreten von Ausfall- und/oder Marktrisiken entstehen, oder in Form eines Refinanzierungs-, Termin- oder Abrufrisikos originär auftreten. Kann die Bank eine Anschlussfinanzierung liquiditätsmässig nicht jederzeit sicherstellen, so ist sie einem Refinanzierungsrisiko ausgesetzt. Unter dem Terminrisiko versteht man die Gefahr einer unplanmässigen Verlängerung der aktivseitigen Kapitalbindungsdauer, so dass die Gefahr einer verspäteten Tilgungs- und/oder Zinszahlung besteht. Beim Abrufrisiko werden gemachte Kreditzusagen von den Bankkunden unerwartet in Anspruch genommen oder die Gläubiger ziehen, aufgrund gewisser Informationen, ihre Einlagen in grossem Ausmass ab (Bankensturm).[55]

Eine vierte Risikokategorie bildet das *Verhaltensrisiko*, welches in das Abwicklungs-, Betrugs- und Ausbildungsrisiko unterteilt werden kann. Dieser Risikoart wird in der Literatur und Praxis viel weniger Aufmerksamkeit geschenkt als den bereits beschriebenen Kategorien, obwohl sich beim Eintreten von Verhaltensrisiken grosse Verluste ergeben können. Das grösste Gefahrenpotential liegt wohl darin begründet, dass falsche oder ungenügende Ausbildung, zusammen mit Schwachstellen in der Aufbau- und Ablauforganisation, zu einem erhöhten Risiko im Geschäftsablauf führen, was sich in einer erhöhten Fehlerquelle und/oder zunehmendem Betrug manifestiert. Das Auftreten von Verhaltensrisiken kann einen direkten Einfluss auf die anderen Risikoarten ausüben, so dass zu dessen Beherrschung vermehrt Anstrengungen unternommen werden müssen. Das Management der Verhaltensrisiken wird in einem Bankinstitut vielfach vom Kader, der Organisationsabteilung, der internen oder externen Revision wahrgenommen, denn sie verfügen über das unerlässliche Fachwissen und im Falle der externen Revision zudem über die notwendige Unabhängigkeit.

Die *operationellen Risiken* sind vor allem durch den Ausfall von EDV-Anlagen und Kommunikationsnetzen gekennzeichnet. Im Bewusstsein bezüglich der Wichtigkeit der richtigen und zeitgerechten Informationen für das heutige Bankgeschäft wird gleichfalls deutlich, dass ein Management der Informationsausfall- oder Manipulationsrisiken bei der Datenverarbeitung unerlässlich ist.

Für alle beschriebenen Risiken ist es zwingend, dass sie beim Einzelgeschäft wie auch auf Gesamtbankebene in einem umfassenden Risiko-Management identifiziert, bewertet, gesteuert und überwacht werden. Nachfolgend soll nun vertieft auf die beiden Hauptrisikokategorien - das Ausfallrisiko und das Marktrisiko - eingegangen werden.

---

55 Zum Liquiditätsrisiko und dessen Steuerung vgl. Schierenbeck, Henner: Ertragsorientiertes Bankmanagement; 1991, S. 724ff.

3.2.2. Das Ausfallrisiko

Wie oben beschrieben, versteht man unter dem *Ausfallrisiko* den Umstand, dass die Gegenpartei nicht zahlungsfähig oder -willig ist, um den Bankforderungen nachzukommen. Diese Problematik kann in den verschiedensten Bankgeschäften auftreten.

Ausfallrisiko im Kreditgeschäft

Zu Beginn der 90er Jahre ist in der Bankenindustrie das Ausfallrisiko vor allem im *Kreditgeschäft* sehr deutlich zu Tage getreten. Diese Tatsache äusserte sich einerseits in einer Verdoppelung der Verluste, Abschreibungen und Rückstellungen im Verhältnis zu den totalen Ausleihungen von 0.8% im Jahre 1988 auf 1.6% im Jahre 1992 für den Branchendurchschnitt (einzelne Banken mussten bedeutend höhere Verluste akzeptieren).[56] Andererseits wurde dadurch der Konzentrationsprozess im schweizerischen Bankgewerbe stark beschleunigt, indem Institute mit zu hohen Risiken zum Teil ihre wirtschaftliche Selbständigkeit aufgaben und durch eine übernahmefähige und -willige Bank übernommen wurden oder sogar liquidiert werden mussten.[57] Die Ursachen für dieses erhöhte Ausfallrisiko im Kreditgeschäft sind vielfältig:

- Vor dem Hintergrund des herrschenden Konkurrenzkampfes um Marktanteile und Bilanzsummenwachstum, wurde in den 80er Jahren eine extensive Kreditpolitik mit kurzfristigen Gewinnaussichten betrieben, ohne dabei die eingegangenen, langfristigen Risiken zu beachten.

- Ausgangs der 80er Jahre ging eine ausgedehnte Periode der Hochkonjunktur zu Ende, und es begann eine lange rezessive Phase, welche zu steigenden Insolvenzen bei den Kreditnehmern führte und die hinterlegten Sicherheiten (v.a. Immobilien) in ihrem Wert stark abnehmen liessen.

- Obwohl die durchschnittliche Nettozinsmarge der Schweizer Banken im internationalen Vergleich mit 1.2% - 1.4% bereits sehr tief liegt, haben sich die Bearbeitungskosten im Kreditgeschäft weiter erhöht, so dass vor allem kleinere Kreditengagements kaum mehr Gewinn abwerfen.

---

56 Schweizerische Nationalbank: Das Schweizerische Bankwesen im Jahre 1992; 1993, S. 215.

57 Vgl. Brunner, Christoph: Banküberahmen in der Schweiz; 1994, S. 134ff.

- Ein institutionalisiertes Risiko-Management war kaum verbreitet, und somit fehlte bei vielen Banken die Einteilung der Kunden in verschiedene Risikoklassen (Rating) sowie eine risikoadäquate Preisfestsetzung für den Kredit.

- Das Kreditgeschäft wurde von «Verkäufertypen» betrieben, welche eine risikogerechte Bonitätsbeurteilung, Kreditvergabe und -überwachung des Einzelengagements zugunsten eines steigenden Kreditvolumens vernachlässigten.

- Dem Portfolio-Gedanken (Diversifikation des Risikos) wurde in der Vergangenheit zu wenig Beachtung geschenkt, so dass die Risikokonzentrationen verschiedener kleinerer und mittelgrosser Banken zu grossen Verlusten führten.

Diese nicht Vollständigkeit anstrebende Aufzählung der Ursachen für die überdurchschnittlichen Kreditausfälle der vergangenen Jahre zeigt den Handlungsbedarf im Kreditgeschäft deutlich auf. Im Bankgeschäft ist das Eingehen von Risiken die Voraussetzung für die Gewinnerzielung, denn jede bankbetriebliche Geschäftsaktivität birgt Risiken in sich. Diese enge Verknüpfung von Risiko und Rendite im Bankgeschäft bedeutet, dass langfristig nur Banken überleben werden, welche die Fähigkeit besitzen, Risikopositionen einzugehen und diese auch zu beherrschen.[58] Zur Verbesserung dieser *Risiko-Rendite-Beziehung* im Kreditgeschäft der Schweizer Banken sind innerhalb einer klar definierten und kommunizierten Kredit- und Risikopolitik zwei wesentliche Ansatzpunkte zu beachten.

Einerseits ist die *Qualität des Kreditentscheides* zu verbessern, damit die Risikokosten bzw. Verluste möglichst gering gehalten werden. Dazu hat man die *Fähigkeit* aufzubauen, Risiken richtig zu bewerten, um sie bezüglich des Pricings beurteilen zu können. Als Voraussetzung ist eine fundierte *Informationsbasis* zu schaffen, welche eine umfassende Beurteilung des Kreditgesuches erlaubt. Die finanzielle Lage, die Beurteilung des Managements sowie die Produkte und Märkte des Kreditantragstellers müssen genauso in die Beurteilung einfliessen wie Informationen über die allgemeine Wirtschaftslage, die Branche etc. Die richtige Auswertung dieser Informationen - d.h. die korrekte Zuordnung von guten und ungenügenden Unternehmungen zu den entsprechenden Gruppen - kann die Bank über ein die Mitarbeiter unterstützendes oder ein selbständig entscheidendes Rating- oder Scoringsystem sicherstellen. Auf Gesamtbankebe-

---

58 Vgl. Graf, Rolf: Eckpunkte eines kreditpolitischen Gesamtkonzeptes, Dokumentation zum Referat anlässlich einer Tagung des Instituts für schweizerisches Bankwesen der Universität Zürich vom 4. März 1994.

ne müssen die transparent gemachten Risiken durch Diversifikation nach Regionen, Währungen, Branchen oder Produkten gesteuert werden.

Andererseits müssen *effiziente Systeme und Prozesse* gebildet werden, welche eine Senkung der hohen Bearbeitungskosten ermöglichen und gleichzeitig einen besseren Kundenservice erlauben. Zu diesem Zweck sind die Kreditentscheidungs- und -bearbeitungsprozesse kundengruppenspezifisch zu gestalten, denn die einzelnen Kundensegmente weisen unterschiedliche Bedürfnisse, Risiken, Erträge und demzufolge Bearbeitungsintensitäten auf. Bei einer Nettozinsmarge von 1.4% muss eine möglichst schnelle und kostengünstige Kreditsprechung, -administration und anschliessende Überwachung gewährleistet sein, um mit einem Kredit von beispielsweise 100'000.- Fr. noch Geld verdienen zu können. Diese Forderung verlangt aber ein integriertes Kreditbearbeitungssystem unter Einsatz modernster Informationstechnologie, welches einerseits den Kreditentscheid, andererseits aber auch die Administration und Überwachung effizient unterstützt. Umgekehrt muss für die Risikoerkennung und -bewertung bei der Gewährung eines Grosskredites eine sehr viel genauere und intensivere Bearbeitung des Kreditantrages, eventuell unter Beizug von Spezialisten, vorgenommen werden. Diese kundenspezifische Differenzierung des Kreditgeschäftes ist aufgrund der tiefen Nettozinsmargen und der hohen Bearbeitungskosten eine unumgängliche Notwendigkeit auf dem Weg zu einem rentablen Kreditgeschäft. Zusätzlich ist das Prinzip der automatischen Erhöhung der Kreditsprechungslimiten bei einer höheren hierarchischen Einstufung der Mitarbeiter zu durchbrechen, denn die Kreditentscheidungsprozesse sollten nicht mehr an der hierarchischen Gliederung der Bank ausgerichtet werden, sondern an den kontinuierlich zu verbessernden Fähigkeiten des einzelnen Mitarbeiters.[59]

Die Fähigkeit von Banken, Risiken zu erkennen und zu bewerten stellt eine notwendige Grundlage für eine effiziente Kreditüberwachung dar. Im Bewusstsein, dass sich das Risiko/Rendite-Profil eines Kredites im Zeitablauf verändert, wird von der Bank eine periodische Überprüfung bzw. Neubewertung der Kreditengagements mittels zugrundegelegter Szenarien über mögliche Unternehmens- und Umweltentwicklungen verlangt. Der Aufbau eines *Frühwarnsystems* soll der Bank ausreichend Zeit für eine Reaktion einräumen, um einer allfällig weiteren Risikoverschlechterung vorzubeugen. Zur Herabsetzung des Ausfallrisikos können zudem die Kreditverträge mit verschiedenen Sicherheiten zugunsten der Bank ausgestattet werden. *Spremann*[60] nennt als wichtigste Möglichkeiten das Informationsrecht, die Wohlverhaltenspflicht des Kreditnehmers, das

59 Vgl. Wuffli, Peter A.; Hunt, David A.: Fixing the credit problem; 1993, S. 96ff.
60 Spremann, Klaus: Investition und Finanzierung; 1991, S. 63.

Kontrollrecht oder das Entscheidungsrecht im Sinne einer notwendigen Zustimmung der Bank bei wichtigen Investitionsentscheidungen. Diese Optionen zur frühen Erkennung von Risiken bzw. Verlustvermeidungen müssen nicht gleichbedeutend mit einer frühzeitigen Kündigung des Kreditengagements sein, vielmehr wird damit versucht, Problemfälle als solche zu erkennen, um anschliessend in Zusammenarbeit mit dem Kunden eine Lösung auszuarbeiten.

Ausfallrisiko im Derivativgeschäft

Das Gegenparteirisiko stellt nicht nur im klassischen Kreditgeschäft, sondern auch bei *derivativen Produkten* das Hauptrisiko dar, indem nach Geschäftsabschluss der Wert des eingegangenen Kontrakts aufgrund von Marktpreisänderungen zu schwanken beginnt. Verändert sich der Marktwert zugunsten der Bank, so dass sie über ein Guthaben gegenüber dem Kontraktpartner verfügt, entsteht für sie automatisch ein Ausfallrisiko, welches je nach Höhe des Wiederbeschaffungswertes (replacement value) und der Bonität des Schuldners täglich variieren kann. Viele Banken sind deshalb bestrebt, solche Transaktionen nur mit Partnern höchster Qualität abzuschliessen und die eingegangenen Verlustrisiken durch *Kreditrisikoäquivalente* täglich neu zu bewerten und mit entsprechenden Limiten zu begrenzen. Aufgrund der mangelhaften Markttransparenz ist es aber nicht immer einfach, für die einzelnen Engagements das Gegenparteirisiko zu bestimmen, vor allem, wenn keine Informationen über das Derivativ-Geschäft der Gegenpartei mit Drittparteien erhältlich sind. Diese Gefahr wird sich in Zukunft noch weiter verstärken, denn viele Banken sind von den möglichen hohen Erträgen aus dem Derivativ-Geschäft geblendet und versuchen nun in diesen Markt einzudringen. Die steigende Gefahr, dass durch fehlendes Know-how die Risiken nicht richtig erfasst und bewertet oder Geschäfte mit zu engen Margen abgeschlossen werden, ist durchaus als realistisch zu betrachten.

3.2.3. Das Marktrisiko

Unter dem *Marktrisiko* versteht man eine Veränderung des Wertes des bilanziellen oder ausserbilanziellen Einzelgeschäftes bzw. der Gesamtunternehmung aufgrund von Veränderungen der Marktpreise an den Währungs-, Zins-, Aktien- und Edelmetallmärkten. Die Betreuung dieser Risiken wird in vielen Banken von einem «Asset and Liability Management» wahrgenommen, welches durch die Planung und Steuerung der *Bilanzstruktur* und der Ausserbilanzgeschäfte versucht, den Return on Equity (ROE) der Bank zu optimieren. In unseren

Sprachregionen verwenden wir hierfür den Begriff des *Bilanzstruktur-Managements*. Die Hauptaufgabe des Bilanzstruktur-Managements besteht in der Steuerung der Gesamtrisiko-Position, wobei vor allem das *Zinsänderungs- und das Währungsrisiko* im Mittelpunkt der Betrachtung stehen. Das Bilanzstruktur-Management stimmt Bilanzpositionen und deren Volumen aufeinander ab, sucht die Harmonisierung in bezug auf Währungen, Zinssätze und Fristigkeiten und verfolgt sehr aktiv und zielorientiert die Zweck-, Fristen-, Währungs-, Losgrössen- und Raumtransformation.

Zinsänderungsrisiko

Das *Zinsänderungsrisiko* kann einerseits in ein variables Zinsänderungsrisiko[61], welches aufgrund unterschiedlicher Zinsanpassungselastizitäten auf der Aktiv- bzw. Passivseite der Bilanz bei Marktzinsänderungen entstehen kann, und andererseits in ein Abschreibungsrisiko, welches bei festverzinslichen Wertpapieren auf der Aktivseite der Bilanz durch steigende Zinsen und somit fallende Kurswerte anfällt, unterteilt werden. Zur genauen Analyse des *variablen Zinsänderungsrisikos* bzw. *Festzinsrisikos* werden die verschiedensten Instrumente entwickelt. Beim Konzept der *Zinsbindungsbilanz* werden an einem bestimmten Stichtag die aktivischen und passivischen Festzinsgeschäfte zusammengefasst und einander gegenübergestellt. Ein daraus resultierender Festzinsüberhang ist einem Zinsänderungsrisiko ausgesetzt, welches unter der Verwendung von Grenzzinssätzen genauer bewertet werden kann. Die Kritik an diesem Konzept beruht einerseits darauf, dass ein Durchschnittszins aus Refinanzierungsmitteln unterschiedlicher Fälligkeit angewendet wird. Anderseits betreffen die Steuerungsinformationen lediglich das Festzinsgeschäft, denn die zugrundegelegte Annahme, dass sich die variablen Zinsen auf der Aktiv- wie auch auf der Passivseite im selben Ausmass verändern wie der Marktzins, muss in der Praxis verworfen werden. Die *Zinselastizitätsbilanz* erfasst - im Gegensatz zur Zinsbindungsbilanz - das variable Zinsänderungsrisiko, indem für die einzelnen Positionen Zinsanpassungselastizitäten errechnet werden, welche die Reagibilität von Positionszinsen zu Marktzinsen zum Ausdruck bringen.

Das zweite Element des Zinsänderungsrisikos - das Kurswertrisiko auf festverzinslichen Anlagen (*Abschreibungsrisiko*) - kann mit dem *Durationskonzept* genauer bestimmt werden. In diesem Zusammenhang ist für die Banken vor allem die *modifizierte Duration* von gewisser Aussagekraft, zeigt sie doch an, wie sich der Kurswert eines Festzinsgeschäftes bei der Veränderung des Marktzinses

---

61 Als Extremfall des variablen Zinsänderungsrisikos gilt das Festzinsrisiko mit einer Zinsanpassungselastizität Null.

reagiert. Weisen nun die aktivischen und passivischen Festzinsgeschäfte eine unterschiedliche Duration auf, so tritt für die Bank ein Zinsänderungsrisiko auf. Aufgrund der Vernachlässigung des variablen Zinsgeschäftes in der Durationsanalyse ist diese entweder nur zur Quantifizierung des Kurswertrisikos einzusetzen oder aber in das Konzept der Zinselastizitätsbilanz zu integrieren.[62]

Zur Beurteilung des Zinsänderungsrisikos ist es sinnvoll, dynamische Bilanzstruktur-Simulationen mit unterschiedlichen Zinsprognosen, Zinselastizitäten und Bilanzstrukturen durchzuführen. Die Steuerung des Zinsänderungsrisikos wird zusehends mittels innovativer Finanzprodukte vorgenommen. Dazu bietet sich hauptsächlich das Hedging mit Zinsswaps, Zinsfutures, Forward Rate Agreements und Optionen in den verschiedensten Ausgestaltungen an, auf welche infolge der grossen Vielfalt in diesem Rahmen aber nicht weiter eingegangen werden kann.[63]

Währungsrisiko

Die zunehmende Globalisierung des Bankgeschäftes hat das einzelne Institut einem steigenden *Währungsrisiko* ausgesetzt. Der Ursprung dieses Risikos kann einerseits im Handel mit Fremdwährungen (FW), in der Vergabe von Fremdwährungskrediten, im Kauf von ausländischen Schuldverschreibungen und in vielen anderen Bankgeschäften liegen und andererseits durch die Volatilitäten an den Währungsmärkten begründet sein. Das *Fremdwährungs-Exposure* einer Bank wird für eine bestimmte Währung wie folgt bestimmt:

(Vermögen in FW - Verbindlichkeiten in FW) + (gekaufte FW - verkaufte FW)

Diese Nettoposition ist, sofern sie nicht Null beträgt, einem potentiellen Währungsrisiko ausgesetzt und muss deshalb ermittelt, bewertet, gesteuert und kontrolliert werden. Die Absicherung gegen Währungsrisiken kann in Form einer Risikokompensation erfolgen, indem Verluste auf der einen Seite, d.h. auf der abzusichernden Seite, durch Gewinne auf der Gegenseite, d.h. auf der absichernden Seite, ausgeglichen werden (Hedging). Als Instrumente eignen sich insbesondere Devisentermingeschäfte, Currency-Futures und standardisierte oder kundenspezifische (OTC) Devisenoptionen.[64]

---

62 Für diese Instrumente vgl. Schierenbeck, Henner: Ertragsorientiertes Bankmanagement; 1991, S. 529ff.

63 Vgl. Saunders, Anthony: Financial Institutions Management; 1994, S. 309 ff.; Brealey, Richard A.; Myers, Stewart C.: Principles of corporate finance; 1991.

64 Vgl. Saunders, Anthony: Financial Institutions Management; 1994, S. 240ff.

Das Asset and Liability Committee (ALCO)

«Die Möglichkeit, die eigene Bilanz als Ansatzpunkt der zentralen Risikopolitik zu verwenden, stellt eine branchenspezifische Besonderheit der Banken dar».[65] Dabei muss man sich bewusst sein, dass im Prinzip für jede Niederlassung Teilbilanzen bestehen, welche zur Gesamtbankbilanz zu konsolidieren sind. Das Bilanzstruktur-Management hat also durch geschickte Gestaltung des Berichts- und Informationswesens auch die notwendigen organisatorischen Vorkehren zu treffen, um das Funktionieren des Steuerungssystems zu garantieren. Da zur Lösung der anstehenden Aufgaben Spezialkenntnisse verschiedenster Art nötig sind, werden bei den meisten Banken «Ständige Kommissionen» eingesetzt, welche den Steuerungsprozess auslösen und überwachen. In den USA spricht man oft vom ALCO, dem Asset and Liability Committee, bei uns von der Bilanzstrukturkommission oder dem Tresorerie-Ausschuss. Das ALCO sollte mit Mitgliedern der Geschäftsleitung besetzt werden, damit die Kompetenzen einen hohen Handlungsspielraum gewährleisten. Die instrumentale Seite deckt in der Regel das Controlling ab, soweit die Führungs- und Leitungsorgane über eine entsprechende Controlling-Organisation nach amerikanischem Muster verfügen (siehe 5. Kapitel).

---

65 Spillmann, Martin: Führungsinstrumente im Zinsgeschäft der Banken; 1990, S. 57.

4. Kapitel
Planung

Einführung

Es kann beim derzeitigen Stand der Entwicklungen zweifellos davon ausgegangen werden, dass Geschäftsbanken heute in ihrer grossen Mehrzahl über ein *Planungssystem* verfügen und versuchen, die Planung als konstitutives Element der Führung in den Dienst einer zukunftsorientierten *Entscheidungsfindung zu stellen.* Auffallend ist allerdings, wie gross die Unterschiede in der Ausgestaltung der Planungssysteme noch immer sind. Auch in bezug auf das Ausmass des *Einbezugs der Führungskräfte aller Stufen*, seien sie nun in der Geschäftsleitung, am Hauptsitz der Bank oder in Niederlassungen tätig, werden ganz unterschiedliche Wege beschritten. Zwischen sehr zentralistischen und auch autoritären Lösungen und sehr föderalistischen, demokratisch aufgebauten finden sich fast alle denkbaren Kombinationen. Ist die Bank überdies Teil einer *Konzernorganisation*, kommen fallweise planerische Anordnungen einer Holdinggesellschaft oder eines Stammhauses hinzu.

Die beiden zentralen Begriffe der *strategischen* und der *operativen Planung* sind bei allen bedeutsamen Instituten etabliert und bedürfen, was ihre generelle Aussage und Bedeutung anbetrifft, keiner langen Erklärung. Uneinheitlich beantwortet aber werden die Fragen nach der bestmöglichen *Strukturierung* des Planungssystems und nach der für die Bank zweckmässigsten Anordnung der planerischen *Ablaufprozesse* über das Geschäftsjahr hinweg. Bevor in Unterkapitel 4.1. auf Probleme dieser Art näher eingegangen wird, sind angesichts der anzutreffenden *Begriffsvielfalt* einige Klarstellungen notwendig.

Unter *operativer Planung* wird die kurzfristige Jahresplanung verstanden. Das Geschäftsjahr, wie es bei der finanziellen Rechnungslegung für den Jahresabschluss definiert ist, wird mit Vorteil mit der operativen Planperiode *identisch*. Eine solche Harmonisierung drängt sich nahezu auf, weil die operativen Pläne in der Regel von *Finanz- und/oder Kostenbudgets* begleitet werden, welche die Projektion des Planinhaltes auf die Zahlenebene darstellen. Bilanzbudgets oder Kostenstellenbudgets seien als Beispiele angeführt.

Mit der *strategischen Planung* will man eine wesentlich längere Planperiode abdecken. Im Gegensatz zur operativen Planung sind die Meinungen in bezug auf den «richtigen» *Planungshorizont* im strategischen Sektor nicht gemacht.

Nach eigenen Beobachtungen variieren Schweizer Banken innerhalb einer Bandbreite von 3 bis 7 Jahren. Im Ausland wird sogar oft ein Jahrzehnt als Planperiode gewählt, zum Teil, weil man glaubt, grosse Organisationen seien aufgrund ihrer Trägheit und Schwerfälligkeit nur langsam veränderbar. Strategische Planung ist dort auch *mehr* als Langfristplanung mit Fortschreibungs- und Hochrechnungscharakter, nämlich eine von Vergangenheit und Gegenwart weitgehend befreite gedankliche Auseinandersetzung mit denkbaren und wahrscheinlichen *Zukunftsszenarien*. Echte strategische Planung ist deshalb immer auch *Variantenplanung*, verbunden also mit einem systematischen Denken in Alternativen, unter Beachtung aller *Chancen* und *Risiken*.

Da und dort schiebt sich zwischen strategische und operative Planung eine mehr oder weniger eigenständige *Mittelfristplanung* mit einem Planungshorizont von 2 bis 4 Jahren, je nach Ausgestaltung des strategischen Teils. Sie ist oftmals keine allumfassende, sondern eine partielle mit Spezialausrichtungen. Nicht selten verzichtet man beispielsweise darauf, die Linienstellen mit Kundenkontakten einzubeziehen. Um so intensiver dagegen kommen dann gewisse *logistische Bereiche* zum Zuge: Mittelfristpläne für die Informatik, für die geplanten Softwareentwicklungen, für die Personalentwicklung, für Renovationen und Umbauten im Immobiliensektor. Auch gibt es Banken, die eigenständige Bilanzprojektionen über 3 oder 4 Jahre hinweg vollziehen, um sich rechtzeitig vor *Engpässen* hinsichtlich *Liquidität* und *Eigenmitteln* zu schützen. Eine gewisse Beliebtheit haben auch mittelfristige *Investitionspläne* gefunden (z.B. für Maschinen, Apparaturen, Mobiliar usw.), wobei darauf geachtet wird, Planperiode und Abschreibungsperiode zusammenzulegen. *Abbildung 4/1* gibt hierzu einen abschliessenden Überblick.

Es ist zudem darauf hinzuweisen, dass heute überall zwischen *rollender Planung und Blockplanung* unterschieden wird. *Rollende Planung* bedeutet, dass die Bank als Ganzes mit all ihren Geschäftssparten und logistischen Bereichen Jahr für Jahr und institutionell wie instrumental abgesichert einem zum voraus bekannten planerischen Ablaufprozess unterworfen wird, wobei jedes zu Ende gehende, «bewältigte» Jahr eben «rollend» durch ein neues, zukünftiges ersetzt wird. Die Planperiode bleibt dadurch in ihrer Länge stets unverändert.

Bei der *Blockplanung* wird dagegen auf das rollende System bewusst verzichtet: Pakete von 2, 3 oder 4 Jahren kommen «en bloc» zur Planung und erst nach Ablauf einer solchen Blockperiode wird ein neuer Mehrjahresblock planerisch bearbeitet. Man kann allerdings mit Leichtigkeit feststellen: je dynamischer die Zeit, in der wir leben, umso unmöglicher wird die Planung in Blöcken, weil sie

Abbildung 4/1: Überblick über die strategische, taktische und operative Planung[66]

Merkmale von Planungsproblemen / Ebenen der Planung	Aggregation/ Differenziertheit (Aufgliederung in Teilpläne)	Detailliertheit (Erfassung von Einzelheiten)	Präzision/ Bestimmtheit (Information über die zu erfassenden Grössen)	Fristigkeit (Planungshorizont/ Prognosereichweite)	Problemstruktur (Abgrenzung des Suchraums für zulässige Lösungen)	Bedeutung von Normen (Verhältnis von normativen zu empirischen Informationen)
strategisch	wenig differenziert (Gesamtplan)	globale Grössen (Problemfelder)	grobe Informationen über die Grössen	langfristig	schlecht definierte Probleme	relativ grosse Bedeutung
taktisch	↓	↓	↓	↓	↓	↓
operativ	stark differenziert (viele Teilpläne)	detaillierte Grössen (Detailprobleme)	feine ("exakte") Informationen über die Grössen	kurzfristig	wohldefinierte Probleme	relativ geringe Bedeutung

zur Unbeweglichkeit verleitet. Eine gewisse Beliebtheit hat sie aber erlangt, weil sie kostensparend wirkt und die jährliche «Planungsunruhe im Hause» vermeidet.

Projektplanungen sind dann schliesslich ad hoc angeordnete, in der Regel längerfristige und einen Teilbereich der Bank umfassende Vorhaben, die man wegen ihrer Einmaligkeit und interdisziplinären Komplexität dem normalen jährlichen und fest institutionalisierten Planungsgeschehen entziehen möchte. Geplante Neu- und Umbauten mögen hier als Beispiele dienen, Projekte also, die etwa einen Generalunternehmer als Leiter bedingen. Projektteams sind ermächtigt, nach eigenem Planungsrhythmus eine Art von «Insellösung» anzusteuern, natürlich mit der Auflage, dass sich die «Inseln» später im «Festland» einbauen lassen. *Abbildung 4/2* verdeutlicht diese Einordnung der Projektplanung.

---

66 Weber, Jürgen: Einführung in das Controlling; 1993, S. 74.

Abbildung 4/2: Zusammenhang zwischen strategischer und operativer Planung sowie Projektplanung[67]

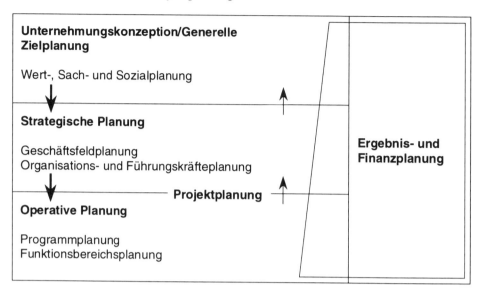

4.1.   Struktur und Methoden der strategischen Planung

4.1.1.   Zur Struktur der strategischen Planung

Wie schon angedeutet, sind sich Wissenschaft und Bankpraxis nicht einig dar-über, in welchem Ausmasse strategische Planung betrieben werden sollte. Dem-zufolge sind die Meinungen auch geteilt, wie eine rollende, jährlich stattfinden-de strategische Planung zu strukturieren sei. Abbildung 4/3 zeigt im Überblick die Elemente der strategischen Planung, welche nach unserer Auffassung die Struktur des Systems bestimmen. Man beachte, dass mit der Darstellung in *Ab-bildung 4/3* noch nichts ausgesagt ist über die Gestaltung der planerischen Ab-laufprozesse!

67 Hahn, Dietger: Stand und Entwicklungstendenzen der strategischen Planung; in: Hahn, Dietger; Taylor, Bernhard (Hrsg.): Strategische Unternehmungsplanung/Strategische Unternehmungsführung; 1992, S. 5.

Abbildung 4/3:   Elemente der strategischen Planung[68]

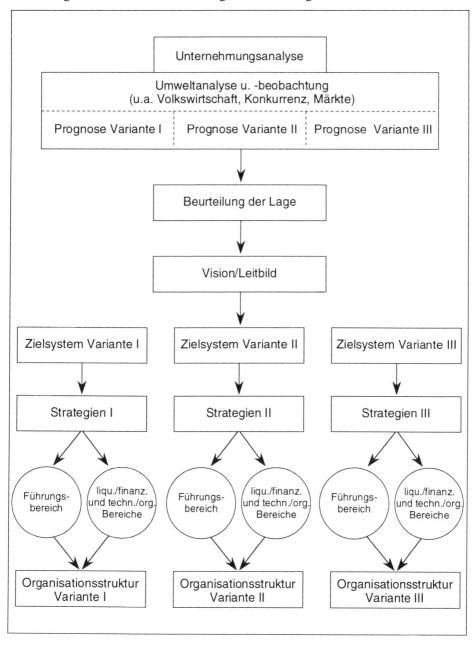

---

68 Kilgus, Ernst: Vorlesung «Führung und Organisation der Bank»; Winter-Semester
   1993/94 (unveröffentlicht).

Unternehmensanalyse: Stärken/Schwächen-Analyse als Planungsgrundlage

Basis für alle planerischen Überlegungen bilden die Ergebnisse einer fairen, aber objektiv-kritischen Beurteilung der bankeigenen Lage. Jedes Unternehmen und so auch jede Bank verfügt über ganze Bündel von *Stärken*, trägt oft aber auch schwer an seinen *Schwächen*. Stärken und Schwächen sind, wenn nicht regelmässig, so doch periodisch zu erfassen und mit Blick auf Verbesserungsmöglichkeiten zu analysieren. Jede spätere Diskussion zur *Zielfindung* bleibt *realitätsfremd*, wenn man die eigenen Möglichkeiten und *Chancen*, die eigenen Grenzen sowie die *Risiken* nicht kennt. Die *Analysebereiche* werden etwa sein: die verschiedenen Bankgeschäfte in den Geld-, Kredit- und Kapitalmärkten, mit Einschluss der dazugehörigen Kundenbeziehungen; das Führungssystem der Bank mit Planung und Führungskontrolle, das Rechnungswesen und die Organisation, Personal und Ausbildung, das Marketing und die Telematik.[69]

Umweltanalyse und -beobachtung: Möglichkeiten und Gefahren im bankwirtschaftlichen Umfeld - Entwicklung von Prognosen

Den innerbetrieblichen Abklärungen sind die Erkenntnisse aus Umweltanalysen und -beobachtungen gegenüberzustellen, verbunden mit entsprechenden prospektiven Überlegungen. Im wesentlichen geht es darum, die eigene Bank mit den wichtigsten gesellschafts- und staatspolitischen, demographischen, technologischen, gesamtwirtschaftlichen und rechtlichen Entwicklungen zu konfrontieren, um dann vor allem auch die internationalen *Finanzmärkte* mit Einschluss der dort wirkenden direkten und indirekten *Konkurrenten* (Banken, Para-Banken, Versicherungsgesellschaften, Finanzgesellschaften, Treuhänder, Post usw.) in die Untersuchungen miteinzubeziehen. Mit *prospektiven* und *prognostischen* Überlegungen wird nach neuen geschäftlichen Möglichkeiten (sog. Opportunities) gesucht und das Feld der möglichen Bedrohungen (sog. Threats) abgesteckt. Manche meinen, das Geheimnis der «guten Bankführung» liege schwergewichtig überhaupt in der Fähigkeit der richtigen Einschätzung aller relevanten *Umweltfaktoren* und beim Denken in *Szenarien*. Wenn man weiter bedenkt, wie schwierig sich das «Szenario Writing» auch auf anderen Gebieten, so etwa im Bereiche der militärischen Führung und der Gesamtverteidigung, gestaltet, stellt sich natürlich die Frage, ob nun eine jede Bank dazu befähigt ist, «ihre» Zukunft in einem doch schöpferischen Akt zu antizipieren. Wenn man sich im derzeiti-

---

69 Vgl. auch Schaub, Vera: Konzernpolitik im Schweizer Bankbereich; 1992, S. 115ff.; Singer, Brigitte: Aspekte der strategischen Bankplanung; Zürcher Dissertation am Institut für schweizerisches Bankwesen (in Vorbereitung).

gen Bankensterben die Summe aller Irrtümer vergegenwärtigt, denen Bankleiter erlegen sind, wird man schon hellhörig.[70]

Beurteilung der Lage: die SWOT-Matrix als Planungshilfe

Stärken (sog. Strengths) und Schwächen (sog. Weaknesses) der eigenen Bank sind nun im Zuge der Lagebeurteilung mit den vorhin genannten Chancen (sog. Opportunities) und Risiken (sog. Threats) in der Umwelt zu konfrontieren. In Anlehnung an die amerikanische Terminologie wird auch bei uns mehr und mehr von der «SWOT-Analyse» als Arbeitsmethode gesprochen, von der «SWOT-Matrix» auch, wenn man an die praktische Planungshilfe in zweidimensionaler Form denkt. *Abbildung 4/4* zeigt ein Beispiel für dieses Matrix-Denken, für die Vorgehensweise beim Versuch der *Selbstpositionierung* und *Selbsteinschätzung* in einem sehr weiten, ökonomischen und nichtökonomischen *Umfeld.* Wenn dieses Verfahren auch nicht immer gelingen mag, zwingt es die planenden Stellen doch, die Bank nicht immer als autonomes Gebilde zu sehen, sondern als eine Wirtschaftseinheit neben anderen «im Markt», ausgesetzt den Marktkräften und der Brutalität des freien Wettbewerbs.

Von der Vision zum Leitbild

Die Lagebeurteilung soll erlauben, frühere Visionen und Leitbilder immer wieder neu auf ihre Haltbarkeit hin zu überprüfen, um periodische Anpassungen einzuleiten. Zur *Vision* und zum *Leitbild* sei auf *Unterkapitel 2.2.* verwiesen. Eine Bemerkung nur zum Begriff der «Vision»: das Wort an sich könnte dazu verleiten, den Führungs- und Leitungsorganen der Bank *seherische* Fähigkeiten zuzuschreiben; denn wirkliche Visionäre kommen auf übernatürliche Weise zur Erkenntnis. Im Alten Testament ist die Vision als Mittel der Offenbarung immer mit einer Wortoffenbarung verbunden. Mystische Visionäre sind es, welche die Kirchengeschichte prägen. In einer *Bankführungslehre* allerdings wird man realistischer und bescheidener: im Grunde ist die Entwicklung eines Leitbildes, einer Vision mit intensiver Arbeit und Anstrengung verbunden, basierend auf einer Vielzahl von Teilanalysen, Informationen und Erfahrungen. Neue Ideen zu haben ist dabei allerdings nicht verboten. Wenn das Adjektiv «visionär» wirklich «im Geiste geschaut» bedeutet, wie dies ein Lexikon wahr haben will[71],

---

70 Vgl. auch Schaub, Vera: Konzernpolitik im Schweizer Bankbereich; 1992, S. 71ff.
71 Meyers grosses Taschen-Lexikon: Band 23; 1987, S. 22.

Abbildung 4/4: Stärken/Schwächen- und Chancen/Risiken-Matrix (sog. SWOT-Matrix)

Analyse Umwelt / Analyse Bank	Chancen (Opportunities)	Risiken (Threats)
Stärken (Strengths)	- die günstigsten strategischen Geschäftsfelder, nach Geld-, Kredit- und Kapitalmarkt - grösste Wahrscheinlichkeit für strategische Erfolgspositionen (SEP) nach Geld-, Kredit- und Kapitalmarkt - Bank ist fähig, Chancen auf folgenden Gebieten zu nutzen: Geldmarkt / Kreditmarkt nach Regionen / Kapitalmarkt nach Kundensegmenten	- Bank ist fähig, Risiken auf folgenden Gebieten zu begegnen: Geldmarkt / Kreditmarkt / Kapitalmarkt / Logistik - Risiken, die bei langfristiger Betrachtung wahrscheinlich abnehmen werden
Schwächen (Weaknesses)	- strategische Geschäftsfelder, bei denen Strategien geändert werden müssen: Geld-, Kredit-, Kapitalmarkt - strategische Geschäftsfelder, welche künftiges Wachstum versprechen - strategische Geschäftsfelder mit rückläufigen Gewinnen - strategische Geschäftsfelder, die häufig nach Verstärkung der Ressourcen verlangen - strategische Geschäftsfelder, die neue Konkurrenten anziehen werden: Banken, near-/non-banks, Versicherungen	- strategische Geschäftsfelder mit kritischer Verwundbarkeit - strategische Geschäftsfelder, die Sofortmassnahmen bedingen - Bank ist unfähig, Gefahren auf folgenden Gebieten zu begegnen: ... - Gebiete, die man abtreten muss (Desinvestitionen) - Überlebensstrategien für strategische Krisenlagen

dann kann man selbst in der Betriebswirtschaftslehre dem modernen Manager etwas an visionärem Geist zubilligen.

Zielsystem- und Strategienplanung in Varianten

Gegenstand, ja eigentliches Kernstück der strategischen Planung bilden im wesentlichen *zwei* Strukturelemente:

- Zum einen geht es um die Entwicklung eines *Zielsystems*, umfassend die einzelnen Zielsetzungen für die strategischen Geschäftsfelder und die unterstützenden, logistischen Funktionen, nach Szenario-Varianten gegliedert.[72]

- Zum anderen sind die eigentlichen *Strategien i.e.S.* festzulegen, d.h. die Massnahmen- oder Aktionspläne zum Zwecke der Zielerreichung.

Im planerischen Alltag werden Zielsysteme und Massnahmenpläne *nicht* nacheinander, sondern im permanenten Wechselspiel *simultan* entwickelt; denn Zielpläne für sich werden sinnlos, wenn geeignete Strategien zur Zielerreichung fehlen. Sehr häufig ist man sich in bezug auf anzustrebende Ziele rasch einig. Die Schwierigkeiten aber beginnen, wenn über die diversen Wege zur Zielerreichung gesprochen wird.

Wie mehrmals schon erwähnt, bedeutet strategische Planung immer auch *Variantenplanung*: je nach Art des Szenarios, das nach der Lagebeurteilung resultiert, ergeben sich auch unterschiedliche Zielsystem-Strategien-Kombinationen. *Abbildung 4/3* geht davon aus, es seien von den Führungsorganen drei verschiedene Szenarien entwickelt worden, beispielsweise ein sehr *optimistisches* (wirtschaftliches Wachstum, Vollbeschäftigung, Null-Inflation usw.), ein sehr *pessimistisches* (Kriege, Unruhen, Arbeitslosigkeit, Krisen aller Art) und vielleicht ein *mittleres*, zwischen den Extremen liegendes. Unterschiedliche Szenarien, denen man übrigens eine Eintretenswahrscheinlichkeit zuordnet, bedingen auch unterschiedliche Zielsysteme und Strategienpläne. Zu fragen ist, was in einer Planperiode überhaupt erreicht werden kann, wenn sich die Welt, in der wir leben, in Richtung des einen oder des anderen Szenarios verändert.

---

72 Kilgus, Ernst: Vorlesung «Führung und Organisation der Bank»; Winter-Semester 1993/94 (unveröffentlicht).

Ziele für den Führungs- und den technisch-organisatorischen Bereich

Sind für die strategischen Geschäftsfelder die Zielvorstellungen und die Aktionspläne bekannt, ist zu prüfen, ob der Bankbetrieb die mit der Zielverfolgung verbundenen Anstrengungen *führungsmässig* und mit einem gegebenen *Ressourcenpotential* überhaupt zu verkraften vermag. Neue Ziele und Strategien bedingen normalerweise Anpassungen im technisch-organisatorischen Führungsbereich und in der Gestaltung der «Organisation Bank». Den strategischen Plänen sind deshalb die notwendigen personellen, finanziellen, sachlichen, räumlichen und technologischen Ressourcen zuzuordnen, bevor man sie in den Spitzengremien sanktioniert. Unterbleibt dieser Allokationsprozess, ist eine strategische Planung unsinnig.

Beispiel: Checkliste Strategieüberprüfung des Schweizerischen Bankvereins

Das nachfolgende Beispiel verdeutlicht diesen Zusammenhang. Wenn beim Schweizerischen Bankverein eine bisherige Strategie zur Überprüfung gelangt, ist von der planenden Stelle mit der folgenden, standardisierten *Checkliste* zu arbeiten:

Analyseteil
1. Strategische Schlüsselfragen (sog. Key Issues)
2. Rahmenbedingungen, Veränderungen
3. Aufwand-/Ertragsübersicht
4. Besonders kritische Annahmen
5. Konkurrenzanalyse: Stärken, Schwächen, Strategien

Strategieteil
1. Strategische Leitidee
2. Kunden/Märkte/Produkte (CAP-Approach)
3. Konditionenpolitik
4. Verkaufsorganisation
5. Personelle Mittel
6. Computerunterstützung
7. Angestrebte Synergien
8. Massnahmenplan inkl. Ressourcenbeanspruchung (Informatik, Sachmittel, Immobilien, Eigenmittel)

Überprüfung der Organisationsstruktur

Neue Dienstleistungen und Produkte, neue Ideen, die zu Finanzinnovationen führen, bedingen üblicherweise auch strukturelle, organisatorische Anpassungen. Die «Organisation Bank» ist laufend zu entwickeln. Es ist deshalb zweckmässig, nach Abschluss der Ziel-, Strategien- und Ressourcenplanung die organisatorischen Konsequenzen zu bedenken und nötigenfalls Restrukturierungen an die Hand zu nehmen. Dazu mehr im *6. Kapitel.*

4.1.2. Der strategische Planungsprozess

In Abschnitt 4.1.1. wurde dargelegt, welche Teile die Struktur eines strategischen Planungssystems bestimmen und welche Aufgaben sich für die planenden Stellen Jahr für Jahr ergeben. Mit der nun folgenden Festlegung des strategischen *Planungsprozesses* wird bestimmt, mit welchen *Methoden* und Verfahren, mit welchen Aktivitäten sich das Planungsgeschehen vollzieht, welche *Instanzen* für die Aufgabenerfüllung zuständig sind und in welcher Reihenfolge und nach welchem *Zeitplan* sich die Tätigkeiten folgen. Da die strategische und die operative Planung jährlich nach festem Terminplan abrollen müssen, kommt der Bestimmung der prozessualen Abläufe grosse praktische Bedeutung zu. Dabei ist zu beachten, dass je nach Führungsstil (partizipativer, kooperativer) auch die (grossen) *Filialen* in den Willensbildungsprozess einzubeziehen sind. Für die meisten Planungsverantwortlichen ist deshalb das Kalenderjahr häufig zu kurz!

Beispiel: Der Planungsprozess des Schweizerischen Bankvereins

Das nachfolgende Beispiel zeigt den Lösungsansatz des Schweizerischen Bankvereins. Aus der *Vision* und den *Bestrebungen* der Konzernleitung, der *Beobachtung* von internen und externen Trends sowie als Resultat des *Dialoges* zwischen Konzern- und Unternehmensbereichs- (Inland und International Finance) bzw. Geschäftsbereichsführung (Retail, Private Investors etc.) werden von der Konzernleitung mit Unterstützung durch das Konzern-Controlling sowie durch die Konzernentwicklung die sogenannten *Corporate Issues* abgeleitet (vgl. *Abbildung 4/5*). Sie können als Fragen und Ziele mit unternehmensweiter Bedeutung und Wirkung charakterisiert werden. Dabei kann es sich einerseits um Corporate Issues handeln, die zu Konflikten mit der bestehenden Geschäftsorganisation führen und/oder zu ihrer Behandlung ein Mass an Bemühungen erfordern,

Abbildung 4/5: Planungs- und Controlling-Konzept des Schweizerischen Bankvereins

Periodischer Planungs- und Controlling-Prozess:

Vision / Bestrebungen Konzernleitung

Beachtung von internen / externen Trends

Dialog zwischen Konzern-, Unternehmensbereichs-, Geschäftsbereichsführung

Unterstützung durch Konzern-Controlling, Konzernentwicklung

Corporate Issues

Projekte auf Konzern-, Unternehmensbereichsebene

Mittelfristiger Planungszyklus:

Corporate Terms of Reference

Mittelfristige Planung Geschäftsbereiche:

Jahr 1   Jahr 2   Jahr 3

Jährlicher Planungszyklus:

Corporate Terms of Reference

Planung frontorientierte Geschäftsbereiche

Planung Service-Geschäftsbereiche

Integration zu konsolid. Konzern-, Budget-Plan

Jan.	Feb.	März	April	Mai	Juni	Juli	Aug.	Sept.	Okt.	Nov.	Dez.

Monatlicher / Quartalsweiser Planungszyklus:

Jan.	Feb.	März	April	Mai	Juni	Juli	Aug.	Sept.	Okt.	Nov.	Dez.

das im periodischen Planungs- und Controlling-Prozess nicht aufgebracht werden kann. Diese Corporate Issues sind deshalb Gegenstand von *Projekten auf Konzern- oder Unternehmensbereichsebene*. Andererseits existieren aber auch Corporate Issues, die sich vor allem auf das bestehende Geschäft beziehen und damit einen Input für den *periodischen Planungs- und Controlling-Prozess* liefern.

Dieser Planungs- und Controlling-Prozess setzt sich aus drei periodischen Elementen zusammen: dem mittelfristigen (ungefähr drei Jahre) sowie dem jährlichen Planungszyklus auf der Ebene der Geschäftsbereiche und dem monatlichen bzw. quartalsweisen Controllingzyklus.

Die mittelfristige und jährliche Planung der Geschäftsbereiche erfolgt vor dem Hintergrund der sogenannten *Corporate Terms of Reference*, die durch die Konzernleitung in Zusammenarbeit mit dem Konzern-Controlling und der Konzernentwicklung festgelegt werden. Inhaltlich handelt es sich dabei um die grundlegende strategische Stossrichtung, die Schlüsselfragen, welche durch den Planungsprozess zu beantworten sind, den Bereich der erwarteten Resultate sowie um Ressourcenbeschränkungen.

Auf der Basis dieser Vorgaben entwickeln die einzelnen Geschäftsbereiche die *mittelfristigen Pläne,* die vor allem zu Aspekten wie der Geschäftsbereichsattraktivität und den Marktchancen, den Konkurrenztrends, eigenen Stärken sowie Schwächen, strategischen Möglichkeiten, Handlungsplänen, Ergebniszielen und auch dem Ressourcenbedarf Stellung nehmen.

Im Rahmen des jährlichen Planungszyklus werden nach der Festlegung der Corporate Terms of Reference während der Zeit von April bis August die frontorientierten Geschäftsbereiche (z.B. Retail Inland) geplant. In einem nächsten Schritt, von August bis Oktober, stehen die Service-Geschäftsbereiche (z.B. Logistik des Unternehmensbereiches International Finance) im Zentrum. Den Abschluss dieses jährlichen Planungszyklus bildet dann die nach dem Gegenstromverfahren vorgenommene Integration der einzelnen Teilpläne in einen konsolidierten *Konzern- sowie Budgetplan.*

Innerhalb des letzten Elements des Planungs- und Controlling-Prozesses erstellt das Konzern-Controlling monatlich bzw. quartalsweise einen Bericht, in dem geplante mit aktuellen Gegebenheiten verglichen und Ursachen für allfällige Soll/Ist-Abweichungen sowie Ergebnisausblicke für das Jahresende aufgeführt werden. Letztere dienen dabei vor allem der frühzeitigen Entscheidungsfindung. Diese Informationen zeigen, ob korrigierende Massnahmen nötig sind, um die geplanten Ziele zu erreichen. Zudem sind auf der Unternehmensbereichs-, der Geschäftsbereichs- und der Geschäftsfeldebene eigene Controller im

Einsatz, welche die Entwicklung der jeweiligen Pläne unterstützen und für den Controlling-Zyklus auf den entsprechenden Ebenen zuständig sind.

Am Ende eines jeden Jahres werden die von den einzelnen Geschäftsbereichen erzielten Ergebnisse analysiert. Sie werden einerseits als Basis für die Performance-Bestimmung pro Geschäftsbereich und andererseits als Informationsgrundlage für den nächsten Planungs- und Controlling-Prozess verwendet.

Das *Beispiel* zum Planungsprozess des SBV bedarf der folgenden, ergänzenden Bemerkungen: Zu beachten ist bei der Bankverein-Lösung der eingegangene *Kompromiss* zwischen zentralistischer und föderalistischer Planung. Kaum eine Schweizer Bank wie diese ist, wenn man deren Geschichte verfolgt, über Jahrzehnte hinweg sehr dezentral und *föderalistisch* geführt worden. So stellt sich die Frage extrem, welche *Instanzen* bei der Planentwicklung beteiligt sein sollten und welche Rolle insbesondere die grossen Filialen spielen müssten. Angesprochen ist der Grad der *Demokratisierung* im Planungsgeschehen und die Applikation eines partizipativen Führungsstils. Die vorliegende Lösung trägt den Wünschen nach Kooperation Rechnung.

Es zeigt sich dabei aber auch, dass dem föderalistischen System klare Grenzen gesetzt sind. Einmal in *zeitlicher* Hinsicht. Die strategische Planung sollte im Regelfall *bis Jahresmitte* abgeschlossen sein, um Zeit für die Erarbeitung der operativen Pläne und die Budgetierungsprozesse zu gewinnen. Limiten ergeben sich jedoch auch bei der Berücksichtigung interessierter *Instanzen*: es sind nur jene einzubeziehen, welche über die für die Entwicklung von Strategien notwendigen Informationen verfügen und über entsprechende methodische Kenntnisse. Ihrem Wesen nach ist die strategische Planung vielerorts zu einer eher *zentralistischen* geworden, ausgerichtet auf Verwaltungsrat und Geschäftsleitung, oftmals sogar nur auf bestimmte Exponenten dieser Gremien. Spezialisten wie Planungsfachleute, volks- und betriebswirtschaftliche Berater, Rechtskonsulenten und Informatiker stehen unterstützend zur Seite.

Im Falle des SBV ist auch die gewählte Mischung aus quantitativer und qualitativer Planung im strategischen Bereich zu beachten. Neben verbalen Aussagen müssen jegliche Vorgaben auch quantitativ formuliert werden, so zum Beispiel in Form des erwarteten Return on Equity, des budgetierten Cash Flows oder anderer Grössen. Dies wiederum erlaubt natürlich rechnerische Soll/Ist-Vergleiche über die operative Ebene hinaus.

Beispiel: *Der Planungsprozess der Schweizerischen Bankgesellschaft*

Abbildung 4/6 zeigt in vereinfachter Form den Planungsprozess der grössten Schweizer Bank, der SBG. Die Bank verwendet in dieser Darstellung den Be-

Abbildung 4/6: Planungsprozess der Schweizerischen Bankgesellschaft[73]

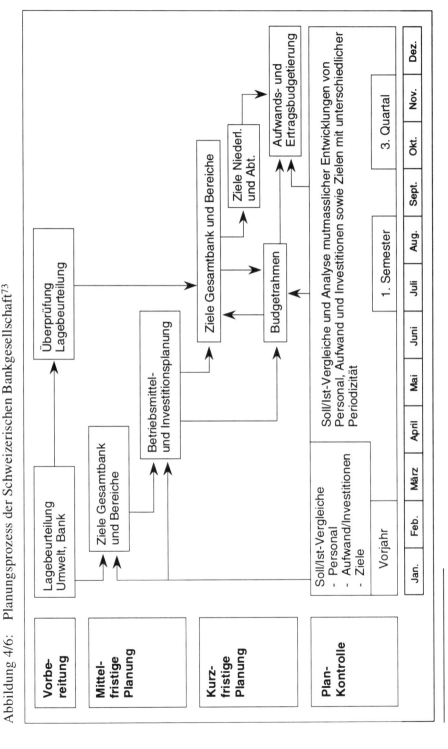

73 Steinmann, Heinrich: Schweizerische Bankgesellschaft - Dokumentation zuhanden der Swiss Banking School; 1992 (unveröffentlicht).

griff der strategischen Planung nicht, arbeitet aber unter dem Titel «Mittelfristige Planung» mit einem Planungshorizont von fünf Jahren. Unter dem bescheidenen Stichwort «Vorbereitung» verbirgt sich eigentlich die strategische Basisarbeit, die im Zuge der «Lagebeurteilung» und der späteren «Überprüfung der Lagebeurteilung» geleistet werden muss.

Was beim Konzept der SBG auffällt, ist der hohe Stellenwert der «Betriebsmittel- und Investitionsplanung». *Heinrich Steinmann*[74] hat in Referaten mehrfach auf die Bedeutung der logistischen Unterstützung hingewiesen, ohne deren Beachtung eine jede Planung für Geschäftsarten utopische Züge bekäme. Tatsächlich zeigen sich bei manchen Banken erhebliche Friktionen im Planungsgeschehen, wenn man den planenden «Front-Spezialisten» nicht personelle, finanzielle und vor allem technologische Handlungsräume als Rahmenbedingungen vorgibt. Disharmonien zwischen Front und Logistik bilden meist Ursache für sich wiederholende *Planungsrunden* zur Bereinigung von Ungereimtheiten und Differenzen, die den Ablauf zeitlich verzögern und überdies Ärger schaffen. Auffallend bei der SBG-Lösung ist auch, dass im operativen Sektor nach wie vor eine *Aufwand-/Ertragsbudgetierung* erfolgt, weil ein ausgebautes Kostenrechnungssystem, das die Bank als Ganzes erfassen würde, noch immer fehlt.

Abbildung 4/7 zeigt ein strategisches Planungsdokument einer grossen Regionalbank. Es zeigt die Vorgehensweise bei der Planung zweier zusätzlicher Geschäftsstellen. Planungstechnisch interessant ist der Hinweis auf Ziffern des Leitbildes, dies quasi als Legitimation, um entsprechende Anträge zur *Wachstums- und zur Niederlassungspolitik* zu stellen. Ein Leitbild, das auf diese Weise in den Planungsprozess eingebettet wird, läuft weniger Gefahr, über Monate ungelesen in den Schubladen der Mitarbeiter zu verkümmern. Konsequent durchgezogen ist auch die Triade «Ziele - Massnahmen - Mittel», im Beispiel fast eine Selbstverständlichkeit, weil in der Gedankenführung auch folgerichtig. In der Praxis bereitet es allerdings immer wieder Mühe, zwischen Zielvorgaben und Realisierungsmassnahmen zu unterscheiden, nicht zu reden von den vernachlässigten Ressourcenplänen, die vielerorts in Vergessenheit geraten oder viel zu spät zum Zuge kommen. Die Rezessionsjahre sorgen nun freilich dafür, dass die *Sparpläne* und die Massnahmen zum *Personalabbau* erste Priorität bekommen und das Planungsgeschehen dadurch weitgehend bestimmen.

---

74 Steinmann, Heinrich: Referat zum Planungssystem der Schweizerischen Bankgesellschaft, gehalten an der Swiss Banking School; 1992, (unveröffentlicht).

Abbildung 4/7:   Strategisches Planungsdokument einer Regionalbank

| **Zielplanung Gesamtbank** | **Teilplanung Geschäftsstellennetz** | **Planperiode 19.1 - 19.4** |

ausgestellt am:

bearbeitet von:

genehmigt durch:

Auflagen der vorgesetzten Instanzen:

Leitbild Ziffer 3.5:   Wachstumspolitik
Leitbild Ziffer 3.7:   Niederlassungspolitik

Einige Angaben der Planungsinstanz zur Entwicklung in der Planperiode:

Entwicklung Marktpotential Region Alpha: + 7%
Entwicklung Marktpotential Region Beta: + 5%

Ziele

Errichtung von zwei Geschäftsstellen in der Region Alpha und in
einer Geschäftsstelle in der Region
Beta, betriebsbereit im Februar
19.4

Massnahmen

Region Alpha
- Erwerb des Grundstückes X in
  Y, Abschluss der Bauplanung
  bis Mitte 19.2
- Abschluss Mietvertrag für
  Gebäude W in Z

Region Beta
- Umbau der bankeigenen
  Liegenschaft C in D

Mittel

- Projektteam unter Leitung von
  Herrn M, bestehend aus 6
  Personen, bis zur Eröffnung der
  Geschäftsstellen
- Deckung der laufenden Kosten
  aus dem Jahresbudget
- Sonderkredit zugunsten des
  Projektteams von Fr. 300'000.-

4.1.3. Strategische Geschäftsfelder und unterstützende Funktionen

Insbesondere die Ausführungen in Unterkapitel 4.1. haben deutlich gemacht, wie sehr sich die strategische Planung um die Erfassung der strategischen *Geschäftsfelder* (SGF) und der *unterstützenden Funktionen* (UF) bemüht. Das grosse Interesse für diese Belange ist rasch erklärt: bei der Planung der SGF und der UF wird fast alles entschieden, was die Schaffung und Verwertung von Marktleistungen durch die Bank berührt. Vor allem mit der Festlegung der *Anzahl* und mit der qualitativen Umschreibung des *Inhalts* der SGF bestimmen die Führungs- und Leitungsorgane das Dienstleistungs- und Produktesortiment der Bank in seiner Breite und Tiefe für eine Vielzahl von Jahren. Weil ein neues strategisches Geschäftsfeld unter Umständen den Aufbau und die Schulung eines Mitarbeiterteams bedingt und auch eigenständige Software-Applikationen notwendig macht, ist der Gestaltung des Dienstleistungs- und Produkte-Portfolios grösste Aufmerksamkeit zu widmen. *Kosten-/Nutzen-Erwägungen* dürften dabei eine erhebliche Rolle spielen.

Ähnliche Sorgfalt ist den *unterstützenden Funktionen* zu schenken. Sie entscheiden darüber, ob die ganze Aktivität an der Geschäfts- und Kundenfront letztlich zu verkraften ist. Die planerische Vorschau macht nur dann Sinn, wenn die logistische Unterstützung sichergestellt ist. Wer sein Sortiment unter Vernachlässigung der personellen Mittel und der technischen Apparatur festlegt, kann sehr bald den Anschluss an die Märkte verlieren und bei krassen Fehldispositionen gar zum Übernahme- oder Fusionskandidaten werden.

Für die weiteren Überlegungen ist es wichtig, *Beispiele* für die Umschreibung strategischer Geschäftsfelder und unterstützender Funktionen zu nennen. Sie entstammen diversen Planungsdokumenten etablierter Schweizer Banken:

Strategische Geschäftsfelder:
- Kapitalmarktgeschäfte und Finanzderivate
- Wertpapier-Emissionen
- Corporate Finance
- Devisen- und Notengeschäft
- Edelmetallgeschäft
- Geldmarkttransaktionen und Geldmarktpapiere
- Kommerzielles Kreditgeschäft Schweiz
- Hypothekargeschäft
- Privatkundengeschäft
- Institutionelle Anleger-Geschäfte
- Portefeuille-Management und Anlagefondsgeschäft

- Retail Banking
- Zahlungsverkehr
- Wertschriftenhandel und -administration
- Rechts- und Steuerberatung
- Kommerzielle Auslandkredite
- Kleinkredite
- Passivgeldbeschaffung
- Projektfinanzierungen
- Mergers and Acquisitions

Unterstützende Funktionen:

- Personal und Ausbildung
- Rechnungswesen und Controlling
- Informatik und Telekommunikation
- Volks- und Betriebswirtschaft
- Marketing und Öffentlichkeitsarbeit
- Bilanzstruktur-Management
- Kreditpolitik und Risk Management
- Treasury und Liquiditätssteuerung
- Konzernentwicklung
- Immobilienverwaltung und Bauwesen

Ein Blick auf diese unvollständige und bewusst unsystematisch gehaltene Zusammenstellung zeigt die ganze Komplexität der Bildung und der späteren verantwortlichen Führung der strategischen Geschäftsfelder und der unterstützenden Funktionen. Dazu ergeben sich *Fragen* über Fragen:

- *Wieviele* strategische Geschäftsfelder sind in einer Bank mit Vorteil zu bilden?

- Wie sind diese voneinander abzugrenzen, damit klare *Verantwortlichkeiten* entstehen?

- Ist bei der Bildung strategischer Geschäftsfelder auf die *Organisationsstruktur* der Bank Rücksicht zu nehmen, oder sind strategische Geschäftsfelder ihrem Wesen nach «organisationsneutral»?

- Muss das *Management Accounting* in der Lage sein, für jedes strategische Geschäftsfeld die entsprechenden Kosten, Erlöse und Renditen zu liefern?

- Wie ist die *Führung* eines strategischen Geschäftsfeldes bei einer Vielzahl grosser, mittlerer und kleiner Filialen im In- und Ausland zu regeln?

- Verfügt der Leiter eines strategischen Geschäftsfeldes über umfassende *Kompetenzen* zur Gestaltung dieses Funktionsbereiches für die Gesamtbank?

- Was sind eigentlich ihrem *Wesen* nach unterstützende Funktionen?

- Sind unterstützende Funktionen geschlossene Abteilungen wie beispielsweise eine Personalabteilung, oder sind es nicht auch durch Organisation künstlich gebildete *Personalgemeinschaften* zur Lösung von Teilproblemen wie Cash Management, Risk Management oder Bilanzstruktur-Management?

- Wem soll die Kompetenz zufallen, strategische Geschäftsfelder zu *kreieren* oder bestehende zu *liquidieren*?

- Wie löst man *Zielkonflikte* zwischen strategischen Geschäftsfeldern untereinander und zwischen strategischen Geschäftsfeldern und unterstützenden Funktionen?

Die Theorie verhält sich in bezug auf diese Fragen eher zurückhaltend. So erklären *Gluck, Kaufmann und Walleck* treffend: «Daher sollte es nicht überraschen, dass es noch niemandem gelungen ist, eine vollständig akzeptable Definition eines strategischen Geschäftsfeldes anzugeben oder befriedigend zu beschreiben, wie man eine SGF-Struktur herleitet. Die SGF-Definition bleibt eine Art Hexerei....»[75].

Möglicherweise muss man die Richtigkeit dieser Aussage bestätigen. Gleichzeitig darf man aber beifügen, dass heute auch manche Banken über eigene praktische Erfahrungen im Umgang mit dieser Thematik verfügen. Dazu einige hinweisende Anmerkungen: Bei Banken lässt sich im Normalfall die *formale* Organisationsstruktur *nicht* logisch auf das Geschäftsfelder-Segmentierungsschema anwenden. Geschäftsfelder werden im Hinblick auf externe *Märkte* und *Konkurrenten* definiert. Damit ist das permanente Dilemma zwischen Struktur und Strategie gegeben. Die formale Organisationsstruktur ist dafür konzipiert, die täglich anfallenden operationellen Aufgaben effizient zu erfüllen und erfordert eine klare Verantwortungs- und Autoritätshierarchie, die *keine* Zweideutigkeiten im Berichtswesen, im sog. Reporting, zulässt. Die Struktur der strategischen Geschäftsfelder dagegen hat ihr eigenes *Berichtssystem*. Geschäftsfelder sind unabhängige, lebensfähige Gebilde, nach Meinung vieler Fachleute so autonom, dass sie rechtlich verselbständigt und als eigenständige (Sub-)Bank geführt werden könnten. Weil aber auch hier klare Verantwortlichkeiten notwen-

---

75 Gluck, Frederick W.; Kaufmann, Stephen P.; Walleck, Steven A.: The Four Phases of Strategic Management; in: The Journal of Business Strategy; 3/2, 1982, S. 9 - 21; zitiert nach: Hax, Arnoldo C.; Majluf, Nicolas S.: Strategisches Management, ein integratives Konzept aus dem MIT; 1991, S. 57.

dig sind, ist es durchaus üblich, dass ein Kadermitglied *gleichzeitig* zwei Funktionen zu erfüllen hat; nämlich einerseits die Verantwortung für ein strategisches Geschäftsfeld zu tragen und andererseits auch für eine organisatorische Einheit zuständig zu sein, heisse sie nun Abteilung, Hauptabteilung, Ressort, Departement oder Sparte. Gegen diese dualistische Situation setzen sich aber manche zur Wehr. Sie plädieren dafür, einem Geschäftsleitungsmitglied die Verantwortung für ein funktionales Geschäftsfeld zu übertragen, zum Beispiel für die Wertpapier-Emissionen, den Verantwortlichen für die Erfüllung dieser Funktion weltweit einzusetzen, ihn aber von jeder Führungsverantwortung für Mitarbeiter oder organisatorische Einheiten zu befreien. Natürlich sind in einem solchen Fall Diskussionen zwischen diesem Geschäftsfeldverantwortlichen und beispielsweise der Direktion einer grossen Filiale beinahe vorprogrammiert, weil konfliktreiche Überlappungen oder doch zumindest Nahtstellen gegeben sind. Wer befindet beispielsweise über eine Emission in Genf oder in London, und wem wird der Erlös aus einer solchen Transaktion gutgeschrieben? Beispiele dieser Art liessen sich praktisch für alle Geschäftsfelder anführen.

Eine weitere Erfahrung scheint sehr bedeutsam zu sein. Seit Ende der 60er und während der 70er Jahre wurde eine Planungsmethodik entwickelt, die Führungskräften helfen soll, eine *strategische Diagnose* für jedes SGF nach zwei Dimensionen hin zu entwickeln: einerseits die Kräfte zu erfassen, die mit dem Umfeld und damit den Branchentrends und den Marktchancen zusammenhängen, andererseits die internen Kompetenzen des Unternehmens zu bestimmen, die ein Management mobilisieren könnte, um im betreffenden Geschäftsfeld eine Überlegenheit gegenüber den Konkurrenten zu etablieren. Wir nennen diese *Planungsmethodik* heute *Geschäfts-Portfolio-Ansatz*. Auf die Bank bezogen sind bei uns vor allem zwei Ansätze bekannt geworden:

- die Branchenattraktivität/Wettbewerbsstärke-Matrix von McKinsey *(Abbildung 4/8)* und

- die Marktwachstum/Marktanteil-Matrix der Boston Consulting Group *(Abbildung 4/9)*.

Abbildung 4/8: Portfoliomatrix nach McKinsey

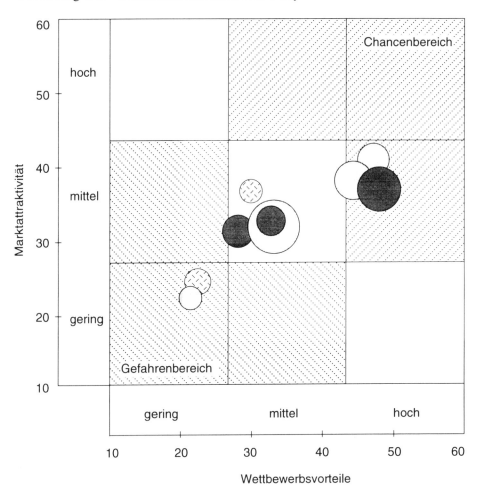

Kreise   = Strategische Erfolgsträger (Produktegruppen)

Kreisgrösse   = Umsatzgrösse

                = Deckungsbeitrag < 20% (= tief)

                = Deckungsbeitrag 20 - 40% (= mittel)

                = Deckungsbeitrag > 40% (= hoch)

Abbildung 4/9:   Marktwachstum/Marktanteil-Matrix der BCG

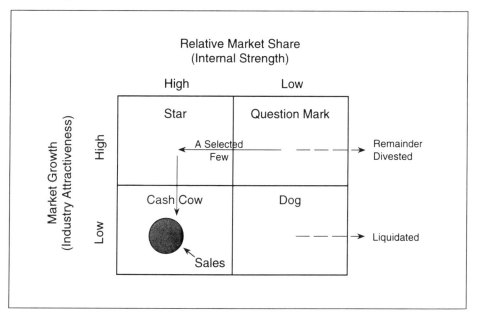

Die Methodik besteht darin, ein strategisches Geschäftsfeld gemäss den Krite-.
rien wie Wettbewerbsstärke, Marktwachstum usw. innerhalb einer Matrix zu positionieren. Der Sinn des Verfahrens ist klar erkenntlich: es handelt sich darum,
die Aufspaltung der Banktätigkeit in eine Anzahl klar definierter Geschäftsfelder zu erleichtern und - je nach Positionierung - angemessene und eindeutige
Strategien für jedes Geschäftsfeld aufzustellen. Auf diese Weise sollen auch po-
tentielle *Akquisitionen* oder auch *Desinvestitionen* deutlich werden. Man erwartet dabei, dass der Portfolio-Ansatz auch die Rentabilität bzw. den Profit jedes
einzelnen Geschäftsfeldes ausweist. Dies aber bedeutet, dass das Management
Accounting in der Lage ist, nach strategischen Geschäftsfeldern getrennt Bericht
zu erstatten, in der Regel durch vorgängige Konsolidierung der Resultate der
Spartenrechnung. Ob das Management der Bank dann allerdings unrentable Geschäftsfelder aus ihrem Sortiment streicht bzw. überhaupt streichen kann, steht
auf einem anderen Blatt. So kann man beispielsweise nicht das kommerzielle
Kreditgeschäft mit Firmen aller Art fördern, weil es sich als rentabel erweist,
und gleichzeitig den Zahlungsverkehr einstellen, der nicht zu kostendeckenden
Preisen angeboten werden kann.

4.2. Strategische und operative Planung sowie Projektplanung

4.2.1. Die strategische Planung als Grundlage für die operative Planung

Die strategische Planung repräsentiert einen straff geführten und klar definierten organisatorischen Vorgang mit einer gewissen Eigenständigkeit. Er ist aber, wie in Unterkapitel 4.1. mehrfach deutlich geworden ist, mit der operativen Planung sowie mit der Projektplanung eng verbunden. Diese *Verbindung* ist logisch und leicht zu begründen, ergibt sich aber in der Bankpraxis nicht zwangsläufig, sondern ist durch aktive organisatorische Arbeit zu erzwingen und später sicherzustellen. Dies nicht zuletzt auch deshalb, weil sich in der Regel andere Instanzen und Hierarchieebenen mit dem operativen Teil befassen, Instanzen, die gehalten sind, als Unterstellte die Vorleistungen der strategischen Planung zu übernehmen.

Das Zusammenspiel zwischen strategischer und operativer Planung lässt sich mit Hilfe einer Aufzählung der einzelnen planerischen *Arbeitsschritte* wohl am deutlichsten erklären:[76]

Schritt 1: Festlegung der Vision und des Leitbildes der Bank

Ermittlung des Grundcharakters der Bank. Festlegung des Geschäftsbereiches mit Hilfe der strategischen Geschäftsfelder. Das Verhältnis der Bank zu Mitarbeitern, Kunden, Aktionären, zum Staat usw. als Rahmenbedingung. Zielvorstellungen in bezug auf Wachstum, Rentabilität und Cash Flow.

Schritt 2: Analyse des Umfeldes der Bank

Beurteilung des Zustandes der Bankbranche insgesamt. Einschätzung der wirtschaftlichen, politischen, technologischen und sozialen Umwelt. Diagnosen zu Umweltfaktoren und Versuch der Entwicklung bankrelevanter Szenarien.

Schritt 3: Bankbetriebsanalyse

Bestimmung der ausgeprägten eigenen Fähigkeiten. Einstufung des Potentials nach Stärken und Schwächen. Aufzeigen von Engpassfaktoren, beispielsweise im Personal oder in der Informatik. Auswirkungen von Engpässen auf die geschäftliche Tätigkeit. Ist die Bank «Service Leader» oder Mitläuferin?

---

76 Vgl. Hax, Arnoldo C.; Majluf, Nicolas S.: Strategisches Management, ein integratives Konzept aus dem MIT; 1991, S. 301ff.

Schritt 4: Festlegung der strategischen Stossrichtungen und der Leistungsziele im Leitbild

Bestimmung der zu erbringenden Marktleistungen. Chancen für die Entwicklung neuer Dienstleistungen und Produkte. Anzusprechende Kundensegmente. Verhältnis zwischen nationalem und internationalem Geschäft. Geplante Wachstumspolitik: Gewinnwachstum, Rentabilitätswachstum, Cash Flow-Wachstum, Bilanzsummenwachstum (!). Gewinn- und Dividendenpolitik. Umschreibung des geschäftlichen Auftrags unter Einbezug des Zweigstellennetzes. Führungsstil und Führungsprinzipien.

Schritt 5: Formulierung der Strategien für die einzelnen Geschäftsfelder

Festlegung der Ziele und der Massnahmenpläne je strategisches Geschäftsfeld, möglicherweise unter Zuhilfenahme des Portfolio-Ansatzes als Analysemethode.

Schritt 6: Formulierung der Strategien für die unterstützenden Funktionen

Festlegung der Ziele und der Aktionspläne je unterstützende Funktion. Allokation der Ressourcen nach strategischen Geschäftsfeldern und betrieblichen Einheiten wie Sitze, Niederlassungen, Filialen.

Schritt 7: Konsolidierung der Geschäfts- und Funktionsstrategien auf Gesamtbankebene

Überprüfung der Vereinbarkeit der vorgelegten Teilpläne und der konsolidierten Plangrössen wie Gewinne, Cash Flow, Personalbestände, Hardware- und Software-Investitionen usw. Überprüfung der praktischen Machbarkeit, der Chancen auf praktische Realisierung unter Einbezug aller Führungs- und Leitungsorgane, die für die Gestaltung der strategischen Ausrichtung verantwortlich sind.

Schritt 8: Entwicklung von Vorgaben für die operative Jahresplanung

Umsetzung der Strategien in konkrete, im nächsten Jahr zu erfüllende Aufgaben. Bestimmung der Hauptstossrichtungen im Planjahr nach Produkten, Marktgebieten und Kundensegmenten. Vorgaben in bezug auf erwartete Leistungen, maximal beanspruchbare Ressourcen und erhoffte Erfolgsgrössen. Festlegung von Prioritäten bei Mittelknappheit. Operative Leitideen auf Gesamtbankstufe. Auflagen in Sachen Bilanzstrukturgestaltung, Liquiditätssteuerung und Risk Management.

Schritt 9:   Formulierung der operativen Ziel- und Aktionspläne

Umschreibung der Ziele je Geschäftsfeld und Betriebseinheit. Festlegung spezifischer Aktionsprogramme. Abschätzung der Kosten, der Erlöse, des Cash Flow und der Eigenkapitalrendite sowie der personellen und technologischen Erfordernisse. Festlegung operativer Schlüsselgrössen wie Kundenstruktur, Kundenanzahl, Volumina, Marktanteile usw.

Schritt 10:   Ressourcenzuweisung und Definition der Leistungsmassstäbe zum
                     Zwecke der Führungskontrolle

Bewertung der operativen Ziel- und Aktionspläne durch die Geschäftsleitung. Zuweisung bzw. Bewilligung der angeforderten Ressourcen. Festlegung der internen Verrechnungspreise.

Schritt 11:   Budgetierung von Kosten und Erlösen, von Bilanzpositionen und
                     Mengengrössen

Budgetierung nach formalen Vorgaben des zentralen Rechnungswesens. Darstellung der Wert- und Betriebskosten sowie der Wert- und Betriebserlöse je Funktionskostenstelle. Erstellen der Bilanz-, Erfolgs- und Personalbudgets sowie der Marketing- und Verkaufspläne. Budgetierung von Bestandes- und Transaktionsmengen mit Einschluss der produktiven Arbeitsstunden.

Schritt 12:   Kontrollprozesse während und nach Ablauf der Planperiode

Leistungsmassstäbe für die Führungs- und Kostenkontrolle. Zusammenarbeit mit dem Ressort «Controlling». Je nach gewähltem Ansatz werden während des Jahres Quartals- und Semester-Zwischenabrechnungen für jede Kostenstelle abgegeben, zum Teil auch ergänzt mit Kennzahlen zum Filialvergleich.

Dieses 12-Schritte-Programm bewährt sich in grossen Zügen. *Schwierigkeiten* ergeben sich oftmals im Zusammenhang mit Schritt 8, wenn es darum geht, die strategischen Entschlüsse der Geschäftsleitung für die hierarchisch tiefer positionierten planenden Instanzen der operativen Ebene zu *konkretisieren*, auch in der sprachlichen Ausdrucksweise operationabel zu gestalten. Aus «Strategien» sollen handfeste Aufträge und Aufgaben für den Alltag werden, deren Erfüllung wichtig und notwendig ist, um die Gesamtbankziele langfristiger Natur erreichbar zu machen. *Ursachen* für solche Schwierigkeiten gibt es viele.

Da sind zunächst rein *semantische* zu nennen. Die operative Planung wird von den Bankfachspezialisten an der Geschäftsfront getragen und quasi «im Nebenamt» ausgeführt. Der Bezug zur Planung ist bei diesen Instanzen logischerweise ein anderer als bei den obersten Kadern im strategischen Bereich. Deshalb sind bei planerischen Anliegen der Zentrale immer auch gewisse innere Widerstände bei den Betroffenen zu brechen. Man kann nicht behaupten, Planungsarbeit sei beliebt. Deshalb muss man eine verständliche und möglichst unwissenschaftliche Sprache verwenden, wenn man mit einer Botschaft ankommen will.

Dann gibt es auch bedeutende *sachliche* Schwierigkeiten. Ein operativer Jahresplan beinhaltet nicht zwangsläufig einen Drittel eines strategischen Dreijahresplanes, d.h. es ist keineswegs zwingend, Dreijahresziele über die Zeit hinweg linear anzusteuern. Vielleicht sind im ersten Jahr die Voraussetzungen noch unvollkommen gegeben - man denke etwa an den Ausbildungsstand der Mitarbeiter bei Finanzinnovationen -, um die erwarteten *Leistungsstandards* zu erfüllen. Das aber kann in späteren Jahren kompensiert werden, wenn das Fähigkeitspotential gewachsen ist. Ebenso kann eine vorübergehende Rezession zu «ungleichen» Geschäftsjahren führen. Das Umbrechen strategischer Ziele auf die Jahresebene bedingt ein starkes Gefühl für das *Machbare* und einen differenzierten Einblick in die bankpraktischen Besonderheiten innerhalb der einzelnen Ressorts, vom Kreditbereich angefangen über Devisen- und Wertschriftenhandel an der Börse bis hin zu Geldmarkttransaktionen und zur Anlageberatung.

Es kommt im weiteren das Problem der *Internationalität* hinzu. Auslandfilialen sind mit ihren Besonderheiten in den Planungsprozess einzubeziehen, was wiederum vertiefte Kenntnis der örtlichen Gegebenheiten bedingt. Es ist unerlässlich, dass sich auf Stufe Geschäftsleitung Spezialisten befinden, welche die Gegebenheiten in den Gastländern kennen und dadurch zu den operativen Plänen einer Auslandfiliale materiell Stellung beziehen können.

Sehr umstritten ist ferner recht oft die *Ressourcenplanung* im nationalen wie im internationalen Umfeld. Ressortchefs und Filialleiter müssen erkennen, mit welcher Ressourcenzuordnung sie mittelfristig rechnen dürfen. Dies wiederum bedingt einen Kranz von Vorgaben an die Adresse der planenden Stellen: verfügbarer Raum in m^2, Ausmass der technologischen Unterstützung nach Arbeitsgebieten, Bilanzprojektionen mit Vorstellungen über Eigenmittel-Wachstum und erzielbaren Cash Flow, um einige Beispiele zu nennen. Auch lassen sich aufgrund der Erfahrungszahlen aus dem Vorjahr die erwarteten *Personalkosten* je Mitarbeiter einsetzen. Dies erfordert einiges an analytischer Vorarbeit, wobei vor allem das Rechnungswesen Hilfestellung leisten muss. Wenn man beispielsweise einer Filiale eine Cash Flow-Vorgabe unterbreiten will, so ist der erwartete Cash Flow für die Gesamtbank zu budgetieren und anschliessend auf die Geschäftsfelder umzulegen. Aufgrund der Geschäftsfelder-Kombination bei

der Filiale ist anschliessend im Sinne einer Annäherungsrechnung die Vorgabe-
grösse zu bestimmen.

Alle diese Beispiele zeigen, wie sehr die operative Planung von der *Vorarbeit*
der planenden *Stäbe* lebt. Diese Umsetzung der strategischen in die operative
Planung wird in *Abbildung 4/10* am Beispiel der SBG dargestellt.

Abbildung 4/10: Umsetzung der strategischen Planung am Beispiel der
Schweizerischen Bankgesellschaft[77]

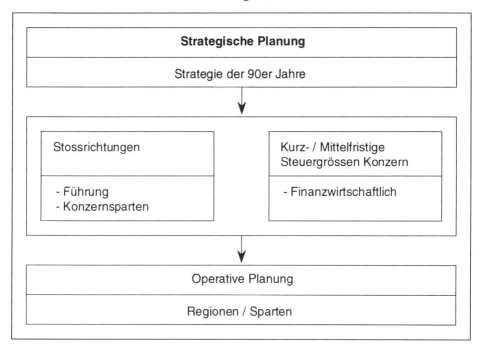

Insbesondere die Filialen wären aufgrund ihres Informationsstandes kaum in der
Lage, sämtliche Hilfs- und Steuerungsgrössen zu berechnen, es sei denn, sie
würden ganz einfach die eigenen Vorjahreszahlen mehr oder weniger modifi-
ziert übernehmen. Eine solche *Budgetierungstechnik* ist aber wenig gefragt, weil
alle Varianten von Fortschreibungsverfahren die Veränderungen in den Märkten
und bei den Kunden zu wenig beachten. Planung aber heisst, das eigene Dienst-
leistungsangebot auf die Bedürfnisse des Marktes auszurichten. Wer diese
Denkweise vernachlässigt, riskiert, über Nacht den Kontakt zu den einzelnen Finanzmärkten zu verlieren.

---

77 Sulzberger, Markus: Referat zur strategischen Planung, gehalten an der Swiss Banking
School; 1993 (unveröffentlicht).

4.2.2. Aspekte der operativen Planung

Es sei kurz dargestellt, welche *Pflichten* sich für die Planungsverantwortlichen im operativen Bereich ergeben. Diese Darlegungen haben zwar mit «Strategischem Bank-Management» nichts zu tun. Sie sind aber wichtig für das Verständnis der Schwierigkeiten, die sich bei der Applikation strategischer Pläne auf unterer Ebene ergeben können.

Die operative Jahresplanung erfasst *alle* Abteilungen bzw. Kostenstellen der Bank, ist also sehr breit und umfassend angelegt. Es ist nicht das Ziel der operativen Planung, Verhaltensweisen «in den grossen Linien» festzulegen, sondern der Zweck besteht darin, die nächstjährigen konkreten Tätigkeiten in den Abteilungen, teilweise sogar auch in den einzelnen Arbeitsgruppen innerhalb von Abteilungen, nach einem ganz bestimmten Prozedere zu umschreiben, in der Regel (leider) in formularisierter Form. Dabei sind im wesentlichen die nachfolgend beschriebenen *Aufgaben* zu erfüllen.

Auflagen der vorgesetzten Stellen

Auszugehen ist von den Rahmenbedingungen der vorgesetzten Stellen. Neben den *strategischen Vorgaben* sind je nach Lage die *Statuten*, die *Reglemente*, das einschlägige innerbetriebliche *Weisungswesen* und das *Leitbild* zu beachten. Bei Grossbanken füllen die internen Weisungen mitunter ein volles Dutzend an Dossiers! Der Jahresplan mit dem Budget darf keinen Inhalt aufweisen, der in irgend einer Weise Bestimmungen in übergeordneten Rahmendokumenten widerspräche.

Eigene Aussagen zur Entwicklung in der Planperiode

Man macht bei allen Banken die wichtige Erfahrung, dass die planenden Linienchefs als Praktiker über ein grosses Wissen und ein nicht minder ausgeprägtes Gefühl verfügen für all das, was sich in ihrem Verantwortungsbereich in der nahen Zukunft ereignen könnte und mit grosser Wahrscheinlichkeit auch ereignen wird. Sie sind ja die täglichen Gesprächspartner für Kundschaft und Konkurrenz, sporadische Marktforscher, wenn man so will, und somit sehr realitätsnah mit den Problemen und Überlegungen der Aussenwelt vertraut. Schon aus diesem Grunde, aber auch als Folge psychologischer Erwägungen zur *Motivation* und zur *Mitverantwortung*, zwingt man die Linienchefs, im Zuge der Planung ihrerseits eine Lagebeurteilung vorzunehmen, Annahmen zur Entwicklung ihres Marktgebietes zu treffen und Ideen zur zukünftigen Verhaltensweise der Bank oder der Filiale einzubringen. Dieses Prozedere entspricht natürlich auch dem Grundsatz einer Planung «von unten nach oben», immer mit der Einschränkung selbstverständlich, dass die vorhin genannten Rahmenbedingungen ein völlig freies Sich-Entfalten verhindern. Sehr wichtig ist, dass der Beitrag der Linie zur Kenntnis genommen wird und klärende *Gespräche* immer dann stattfinden, wenn man die Meinung der Basis nicht oder nicht mehr versteht. Der Leiter einer Filiale im Jura oder im Oberwallis oder in Lausanne - nicht zu reden von einer Filialdirektion in New York oder in Tokio - ist möglicherweise kompetenter, ein wirtschaftlich und soziologisch schwieriges Marktgebiet zu beurteilen, als ein der Sache vielleicht doch ferneres Mitglied eines Verwaltungsrates oder einer Generaldirektion. Manchmal ist es im übrigen falsch, solche Exponenten nicht schon bei der Entwicklung strategischer Papiere anzuhören, wobei der zu breiten Umschau fraglos auch zeitliche Grenzen gesetzt sind.

Die Zielfestlegung

Ziele sind auf dieser operativen Stufe *zeitlich* zu terminieren und dort, wo es machbar ist, auch regional, also *räumlich* zu fixieren. Zugleich sind sie *qualitativ* und, wann immer möglich, *quantitativ* zu umschreiben. Ein Beispiel: «Die heutige Zahl von y-Depots ist zu steigern und wird bis Ende des nächsten Jahres im Kanton Jura um 10%, ausserkantonal um 7% erhöht.» Solch quantitative Zielumschreibungen erleichtern die später folgende Budgetierung von Beständen und Umsätzen gewaltig. Die Theorie des «Management by Objectives» basiert auf der Idee, «Key Tasks» und «Key Results» festzulegen, die ersteren eher qualitativ, die anderen, die «Schlüsselresultate», vor allem quantitativ. Man muss durch eine vernünftige Ausübung der Kontrollfunktionen, die nach Ablauf der Planperiode natürlich folgen, den Linienchefs die *Angst* nehmen, sich quantitativ zu fixieren. Oft werden beim Abweichen vom Planziel überrissen harte Rügen erteilt, nach nur oberflächlicher Prüfung der Ursachen, und nicht selten werden auch Unschuldige bestraft. Die militärisch anmutende Härte geht jedoch rasch verloren, wenn man einmal wirklich für Ordnung sorgen müsste.

Die Umschreibung der Massnahmenpläne

Wichtig sind ebenso klare Vorstellungen über die zu ergreifenden Massnahmen! Ein Beispiel im Zusammenhang mit einem ambitiösen Kreditziel: «Lockerung der Anforderungen für Blankokredite bei Limiten unter Fr. 100'000.-; neue Definition der Belehnungsmargen bei Lombardkrediten; Brief- und Besuchsaktion bei kleinen und mittleren gewerblichen Unternehmen; Werbeaktion für Bankgeschäfte mit Vertretern freier Berufe wie Ärzte, Anwälte, Architekten usw.». Natürlich bestehen zwischen Zielvorgaben und Massnahmenplänen engste Interdependenzen, nicht nur im *bankgeschäftlichen* Sektor. Auch *administrative* Abteilungen wie Liegenschaftenverwaltung, Informatik, Organisation oder Rechnungswesen sowie die Abteilungen der unterstützenden *Stäbe* wie Rechtsbüros, volks- und betriebswirtschaftliche Abteilungen usw. sind in dieses System der Ziel-/Massnahmenpläne einzubeziehen. Und letztlich hat sogar die Stabsabteilung «Planung» ihren Betrieb im voraus festzulegen; denn auch sie strebt nach Verbesserung und verbraucht nicht unerhebliche finanzielle und technologische Ressourcen!

Umschreibung der Ressourcenbeanspruchung

Wie jetzt mehrmals ausgeführt, muss die planende Stelle umschreiben, in welchem Ausmasse in der Planperiode Finanzen, Investitionsgüter, technische Einrichtungen, Raum und Personal beansprucht werden. Wichtig ist auch die Angabe *qualitativer* Vorstellungen. Bei den Personalplänen zum Beispiel ist darauf zu achten, dass bei neuen Mitarbeitern auch gesagt wird, welchen Anforderungen sie zu genügen haben und wie sie aufgrund ihrer Funktionen besoldungsmässig einzustufen wären. Aus dem gleichen Grund sind Ausbildungswünsche frühzeitig zu signalisieren.

Festlegung der Koordinationsstellen

Eine Schwierigkeit bei der bankbetrieblichen Planung besteht darin, dass einzelne Abteilungspläne gerne in andere Ressorts *übergreifen*, in den geschäftlichen Bereichen genauso wie in der Administration. Effektenverkehr und Börsenhandel beeinflussen das Depotgeschäft, dieses wiederum das Couponsgeschäft. Das Zahlungsverkehrsvolumen ist nicht unabhängig vom Kreditvolumen, und dieses wiederum beeinflusst das Faustpfand-Depotgeschäft. Personelle Mutationen führen oft zu Änderungen in der Arbeitsplatzgestaltung, was sich letztlich bei der Raumplanung auswirken kann. Die Beispiele liessen sich beliebig fortsetzen. Die Linienchefs kennen diese Abhängigkeiten sehr genau und sind - jeder an seinem Platze - verpflichtet, entstehende *Koordinationsprobleme* aufzugreifen und in Gesprächen zu lösen. Die Planungsinstrumente wollen ja auch Führungs-, Koordinations- und Kontrollinstrumente sein. Deshalb gilt es, sie für diese Zwecke auch einzusetzen und zu nutzen. Der kurze Überblick in Abschnitt 4.2.2. zeigt, wie sehr sich strategische und operative Planung im ganzen Denkansatz unterscheiden. Wer in einer Bank für die Planung verantwortlich zeichnet, hat sich diese Unterschiede immer wieder in Erinnerung zu rufen und insbesondere die Bedürfnisse der operativen Front durch eigene *Kenntnis des Bankgeschäftes* zu beachten.

4.2.3. Strategische Planung und Projektplanung

Die strategische Planung als jährlich wiederkehrende, systematische Planung will die langfristige Stossrichtung einer Bank aufzeigen und dazu beitragen, Stärken auszubauen, Chancen im Markte wahrzunehmen, Innovationen einzuleiten, Zielvorgaben mit den Ressourceneinsätzen abzustimmen, Risiken auszugleichen, Synergiemöglichkeiten zu nutzen. Unausgesprochen geht sie von der Idee des «Normalen», der normalen kontinuierlichen Entwicklung aus, stets auf der Suche nach neuen, gewinnträchtigen Märkten und Dienstleistungen, auf der Suche nach Verbesserungsmöglichkeiten in allen Sparten. Dass sich diese planerischen Aktivitäten nach einem festen Zeitplan vollziehen, wurde eingehend dargelegt.

Zeichnen sich nun allerdings auf Geschäftsfeld- und Funktionsebene grosse Veränderungen ab, mögliche Projekte, die man verfolgen müsste und deren Nutzenbeitrag gesondert zu prüfen ist, so drängt sich, parallel zur «normalen» strategischen Periodenplanung, die Schaffung von *Projektteams* auf, welche zur Lösung eines ganz bestimmten Problems eingesetzt werden. Weil es sich dabei in der Regel um Projektbearbeitungen von grosser Tragweite handelt, kommt der Tätigkeit eines Projektteams *strategische Bedeutung* zu. Bekannt geworden sind im Bankenbereich Projektteams für grössere *Informatik-Projekte,* insbesondere für die Schaffung ganzer Software-Pakete und dazugehöriger Betriebssysteme. Eine bedeutende Rolle spielen sie auch im Hinblick auf beabsichtigte *Neu- und Umbauten*, nicht selten dann angeführt von einem für die Gesamtleitung verantwortlichen Generalunternehmer, der später auch für die Abwicklung die Regiefunktionen übernimmt. Projektteams werden auch für die *Kader- und Nachwuchsplanung* sowie das *Management Development* eingesetzt, wenn grössere Vorhaben anstehen.

Projektplanungen werden zumeist von einer zusammengesetzten Gruppe, der *Projektgruppe*, getragen, angeführt von einem besonders befähigten, initiativen und schöpferisch veranlagten *Projektleiter*. Projektgruppen haben den Vorteil, dass Teilprobleme und Teilaufgaben mit grosser Gründlichkeit bearbeitet werden können, losgelöst vom Alltagsgeschehen. Wichtig ist dabei, dass die Auswirkungen von neuen Projekten in der jährlich rollenden Planung anteilmässig

108

Berücksichtigung finden, werden doch in den Teams Arbeitskräfte und Sachmittel gebunden, die jemand zu tragen hat. Es sollen sich somit trotz der Verselbständigung der Projektgruppen nicht zwei planerische Ebenen entwickeln, die voneinander nichts wissen und welche nicht kommunizieren. Ein regelmässiger Informationsaustausch und eine *Berichterstattung* durch den Projektleiter sind unerlässlich. Die Gefahr ist ohnehin gegeben, dass man bei der Arbeit am Projekt die Bank als Ganzes mit all ihren Möglichkeiten und Grenzen aus den Augen verliert und nur noch das eine isolierte Projekt in den Mittelpunkt rückt. Man unterstellt dabei stillschweigend und oft fälschlicherweise, dass eine *optimale Projektlösung* auch den Bankbetrieb insgesamt seinem Optimum näher rückt.

Zum *Projekt-Management* und zur Führung von Projektteams hat sich eine eigene Spezialliteratur entwickelt, die hier im Detail nicht vorgestellt werden kann. Es sei lediglich auf einige bedeutsame Forderungen an Projektteams hingewiesen. Grossen Wert wird auf eine klare *Projektbeschreibung* gelegt: das Projekt ist genau zu bezeichnen, der Auftraggeber ist zu nennen, genauso wie die Beauftragten. Im weiteren beinhaltet der Projektbeschrieb die Zielsetzungen, den geplanten Einführungs- bzw. Realisierungstermin, den erwarteten Nutzen nach Inbetriebnahme, die vom Projektteam zu treffenden Massnahmen, die Schnittstellen, die dem Auftragnehmer zur Zusammenarbeit zugewiesenen organisatorischen Einheiten und die Gliederung der Projektarbeit in Projektphasen, die zu terminieren sind. Der *Projektfortschritt* ist mit Hilfe eines *Projekt-Controllings* laufend zu überwachen. Dazu gehören die laufenden Termin- und Kostenkontrollen. Der Auftraggeber ist auf die Termintreue und die Kosteneinhaltung durch das Projekt-Management angewiesen, weil sich das Projekt ja meist in grössere organisatorische Dispositionen einzufügen hat. Deshalb wird auch der Vorlage einer *Investitionsrechnung* grosse Bedeutung beigemessen. Sie ist spätestens zu erstellen, wenn die *Vorstudie* zu einem Projekt vorliegt. Sobald dann die Vorstudie über ein *Grobkonzept* zum *Detailkonzept* führt, ist die ursprüngliche Investitionsrechnung anzupassen und zu konkretisieren. Der Projektleiter muss jederzeit in der Lage sein, über den Stand der Arbeiten, die Planabweichungen und die Auswirkungen der Abweichungen auf Zielsetzung und andere mittangierte Projekte Bericht zu erstatten.

Schliesslich ist zu beachten, dass eine gewisse verwandtschaftliche Beziehung der Projektteams zu den sog. «Ständigen Kommissionen» besteht, auch wenn sich die «Ständige Kommission» streng genommen nicht an einem einmaligen, konkreten Projekt orientiert. Eine Parallele zu den Projektteams besteht auch insofern, als «Ständige Kommissionen» das rollende Planungsprogramm unterstützen und die planenden Instanzen bei ihrer Tätigkeit entlasten wollen.

«Ständige Kommissionen» bestehen bei fast allen Banken, so als «Ständige Kreditkommission», «Ständige Kommission für die Anlagepolitik», «Ständige Kommission für das Treasury und die Bilanzstrukturgestaltung», «Ständige Kommission für die Liquiditätssteuerung». Sie sind von der Sache her wahrscheinlich unentbehrlich, doch sollte man mit grosser Zurückhaltung neue Kommissionen bilden, weil sie doch laufend Mitarbeiter binden und zu ausgedehnten Sitzungsplänen führen.

5. Kapitel
Führungskontrolle, Berichterstattung und Controlling

5.1. Führungskontrolle und Berichterstattung

5.1.1. Kontrolle als ein Element der Führung

Nach heute verbreiteter Lehre stellen Planung, Entscheidung, Anordnung und Kontrolle die «klassischen» konstitutiven Elemente der Führung dar, die unter institutionellen, instrumentalen und prozessualen Aspekten zu beleuchten sind[78]. So tritt also der Begriff der *«Kontrolle»* gleichberechtigt neben andere der Führungslehre immanente Standardbegriffe wie etwa jenen der Planung. Bei der Durchsicht der internationalen Management-Literatur begegnet man beispielsweise auf Schritt und Tritt dem Begriffspaar «Planning and Control». Keine betriebswirtschaftliche Planung ohne Kontrolle: eine jede Planung wäre sinnlos, so die vorherrschende Meinung, wenn nicht Kontrollprozesse anschliessen, welche Zielerreichungsgrad und Wirksamkeit der eingesetzten Strategien messen oder, wenn Messungen nicht durchführbar sind, zumindest qualitativ bewerten.

Trotz dieser scheinbaren Einmütigkeit in der betriebswirtschaftlichen Theorie und Praxis wird auch der Begriff der «Kontrolle» in vielfältigster Weise verwendet. In bezug auf den Begriff «Kontrolle» kommt erschwerend hinzu, dass sich stets auch die *Rechtswissenschaften* dieses Begriffs bedienen, wenn sie von «Kontrollorganen» oder «Aufsichts-, Überwachungs- und Kontrollfunktionen» sprechen. Glücklicherweise hat die auf 1. Juli 1992 in Kraft getretene Aktienrechtsrevision wenigstens zur Beseitigung des unzweckmässigen Begriffs der «Kontrollstelle» als eines der Organe der Aktiengesellschaft geführt; heute ist bekanntlich von «Revisionsstelle» die Rede. Trotz der sinnvollen terminologischen Anpassung bleibt aber bei vielen die Vorstellung, wer kontrolliere, überprüfe die Bücher, er revidiere. Weil diese Fehlinterpretation nach wie vor sehr verbreitet ist, wird in Abschnitt 5.1.2. näher auf die Unterschiede zwischen *Kontrolle* und *Buchprüfung* eingegangen; denn nicht zuletzt das Bankengesetz legt grossen Wert auf eine saubere Trennung dieser Funktionen.

---

78 Anhand dieses formalen Rasters erklärt der «Zürcher Führungsansatz», dessen Begründer *Edwin Rühli* ist, die Führungstechnik. Zum Zürcher Führungsansatz vgl. Rühli, Edwin: Unternehmungsführung und Unternehmungspolitik, Band 1 - 3; 1985, 1988 und 1993.

In diesem 5. Kapitel ist der Begriff der «Kontrolle» stets im Sinne von «*Führungskontrolle*» zu begreifen. Ein Element der Führung also, ein Werkzeug in der Hand der Führungs- und Leitungsorgane der Bank. Dabei ist auch hier, ähnlich wie im 7. Kapitel beim Beschrieb von «Informationssystemen», zwischen *Kontrolle auf Gesamtbankebene* und *Bereichskontrolle* zu unterscheiden. Bereichskontrollen vollziehen sich methodisch gleich oder ähnlich wie Gesamtbankkontrollen, konzentrieren sich jedoch auf einzelne *Funktionsbereiche* oder *Geschäftsstellen* (Filialen, Niederlassungen, Sitze usw.), welche zu durchleuchten sind. Am bekanntesten geworden sind wohl Kontrollmethoden unter Zuhilfenahme des *Rechnungswesens*, weil Soll/Ist-Vergleiche oder Kennzahlensysteme unmittelbar zur analytischen Tätigkeit des Kontrollierens anregen. Eine Bank führen bedeutet demnach auch, die bankwirtschaftliche Arbeit dauernd und mit System zu kontrollieren. Zu diesem Zweck sind die *Kontrollinstanzen*, die Berechtigten und Verantwortlichen zu benennen, es sind *Kontrollinstrumente* zu schaffen und zum Einsatz zu bringen, und es sind letztlich auch die *Kontrollverfahren* zu definieren, die regelmässig oder auch ad hoc angeordnet zur Anwendung gelangen.

Es ist einmal mehr daran zu erinnern, dass heute die meisten Banken mit einem mehr oder minder breiten *Filialnetz* arbeiten. Die Filiale ist zwar nicht rechtlich, aber doch wirtschaftlich ein eigener, selbständiger Betrieb mit Profit- oder Investment-Center-Charakter, der unter Beachtung auferlegter Restriktionen sein Schicksal selber bestimmen kann. Ob er die für ihn geltenden Schranken beachtet oder in Ausübung seiner Funktionen die Grenzen verletzt, ist durch Kontrolltätigkeit zu überwachen. Der Kontrollapparat einer Bank ist deshalb sehr komplex und vielschichtig, und er ist ebenso das Resultat eines arbeitsteiligen Prozesses zwischen eigens für Kontrollzwecke geschaffenen Stellen und den leitenden oberen, mittleren und unteren *Kadern*, die, ihrer jeweiligen Funktion entsprechend, für Belange der Kontrolle einzusetzen sind. Kontrolle stellt also eine echte Führungsaufgabe dar, eine arbeitsbegleitende Tätigkeit der Kader, die nur bedingt delegiert werden kann. Auf Gegenstand und Zweck der Kontrolle ist im folgenden näher einzugehen.

5.1.2. Gegenstand und Zweck der Kontrolle

Zunächst ist konsequent zwischen *Kontrolle* als Führungsaufgabe und *Revision* (Buchprüfung oder Wirtschaftsprüfung) zu unterscheiden. Die Bank, meist als Aktiengesellschaft organisiert, hat nach Art. 727 OR durch die Generalversammlung eine *aktienrechtliche Revisionsstelle* zu wählen. Diesem Organ kommen schwergewichtig buchprüferische Funktionen zu. Im weiteren befassen sich mit der Revision das von der Eidg. Bankenkommission geforderte bankinterne *Inspektorat*[79] sowie die *bankengesetzlich* verlangte unabhängige und neutrale *Revisionsstelle*[80]. Drei verschiedene Institutionen somit, welche in verwandten Kontrollfeldern tätig sind.

Arbeitsgebiete der Revision

Nach heute herrschender Auffassung erstreckt sich die moderne Revisionstätigkeit auf *drei* Arbeitsgebiete:[81]

1) Buch- und Ergebnisprüfung (Financial Auditing)
   Die klassische Buch- und Ergebnisprüfung, mit Einschluss der Überprüfung von Bilanz, Erfolgsrechnung, Anhang, Mittelflussrechnung und Inventar. Im angelsächsischen Bereich ist hier von Financial Auditing die Rede, wobei neben der Revision der Finanzbuchhaltung auch die Prüfung der obligatorischen konsolidierten Jahresrechnungen und der betrieblichen Rechnungslegung mit Kostenarten-, Kostenstellen- und Geschäftssparterechnung erwartet wird.

2) Systemrevision (Operational Auditing)
   Gemeint ist hier die Revision des organisatorischen «Systems Bank», wobei vor allem die betrieblichen Ablaufprozesse mit Einschluss des Beleg- und Formularflusses im Mittelpunkt der Analyse stehen. Überprüfung also der Zweckmässigkeit der Aufbau- und Ablauforganisation und des internen Weisungswesens, das schon in mittelgrossen betrieblichen Verhältnissen beeindruckende (oder beängstigende) Volumen annehmen kann. Im Sektor Wei-

---

79 Die EBK verlangt ein Inspektorat, wenn die Bank
   • mehr als 50 Beschäftigte hat oder
   • wenn sie eine Bilanzsumme von mehr als 600 Mio. Fr. ausweist oder
   • wenn sie Kundenvermögen von über 1 Mia. Fr. verwahrt oder verwaltet oder
   • wenn sie neben dem Hauptsitz eine oder mehrere Geschäftsstellen hat oder
   • wenn sie im Bank- oder Finanzbereich tätige Unternehmungen direkt oder indirekt beherrscht.
   Eidgenössische Bankenkommission: Rundschreiben interne Revision vom 3. Okt. 1988.

80 Art. 18 BaG verlangt, dass die Jahresrechnung der Bank jedes Jahr von einer ausserhalb des Unternehmens stehenden Revisionsstelle zu prüfen ist. Von dieser Regelung ausgenommen sind gemäss Art. 18 Abs. 2 BaG die Kantonalbanken, sofern sie über ein sachkundiges Inspektorat verfügen (auf diese Ausnahmeregelung wird im Entwurf zum neuen Bankengesetz, das auf den 1. Jan. 1995 in Kraft treten soll, verzichtet).

81 Vgl. Zünd, André: Revisionslehre; 1982, S. 385ff.; zur Bankenrevision insbesondere vgl. ebenda, S. 615ff.

sungswesen ist in der bankbetrieblichen Realität wenig zu verspüren vom Geist der weltweiten Liberalisierung und Deregulierung.

3) Revision der Geschäftsleitungsaktivitäten (Management Auditing)

Der Revisor masst sich beim Management Auditing nicht an, selber Manager zu sein, sondern er überprüft hier schwergewichtig die Qualität und die Zweckmässigkeit der von der Geschäftsleitung benutzten *Entscheidungshilfen* und -grundlagen und die Art der Nutzung der verfügbaren oder möglichen *Informationen.*

«Die interne Revision und die bankengesetzliche Revisionsstelle haben ihre Revisionstätigkeit zu koordinieren.»[82] Wie sich *externe* und *interne* Revision in die Arbeit teilen, ist Sache der Reglementierung und regelmässiger Absprachen. Einzig in bezug auf die Systemprüfung, das Operational Auditing, scheint man sich klar darüber zu sein, dass diese wegen der unerlässlichen Front-Nähe Sache der internen Revision, also des Inspektorates, sein müsste. All diese Revisionstätigkeiten, so bedeutsam sie auch sein mögen, sind jedoch *nicht* angesprochen, wenn von «Kontrolle als Führungsaufgabe» die Rede ist. Deshalb ist jetzt zu präzisieren, was Gegenstand und Zweck der Kontrollaufgabe sein sollte.

Zweck der Kontrolle

Im Enzyklopädischen Lexikon für das Geld-, Bank- und Börsenwesen umschreibt *Johannes Scheuermann* den Begriff der Kontrolle wie folgt: «Unter Kontrolle ist eine mit dem Betrieb organisch verbundene, laufende Überwachung aller wesentlichen Betriebsvorgänge zu verstehen, die verhüten soll, dass Störungen und Nachteile aus fehlerhafter und unzulänglicher menschlicher und maschineller Arbeit oder aus unlauteren Handlungen betriebseigener oder fremder Personen entstehen oder bestehen bleiben. Sie beugt vor und stellt richtig. Sie setzt entweder schon bei Abschluss eines Geschäftes oder bald darnach ein und begleitet oder verfolgt seine Abwicklung und seinen Niederschlag im Schriftverkehr und in den Büchern, wobei sie bestrebt ist, ihr Ziel auf einem möglichst einfachen Wege zu erreichen und den Arbeitsablauf nicht wesentlich zu behindern».[83]

---

82 Eidgenössische Bankenkommission: Rundschreiben interne Revision vom 3. Okt. 1988, S. 2.

83 Scheuermann, Johannes: Kontrolle und Revision; in: Enzyklopädisches Lexikon für das Geld-, Bank- und Börsenwesen; 1967/68, S. 1030f.

Wichtig für das Verständnis dieses Kontrollbegriffes sind vor allem zwei Dinge:

- Einmal ist darauf hinzuweisen, dass die Träger der Kontrolle Mitarbeiter und zwar normalerweise Führungskräfte der eigenen Bank sind, tätig in Linien- oder Stabsstellen, nicht aber im revidierenden Inspektorat. Sie kontrollieren, was ihnen «von oben» befohlen wurde und was sie selber «nach unten» befohlen haben.

- Dann ist wesentlich, dass es sich bei der Kontrolle um eine zeitlich mit dem Arbeitsvorgang gleichlaufende oder ihm unmittelbar folgende Beaufsichtigung handelt, im Gegensatz zur Revision, die immer eine *spätere* kritische Arbeitswiederholung darstellt. Zum Zeitpunkt der Revision ist ein Unglück häufig schon geschehen, zum Zeitpunkt der Kontrolle ist es möglicherweise noch verhinderbar! Allerdings geht die Tendenz dahin, dass die Revision vermehrt versucht, präventiv Wirkung zu erzielen.

Bei der Kontrolle geht es folglich nicht primär darum, Fehler *nachträglich* festzustellen, sondern sie wenn möglich schon vor dem Einsatz der Revisoren zu verhindern und sofort nach deren Auftreten zu beseitigen. Damit wird auch deutlich, dass es nur die *Kader* aller Stufen sein können, welche sich dem Kontrollprozess annehmen. Gewisse Kontrollaufgaben sind zwar an Hilfskräfte delegierbar, die Kontrolle im eigentlichen Sinn aber bleibt dessenungeachtet eine zentrale und primäre *Führungsfunktion*.

Trotz aller Versuche, mit klaren Begriffen eine zweifelsfreie Abgrenzung zwischen Führungskontrolle und Revision zu erreichen, kommt es in der Bankpraxis immer wieder zu Verwechslungen ebenso wie zu Ärgernis erregenden Überlappungen. Gründe hierfür gibt es manche. Einer der wichtigsten ist wohl der, dass auch die Inspektorate immer mehr Anstrengungen unternehmen, mit ihrer Arbeit *Präventivwirkung* zu erzielen, Schwachstellen und Verbesserungsmöglichkeiten vor dem Eintreten einer Friktion aufzudecken. So ist es kein Zufall, dass sich Kontrollinstanzen und Angehörige des Inspektorates gelegentlich auch in die Haare geraten können, zum Beispiel dann, wenn interne Revisoren unter Berufung auf die Notwendigkeit einer Systemprüfung Arbeitsabläufe kritisieren oder gar umstellen, die betroffenen Abteilungschefs hingegen der Meinung sind, sie und eigentlich nur sie als Linienchefs seien für organisatorische Veränderungen in ihrem Verantwortlichkeitsbezirk zuständig. Dieser Konflikt kann gelindert werden, indem dem Inspektorat ein Antragsrecht zugestanden wird, die Verantwortung für die organisatorischen Abläufe aber bei den Linienstellen verbleibt. Glücklicherweise kann man sich in vielen Fällen gütlich absprechen, stehen letztlich doch keine persönlichen, sondern die Bankinteressen im Vordergrund.

Gegenstand und Verfahren der Kontrolle

Sehr unterschiedlich sind die Meinungen hinsichtlich des Umfangs der zu schaffenden Instrumente und der einzuschlagenden Kontrollverfahren; denn Kontrolle ist zum einen ja nicht beliebt und zum anderen kostet sie einiges an Zeit und Geld. Fest steht einzig, dass die Kontrolltätigkeit der Kader *alle* Bereiche der Bank abdecken muss, also sowohl die einzelnen *Geschäftssparten* wie die unterstützenden *Administrativbereiche*, die *Gesamtbank* ebenso wie die diversen *Sitze* und Geschäftsstellen. Jeder Kontrolleinsatz ist dabei durch *methodische* und *instrumentale* Besonderheiten gekennzeichnet, wie dies in der Folge zu zeigen ist.

Planung und Kontrolle

Wie schon erwähnt, wird in der Literatur am häufigsten das Zweigespann «Planung und Kontrolle» angesprochen. Keine Planung ohne Plankontrolle, keine Budgetierung ohne laufende und abschliessende Kontrolle der *Abweichungen*.

Nun umfasst ja das Planungssystem der Bank alle Departemente, Ressorts, Abteilungen und Stäbe. Sie alle basieren auf Teilplänen. Diese Teilpläne erfüllen sich aber immer nur mit Einschränkungen. Informationslücken, Schätzfehler, unerwartete Änderungen in der Umwelt und im eigenen Betrieb, personelle Mutationen und letztlich auch konjunkturelle Schwankungen führen immer dazu, dass Planabweichungen auftreten. Die Träger der Kontrolle haben diese Abweichungen laufend zu verfolgen. Kontrollieren heisst hier somit auch analysieren, heisst messen und regeln, das Verhalten von Menschen beeinflussen oder gar ändern, wenn Planadjustierungen notwendig werden. *Sinn* der Kontrolle wäre es, *Zielanpassungen* vorzunehmen, *Massnahmenpläne* zu modifizieren und die Einhaltung bestimmter *Mittelkontingente*, in der Regel durch Kostenüberwachung, im Auge zu behalten. Für jede Bank stellt sich immer wieder die Frage, ob sie denn das von ihr selbst geschaffene Planungs- und Budgetierungssystem für Führungszwecke auch optimal nutze. Die Kontrolle hat auf Fragen dieser Art eine Antwort zu geben. Einmal mehr erkennbar wird auch hier die Bedeutung eines qualitativ hochstehenden *Rechnungswesens*, denn ohne die dortigen Aufzeichnungen, Zählungen und Messungen würde das Kontrollverfahren bis zu seiner Unmöglichkeit erschwert.

Entscheidungen und Kontrolle

Nach allgemein vorherrschender Auffassung gehört es mit zu den wichtigsten Führungsaufgaben, im Zuge der Überwachung die *Wirkung von Entscheidungen* zu kontrollieren. Zwar bestehen gewisse Berührungspunkte zur Plankontrolle, denn Pläne sind auch Ergebnis von Entscheidungen. Einer eigenständigen Entscheidungskontrolle kommen aber wesentliche und zusätzliche Funktionen zu. Losgelöst vom Planungssystem sind bei der täglichen operativen und dispositiven Führung laufend Einzelentscheidungen zu treffen und diese können sich als «gute» oder als «schlechte» erweisen. Sie können weisungskonform erfolgen oder fallweise auch reglementswidrig. Jedem *Entscheidungsakt* geht eine Phase der *Entscheidungsvorbereitung* voraus, einerlei ob in einem Gremium entschieden wird oder alleine. Jede Entscheidung muss später auch *durchgesetzt* werden. Manche Entscheidungen sind später der Kritik ausgesetzt, weil sie nicht an sich «schlechte» waren, sondern weil deren Umsetzung unterblieb. Ob dem so ist, muss die *Entscheidungskontrolle* zeigen. Nach eigenen Feststellungen liegt bei sog. Fehlentscheiden die Ursache oftmals in der mangelnden Fähigkeit, Willensäusserungen durchzusetzen oder nötigenfalls auch zu erzwingen. Bei vielen Banken überwiegt im Kader die «Gruppe der Denker» und nicht jene der «Macher, der Realisatoren». Ähnlich wie im militärisch-operativen und taktischen Bereich muss es auch in der Bank im Anschluss an Entscheidungen Persönlichkeiten geben, welche über die Kraft verfügen, das Beschlossene auch zu tun.

Bei der Entscheidungskontrolle geht es primär nicht darum, den oder die Schuldigen zu eruieren und Sündenböcke zu benennen, sondern die fachtechnisch bedingten *Ursachen*, die Quellen zu erkennen, welche zu echten Fehlentscheidungen führten. Die Theorie stellt sich überhaupt sehr oft auf den Standpunkt, im Bereiche der Entscheidungen, des sog. «Decision Making», seien die resultierenden *Ergebnisse* (der Output an Leistung) zu kontrollieren und *weniger* die Personen, die Entscheidungsträger waren. Mit dieser etwas blauäugigen These wird aber eine sehr heikle Thematik berührt; denn es sind ja immer Menschen, welche Entscheidungen treffen und denen ein gewisses, d.h. limitiertes Recht zusteht, sich hin und wieder täuschen zu dürfen. Aber eben: nur «hin und wieder». Wehe, wenn sich in einer Kreditabteilung bei immer denselben Personen die Debitorenverluste häufen! Wird die Entscheidungskontrolle sehr hart durchgeführt, besteht die Gefahr, die *Entscheidungsfreude* und den Mut zum noch vertretbaren Risiko zu lähmen. Dabei lehrt doch die Geschichte des Bankwesens, dass erfolgreiche Bankiers meist auch das Eingehen besonderer Risiken geliebt haben. Kreditabteilungen ohne grosse Bereitschaft zur Risikoübernahme laufen Gefahr, an den Grundfesten bankwirtschaftlicher Tätigkeit zu rütteln; denn jedes Kreditgeschäft ist auch ein Risikogeschäft. Eingegangene Risiken aber sind im Rahmen eines Risk-Management-Konzeptes laufend zu kontrollieren.

Organisation und Kontrolle

Ein grosser Teil der Kontrollarbeit besteht darin, zu überprüfen, ob organisatorische *Anordnungen* und *Richtlinien* bei der täglichen Arbeit eingehalten werden. Organisationshandbücher, Arbeitsanleitungen, die Gesamtheit aller internen Weisungen und anderweitige innerbetriebliche Anordnungen sollen dafür sorgen, dass sich die Tätigkeit der Mitarbeiter aller Stufen innerhalb vorgegebener *Normen* vollzieht. Normen übrigens, die auch von *dritter Seite* einfliessen können, man denke an Weisungen der Nationalbank zum Swiss Interbank Clearing (SIC), an Vorschriften der Soffex und der Wertschriftenbörse, an Regelungen der SEGA oder der Telekurs, um nur wenige Beispiele zu nennen. Der Bankangestellte werde gezwungenermassen zum professionellen «Normen-Menschen», sagen die Kritiker des Systems, ein Normen-Mensch mit all seinen Vorzügen, seiner Zuverlässigkeit und seiner Treue zur gegebenen Vorschrift, mit all seinen Nachteilen aber auch, die Reglemente und Verbote letztlich bewirken, insbesondere den an sich unerwünschten Abbau der *Eigeninitiative* und der Phantasie. Dem Bankgeschäft wurde immer vorgeworfen, dass es sich zu starr in festen Bahnen bewege, die wenig Freiraum lassen. Die gemeinschaftlich im Bankenverbund entwickelten Dienstleistungen und Produkte führen logischerweise zu einer noch stärker *standardisierten Leistungserbringung* und zu einer Begrenzung des Spielraumes für schöpferische Ideen. Im 9. Kapitel zum «Marketing» wird auf das Problem der zunehmend schwieriger werdenden Leistungsdifferenzierung zwischen Banken zurückzukommen sein.

Die Normierung von *ablauforganisatorischen Prozessen* und die Kontrolle bezüglich deren permanenten Einhaltung ist ein unabdingbares Instrument um die im Bankengeschäft inhärenten Risiken noch beherrschen zu können. So ist es heutzutage eine Notwendigkeit, den in *Abbildung 5/1* aufgezeigten Kreditvergabeprozess einerseits so stark zu normieren, dass der Kreditsachbearbeiter gewisse, genau vorgeschriebene Hauptaktivitäten durchführen muss, um das Ausfallrisiko resp. die Bonität des Kreditantragstellers exakt erfassen zu können. Andererseits muss dem Bankangestellten die Möglichkeit gegeben werden, den Kreditvergabeprozess den speziellen Gegebenheiten jedes Kreditnehmers je nach Risikoeinschätzung anpassen zu können. Diesem permanenten Trade off zwischen dem Aufstellen von Normen und Regelungen einerseits sowie der Übertragung von Eigeninitiative an die Mitarbeiter andererseits ist bei der Ge-

Abbildung 5/1:   Möglicher Kreditvergabeprozess

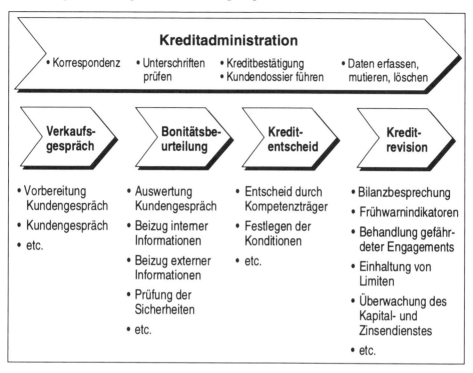

staltung von Kernprozessen in Banken grosse Aufmerksamkeit zu schenken, denn eine wettbewerbsfähige Bank muss sowohl die Risiken kontrollieren als auch die Innovationskraft für Neuerungen aktivieren können. Der Prozessoptimierung (z.B. Verkürzung der Durchlaufzeiten durch innovative Verarbeitung) sind in einem Bankbetrieb somit dort die Grenzen zu setzen, wo die notwendigen Kontrollen (z.B. Vier-Augen-Prinzip bei der Kreditvergabe) nicht mehr gewährleistet wären.

Neben der Ablauf- steht auch die *Aufbauorganisation* in engem Zusammenhang mit der Kontrollaufgabe, indem die richtige *Leitungsspanne* gewählt werden muss, um eine effiziente Kontrolle zu ermöglichen. Damit der Vorgesetzte den Überblick wahren kann, spricht man davon, die Leitungsspanne bei unteren und mittleren Kadern bei 12 bis 15 Angestellten anzusetzen, bei oberen Kadern bei 4 bis 7 im Maximum. Auf diesem Gebiet kommt es hin und wieder zu Diskussionen mit den Revisoren, die in ihrer Eigenschaft als «Systemprüfer» die Zweckmässigkeit der Geschäfts- und Organisationsreglemente zu beurteilen haben, welche sich ihrerseits zu den Unterstellungen äussern.

Aus solchen und ähnlichen Gründen sind organisatorische Kontrollen bis heute nicht unbestritten geblieben. Eine laufende Mitarbeiter-Beaufsichtigung fördere das Misstrauen gegenüber den Vorgesetzten und diese wiederum sind denn auch dem Vorwurf der Pedanterie und der Kleinlichkeit ausgesetzt. Auch die Kriterien, nach denen die Standards, also die Normen festgelegt werden, sind umstritten. Man kann etwa hören, die Kontrolltätigkeit stehe im Widerspruch zur modernen These, es sei auf einer möglichst breiten *Vertrauensbasis* zu führen, Aufgaben seien deshalb nach Möglichkeit zu delegieren, weil dies letztlich die Mitarbeiter motiviere. Ein ständiges «Über die Schultern schauen» verunmögliche aber jeden Fortschritt in der Kooperation. Falsche Ängstlichkeit beim Untergebenen und eine gewisse Führungsunsicherheit beim kontrollierenden Vorgesetzten könnten so nicht ausbleiben, seien aber wenn irgendwie möglich zu vermeiden. Oft werden in dieser Richtung neue und gute Vorsätze gefasst. Nach jedem Zwischenfall aber und schon gar nach einer begangenen Unrechtmässigkeit schlägt das Pendel zurück, dominiert die These, «Vertrauen sei gut, besser aber Kontrolle».

Mitarbeiterführung und Kontrolle

Die bisherigen Überlegungen führen fast zwangsläufig zum Thema der Mitarbeiterkontrolle, oft auch «soziale Kontrolle» genannt. Die soziale Kontrolle nimmt Bezug auf die Rolle, die der Einzelne innerhalb der formalen Organisation «Bank» und bei informellen Gruppierungen übernimmt oder zu übernehmen gezwungen ist. Die Bedeutung des Studiums von *Verhaltensweisen* einzelner Gruppenmitglieder wird heute kaum mehr angezweifelt. Man weiss, wie Phlegmatiker, Sanguiniker, Choleriker oder Melancholiker in einer Arbeitsgemeinschaft reagieren und wie schwierig es sein kann, zwischen gesundem und krankem Ehrgeiz, zwischen berechtigtem und pathologischem Karrierestreben zu unterscheiden. Und dennoch haben sich Mitarbeiter in Gruppen einzufügen.

Untersuchungen verdeutlichen die bedeutsame Funktion *sozialer Kontakte* in der Gruppe. Auch ist bekannt, wie sehr die Effizienz der Arbeit gesteigert werden kann, wenn gruppendynamische Wirkungen für betriebliche Zwecke genutzt werden können. Abteilungen mit extremem Team- oder Korpsgeist lassen sich hier als Beispiele anführen. Dennoch wird der Kontrollierende auch in guten Verhältnissen die Neigung besitzen, Einstellung und Äusserungen der Untergebenen zu *bewerten*. Dies macht die soziale Kontrolle so schwierig; denn die Werte *wandeln* sich ja auch im Verlaufe der Zeit. Dies können Banken belegen, welche die Hierarchien abzubauen versucht haben und künftig auf die Verleihung von Titeln verzichten. Es haben sich Formen des betrieblichen Zusammen-

120

lebens herausgebildet, die noch vor wenigen Jahren unter dem Titel «Respekt-losigkeit gegenüber den Vorgesetzten» verurteilt worden wären. Wie sich diese Fortschritte bewähren, vor allem auch in Krisenlagen mit Kurzarbeit und Entlas-sungen, bleibt abzuwarten. Im *Qualifikationswesen* und zwar immer dann, wenn sich die Frage stellt, ob eigentlich *Menschen* in ihrer Wesensart oder deren *Lei-stungen* zu bewerten und zu benoten sind, manifestiert sich diese ganze Proble-matik jedenfalls auch heute noch sehr handfest.

Es ist in diesem Zusammenhang nicht unwesentlich, dass die *Eidgenössische Bankenkommission* in Rundschreiben an die Inspektorate auf die Notwendigkeit sozialer Kontrollen hinweist. So ist zum Beispiel zu lesen, es seien jene Leute vorzumerken und besonders zu prüfen, welche «durch einen aufwendigen Le-bensstil» auffallen oder deren Verhaltensweise «darauf schliessen lasse, dass sie auch unrechtmässige Handlungen begehen könnten»[84]. Man beachte: eine un-rechtmässige Handlung ist noch nicht begangen worden, zu prüfen ist aber die Anfälligkeit eines Mitarbeiters, Unerlaubtes zu tun! Die Bankenkommission ist an sich berechtigt, sich mit Fragen dieser Art zu befassen, darf sie doch nach Art. 3 BaG die Bewilligung zum Geschäftsbetrieb nur erteilen, «wenn die mit der Verwaltung und Geschäftsführung der Bank betrauten Personen einen guten Ruf geniessen und Gewähr für eine einwandfreie Geschäftstätigkeit bieten»[85]. Mit welchen Verfahren die Bankenkommission zu ihrem Urteil in dieser Sache kommt, wird allerdings nirgends ausgeführt, auch nicht in der Verordnung zum Gesetz. Dieser «Gewährleistungs-Artikel» dürfte auch in Zukunft noch oft ins Kreuzfeuer der Kritik gelangen, sicher jedoch immer dann, wenn Banken in Kri-senlagen geraten und Verantwortliche vielleicht sogar flüchtig sind.[86]

5.1.3. Kontrolle und Berichterstattung

Dem Thema «Berichterstattung» und «Reporting» kommt in der Bankführungs-lehre hohe Bedeutung zu, wenn auch bei ganz unterschiedlicher Gelegenheit. So hat die Geschäftsleitung gegenüber dem Verwaltungsrat Bericht zu erstatten, der Verwaltungsrat gegenüber der Generalversammlung. Die aktienrechtliche Revi-sionsstelle berichtet zuhanden der Generalversammlung und in dringenden Fäl-len auch direkt an den Verwaltungsrat. Der Chef des Inspektorates ist in der Re-

---

84 Eidgenössische Bankenkommission: Rundschreiben bezüglich Revisionsbericht vom 26. Sept. 1978, S. 13f.

85 Art. 3 Abs. 2 lit. c BaG

86 Vgl. Aellen, Marcel: Die Gewähr für eine einwandfreie Geschäftstätigkeit; 1990, S. 123ff.

gel dem Präsidenten des Verwaltungsrates direkt unterstellt; demzufolge wird er ihm auch direkt Bericht erstatten. Die Beispiele liessen sich beliebig fortsetzen, insbesondere auch, was die *externe* Berichterstattung an die Adresse der Öffentlichkeit, der Medien oder der Finanzanalysten anbetrifft. Das Reporting erfolgt teils auf *fakultativer* Basis, teils ist es aber auch *gesetzlich* vorgeschrieben.

Die Berichterstattung, die hier im Zusammenhang mit der Führungskontrolle zur Diskussion steht, ist gesetzlich nicht geregelt. Sie ergibt sich aber aus den *Führungsgrundsätzen* und den herrschenden *Usanzen*, auch Führungsprinzipien genannt. Wer zur Führungskontrolle verpflichtet ist, erstattet seinem Auftraggeber grundsätzlich Bericht, sei dies in mündlicher oder in schriftlicher Form. Im Regelfall wird dies auf allen Stufen die vorgesetzte Instanz sein. Der Kontrollierende wird sich dabei nur in begründeten Ausnahmefällen schriftlich äussern, im übrigen aber viel eher durch sein Engagement Abhilfe schaffen und den Vorgesetzten nur dann zusätzlich informieren, wenn dies eine besonders gewichtige und kritische Lage erfordert, etwa nach den Prinzipien eines «Management by Exceptions», wenn die Ausnahmesituation gegeben ist. Die Bankpraxis zeigt denn auch, wie vielfältig und wie unterschiedlich diese Art der Berichterstattung geregelt ist.

Die Form der Berichterstattung nach durchgeführten Kontrollen ist zweifellos aufs engste mit dem *Führungsstil* eines Vorgesetzten verbunden, mit der Art, wie er seine Mitarbeiter einsetzt und mit Kompetenzen ausstattet. Die langjährige berufliche Erfahrung mit Fragen dieser Art mag da ebenfalls mitspielen. Es ist mit grossem Vorteil für die Bank darauf zu achten, dass in Verbindung mit der Kontrolltätigkeit in den Abteilungen nicht eine zusätzliche *Administration* entsteht und eine damit verbundene Papierproduktion, die zwar immer auf erheblichen Fleiss der Autoren schliessen lässt, dafür aber auch Kosten verursacht, die sich im Vergleich zum gestifteten Nutzen in der Regel kaum rechtfertigen lassen. Wichtiger als ein schriftliches und detailliertes Reporting ist oft die Zivilcourage des Vorgesetzten. Jedenfalls lehren die Verhaltenswissenschaften, wenn auch nicht einheitlich, dass es im Normalfall richtiger ist, *Konflikte*, die sich in einem Betrieb ergeben und durch die Kontrolltätigkeit erkannt werden, zwischen den Betroffenen direkt und unmittelbar auszutragen und abschliessend, teils mit Härte, teils auch mit Güte, zu bereinigen, statt sie mit der Berichterstattung aufzuschieben und auf die nächst höhere Führungsstufe zu tragen, die dann möglicherweise das Verfahren verschleppt oder durch Beschwichtigungen aus Distanz versucht, auf die Dauer unhaltbare Kompromisse einzugehen. Das «Rückdelegieren nach oben» hat oft mit fehlendem Mut der Chefs auf unterer Stufe zu tun und sollte fairerweise nach Möglichkeit vermieden werden. In sehr vielen Fällen geht es bei der Berichterstattung gar nicht um die Lösung von

122

Sachfragen, sondern um das Beheben zwischenmenschlicher Konflikte. Hierzu ist der direkte Vorgesetzte oftmals kompetenter als eine entferntere höhere Instanz.

5.2. Zweck und Struktur eines Controlling-Systems

5.2.1. Zweck und Aufgaben eines Controlling-Systems

Im Verlaufe der Jahre hat sich mehr und mehr die Auffassung durchgesetzt, die Geschäftsleitung einer Bank habe sich mit dem Einsatz eines Controllers von einer Reihe von Kontrollaufgaben zu entlasten und zu diesem Zweck ein *Controlling-System* aufzubauen und einzuführen.

Controlling umfasst die Beschaffung, Aufbereitung, Prüfung und Interpretation von Informationen zur *Steuerung* der Organisationseinheiten auf die gewählten Ziele hin sowie die *Koordination* des gesamten Informationsflusses. Der *Controller* ist der Hauptverantwortliche für den optimalen, problemorientierten Einsatz der vorhandenen und geplanten Führungs- und Steuerungsmittel. Es ist das Hauptanliegen des Controllings, die Geschäftsleitung durch Bereitstellen optimaler *Entscheidungsgrundlagen* zu entlasten und damit die Qualität des Bank-Managements zu verbessern.

Wenn man die Funktion des Controllers vor dem Hintergrund der historischen Entwicklung zu begreifen versucht, fällt auf, wie sich sein Pflichtenheft gewandelt hat: ursprünglich standen Soll/Ist-Vergleiche in den verschiedensten Teilen des *Rechnungswesens* im Vordergrund. Später kam die Auflage hinzu, der Controller habe auch die *Verhaltensweise von Menschen* sowie von formellen und informellen Gruppen zu beeinflussen. Und in einer noch späteren Phase ist das Anliegen erkennbar geworden, der Controller möge mit Hilfe der verfügbaren Informationen die Bank steuern und regeln. Nach jüngster Auffassung lässt er sich anhand dreier Merkmale charakterisieren: er ist *Registrator*, *Navigator* und *Innovator*, in letzterer Beziehung also auch Quelle für die Einführung von Neuerungen aller Art.

An einem wissenschaftlichen Kongress des Verbandes der Hochschullehrer für Betriebswirtschaft der Bundesrepublik Deutschland wurde der Controller wie folgt charakterisiert: Controller ist oder wird, wer mehr als andere lernt, erkennt und im Wirkungsnetz der Umwelt ziel- und zukunftsorientiert denkt und handelt, um eine Bank erfolgreich zu steuern.

Abbildung 5/2: Controllingsystem[87]

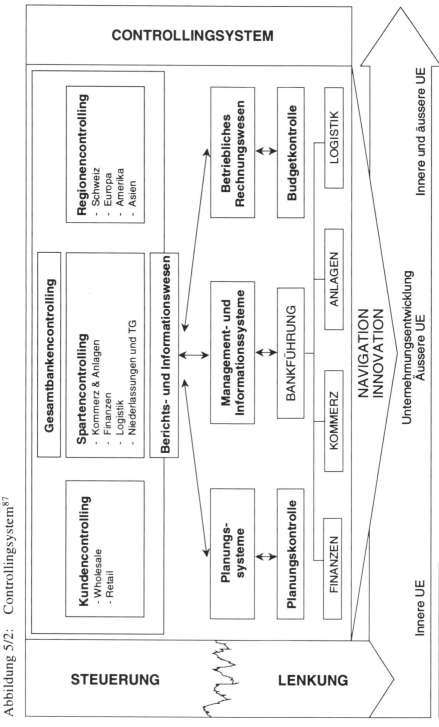

87 Vettiger, Thomas: Wertorientiertes Controlling im Bankkonzern; Zürcher Diss. am Institut für schweizerisches Bankwesen (in Vorb.).

Controlling-Aufgaben im allgemeinen

Abbildung 5/2 vermittelt einen ersten Überblick über ein mögliches Controlling-System. Der Darstellung können insbesondere die zentralen Navigations- und Innovationsfunktionen des Controllings entnommen werden. Die Wahrnehmung von Service-, Informations- und Führungsaufgaben durch das Controlling führt zu einer optimalen Lenkung und Steuerung der verschiedenen Informationssysteme der Bank und damit einhergehend der operativen Konzerneinheiten. Auf diese Weise wird eine wünschenswerte Unternehmungs- und Konzernentwicklung garantiert.

Abbildung 5/2 bringt auch zum Ausdruck, dass drei betriebswirtschaftliche Kerngebiete mit dem Controlling in Verbindung zu bringen sind, nämlich das Gebiet der *Planung*, jenes der *Management- und Informationssysteme* sowie das Gebiet des *Rechnungswesens*. Es wird vom Controller erwartet, dass er bei der Entwicklung der Ziel-, Massnahmen- und Ressourcenpläne seine Impulse einbringt und später die tatsächlichen Resultate einer Wirtschaftsperiode mit Hilfe seiner Analysemittel interpretiert.

Abbildung 5/3 bekräftigt diese Vorstellung. Aufgrund von Umfragen in der Wirtschaftspraxis wurde versucht, eine Art von Prioritäts-Rangliste für die Teilaufgaben des Controllers zu erstellen und zwar aufgrund der Häufigkeiten des Auftretens dieser Teilaufgaben. Abbildung 5/3 zeigt deutlich, dass der Controller, insbesondere im Bereiche des betrieblichen Rechnungswesens zum Zuge kommt, wenn es gilt, Kosten, Erlöse und Erfolgsgrössen wie Gewinne oder Renditen zu analysieren und zu interpretieren. Die selteneren Teilaufgaben, etwa jene ab Platz 10 der Rangliste, spielen vor allem bei kleinen und mittleren Betriebsgrössen eine Rolle und dürften bei bankbetrieblichen Grössenverhältnissen aus naheliegenden Gründen kaum ins Gewicht fallen. Der Controller darf nicht als «Mädchen für alles» missbraucht werden, und er sollte in Ausübung seiner Grundfunktion nicht zum operativen Einsatz im Alltag gelangen.

Die «Rangfolge» in Abbildung 5/3 ist insofern recht signifikant, als sich mit ihrer Hilfe die Unterschiede zwischen amerikanischer und europäischer Denkweise in Controlling-Belangen ableiten lassen.

Abbildung 5/3:   Teilaufgaben des Controllers[88]

Rang	Teilaufgaben des Controllers	% Betriebe
1	Planung und Budgetierung, insbesondere Kosten, Erlöse, Rentabilitäten	57
2	Kostenrechnung, Leitung, Aufbau Systempflege	55
3	Finanzbuchhaltung: Leitung, Ausbau	48
4	Berichts- und Informationswesen: Einrichtung, Ausbau Systempflege	47
5	Soll/Ist-Vergleich inkl. Abweichungsanalysen	41
6	Finanzwesen einschliesslich Finanzplanung	40
7	Überwachung der Planziele und Kontrolle ihrer Realisation	24
8	Überwachung von Beteiligungen und Tochtergesellschaften, Kontaktpflege und Beratung	20
9	EDV-Organisation einschliesslich Systemanalyse	19
10	Erarbeitung von Gegensteuerungsmassnahmen	17
11	Allgemeine und betriebswirtschaftliche Analysen, Sonderuntersuchungen, Statistik	16
12	Investitionsplanung und Investitionskontrolle, Wirtschaftlichkeitsberechnungen	16
13	Allgemeine Organisation (ohne EDV)	15
14	Allgemeine Verwaltung	14
15	Ergebnisorientierte Steuerung	14
16	Steuerwesen	11
17	Personal- und Sozialwesen	10
18	Vertriebscontrolling	8
19	Revision	7
20	Versicherungswesen	3
21	Rechtsfragen	3
22	Arbeitsvorbereitung	1

Abbildung 5/4 will diese Differenzen mit einer einfachen Gegenüberstellung sichtbar machen. Die Amerikaner neigen dazu, das Pflichtenheft des Controllers eher zu überladen, vielleicht deshalb, weil sie in der meist überragenden Persönlichkeit des Controllers immer auch ein Mitglied der obersten Geschäftsleitung sehen. Sie übertragen ihm ferner auch gerne interne Revisionsaufgaben, eine

---

88 Bramsemann, Rainer: Entwicklung und Zukunft des Controllers; 1978, S. 224.

Variante, die in der Schweiz bei Finanzinstituten allein schon aus bankrechtlichen Gründen nicht zulässig wäre. Beeindruckend aber ist, welchen Spitzenplatz in der Hierarchie sie dem Controller einräumen und welches Machtpotential sie ihm auch übertragen, das eine klare und nicht selten recht autoritäre Führung zulässt.

Abbildung 5/4: Aufgabengebiete des amerikanischen und des deutschen Controllers[89]

Controlling-Aufgaben nach amerikanischem Muster	Controlling-Aufgaben nach deutschem Muster
• Planung • Berichts- und Informationswesen • Betriebswirtschaftliche Sonderprobleme • Internes Rechnungswesen	• Planung • Berichts- und Informationswesen • Betriebswirtschaftliche Sonderprobleme • Internes Rechnungswesen
• Finanzbuchhaltung • Steuern und Versicherungen • EDV • Wirtschaftsstudien • Organisation • Interne Revision	

Controlling-Aufgaben im besonderen

Geht man davon aus, dass sich der Controller in den grossen Arbeitsgebieten der Planung, der Informationssysteme und des Rechnungswesens bewegt, ergeben sich für ihn nach herkömmlicher Auffassung die folgenden drei besonderen Aufgabenbereiche:[90]

1) Service-Aufgaben

Sie haben zum Ziel, die Planungskoordination sicherzustellen und für die Integration von Planung und Kontrolle zu sorgen. Der Controller wird aktiv bei der Entwicklung und Verbesserung von Planungs- und Kontrollsystemen und unterstützt die Planungsabläufe in bezug auf Terminüberwachung und Konsolidierung der Teilpläne.

---

89 Kaeser, Walter: Controlling im Bankbetrieb; 1981, S. 30.
90 In Anlehnung an: Welge, Martin: Unternehmungsführung: Controlling; 1988, S. 96ff.

2) Informations-Aufgaben

Der Controller macht seinen Einfluss geltend bei der Sicherstellung der Informationsversorgung. Er wirkt mit bei der Gestaltung eines aussagekräftigen Rechnungswesens und bei der Entwicklung von Methoden zur Gewinnung von Planungsgrundlagen. Er übernimmt die Ergebnisse von Kennzahlen-Systemen und sorgt für die bedarfsgerechte Informationsverteilung zugunsten der interessierten und berechtigten Stellen.

3) Führungs-Aufgaben

Der Controller unterstützt die Führungs- und Leitungsorgane, indem er Soll/Ist-Vergleiche in Planung und Rechnungswesen aufbereitet, die Abweichungen ermittelt und analysiert und die nötigen Korrekturmassnahmen beantragt. Hier wird seine Navigator-Funktion besonders deutlich.

Controlling-Aufgaben aus spezifisch bankbetrieblicher Sicht

Banken haben zum Controlling und zur Persönlichkeit des Controllers eine ganz spezielle Beziehung. Im Grunde genommen *suchen* sie den Controller, weil das risikoreiche Bankgeschäft der besonderen objektiven und neutralen Betreuung durch einen anerkannten und integren Spitzenmann bedarf. Gesucht ist eine Persönlichkeit, die quasi als «Gewissen» der Bank operiert.

Im Bereiche der *Planung* soll und will der Controller den Planungschef nicht ersetzen. Er wirkt aber mit bei der Entwicklung des *Leitbildes* und der strategischen und operativen Pläne. Er fördert die Grundlagenerarbeitung, vor allem was den Einbezug der immer komplexer werdenden bankbetrieblichen Umwelt anbetrifft. Im weiteren unterstützt er durch seine Mitarbeit die Planungsaktivität der Regionen, Filialen und Niederlassungen. Er nimmt Einfluss auf die Anzahl und die Gestaltung der strategischen Geschäftsfelder und der logistischen Funktionen. In der Regel steht ihm auch ein Antragsrecht für neue strategische Projekte zu.

Im Bereiche des *Rechnungswesens* befasst sich der Controller schwergewichtig mit dem *betrieblichen* Rechnungswesen, weniger mit der auch von den Revisionsstellen stark beachteten finanziellen Rechnungslegung. Eine solche Akzentsetzung drängt sich eigentlich auf, weil Gesetze, Verordnungen, interne Weisungen und Richtlinien von Notenbank, Bankenkommission und Revisionsorganen die finanzielle Rechnungslegung weitgehend standardisieren und so wenig Spielraum für schöpferische Ideen verbleibt, Ausnahmen wie Analysen zu Risk Management, zum Asset and Liability Management und zum Cash Management vorbehalten. Anders die Verhältnisse bei der betrieblichen Rechnungslegung. Hier findet der Controller in reichem Masse Gelegenheit, die Verfahren für eine Kosten- und Erlösrechnung, für eine Deckungsbeitragsrechnung oder für eine objektive Nach- und Vorkalkulation zu beurteilen und die Geschäftsleitung anzuhalten, Zahlen zur Kenntnis zu nehmen und mit Zahlen effektiv zu führen. Auch sei wiederholt an die Notwendigkeit erinnert, Kosten, Erlöse und Profite nach *Kundensegmenten*, *Marktgebieten* und *Produkten/Sparten* zu kennen, für die Gesamtbank wie für die einzelnen Filialen (sog. CAP-Approach).

Es sei an dieser Stelle noch einmal die hohe Bedeutung des *Risk Managements* und des Asset and Liability Managements erwähnt. Fast alle Mitarbeiter der Bank begründen mit ihrer Tätigkeit täglich neue Risiken. Diese sind zu erkennen, anschliessend zu bewerten, zu steuern und zu kontrollieren. Schon im Abschnitt 3.2.2. wurden die «klassischen» Risikokategorien genannt und erläutert: die Finanzmarktrisiken, die Delkredererisiken, die Verhaltensrisiken und die operationellen Risiken. Die in den verschiedenen Bankprodukten, insbesondere auch in den sog. *Finanzderivaten,* inhärenten Risiken haben das Risiko-Management einer Bank zu einem zentralen Erfolgsfaktor werden lassen. Schon bestehende, eingegangene Risiken werden abgesichert, nach oben begrenzt, andere aber auch neu begründet. Manche Bankiers erklären im Gespräch, dass sie nach wie vor Instrumente vermissen, welche das die Bank belastende Risikovolumen zeitgerecht aufzeigen. Ähnliches gilt für das *Asset and Liability Management,* welches die Markteinflüsse auf die *Bilanzstrukturen* analysiert und zu steuern versucht.[91] Um die Risikokonstellation der Bank als Einflussfaktor für die Planung zu berücksichtigen, um dadurch eine risikogerechte Bankentwicklung zu gewährleisten, hat der Controller seine Koordinationsfunktion wahrzunehmen. Damit der Controller auf diese auch wissenschaftlich ergiebigen Tätigkeitsfelder angesetzt werden kann, bringt eine enge Kooperation mit Hochschulen und Universitäten sowie mit hoch qualifizierten Fachverbänden, etwa im Kreise der Revisionsbewegung, möglicherweise Erleichterungen.

5.2.2. Controlling-Objekte

Ging es im vorherigen Unterabschnitt darum, für den Controller die Aufgabengebiete zu umschreiben, so sind im folgenden die Controlling-Objekte nach den Inhalten, den Controlling-Feldern und den Controlling-Ebenen zu skizzieren:[92]

---

91 Vgl. Schierenbeck, Henner: Ertragsorientiertes Bankmanagement; 1991, S. 514ff.

92 In Anlehnung an: Welge, Martin: Unternehmungsführung - Controlling; 1988.

Controlling-Inhalte

So wie sich jedes Planungssystem mit der Triade «Ziele - Massnahmen - Ressourceneinsatz» charakterisieren lässt, bestimmen das Ziel-Controlling, das Massnahmen-Controlling und das Ressourcen-Controlling den Controlling-Inhalt.

Der Controller unterstützt bei *Zielfindung* und *Zielfestlegung*. Ziele werden nicht von einer Obrigkeit diktiert, sondern in einem wechselseitigen Prozess zwischen den Interessengruppen *vereinbart*. Der Controller vermittelt zwischen den oft divergierenden Interessen der betroffenen Parteien und harmonisiert die strategischen mit den operativen Zielen. Er überwacht, dass die materiellen Zielvorgaben in Einklang stehen mit den sozialen, ethischen und kulturellen Zielen, so wie sie etwa im Leitbild festgehalten sind.

Beim *Massnahmen-Controlling* überprüft der Controller die interne Machbarkeit von Aktionen und unterstützt die Führungskräfte bei der Umsetzung und Durchsetzung von strategischen und operativen Plänen.

Das wahrscheinlich zentralste Arbeitsgebiet, was den Controlling-Inhalt anbetrifft, dürfte aufgrund vieler Beobachtungen das *Ressourcen-Controlling* sein. Es umfasst:

- das Controlling der *personellen* Ressourcen;
- das Controlling der *finanziellen* Ressourcen, mit speziellem Augenmerk auf Eigenmittelausstattung und Liquidität;
- das Controlling der *Betriebsstätten* wie Standorte von Sitzen und Filialen, Um- und Neubauten;
- das Controlling über den *Betriebsmitteleinsatz* wie Mobiliar, technische Apparatur, multifunktionale und zugleich ergonomisch richtige Arbeitsplatzgestaltung;
- das Controlling im Bereiche von *Informatik und Telekommunikation*.

Allein diese Aufzählung verdeutlicht, welche hohen fachlichen Anforderungen an eine Controller-Persönlichkeit gestellt werden müssen. Eine gewisse Universalität im Wissen und Können ist gefordert.

Controlling-Ebenen

Wenn von Controlling-Ebenen die Rede ist, steht das *Verhältnis* von operativem zu strategischem Controlling zur Diskussion. Ein Controlling-System befasst sich im Normalfall immer mit beiden Ebenen. Das *operative* Controlling kon-

130

zentriert sich eher auf Kostenrechnung, Management-Accounting-Fragen, auf das Budget- und Finanz-Controlling, das *strategische* eher auf das Ziel- und Ressourcen-Controlling.

Controlling-Felder

Bei der Festlegung der Controlling-Felder geht es um die Frage, auf welche Weise der Bankkonzern bzw. die Bank zu strukturieren sei, damit Teilbereiche für die Controller-Aktivität definiert werden können. Für eine grössere Universalbank empfiehlt sich die Unterscheidung in die folgenden Felder:

- *das Gesamtbank-Controlling*

  Analyse und Steuerung von Gesamtbank-Grössen mit Einschluss der Berichterstattung an Verwaltungsrat und staatliche Aufsichtsstellen;

- *das Geschäftssparten-Controlling*

  Zunächst Trennung der Controller-Tätigkeit nach nationalen und internationalen Einsätzen. Anschliessend Spezialisierung nach Geschäftsfeldern, indem einzelne Controlling-Mitarbeiter entweder im Commercial, Investment oder Trust Banking tätig sind;

- *das Niederlassungs-Controlling*

  Auch hier ist eine Trennung in nationale und internationale Niederlassungen vorzunehmen. Für die grossen Finanzplätze wie New York, London, Tokio, Singapore usw. sind nur Fachleute einzusetzen, welche mit den örtlichen Verhältnissen (Usanzen, Konkurrenzsituation, Rechtslage, Sitten und Gebräuche, Sprache und Kultur) bestens vertraut sind;

- *das Logistik-Controlling*

  Eine spezielle Fachausrichtung ist auch hier wünschbar und häufig notwendig, weil nur wenige das gesamte Gebiet der Logistik kompetent überblicken. Eine besondere Herausforderung stellt dabei stets die Telematik dar;

- *das Projekt-Controlling*

  Überwachung grösserer, einmaliger Einzelprojekte.

5.2.3. Organisation des Controllings

Es versteht sich von selbst, dass auch ein institutionalisiertes Controlling hierarchisch einzuordnen ist. Verschiedene Faktoren beeinflussen diese Eingliederung, so die *Grösse* der Bank, die anzustrebende rangmässige *Stellung* des Controllers, die *Bedeutung* des Controllings in den Führungsgrundsätzen und schliesslich das Mass der *Zentralisierung* der Controlling-Aufgaben.

Nach angelsächsischer Auffassung ist der Chef-Controller dem Vorsitzenden der Geschäftsleitung *direkt* zu unterstellen. Offen ist dabei die Frage, ob er zugleich auch Mitglied der Geschäftsleitung sein sollte oder ob er - ähnlich wie der Chefinspektor in seinem Verhältnis zum Verwaltungsratspräsidenten - *ausserhalb* der Geschäftsleitung stehen müsste. Vieles spricht für diese letztere Variante, weil er, ohne im täglichen Geschäftsbetrieb involviert zu sein, die Rolle des Kritikers und des Navigators unbelasteter spielen kann. Folgt man dieser Auffassung, würde der Controller in seiner Sonderstellung den Sitzungen der Geschäftsleitung «nur» mit beratender Stimme beiwohnen.

In grösseren Verhältnissen benötigt der Controller ein Mitarbeiter-Team, um seine Funktionen im dargelegten Sinne ausüben zu können. Je nach organisatorischer Ausgestaltung der Bank, ihrer Grösse sowie ihres Tätigkeitsfeldes ergeben sich verschiedene Möglichkeiten einer aufbau- und ablauforganisatorischen Ausgestaltung einer Controlling-Abteilung.[93] Übernimmt man das hier soeben aufgezeigte Controlling-Konzept, so ergibt sich für einen Chef-Controller einer Schweizer Bank das in *Abbildung 5/5* dargestellte Pflichtenheft. Offen bleibt, ob nicht auch klassische Stabsabteilungen wie Volkswirtschaft, Betriebswirtschaft, Marketing, Organisation oder Konzernentwicklung dem Controller zur Überwachung anzuvertrauen wären. In der Regel drängt sich eine solche ausdrückliche Lösung *nicht* auf, weil der Controller, wie gezeigt wurde, ohnehin mit den Stabsabteilungen aufs engste kooperieren muss (Planung, Budgetierung, Rechnungswesen usw.), will er seinem Auftrag gerecht werden.

Controlling-Formen

Mit dem Begriff der Controlling-Formen werden die vom Controller gewählten *Arbeitstechniken* angesprochen. Grundsätzlich unterscheidet man zwischen den *ergebnisorientierten*, den *verhaltensorientierten* und den *verfahrensorientierten* Controlling-Formen. Die ergebnisorientierten Formen basieren sehr stark auf

---

93 Eine Möglichkeit zeigt Abbildung 5/2 auf.

Abbildung 5/5: Mögliches Pflichtenheft eines Controllers

Der Controller hat folgenden, allgemeinen...

Auftrag

- Als beratendes Mitglied der Geschäftsleitung fördert der Controller eine optimale Steuerung der Gesamtunternehmung
- Er verfolgt neben seinen analytischen Aufgaben und Steuerungsfunktionen die Entwicklung auf dem ganzen Gebiet der Bankwirtschaft und stellt entsprechende Anträge für geeignete Unternehmungs- und Konzernentwicklungen
- Der Controller überwacht und harmonisiert die Unternehmungsziele, die Massnahmen und den Ressourceneinsatz zur Sicherung der gewünschten Entwicklung

...zu diesem Zweck konzentriert er sich auf nachstehende

Aufgaben

Planung:
- Integration von Planung und Kontrolle
- Sicherstellung der Planungskoordination
- Anregungen und Unterstützung bei der Entwicklung von neuen Planungs- und Kontrollsystemen
- Mitwirkung bei der Grundlagenbearbeitung und Formulierung der Strategie sowie bei der inhaltlichen Gestaltung der operativen Pläne
- Anregungen für neue strategische Projekte
- Beratende Unterstützung der strategischen Gruppen
- Analyse der Soll/Ist-Vergleiche und Beantragung geeigneter Korrekturmassnahmen

Betriebliches Rechnungswesen:
- Der Controller garantiert eine objektive Kalkulation der Produkte nach Kundensegmenten, Marktgebieten und Geschäftsarten
- Analyse der Soll/Ist-Vergleiche und Beantragung geeigneter Korrekturmassnahmen
- Der Controller sorgt für die richtige Informationsverteilung aufgrund der durch das interne Rechnungswesen ausgewiesenen Ergebnisse

Übrige Management- und Informationssysteme:
- Risiko-Management
  Überwachung, Koordination und Bewertung der Finanzmarkt-, Delkredere- und Verhaltensrisiken sowie der operationellen Risiken
- Asset and Liability Management
  Optimierung von Bilanz und Liquiditätsfonds
- Berichts- und Informationswesen
  Optimale, empfängergerechte Aufbereitung und Verteilung der Informationen

133

den Informationen des betrieblichen Rechnungswesens (Kennzahlen, Ergebnisse von Profit Centers und Cost Centers). Die verhaltensorientierten Formen nehmen Bezug zur Art der Personalselektion, der Aus- und Weiterbildung und beinhalten u.a. die sehr umstrittenen sozialen Kontrollen. Die verfahrensorientierten Formen schliesslich orientieren sich an den Controlling-Trägern wie etwa Netzplänen, Nutzwertanalysen usw. und legen grossen Wert auf die Wahl des richtigen Controlling-Zeitpunktes und der Controlling-Häufigkeit.

Controlling-Instrumente

Bei den Controlling-Instrumenten geht es noch konkreter um die arbeitstechnische Seite, d.h. die eigentlichen Werkzeuge, um das Controlling auszuüben. Der Katalog der Controlling-Instrumente ist grundsätzlich unbegrenzt, beinhaltet aber als grundlegende Arbeitsmittel: die Systemanalyse, die Analyse der Organisationspläne, die Arbeit mit Hilfsmitteln wie Terminplänen, Budgets, Kosten- und Erlöskalkulationen, Prognoseverfahren, Kosten-/Nutzenanalysen, das Environmental Scanning. Bei der Wahl des Controllers und seiner Sub-Controller werden Absprachen in bezug auf die Art des Instrumenteneinsatzes von grosser Bedeutung sein.

Anforderungen an den Controller

Überblickt man zusammenfassend noch einmal das Anforderungsprofil, das insbesondere gegenüber dem Chef-Controller und seinen Sub-Controllern zur Anwendung gelangt, so wird sehr rasch deutlich, wie schwierig es sein dürfte, Persönlichkeiten für Controlling-Funktionen zu gewinnen, die den Erwartungen einer Geschäftsleitung zu entsprechen vermögen.

Zunächst ist sicher *Fachwissen* gefordert. Der Controller muss mit dem Bankgeschäft im Sinne eines Allround Bankers weitgehend vertraut sein. Praktische Einsätze in den grossen Geschäftssparten wie Kommerz, Finanz oder Anlagen sind mehr als erwünscht. Dann sollte er mit den Erkenntnissen einer modernen Betriebswirtschaftslehre vertraut sein. Im weiteren muss er die Führungslehre in den Bereichen Planung, Kontrolle und Organisation beherrschen und im Management Accounting sowohl mit der finanziellen wie mit der betrieblichen Rechnungslegung vertraut sein.

Im *fachtechnischen* Bereich muss er das Controlling-Instrumentarium sicher beherrschen. Dabei spielt natürlich auch die eigene praktische Erfahrung eine erhebliche Rolle. Bekanntlich lässt sich mit zunehmendem Alter in allen Berufen abnehmendes modernes Fachwissen wenigstens teilweise durch die Zunahme des Erfahrungsschatzes kompensieren. Ein sehr junger Controller dürfte jedenfalls eine grosse Ausnahme bleiben.

Entscheidend aber dürfte letztlich seine *soziale Kompetenz* sein. In der Theorie findet sich fast übereinstimmend der folgende Beschrieb eines idealen Controllers: initiativ, innovativ, mutig, selbstsicher, mit Charakterzügen ausgestattet, die es ihm erlauben, das Gewissen des Unternehmens zu spielen. Er sollte im weiteren aufgrund seiner Loyalität und Hilfsbereitschaft, seiner Geduld auch und seines Verständnisses zu einer natürlichen *Autorität* werden. Teamfähigkeit, Kontaktfähigkeit und Verhandlungsgeschick in mehreren Fremdsprachen sind genau so wichtig wie sein analytisches Denkvermögen. Der Controller muss unbestechlich sein, ähnlich dem Richter oder dem Arzt. Weil der Controller mit seiner Arbeit nie à jour sein wird, muss er belastbar sein und dem Druck der verschiedensten Interessengruppen standhalten können.

Der Controller wird aber trotz seiner Kollegialität nicht nur Freunde haben. Es liegt in der Natur seines Berufes, dass er Kollegen von Zeit zu Zeit auf die Zehen zu treten gezwungen ist. Auch wenn er seine Ideen in die Form von Anregungen, Empfehlungen oder Innovationsvorschlägen bringen wird, bleibt natürlich nicht verborgen, dass er von Berufes wegen zur Kritik an anderen verpflichtet ist. Sehr bedeutend wird demzufolge sein, ob ihn der Präsident der Geschäftsleitung bei seinen Aktionen stützt und ob es ihm gelingt, dank seines Potentials das Vertrauen seiner Kollegen zu gewinnen.

6. Kapitel
Organisationsstrukturen

Einführung

Im 4. Kapitel zum Thema «Planung» wurde dargelegt, am Ende einer strategischen Planungsrunde sei mit Vorteil zu überlegen, ob die gegebenen organisatorischen Strukturen einer Bank noch taugten, um zum Erreichen der gesetzten Ziele und der einzuschlagenden Strategien beitragen zu können. Auch sei stets zu prüfen, ob die Führungsstrukturen und der logistische Unterbau den neuen Anforderungen noch entsprächen. Damit ist deutlich zum Ausdruck gebracht: die Organisation einer Bank ist nichts Statisches, die Strukturen haben sich den Zielvorgaben und den Strategien anzupassen. «*Structure follows strategy*», das ist die auch in der angelsächsischen Literatur immer wieder anzutreffende Parole.

Nun aber sind, wie mehrfach gezeigt wurde, Ziele und Strategien auch Ergebnis der Entwicklungen in der bankwirtschaftlichen Umwelt. Je markanter die Umweltveränderungen, desto notwendiger sind Anpassungen bei Zielen und Strategien, desto ausgeprägter logischerweise aber auch das Bedürfnis nach Restrukturierungen innerhalb der Bank. Nichts wäre verfehlter, als die Organisation «Bank» im Etablierten, weil einmal Bewährten zu belassen. Die Betriebswirtschaftslehre versucht dieser dynamischen Betrachtungsweise mit dem Begriff «*Organisationsentwicklung*» Rechnung zu tragen. Er bringt zum Ausdruck, dass die Tätigkeit des Organisierens und Reorganisierens nie abgeschlossen sein kann, auch wenn jede Veränderung erfahrungsgemäss Mühe bereitet, vielleicht Ängste auslöst und ganz sicher Zusatzkosten verursacht. Organisatorische Veränderungen können, so wie dies in den letzten Jahren oft der Fall gewesen ist, zum *Abbau* überflüssig gewordener Stellen führen, was natürlich Härten mit sich bringt und bei vielen Mitarbeitern den Widerstand gegen das Neue fördert.

Trotz dieser Hemmnisse soll in diesem 6. Kapitel von der Organisationsentwicklung im Bankensektor die Rede sein. Dabei sind gedanklich zwei deutlich erkennbare *Trends* auseinander zu halten. Der eine geht dahin, die Bank als Teil eines *Konzerngebildes* zu sehen, sei es, dass die Bank als Dachgesellschaft und Stammhaus den Konzern als Spitze anführt, sei es, dass sie als Tochter oder Enkelgesellschaft ihren besonderen Platz innerhalb einer Unternehmensverbindung auf Beteiligungs- oder Vertragsbasis einnimmt. Der andere Trend illustriert das Bedürfnis der Geschäftsleitungen, *innerhalb* der eigenen Bank laufend zu organisatorischen Anpassungen und Verbesserungen zu gelangen. Diese «internen Aktionen» können im einen Jahr sehr bescheiden sein, in einem anderen aber durchaus ein sehr grosses Institut mit weltweitem Niederlassungsnetz deutlich erkennbar erschüttern. *Unterkapitel 6.1.* ist dem *Konzernproblem*, *Unterkapitel 6.2.* dem *bankinternen* Organisationsproblem gewidmet.

6.1.   Organisationsentwicklungen auf Stufe Bankkonzern

6.1.1.   Ursachen für die Bildung von Bankkonzernen

Die Bankbranche als Wirtschaftszweig unterliegt einer Vielzahl grundlegender Veränderungen, welche die einzelnen Banken in ihren Fundamenten erschüttern. Traditionelle Führungs- und Organisationsstrukturen werden in Frage gestellt und nötigenfalls neuen Gegebenheiten angepasst. Die ursprünglich dominierenden *funktionalen* Strukturen haben vielerorts Formen der *Spartenorganisation* Platz gemacht. Mit der Bildung autonomer, sub-unternehmensgleicher Geschäftsbereiche ist es da und dort zu einer eigentlichen *Divisionalisierung* gekommen, vor allem in Phasen des Wachstums. Nicht zuletzt in Verbindung mit der Entwicklung des Auslandgeschäftes haben Banken neue Niederlassungen und Tochtergesellschaften gegründet und sind auf diese Weise zu *Bankkonzernen* geworden: Konzernlösungen also im Dienste der Entlastung der Muttergesellschaft oder des Stammhauses.

Änderungen in den Volkswirtschaften als Ursache

Solche und ähnliche Entwicklungen lassen sich nur vor dem Hintergrund *volkswirtschaftlicher* Strukturveränderungen erklären. Die Grenzen zwischen den Märkten des Bankiers und den Erbringern von Finanzdienstleistungen im Nicht-Bankensektor haben sich mehr und mehr verschoben und werden immer durchlässiger. Die Zahl jener wächst, die kombinierte *Bank-/Finanzprodukte* anbieten. Man nennt sie oft die Non-Bank-Bankers. Gleichzeitig versuchen Banken in banknahe Märkte - Versicherungsgeschäft, Beratungsgeschäft usw. - einzudringen. Damit verfolgen sie eine neue *Diversifikationsstrategie*, meist *Allfinanz-Strategie* genannt. Konzernstrukturen können dadurch ein vorteilhaftes aufbau- und ablauforganisatorisches Gerüst darstellen, um die Vielfalt an Geschäften unter einen Hut zu bringen. Dass dabei führungstechnische und fiskalische Zusatzprobleme resultieren, versteht sich von selbst. Auf die Vielzahl möglicher

Konzernlösungen mit *Stammhaus- und Holding-Strukturen* wird später einge-gangen.

Deregulierungsprozesse als Ursache

Es ist allgemein bekannt, dass die globalen Deregulierungsprozesse der letzten Jahre tendenziell den Wettbewerb im Finanzsektor verschärft haben. Damit ist das Bedürfnis gewachsen, sich mit einer Konzernlösung breiter abzustützen. In den USA sind die administrativen Zinsobergrenzen abgeschafft worden. Das Trennbankensystem wird seit Jahren in Frage gestellt, nicht nur in den USA, sondern auch bei den Japanern, welche nach dem Zweiten Weltkrieg gezwungen wurden, die amerikanische Lösung zu übernehmen. Die Reglementierung von Zinssätzen und anderen Konditionen steht weltweit im Kreuzfeuer der Kritik. In Europa sind die Deregulierungswellen vor allem im Wertpapier- und im Börsen-geschäft spürbar geworden, eingeleitet mit dem Big Bang 1986 in London. Im weiteren seien hier die Massnahmen der Europäischen Gemeinschaft pauschal erwähnt.

In der Schweiz sind ähnliche Reformen im Gange. Hervorzuheben sind an dieser Stelle die Reform der Börsenstruktur mit der Einführung der Elektroni-schen Börse Schweiz (EBS) und die Schaffung eines Eidgenössischen Börsen-gesetzes. Grosse Emotionen löste der Untersuchungsbericht der Kartellkommis-sion über die gesamtschweizerisch wirkenden Vereinbarungen im Bankgewerbe von 1989 aus, welcher schliesslich zu einem weitgehenden Abbau der Konven-tionen im schweizerischen Bankgewerbe führte.[94] Dass sich beispielsweise durch die Aufhebung der Mindestpreise für Courtagen Auswirkungen auf die Bankenstruktur ergeben, versteht sich von selber.

Neue Produkte als Ursache

Auch neue Produkte haben die Konzernidee gefördert. Hier ist zunächst der Zug zur *Securitisation*, d.h. zur Verbriefung von Geld- und Kapitalmarkt- sowie von Kredittransaktionen und die Schaffung von *Finanzderivaten* wie Optionen und Futures zu erwähnen. Finanzinnovationen dieser Art dienen meist der Umleitung von Risiken; das *Risiko* im klassischen Bankgeschäft mit einer finanziellen Transaktion fest verbunden, wird so zu einem handelbaren Gut. Zu den Finanz-innovationen sind auch das *Lebensversicherungsgeschäft* und die kapitalintensi-ven Transaktionen rund um *Mergers and Acquisitions* zu zählen. Interessenkon-

---

94 Vgl. Hirszowicz, Christine: Schweizerische Bankpolitik; 1993, S. 444ff.

flikte, die zwangsläufig in einer Bank auftreten könnten, lassen sich mildern, wenn Tochter- oder Schwestergesellschaften diese neuen Aufgaben übernehmen und eine eigene, kundenorientierte Strategie verfolgen.

Neue Wirtschaftsräume als Ursache

Die Bildung neuer Wirtschaftsräume fördert die Tendenz zur Gründung neuer Tochtergesellschaften. Dies lässt sich am Beispiel des EU-Marktes mit seinem spezifischen Recht verdeutlichen. Es liesse sich auch der NAFTA-Markt in Amerika anführen und das Aufkommen neuer Märkte in Osteuropa. Die Tatsache, dass Tochtergesellschaften einer Schweizer Bank in einem EU-Land wie EU-eigene Gesellschaften wirken dürfen, hat die Konzernpolitik unserer Finanzinstitute massgeblich beeinflusst, vor allem auch nach dem negativen Volksentscheid in Sachen EWR-Beitritt vom 6. Dezember 1992.

Steuerrechtliche Ursachen

Es ist derzeit noch schwer abschätzbar, inwieweit steuerrechtliche Vorschriften die Bildung von Bankkonzernen fördern und in eine bestimmte Richtung lenken. Mit dem Aufkommen der Holding-Strukturen (CS-Gruppe mit CS Holding AG als Spitze) ist die Diskussion aber neu entfacht worden. Bank-Holding-Gesellschaften gelten in der Schweiz im Falle der reinen Dachholding-Gesellschaft wie etwa der CS Holding AG nicht als Banken. Sie unterliegen aufgrund ihres Hauptzwecks, der Verwaltung dauerhafter Beteiligungen, besonderen Rechtsnormen. Im *Steuerrecht* wird zwischen Unternehmungen mit oder ohne aktive wirtschaftliche Tätigkeit unterschieden. Bank-Holding-Gesellschaften gehören zur zweiten Kategorie, also zu den Beteiligungsgesellschaften ohne wirtschaftliche Aktivität. Die *direkte Bundessteuer* kennt keine steuerliche Privilegierung von Holding-Gesellschaften; sie gewährt lediglich Steuerermässigungen auf Beteiligungserträgen aus massgeblichen Beteiligungen.[95] Nach dem *Rohertragssystem,* noch bis 31. Dezember 1994 in Kraft, reduziert sich die Steuer auf dem gesamten Reingewinn im Verhältnis der Beteiligungserträge zum gesamten Rohertrag. Man spricht hier vom *Beteiligungsabzug.* Dies bedeutet, dass eine Holding-Gesellschaft dann *keine* Ertragssteuer abzuliefern hat, wenn sie *nur* Beteiligungserträge erwirtschaftet. Sonstige Erträge wie Zins-, Lizenz- oder Wertpapiererträge werden bis maximal 9.8% besteuert.

---

95 Als massgeblich gelten Beteiligungen, die mindestens 20% des Grundkapitals einer anderen Gesellschaft ausmachen oder den Wert von 2 Mio. Fr. übersteigen. Vgl. Art. 59 BdBSt respektive ab 1. Jan. 1995 Art. 69 DBG.

Ab 1. Januar 1995 wird auch beim Bund das *Reinertragsystem* zur Anwendung gelangen. Die Steuer auf dem Reingewinn wird dabei um einen Beteiligungsabzug reduziert; dieser ergibt sich aus dem Beteiligungsertrag abzüglich einer Verwaltungspauschale von 5% und einen Fremdkapital-Zinsanteil von 80%. Daneben kennen wir das Holding-Privileg auf Kantonsebene. Es besteht darin, dass betroffene Gesellschaften keine Gewinnsteuer, sondern nur Kapitalsteuern zu entrichten haben. Die geschäftspolitischen Konsequenzen des Holding-Privilegs können an dieser Stelle nicht dargestellt werden. Wesentlich ist aber die Erkenntnis, dass in einer Holding-Organisation, die kein eigenes operatives Geschäft betreibt, durch eine zielgerechte Verteilung der Finanzmittel ein Beitrag zur Steigerung des Unternehmensvermögens geleistet werden kann. Ziel ist dabei die Steuerung der Kapitalströme in jene Tochterunternehmen, welche Aktivitäten und Projekte ausweisen, deren interne Verzinsung über den Kapitalkosten liegen.

Aufsichtsrechtliche Ursachen

In aufsichtsrechtlicher Beziehung ist festzuhalten, dass Holding-Gesellschaften *nicht* unter den Begriff der Bank fallen, wenn sie sich nicht bankähnlich betätigen. Als bankähnlich gilt eine Betätigung, wenn die Holding-Gesellschaft nicht nur Konzerngesellschaften, sondern eine grundsätzlich unbeschränkte Zahl von Unternehmungen finanzieren würde, die unter sich und mit ihnen selbst keine wirtschaftliche Einheit bilden. Dem Bankengesetz unterstellt sind aber die als Tochtergesellschaften geführten Banken.

Obwohl nun aber Holding-Gesellschaften eindeutig nicht dem Bankengesetz unterstehen, hat die Eidgenössische Bankenkommission verfügt, es sei für die gesamte Unternehmensgruppe, also insbesondere auch für die bankfremden Tochtergesellschaften, ein *konsolidierter Eigenmittelnachweis* zu erbringen. Bekannt geworden ist der Streitfall der Schweizerischen Kreditanstalt in dieser Sache. Das Bundesgericht hat am 11. Dezember 1990 eine Klage der SKA abgewiesen, das Vorgehen der EBK gedeckt und deren Verfügung in Sachen Eigenmittelnachweis als rechtsgültig erklärt. Begründet wird diese Vorgehensweise mit dem Argument des sog. «faktischen Beistandszwanges». Argumentiert wird hier mit einer wirtschaftlichen (und nicht juristischen) Betrachtungsweise, welche besagt, dass ein Bankkonzern als Wirtschaftseinheit wahrgenommen wird und beispielsweise die Insolvenz einer Tochtergesellschaft zum Vertrauensentzug gegenüber anderen Tochter- und Schwestergesellschaften führen würde. So habe beispielsweise die SKA im Krisenfall für die Schulden der Bank Leu AG einzustehen. Die EBK hat im übrigen diese Überlegungen auch bei anderen *aty-*

pischen Bankkonzernen angewandt, so bei der Bank Bär Holding AG, der Vontobel Holding AG und der BZ-Gruppe-Holding AG.

Technologisierung als Ursache

Die rasanten Fortschritte in der Informations- und Kommunikationstechnologie haben sich nachhaltig auf die Bankenwelt ausgewirkt, und heute werden in nahezu allen Bereichen, ob Front- oder Back-Office, Informatikmittel eingesetzt. Ohne den Zugang zu den entsprechenden technologischen Ressourcen ist eine Bank kaum mehr existenzfähig. Die Technologisierung ermöglicht die Dezentralisierung der Geschäfte dank verbesserter Informationsmöglichkeiten auf den Märkten. Es lassen sich Netzwerke aufbauen, die auf verteilten Datenbeständen und dezentralen Applikationen beruhen. Derartige vernetzte Infrastrukturen erlauben konzernweit eine nahezu unbeschränkte, flexible und effiziente Informationsverarbeitung. Der Technologisierung setzt jedoch den Einsatz beträchtlicher finanzieller Mittel voraus, welche zu einem grösseren Fixkostenblock und damit zu einem massgeblichen Anwachsen der optimalen Betriebsgrösse führen.

Wachsende Betriebsgrössen als Ursache

Bei der Frage nach den Gründen für eine Konzernbildung im Bankensektor wird stets auch das Argument angeführt, eine immer grösser werdende Universalbank sei mit jedem Wachstumsschub schwieriger führbar, weshalb das Bedürfnis entstehe, mit der Konzernbildung kleinere betriebswirtschaftlich und rechtlich selbständige Einheiten zu schaffen. Indirekt angesprochen ist damit die Frage, ob es neben minimalen und optimalen Betriebsgrössen auch *maximale* gebe, dadurch charakterisiert, dass bei einer solchen Grösse eine Organisation sozusagen unführbar wird. Ob solche Überlegungen bei der Bankkonzernbildung eine entscheidende Rolle spielen, ist nicht leicht zu beurteilen, denn Bankkonzerne bilden sich nach den unterschiedlichsten Anmarschwegen. Die *Gründung einer Tochtergesellschaft* durch Ausgliederung einer Geschäftssparte stellt dabei nur eine neben vielen Varianten dar. Wahrscheinlich dominiert derzeit die Variante des Kaufs einer bestehenden Bank durch *Erwerb der Stimmen- und Kapitalmehrheit*. Damit entstehen oder erweitern sich Konzerne. Daneben spielen auch *vertragliche* Vereinbarungen und das Eingehen von *Joint Ventures* eine gewisse Rolle. Gegenüber den vertraglichen Formen besteht eine gewisse Skepsis, weil sich die Willensdurchsetzung schwieriger gestaltet als bei der Mehrheitsbeteiligung. Bei Joint-Ventures-Gründungen wird ein Gemeinschaftsunternehmen geschaffen, an dem zwei oder mehrere Banken beteiligt sind. Joint Ventures spie-

142

len vor allem dort eine Rolle, wo nationale Rechtsvorschriften den Erwerb einheimischer Banken verbieten oder erschweren, wie heute beispielsweise in Indien oder in China.

Die *Betriebsgrösse* einer bestehenden Bank *kann* also Ursache für eine Konzernbildung oder -erweiterung sein, doch ist einer solchen Vorgehensweise in der Schweiz nicht allzu grosse Bedeutung beizumessen. In der Mehrzahl der Fälle werden nämlich nicht «leichtere» Strukturen dank kleinerer Einheiten gesucht, sondern die *einheitliche Leitung* angestrebt. Eine «Konzern-Obergesellschaft» soll diese gesuchte Führungsrolle spielen. In welcher Form dies geschehen kann, ist nachfolgend zu zeigen.

6.1.2. Arten von Konzernstrukturen im Bankensektor

Bankkonzerne lassen sich nach verschiedenen Kriterien gliedern. Stellt man die Frage nach dem Verhältnis der Konzerngesellschaften zueinander und nach der rechtlichen Grundlage für dieses Verhältnis, so ist zwischen *Beteiligungs-* und *Vertragskonzernen* zu unterscheiden. In der Regel ist der Beteiligungskonzern ein *Unterordnungskonzern*, der Vertragskonzern seinem Wesen nach eher ein *Gleichordnungskonzern*, organisiert aber unter *einheitlicher Leitung*, was Konzerne ja schlechthin charakterisiert.

Aus wirtschaftlicher Sicht drängt sich die Unterscheidung von horizontalen, vertikalen und konglomeralen Bankkonzernen auf. Der *horizontale* Bankkonzern setzt sich ausschliesslich aus Banken und Finanzgesellschaften zusammen. Beim *vertikalen* Bankkonzern finden sich Banken und andere, hauptsächlich im Finanzbereich tätige Gesellschaften zusammen wie beispielsweise Finanzgesellschaften, Finanzierungsgesellschaften, Leasing-, Factoring- und Forfaitierungsgesellschaften, Anlagefonds, Anlagestiftungen, Konsumkredit- und Teilzahlungskreditgesellschaften, Beratungsunternehmen für das Finanz-Management und Versicherungsgesellschaften. Man bezeichnet diese «Vertikal-Konstruktionen» im Alltag kurz mit *Finanzkonzern* oder *Finanzkonglomerat*. Bei *konglomeralen* Bankkonzernen schliesslich ergänzen Beteiligungen in Unternehmen anderer Branchen das Gebilde, so Beteiligungen in Unternehmen der Industrie, des Baugewerbes, des Handels, des allgemeinen Beratungswesens, der Revisions- und Treuhandbranche, der Liegenschaftenverwaltung, des Tourismus und der Informatik. Konzerne aller genannten Kategorien können im übrigen als *nationale* oder *multinationale* Zusammenschlüsse ausgestaltet sein. Die Haupttätigkeit solcher konglomeraler Bankkonzerne liegt jedoch nach wie vor im Bankbereich.

«Unter einem *Bankkonzern* wird in der Folge die *Zusammenfassung von zwei oder mehreren rechtlich selbständigen, hauptsächlich aus dem Bank- und Finanzbereich stammenden Unternehmen unter einheitlicher Leitung* verstanden, welche durch die Konzernobergesellschaft ausgeübt wird. Die Existenz eines Bankkonzerns ist üblicherweise zeitlich unbegrenzt.»[96] Wie *Schaub* weiter darlegt, besteht ein typischer Bankkonzern aus folgenden Organisationseinheiten:

- *Muttergesellschaft*
  Auch Konzernspitze oder Konzernobergesellschaft oder Dachgesellschaft genannt. Sie beherrscht durch Beteiligung oder Vertrag eine oder mehrere Tochtergesellschaften. Sie kann, muss aber nicht selbst eine Bank sein.

- *Tochtergesellschaften*
  Sie stehen unter einheitlicher Leitung und werden von der Konzernspitze beherrscht.

- *Enkelgesellschaften*
  Enkelgesellschaften sind Tochtergesellschaften der Konzerntochtergesellschaften.

- *Schwestergesellschaften*
  Die einzelnen Tochtergesellschaften stellen unter sich Schwestergesellschaften dar.[97]

Stammhaus- und Holding-Konzerne

In neuerer Zeit wird auch im Bankenbereich zwischen *reinen* und *gemischten* Holding-Gesellschaften unterschieden. Es geht hier um die Frage nach der Wesensart der Konzernspitze oder der Dachgesellschaft. Von *reinen* Holding-Gesellschaften wird gesprochen, wenn ihr hauptsächlicher Zweck im Erwerb und in der Verwaltung von Beteiligungen an anderen Unternehmungen auf Dauer besteht. Nebenaktivitäten sind nur toleriert, wenn sie mit der Verwaltung der Beteiligungen in Zusammenhang stehen.

Gemischte Holding-Gesellschaften sind Kapitalgesellschaften, die sich massgeblich an in- und ausländischen Gesellschaften beteiligen, die aber als Muttergesellschaften eine eigene operationelle Tätigkeit verfolgen, welche nicht im

---

96 Schaub, Vera: Konzernpolitik im Schweizer Bankbereich; 1992, S. 16.
97 Vgl. ebenda, S. 25.

Zusammenhang mit dem Erwerb und der Verwaltung der Beteiligungen steht. Die Konzernspitze übernimmt, anders ausgedrückt, die Rolle des *Stammhauses.*

Im Verlaufe der letzten Jahre, insbesondere aufgrund der Entwicklungen bei der CS-Gruppe, sind die Diskussionen um die Zweckmässigkeit der verschiedenen Holding-Varianten nicht abgerissen. Die CS-Gruppe wird geführt durch die CS Holding AG, eine klassische strategische Management-Holding, also durch eine sog. reine Holding-Gesellschaft. Sie erfüllt ganz bestimmte Führungsfunktionen und nimmt die Koordination zwischen den Beteiligungsgesellschaften wahr. Bei anderen Grossbanken, beim Schweizerischen Bankverein beispielsweise, wird der Konzern durch die Muttergesellschaft geführt, d.h. der Schweizerische Bankverein ist Stammhaus und zugleich operative Management-Holding.

Historisch gesehen ist die gemischte Holding und damit der *Stammhaus-Konzern* die herkömmliche und typische Ausprägung. Eher amerikanischen Ursprungs sind die *Holding-Konzerne*, welche man in Europa auch als «atypische» Bankkonzerne bezeichnet. Die Qualifikation «*atypisch*» hat sich ergeben, weil eine Bankengruppe durch eine reine Holding-Gesellschaft angeführt wird, die selber keine Bankgeschäfte betreibt, demzufolge also auch keine Bank ist. Deshalb untersteht sie auch nicht dem Bankengesetz. Wenn jedoch eine oder mehrere Banken das Konzerngeschehen prägen wie etwa SKA, SVB und Bank Leu in der CS-Gruppe, wird dennoch von einem Bankkonzern gesprochen. Die Haupttätigkeit in der Gruppe als Ganzes führt Regie bei der Festlegung des Konzerntypus.

Modifizierte Stammhaus- und Holding-Konzerne

Mit diesen Darlegungen liesse sich die vorherige Bankkonzern-Typologie abschliessen, gäbe es in der Wirklichkeit nun nicht die verschiedensten Ausprägungen und Abweichungen von den Prototypen. *Abbildung 6/1* veranschaulicht in systematischer Form einige der auftretenden *Varianten.*

Bei der *Stammhaus-Struktur* beherrscht eine Bank ihre Tochtergesellschaften. Der Schweizerische Bankverein und die Schweizerische Bankgesellschaft etwa haben für die ihr unterstellten Töchter diese Struktur gewählt. An diesen Beispielen lässt sich auch veranschaulichen, dass innerhalb der Stammhaus-Struktur *Sub-Konzerne* auftreten und diese Zwischeneinheiten selber entweder als Holding oder als Stammhaus ausgestaltet sein können. So ist bei der SBG die Cantrade-Beteiligungs-AG ihrerseits Mutter von Banken, welche aus der Optik der Konzernspitze als Enkelgesellschaften zu qualifizieren sind. Die Cantrade-

Abbildung 6/1: Konzernstrukturtypen im Bankbereich[98]

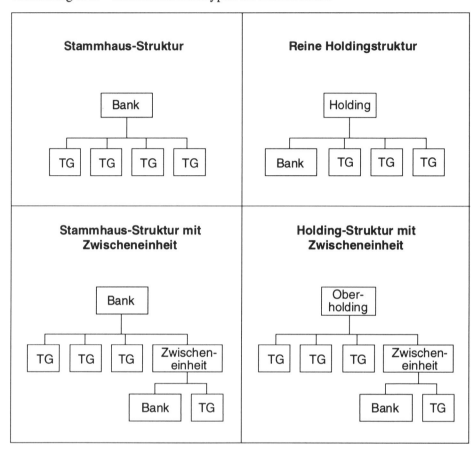

Beteiligungs-AG versteht ihre Funktion als Holding-Gesellschaft. Beim SBV beherrschte die Schweizerische Depositen- und Kreditbank bis zu ihrer Absorption im Jahre 1991 als Stammhaus die Spar- & Leihkasse Schaffhausen.

Der *Holding-Struktur* sind beispielsweise die CS Holding und die Vontobel-Gruppe verpflichtet. Die Vontobel Holding AG beherrscht und führt 10 Tochtergesellschaften, angeführt vom ursprünglichen Stammhaus, der Bank J. Vontobel & Co. AG. Anhand der CS Holding lassen sich sehr schön die beiden Varianten von Zwischeneinheiten aufzeigen. So sind die Schweizerische Kreditanstalt als Stammhaus und die Leu Holding als reine Holding eingeschoben.

Diese Kombinatorik macht natürlich nur Sinn, wenn sich die einzelnen Spielarten wissenschaftlich begründen lassen. Das wird in vielen Fällen schwer fal-

---

98 In Anlehnung an: Schaub, Vera: Konzernpolitik im Schweizer Bankbereich; 1992, S. 35.

len. Vielfach sind es ganz einfach Zufälligkeiten in der Geschichte eines Konzerns, welche bestimmte Konstruktionen bewirkt haben. Konzessionen zugunsten interessierter Kreise beim Erwerb einer Beteiligung in Richtung Erhaltung der Firmenbezeichnung, Eigenständigkeit im Auftreten nach aussen usw. dürfen nicht übersehen werden. Daneben allerdings gibt es sehr beachtenswerte Motive, welche die Variantenvielfalt erklärbar machen. Für unsere Zwecke am wichtigsten ist natürlich das Argument der *Führbarkeit* und des *Managements*. Eng damit verbunden ist im weiteren die zweckmässigste *Organisationsstruktur* bei einer gegebenen Lage. Dann können risikopolitische und imagemässige Erwägungen eine bedeutsame Rolle spielen. Zweifellos haben die bei der Gründung der Gesellschaft noch nicht überschaubaren *Kreditrisiken* im Kleinkreditgeschäft die Schaffung eigener spezialisierter Konsumkreditbanken begünstigt.[99] Von ganz erheblicher Bedeutung sind ferner die *steuerrechtlichen* Konsequenzen. Anlässlich eines Seminars für Mitglieder der obersten Geschäftsleitung von Banken, organisiert von der «Swiss Banking School» im August 1990 in Zürich, wurde nach eingehender Diskussion dieser ganzen Problematik deutlich, dass bei allen Grossbanken die Ergebnisse *steuerlicher* Analysen die Strukturen massgeblich bestimmt haben. Auf die Unterschiede in der einzuschlagenden *Führungstechnik* ist im nächsten Abschnitt einzugehen.

6.1.3. Aspekte der Führung und Organisation im Bankenkonzern

Betriebswirtschaftlich von zentralstem Interesse ist die Frage, welche Konzernarten sich unter den Aspekten von Führung und Organisation als besonders vorteilhaft aufdrängen. Im wesentlichen geht es dabei um die Kontroverse zwischen Anhängern des *Stammhaus-* und des *Holding-Konzerns*. Die beiden Varianten sollen kurz beleuchtet werden, um dann abschliessend das Gemeinsame, das Verbindende zu betonen, das allen Konzern-Konstruktionen gemein ist.

Zum Stammhaus-Konzern

Beim Stammhaus-Konzern übernimmt wie gezeigt die Muttergesellschaft neben ihren primären Aufgaben als Bank zusätzlich die Führungsrolle für die ganze Gruppe. Die *Generaldirektion* übt dabei eine bedeutsame Doppelfunktion aus: die Generaldirektoren als Mitglieder der Geschäftsleitung sind in der Regel De-

---

99 Die Risikoüberlegungen sind insofern zu relativieren, als eine in Schwierigkeiten geratene Konzerngesellschaft kaum von der Konzernhauptgesellschaft fallen gelassen würde («faktischer Beistandszwang»). Vgl. Abschnitt 6.1.3. Argumentation des Bundesgerichtes.

partementsleiter im Stammhaus und zugleich Mitglieder der Konzernleitung. Damit sind die Voraussetzungen für eine «unité de doctrine» klar gegeben. Dieser Vorteil aber muss erkauft werden mit einer sehr starken Belastung der Konzernspitze und mit dem Eingehen des Risikos, dass sich die Interessen des Stammhauses nicht unbedingt mit den Konzerninteressen zu decken brauchen. In Stammhaus-Konzernen ist etwa zu hören, dass die Tochtergesellschaften entweder nicht geführt werden oder sich in ihren *Interessen* verletzt fühlen, wenn die Departementsinteressen der Generaldirektoren im Stammhaus dominieren.

Die Doppelfunktion bedingt im weiteren die Bildung starker *Stäbe*, welchen unterstützende und koordinierende Funktionen zukommen. Stäbe haben die Tendenz zur Eigendynamik und zur «stillen» Einführung *zentralistischer* Lösungen. Es gibt zwar Beispiele, welche beweisen, dass Stab-/Linienkonflikte nicht zwingend zu sein brauchen, doch führt das System zu einem Nebeneinander verschiedener *Führungsebenen* und relativ langer *Instanzenwege* und dies wiederum zum Verlust an Flexibilität. In einem solchen Fall dürfte sich auch die *Innovationsfähigkeit* der Tochtergesellschaften zurückbilden.

Stammhaus-Konzerne können aber sehr bewusst gegen zentralistische Tendenzen ankämpfen und durch massive *Delegation von Kompetenzen* weitreichende Dezentralisierung erreichen. Eine solche Lösung hat die Schweizerische Bankgesellschaft bei ihrer Neuorientierung auf 1. Juli 1991 gewählt.

Beispiel: *Schweizerische Bankgesellschaft als Stammhaus-Konzern*

Zur Entlastung der Geschäftsleitung im Stammhaus wurde neu eine *separate Konzernleitung* geschaffen. Diese ist für das globale Geschäft und die Realisierung der Konzernstrategie zuständig. Sie umfasst sieben Mitglieder, nämlich den Präsidenten der Konzernleitung und die sechs Fachspartenleiter, welche für die konzernweite Fachführung und -ausbildung, die Spartenentwicklung und für die Risikoüberwachung verantwortlich sind. Damit will man verhindern, dass nach einer gewissen Zeit «Banken in der Bank» entstehen, Tochterbanken also, die sich zu sehr verselbständigen könnten.

Die siebenköpfige Konzernleitung bildet Teil der sog. «erweiterten Konzernleitung», die ebenfalls neu geschaffen worden ist. Dieses Gremium setzt sich zusammen aus den sieben Mitgliedern der Konzernleitung, der Geschäftsleitung Schweiz sowie den Vorsitzenden der Regionalleitungen Ausland (Europa, Nordamerika, Japan, Ostasien). Der erweiterten Konzernleitung obliegt die Erarbeitung und Anpassung der Konzernstrategie, die Festlegung der mittelfristigen Konzernziele und die Sicherstellung der globalen Zusammenarbeit im Konzern.

Je nach Ausgestaltung von Konzernleitung und erweiterter Konzernleitung kann sich das Stammhaus-Konzept mehr und mehr den Gegebenheiten im Holding-Konzern angleichen. Dies gilt auch für andere, vergleichbare Banken, welche die Neigung bekunden, ihren Tochtergesellschaften grosse Freiräume zu gewähren, sie dessenungeachtet aber zur Übernahme einheitlicher Führungs- und Organisationsprinzipien verpflichten. Mit dem *Konsolidierungszwang* sind von der Rechnungslegung her ohnehin Vereinheitlichungen notwendig. Auch sind Tochtergesellschaften meist im *Planungs- und Kontrollsystem* wie Filialen integriert und einer gemeinsamen Finanz- und Investitionspolitik verpflichtet.

Zum Holding-Konzern

Bei der Holding-Struktur wird die «ursprüngliche» Mutterbank von der Betreuung zentraler Funktionen im Konzern entlastet und zu einer echten operativen Einheit auf die Ebene ihrer Schwestergesellschaften zurückgestuft. Eine rechtlich verselbständigte Konzernleitung beherrscht als Exekutive der Dachgesellschaft die Konzerngesellschaften, welche ihrerseits von eigenen Verwaltungsräten geführt und von Generaldirektionen dezentral geleitet werden. Die Holding-Gesellschaft als Dachgesellschaft hat primär koordinierende Funktionen und stellt als Gesamtführungs-Institution die strategische Ausrichtung des Konzerns sicher. In der Regel übernimmt sie folgende Führungsfunktionen: die Konzernrechnungslegung, meist über Sub-Konsolidierungen, Spezialanalysen für Akquisitionen und Restrukturierungen, Beratungen, zentrale Steuerung der Kapitalausstattung, zentrales Cash Management, Rechtsdienst, Beteiligungsverwaltung und Beteiligungs-Management.

Die Forderung nach Anpassungsfähigkeit und Flexibilität führt konsequenterweise zur *dezentralen* Führungsphilosophie. Dem Konzern geht es gut, wenn die Tochtergesellschaften ihre Zielsetzungen optimal erreichen. Diese Philosophie findet im Idealfall ihr Spiegelbild in einer adäquaten rechtlichen Struktur. Dadurch sind die einzelnen Organisationen «schlanker», einfacher und transparenter als beim Stammhaus-Konzern. Die Zahl der hierarchischen Stufen sollte kleiner sein, die unternehmerische Flexibilität erhöht werden durch direkte Kommunikation und kürzere Instanzenwege. Manches spricht auch für verbesserte Entscheidungen durch Delegation von Kompetenzen an die Front und für eine grössere Veränderungsdynamik bezüglich Marktveränderungen und technologischer Entwicklungen.

Versuch einer Würdigung der Konzernvarianten

Flachere Hierarchien und dezentrale Lösungen im Führungsgeschehen müssen aber keineswegs eine Reduktion von *Macht an der Konzernspitze* bedeuten. Holding-Konzerne an sich sind deshalb nicht zwangsläufig liberaler und föderalistischer als Stammhaus-Konzerne. Im allgemeinen wird die Bedeutung der gewählten Struktur völlig überschätzt. Entscheidend sind die entstehenden Synergien und die Persönlichkeiten, welche einer Organisation ihren Stempel aufdrücken. Es macht deshalb nach unseren Erfahrungen *wenig Sinn*, für Stammhaus- und Holding-Konzerne getrennte Führungslehren zu entwickeln. Die rechtlichen Konstruktionen sind zwar nicht ganz nebensächlich (Steuerrecht, nationales und internationales Privatrecht, EU-Recht usw.), doch präjudizieren sie *Führungsphilosophie*, *Führungsstil* und *Führungstechniken* nur unwesentlich. Wer zentralistisch führen will, kann dies bei beiden Strukturformen tun, so wie auch die Kompetenzdelegation bei beiden Varianten möglich ist. Bei beiden Typen prallen auch die unterschiedlichsten *Kulturen* aufeinander, die es zu harmonisieren gilt: andere Sitten und Gebräuche in den Standortländern, fremde Sprachen, unterschiedliche Interpretation von Retail und Wholesale Banking, mögliche Unvereinbarkeit von Commercial, Investment und Trust Banking, unterschiedliche Erziehung und Schulung der Persönlichkeiten an der Führungs- und Leitungsspitze. Hier liegen die wirklichen und echten Probleme, vor allem auch dann, wenn Nicht-Banken zum Konzern gehören. Entscheidend also ist, wie die juristischen Einheiten im Konzern auf *gemeinsame Zielsetzungen* verpflichtet werden können und ob der Schwerfälligkeit eines einzigen grossen Gebildes durch die Schaffung kleiner, flexibler und schnell reagierender Einheiten entgegengewirkt werden kann.

Es ist nach unseren Erfahrungen und Beobachtungen auch verfehlt, immer anzunehmen, Konzerntochtergesellschaften würden stets die Freiheit suchen und in allen Fällen eine starke, den Konzern führende Hand ablehnen. So wie es einzelne Männer und Frauen gibt, welche zerbrechen, wenn man ihnen zu hohe Kompetenzen überträgt und neue Verantwortlichkeiten schafft, ist es durchaus denkbar, dass Konzerngesellschaften Impulse der Konzernspitze immer wieder benötigen und darauf angewiesen sind, sich im Rahmen eines *Konzernleitbildes* sehr klar zu positionieren. Die CS-Gruppe beweist dies exemplarisch: wenn mehrere Banken von erheblichem Gewicht wie SKA, SVB, Bank Leu, Gewerbebank Baden, Bank Hofmann, Clariden Bank usw. im Konzernverbund wirken, ist es unerlässlich, deren Auftrag durch Erlasse der Konzernspitze klarzustellen. Eine starke Hand schadet da weder dem natürlichen Autonomiestreben noch dem Verantwortungsgefühl für die «eigene» Gesellschaft. Das ist im Stammhaus-Konzern so und im Holding-Konzern nicht anders. Ganz unterschiedlich

150

kann aber die Art der Einflussnahme sein. Bei der CS-Gruppe erfolgen die Einflussnahmen weitgehend über *personelle Verflechtungen*. So bilden die Präsidenten der Geschäftsleitungen der Tochtergesellschaften in der Holding-Gesellschaft die Geschäftsleitung. Das Führen über immer dieselbe Gruppe von Persönlichkeiten lässt sich im CS-Konzern bis auf die operative Ebene verfolgen. Diese Verflechtungen sind denn auch der CS-Gruppe vor Bundesgericht negativ angelastet worden, als es darum ging, über den faktischen Beistandszwang unter Töchtern zu entscheiden. Das Gericht sah sich in der Meinung bestärkt, der Konzern müsse mit allen Konsequenzen als Einheit gesehen werden.

Damit wird zwangsläufig ein weiteres Teilproblem angesprochen. In der Literatur wird oft die Meinung vertreten, mit der Gründung einer Tochtergesellschaft würden sich *Risiken* quasi «auslagern» lassen. Man wolle nicht eine einzige und dominierende Grossunternehmung der Gesamtheit an Risiken aussetzen, sondern mit der *Diversifikation* und der rechtlichen *Verselbständigung* von Geschäftsbereichen die Risiken auf mehrere Rechtssubjekte verteilen. Diese juristische Betrachtungsweise stand beim Lausanner Bundesgerichtsurteil jedoch nicht im Vordergrund. Vielmehr vertritt das Bundesgericht die Auffassung der Eidgenössischen Bankenkommission vom Bankkonzern als Risikoeinheit und bestätigte den aus den wirtschaftlichen Verflechtungen heraus erwachsenden faktischen Beistandszwang der SKA gegenüber Gruppengesellschaften des Bank- und Finanzbereiches in der CS-Gruppe.[100] Für Risiken haftet nach Meinung des Gerichts also *de facto* der Konzern als Ganzes, auch wenn Tochtergesellschaften zu selbständigem Handeln berechtigt sind, Dritte betreiben oder einklagen dürfen oder selbst betrieben und eingeklagt werden können. Dieser Entscheid präjudiziert keine juristisch zwingende Konzernhaftung.

Die Vorteile bei der Konzernbildung müssen demzufolge vor allem im *Führungstechnischen* liegen: wenn eine Grossbank entscheidet, im Commercial Banking, im Investment Banking und im Trust Banking tätig zu sein, dann kann sie mit der Bildung dreier rechtlich selbständiger Banken den zentralen Führungsapparat reduzieren und organisatorisch über die Holding-Gesellschaft nur noch die Koordination regeln. In Stammhaus-Verhältnissen ist dies grundsätzlich nicht anders. Fachleute sind der Ansicht, dass auch rechtlich selbständige Einheiten für *Kundengruppen*, z.B. für sog. Institutionelle Anleger, und für ausgewählte *Spezialprodukte* wie Finanzderivate entstehen dürften, zum Teil mit unterschiedlichen geographischen Reichweiten. Banken der Zukunft wären also nicht schwer überschaubare Kolosse, sondern zur Finanzdienstleistungs-

---

100 Vgl. Eidgenössische Bankenkommission: Jahresbericht 1990; 1991, S. 34.

151

gruppe erweiterte Konzerne mit scheinbar unsystematischen, hybriden Struktur-
merkmalen.

Zur funktionalen Konzernführung

Entscheidend bei der Konzernführung dürfte sein, ob es gelingen wird, erfolgs-
bestimmende *Gruppensynergien* zu erreichen und zwar mittels einer Kooperation bei der Bewirtschaftung der *Ressourcen*. Zur Diskussion steht eine klare
Konzernpolitik für die wichtigsten *unterstützenden Funktionen* wie Finanzierung, Rechnungswesen, Investitionen in Immobilien, Investitionen in Informatik, Personalbewirtschaftung und Marketing. Dazu einige Anmerkungen:

Im Bereiche der *Finanzierung* kann davon ausgegangen werden, dass voll-
konsolidierte Töchter in den Finanzplanungsprozess des Konzerns integriert
werden. Daraus folgt eine zentrale finanzielle Leitung, die sich von der einheit-
lichen Filialführung einer Bank kaum unterscheidet. Die Töchter werden im
Rahmen der Mehrjahres- und Jahresbudgetierung mit *Eigenmitteln* ausgestattet.
Die *Gewinn- und Dividendenpolitik* wird unter Beachtung der steuerlichen
Aspekte jährlich auf Konzernstufe koordiniert. Mittelbeschaffung und Mittelan-
lage erfolgen im Rahmen des Asset and Liability Managements auf zentraler
Basis. Daneben sind laufende Finanzierungshilfen für Tochtergesellschaften in
Aussicht zu nehmen.

Im Bereiche des Accountings hat sich das *Konzernrechnungswesen* zu einem
eigentlichen Führungsinstrument entwickelt. Neben der Rechenschaftsablage
und den Verpflichtungen gegenüber der Eidgenössischen Bankenkommission
mit ihren Konsolidierungs-Richtlinien übernimmt das Rechnungswesen auch gewichtige Publizitätsfunktionen, zum Teil über den Geschäftsbericht, zum Teil
über die Öffentlichkeitsarbeit. Aufsichtsbehörden, Nationalbanken, Wertpapier-
börsen, Finanzanalysten, Rating Agencies, die Finanzpresse, die Einleger und
Kreditnehmer, die Arbeitnehmer und Steuerbehörden und letztlich auch die Aktionäre sind Nutzniesser und interessierte Berechtigte an einer abgestimmten,
konzernweiten Information.

Konzernregelungen ergeben sich auch für die *Personalpolitik*: weltweite Integration des Personals, der aus Synergieüberlegungen besonders hervorzuheben-
de Know-how-Transfer, Förderung der Mobilität im Bankkonzern, gemeinsames Management Development, zentrale Ausbildungsmöglichkeiten, konzernweite Grundsätze zur Qualifikations-, Beförderungs- und Salarierungspolitik.

Im Bereiche des *Marketings* wird mehr und mehr einer einheitlichen *Kommu-
nikationspolitik* im Konzern das Wort geredet. Damit verbunden ist der Aufbau

einer starken *Corporate Identity*. Werbe-, PR- und Sponsoring-Budgets lassen sich auf Konzernstufe harmonisieren, ähnlich wie Marktforschung, Preis- und Konditionenpolitik und Medienanlässe. Ebenso wichtig sind die konzernweite Ausrichtung der Produkt- und Distributionspolitik sowie die Abstimmung des Marketing-Mix bezüglich der unternehmerischen Zielsetzung.

Im Mittelpunkt der Gespräche stehen im weiteren die *Investitionen* in *Informatik und Telekommunikation*. So wird in der CS-Gruppe die Frage geprüft, ob nicht eine neue Firma Crédit Suisse Information Services (CSIS) zu gründen wäre, welche die Informationstechnologie und die Telekommunikation zusammenfasst und den Konzerntöchtern zur Verfügung stellt, basierend auf einem System der Verrechnungspreise. Dieses Unternehmen liesse sich sogar als Profit Center führen, wenn Dienstleistungen auch an Dritte verkauft werden dürften. Ähnliches könnte natürlich auch für ein gemeinsames Ausbildungszentrum oder für eine zentrale Marketing-Agentur gelten, die Möglichkeit nämlich, bisherige klassische Cost Centers in Profit oder gar Investment Centers zu verwandeln.

Die Geschichte einer straffen Bankkonzernführung in der Schweiz ist noch relativ jung. Es bleibt deshalb abzuwarten, wie sich die verschiedenen Unternehmensverbindungen in der Zukunft entwickeln werden. Insbesondere wird sich zeigen müssen, ob und inwieweit die heutigen Bankkonzerne in andere Branchen, in den Nicht-Banken-Bereich vorstossen werden. Dies allerdings ist kein rein organisatorisches Problem, sondern ebenso ein rechtliches. Bereits auf nationaler Ebene kann sich die Kartellbehörde mit ihren Auflagen einschalten und auch von der Finanzmarktregulierung geht eine gewisse restriktive Wirkung auf Diversifikationsvorhaben aus. International ist insbesondere auf die europäischen Entwicklungen rund um EU und EWR Rücksicht zu nehmen, auch hier mit stark kartell- und bankrechtlicher Orientierung.

6.2. Organisation einer Universalbank mit Filialen

6.2.1. Zur Restrukturierung einer Universalbank mit Filialen

Die organisatorischen Probleme einer Universalbank mit Filialen liessen sich im Prinzip anhand der Vorgehensweise bei der *Gründung* einer neuen Bank aufzeigen. Die Gründer haben in diesem Idealfall die Möglichkeit, dem neuen Finanzinstitut eine weitgehend frei wählbare Organisationsstruktur zu geben und die Bank «auf der grünen Wiese», unbelastet von betrieblicher Vergangenheit und Rücksichtnahmen aller Art, zu bauen. Zu beachten wären dabei die Auflagen des *Privatrechts*, insbesondere des Gesellschaftsrechts, was die Wahl der Rechtsform anbetrifft, und die gesetzlichen Bestimmungen des *Bankenrechts*, weil die Bankenaufsichtsbehörde die Aufnahme der Geschäftstätigkeit mit einer Bewilligung zu attestieren hat.

Weil Neugründungen von Banken eher Seltenheitswert haben, soll hier von einer anderen, in der Praxis weit häufigeren Annahme ausgegangen werden: es sollen die Bemühungen aufgezeigt werden, welche sich bei der *Reorganisation* einer bestehenden Bank ergeben. Tiefgreifende Veränderungen sollen dabei zur Diskussion stehen. Kleinere und grössere partielle organisatorische Anpassungen erfolgen auch bei Banken wie anderswo im Rahmen der üblichen geschäftlichen Tätigkeit, vor allem, was Änderungen der organisatorischen Abläufe anbetrifft. Davon soll an dieser Stelle nicht die Rede sein. Dagegen seien hier die grossen Reorganisationsvorhaben angesprochen, welche zur Überprüfung bestehender und zur Schaffung neuer Strukturen führen. Diese Vorhaben sind *zeitaufwendig*, verursachen erhebliche *Umstellungskosten* und stiften in der Regel *Unruhe* bei Mitarbeitern aller Stufen; denn Strukturveränderungen führen meist zu Anpassungen bei den Stellenplänen, hinterfragen die bisherige Tätigkeit von Mitarbeitern und führen, wenn nicht zum Stellenabbau und zu Entlassungen, so doch zur Neuverteilung von Aufgaben und Kompetenzen bei bisherigen und neuen Entscheidungsträgern. Weil Restrukturierungen *Angst* auslösen, die das Führungsgeschehen erheblich belasten, sollten sie sich nicht zu häufig folgen, zumal gerade Unternehmen mit Filialorganisationen schwerfällig sind und Zeit für die Umstellungsprozesse benötigen. Allein schon aus psychologischen Gründen sind Reorganisationsvorhaben mit Vorteil *rasch* zu realisieren.

Symptome der Reorganisationsbedürftigkeit

Zunächst stellt sich die Frage nach den *Symptomen*, welche die Reorganisationsbedürftigkeit einer Bank signalisieren. Es gibt so viele, dass sie erschöpfend nicht aufgezählt werden können. Sicher ist, dass neue Märkte und neue Dienstleistungen bzw. Produkte zu neuen Aufgaben sowie zu neuen, in der Regel erhöhten Anforderungen an die Mitarbeiter führen. Unterbleibt eine rechtzeitige, zweckorientierte Schulung, dürften sich *Fehler* bei der Ausführung von Geschäften häufen. Eine Statistik der eingegangen *Reklamationen* sagt da oftmals mehr als viele Worte. Im weiteren können steigende Umsätze Arbeitsüberlastung und Stress bewirken, gefördert vielleicht auch durch zu lange *Entscheidungs-* und *Instanzenwege* und unzureichende *Kompetenzen* beim Kader.

Dann bringen sicher die laufenden technologischen Entwicklungen bestehende Abläufe und Strukturen ins Wanken. Man denke an die fast revolutionären Entwicklungen im Electronic und Retail Banking und damit auch im Zahlungsverkehr, an die Veränderungen an den Optionen-, Futures- und Wertschriftenbörsen im Zusammenhang mit der Schaffung der Soffex und der Elektronischen Börse Schweiz sowie an den Aufbau eines computerunterstützten Private Banking.

Der Katalog an Symptomen liesse sich beliebig mehren. Man denke an sich häufende Friktionen im Betriebsablauf, an Kundenbeschwerden und -klagen, an die Abwanderung von Kunden zur Konkurrenz, an den Verlust der Wettbewerbsfähigkeit durch unzweckmässige und teilweise überholte Dienstleistungen und Produkte. Symptome dieser Art sind äussere Erkennungszeichen für Schwachstellen. Dahinter stehen tiefere *Ursachen*, welche die Reorganisationsbedürftigkeit beschleunigen wie Veränderungen in der Umwelt, in Staat und Wirtschaft, in Gesellschaft und Politik. *Führungsfehler* wie unklare Zielsetzungen, verfehlte Anpassungen bei den Strategien oder unzureichende Mitarbeiter- und Kaderförderung sind weitere, typische Indizien. Organisatorische Strukturen sind Ergebnis strategischer Entscheidungen oder Fehlentscheidungen und in dem Sinne zu korrigieren, als auch frühere Entschlüsse überdacht und revidiert werden müssen.

Interne Analysen als Organisationshilfen

Reorganisationen sind mit Hilfe vorbereitender, interner Analysen sorgfältig zu planen. Die Aufnahme von Stärken-/Schwächenprofilen und Abklärungen zu Chancen und Risiken in den Märkten stehen im Vordergrund. Die Filialen mit ihrer Kundennähe werden mit Vorteil in solche Untersuchungen einbezogen. Das Management muss sich klar darüber werden, mit welchen strategischen Geschäftsfeldern künftig operiert werden soll und auf welchen Märkten dies zu geschehen hat.

Die Ergebnisse solcher Untersuchungen sollen der Geschäftsleitung ermöglichen, für die eigentliche Reorganisationstätigkeit einen *Vorgehensplan* zu entwickeln, sei es, dass die Bank mit eigenen Kräften die Restrukturierung angeht, sei es, dass eine im Auftragsverhältnis zur Bank stehende Beratungsgesellschaft mit der Aufgabe betraut wird. Liegen die Hauptursachen für eine Strukturanpassung in externen, von der Bank nicht verschuldeten Ereignissen, ist ein Vorgehen mit eigenen Kräften und Mitteln in Erwägung zu ziehen. Zeigt es sich aber, dass Fehler in Führung und Leitung der Bank Hauptursache bilden, empfiehlt sich der Beizug einer neutralen, objektiven Stelle, welche das Mandat bis zur Realisierung der akzeptierten Änderungsvorschläge begleitet. Der Beizug des Beraters ist auch dann zu empfehlen, wenn mit den Umstellungen erhebliche personelle Konsequenzen verbunden sind und damit auch Machtkämpfe im Management. Solche Auseinandersetzungen sind oft unvermeidlich und deshalb besonders heikel, weil es die allein richtige und erfolgbringende Organisationsstruktur, zumindest in komplizierteren betrieblichen Verhältnissen mit Hauptsitz und Filialen, nicht gibt. Stets stehen Varianten von Lösungsmöglichkeiten zur Verfügung, einerseits bedingt durch die Komplexität der sachlichen Probleme, andererseits durch die personellen Gegebenheiten. So gibt es kaum Restrukturierungsprojekte, welche ab einem bestimmten Zeitpunkt nicht auch auf personelle Verhältnisse Rücksicht zu nehmen haben, denn die Mitarbeiter und insbesondere das Kader bleiben im allgemeinen ja dieselben, auch wenn Entlassungen und Neueinstellungen, zum Beispiel durch Abwerbung von Spitzenkräften, im Prinzip möglich sind. Im Augenblick deutet einiges darauf hin, dass vor allem Grossbanken vor einem massiven *Personalabbau*, beispielsweise im Zusammenhang mit der Restrukturierung ihres Filialnetzes, keineswegs zurückschrecken. Manche Reorganisationen, gut vorbereitet und mit guten Lösungsvorschlägen abgeschlossen, sind jedoch nach eigenen Beobachtungen letztlich gescheitert, weil man den Mut und auch die unabdingbare Rückendeckung nicht hatte, um Verwaltungsräte, Bankräte und Manager aller Grade auszuwechseln. Aus diesem Grunde bewegt sich die Organisationsarbeit stets zwischen wissenschaftlicher Theorie und Kunstlehre, und sie wird oft unter ihrem Wert geschlagen, weil seitens der Entscheidungsträger der Mut zu Neuerungen und zu personellen Bereinigungen fehlt.

6.2.2. Strukturmodelle - Kernstück der Organisationsentwicklung auf strategischer Stufe

Wie erwähnt, fällt es bei allen Reorganisationsvorhaben schwer, eine absolut richtige und vollkommene Lösung zu skizzieren, die alle anderen Möglichkeiten zweifelsfrei ausschalten würde. Die in der Ausgangslage gegebenen finanziellen, räumlichen, technischen und personellen Rahmenbedingungen, die Eigentumsverhältnisse und die zu bewältigenden Sachprobleme sind von Fall zu Fall so verschieden, dass stets nur massgeschneiderte und kompromissbereite Lösungen eine Chance besitzen, zur Ausführung zu gelangen und zu guten Resultaten zu führen. Die Vielschichtigkeit der Probleme bedingt ein *Denken in Varianten*, wobei die Theorie insofern Hilfe leistet, als sie organisationstheoretisch durchdachte Strukturmodelle quasi als abstrakte Prototypen bereitstellt, an denen sich die Interessierten orientieren können.

Abbildung 6/2 vermittelt einen Überblick über in der bankwirtschaftlichen Theorie immer wieder diskutierte Struktur-Grundformen. Mit der nachfolgenden Charakterisierung dieser sechs Modell-Typen sollen die Kernprobleme bei der Strukturfindung aufgezeigt werden.

Die funktionale, produkteorientierte Struktur

Die Bank wird nach banktypischen Funktionen wie Kreditgewährung, Wertpapierhandel oder Anlageberatung in Abteilungen gegliedert und diese zu Hauptabteilungen, Bereichen, Ressorts und Departementen gebündelt. Eine Strukturform, von vielen als die «klassische» bezeichnet, die nach wie vor stark verbreitet ist, obwohl die neuere Organisationstheorie von konservativen und überholten Formen spricht, weil sie im Grundansatz die Kundensegmente, welche bedient werden, und die Marktgebiete, welche tangiert sind, nicht anspricht. Einiges aber deutet heute darauf hin, dass die funktionale Struktur eine Renaissance erleben könnte, bereitet es doch ganz offensichtlich Mühe, bei der Ausübung des Bankgeschäftes vom *Spezialistentum* abzurücken und *Generalisten* heranzuziehen, welche multifunktional einsetzbar wären. Und das müssten sie eben sein, wenn man an eine «totale Kundenbetreuung» denkt.

Abbildung 6/3 zeigt eine mögliche funktionale Gliederung nach den drei Geschäftsbereichen «Kreditgeschäfte», «Geld- und Kapitalmarktgeschäfte» und «Anlageberatungs- und Vermögensverwaltungsgeschäfte». Diese Dreiteilung entspricht in etwa der angelsächsischen Gruppierung in *Commercial, Investment und Trust Banking,* wobei die Zuordnung gewisser Geschäftsarten in Eu-

158

Abbildung 6/2: Strukturmodelle[101]

Funktionale und divisionale Organisationsstrukturen	Funktionale/produkt-orientierte Organisation	Gliederung nach banktypischen Funktionen wie Kredite, Anlageberatung, Emissionen usw.
	Divisionale/sparten-orientierte Organisation	Gliederung nach eigenständigen Sparten wie Commercial, Investment oder Trust Banking. Diese Sparten können als Profit oder Invest-ment Centers geführt werden.
Marketingorientierte Organisationsstrukturen	Gebietsorientierte Organisation	Gliederung nach Kontinenten, Ländern oder Marktgebieten, meist mit Gebietsverantwortung
	Kundenorientierte Organisation	Gliederung nach Kundensegmenten wie Privat-kundschaft, Firmenkunden, Institutionelle Kunden usw.
Matrix-Organisationsstrukturen	Zweidimensionale Matrix-Organisation	Kombination von zwei Kriterien mit gleicher hierarchischer Bedeutung
	Dreidimensionale Matrix-Organisation	Kombination von drei Kriterien mit gleicher hierarchischer Bedeutung

101 Kilgus, Ernst: Grundlagen der Strukturgestaltung von Banken; 1992, S. 30.

Abbildung 6/3: Möglichkeit einer funktionalen Gliederung[102]

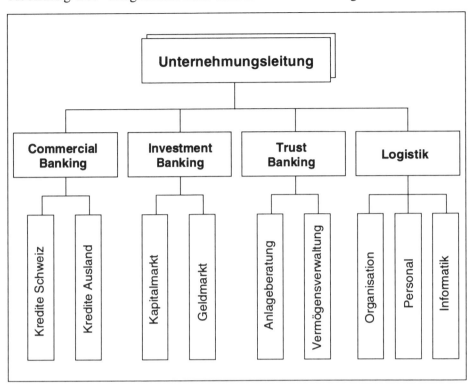

ropa wie in den USA umstritten geblieben ist. So besteht oft Unklarheit, welcher Bereich eigentlich für die Beschaffung des lebenswichtigen *Passivgeldes* (Einlage- und Spargeschäft) zuständig sein müsste. Ähnliches gilt für einzelne Elemente des *Electronic und Retail Bankings,* zwei bis heute uneinheitlich definierte Begriffe, welche aber sicher den Zahlungsverkehr, das Check- und Kartenwesen sowie die elektronischen Dienste beim Telebanking einschliessen.

Sollte man bei einer Bank aus irgendwelchen Gründen zum Schlusse kommen, das Institut *nicht* produkteorientiert zu strukturieren, so wird dessenungeachtet das Bedürfnis nach starker funktionaler Führung verbleiben, auf das Gesamtinstitut wie auf das Niederlassungsnetz bezogen. Die Wege sind noch nicht gefunden, um auf den professionellen Kreditsachbearbeiter, den Emissionsspezialisten, den Börsianer oder den Devisier verzichten zu können. Je schwieriger einzelne Bankgeschäfte werden, man denke etwa an den Finanzde-

---

102 Auckenthaler, Christoph; Kilgus, Ernst; Volkart, Rudolf: Vorlesungen zur Bankbetriebswirtschaftslehre; 1993/94 (unveröffentlicht).

rivatehandel oder an komplizierte Finanzkonstruktionen im Kapitalmarktgeschäft, desto schwieriger dürfte es werden, die Idee eines «Allround-Bänklers» zu realisieren, der alles weiss und alles beherrscht.

Divisionale, spartenorientierte Struktur

Die divisionale Gliederung stellt eine Fortentwicklung der funktionalen Idee dar, indem die grossen Geschäftssparten wie Commercial, Investment und Trust Banking zwar unter einheitlicher, kollegialer Leitung verbleiben und nach Bankengesetz auch verbleiben müssen, aber doch so verselbständigt werden, dass sie die Bedingungen für ein *Profit* oder gar ein *Investment Center* erfüllen: Eigenverantwortung für Erfolg (Gewinn/Verlust) oder Eigenkapitalrendite (Return on Equity). Es ist auch denkbar, an die Stelle des Gewinns die Cash flow-Verantwortung zu setzen. Die unterstützenden Dienste werden sinnentsprechend als *Cost Centers* geführt, wobei die dort anfallenden Kosten mittels eines Systems bankinterner Verrechnungspreise (via Normalkosten oder Standardkosten) nach Massgabe der Leistungsbeanspruchung den Kostenstellen der entsprechenden Geschäftssparten belastet werden. Das Cost Center könnte zum Profit oder zum Investment Center avancieren, wenn im Zuge dieser internen Verrechnungen marktgerechte Preise zur Anwendung kämen. Die Sparte müsste dann allerdings die Möglichkeit besitzen, sich für Informatik- oder Werbeleistungen, um zwei typische Beispiele zu nennen, anderweitig im Markte einzudecken. Den bisherigen Cost Centers ihrerseits wäre das Recht einzuräumen, ihre Leistungen auch an Dritte verkaufen zu dürfen.

Man muss sich vergegenwärtigen, dass mit dem amerikanischen Trennbanken-System der Beweis erbracht worden ist, dass sich Commercial und Investment Banking getrennt betreiben lassen. Auch gibt es Spezialhäuser mit weltweiter Bekanntheit, welche sich ausschliesslich auf das Trust Banking konzentrieren. Weshalb sollte da eine so skizzierte Divisionalisierung, die im Extremfall zu «Banken in der Bank» führen muss, nicht möglich sein? Es ist der Bankleitung dabei unbenommen, bei der Strukturierung ihrer «Sub-Banken» neben Geschäftsarten (Produkten) auch Kundensegmente und/oder Marktgebiete zu berücksichtigen, die Schnittstellen also ganz unkonventionell zu wählen.

Beispiel: *Divisionale Struktur am Beispiel des Schweizerischen Bankvereins*

Beim Schweizerischen Bankverein wurde 1993 ein Modell entwickelt, bei dem die Bank nach dem Prinzip der Divisionalisierung in folgende zwei Sub-Banken «zerlegt» wurde, wie dies aus *Abbildung 6/4* hervorgeht:

160

Abbildung 6/4:   Organigramm des Schweizerischen Bankvereins

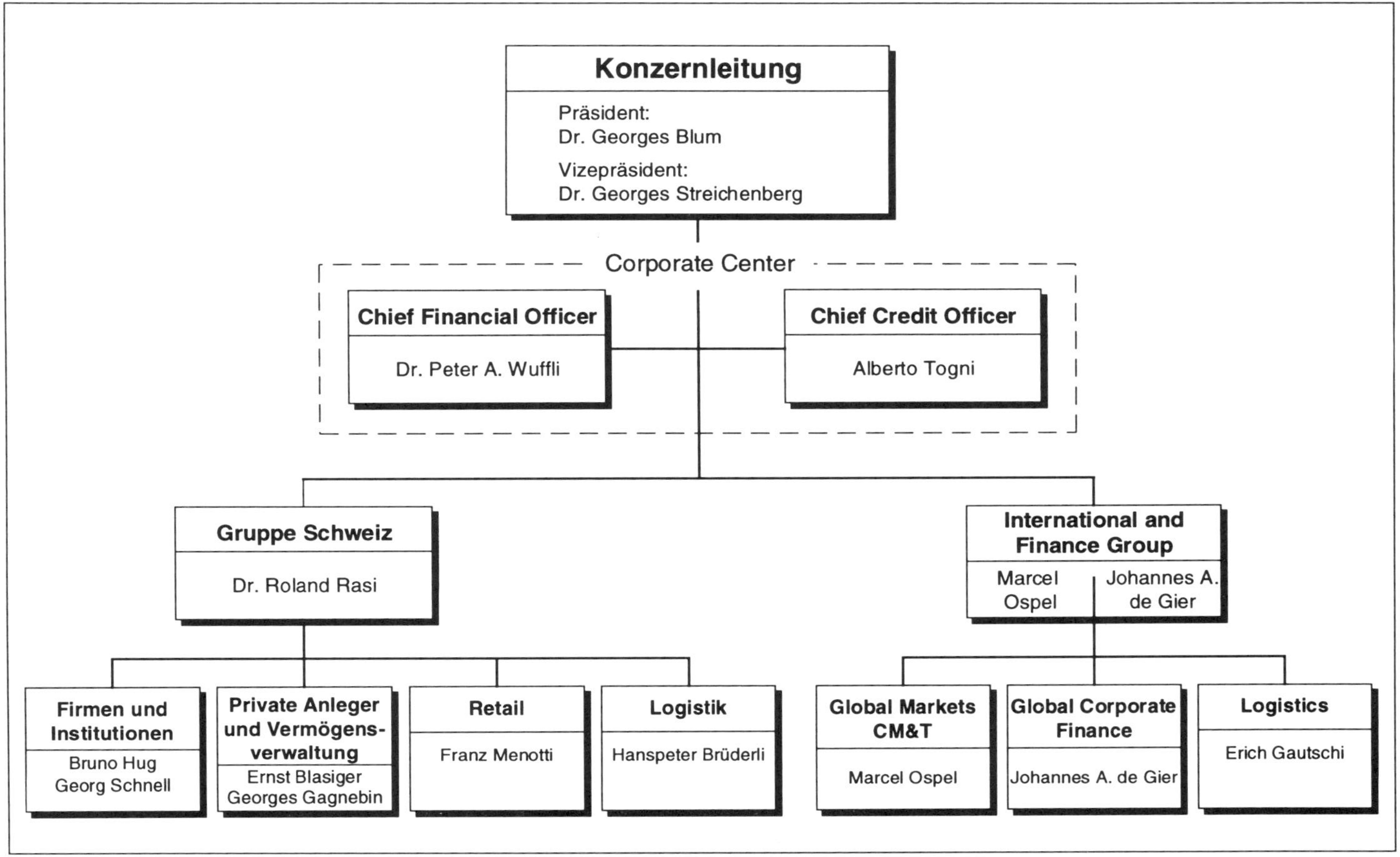

Konzernleitung

Präsident:
Dr. Georges Blum

Vizepräsident:
Dr. Georges Streichenberg

Corporate Center

Chief Financial Officer

Dr. Peter A. Wuffli

Chief Credit Officer

Alberto Togni

Gruppe Schweiz

Dr. Roland Rasi

Firmen und Institutionen

Bruno Hug
Georg Schnell

Private Anleger und Vermögens-verwaltung

Ernst Blasiger
Georges Gagnebin

Retail

Franz Menotti

Logistik

Hanspeter Brüderli

International and Finance Group

Marcel Ospel
Johannes A. de Gier

Global Markets CM&T

Marcel Ospel

Global Corporate Finance

Johannes A. de Gier

Logistics

Erich Gautschi

- *Unternehmensbereich Schweiz:*
  umfassend *Firmen und Institutionen* (Markt- und Produktmanagement; In-landkreditgeschäft; Institutionelle Anlageberatung; Forfaitierungen; Leasing; Handels- und Exportfinanzierungen; Konzernbetreuung Schweiz; Banken Schweiz; Commodity Trade Finance), *Private Anleger und Vermögensver-waltung* (Marktmanagement; Anlageberatung und Vermögensverwaltung für Private Anleger; Vermögensverwaltung für Institutionelle Anleger und Kol-lektivanlagen; Anlagefonds; Corporate & Trust Services), *Retail* (Markt- und Produktmanagement; Spargelder; Konsumkredite; Factoring; VISA-Center) und *Logistik* (z.B. Zahlungsverkehr; Wertschriftenverwahrung und -verwaltung; Informatik; Personal).

- *Unternehmensbereich International und Finanz:*
  umfassend den Bereich *Capital Markets und Treasury* (CM&T) ex O'Con-nors (Devisen- und Effektenhandel; Geldmarktgeschäft; Edelmetall- und Rohstoffhandel; Emissionsgeschäft in der Schweiz, Internationales Kapital-marktgeschäft; Derivate; Wertschriftenleihgeschäft), *Global Corporate Fi-nance* (Investment Banking; Unternehmensberatung und -vermittlung; Mer-chant Banking; Equity Banking und Spezialfinanzierungen) und Logistics (Informatik; Personal; Controlling International & Finance).

Über die führungsmässigen Auswirkungen einer solchen Divisionalisierung wird im Abschnitt 6.2.3. noch zu reden sein.

Marktgebietsorientierte Struktur

Die Befürworter marktgebietsorientierter Strukturen schlagen vor, die Bank-aktivität zunächst an geographisch definierten Markt- und Einsatzgebieten zu orientieren: bei weltweiter Tätigkeit an Kontinenten (Europa, Nord- und Süd-amerika, Naher Osten, Ostasien, Ozeanien), Wirtschaftsgrossräumen (EU, EFTA, EWR, NAFTA usw.), Sprachgebieten, Regionen und Ländern, bei na-tionaler Ausrichtung an Kantonen, Bezirken, selbst umschriebenen Rayons wie Filial- und Niederlassungsbereichen. Als Folge davon ist dem Kader zunächst *Gebietsverantwortung* zu übertragen. Nach erfolgter regionaler Zuordnung wird dann je nach Geschäftsausrichtung *funktional* oder *divisional* strukturiert.

Es gibt kaum eine Bank, welche diese gebietsorientierte Komponente nicht beachten würde, doch tut sie dies selten in der vorhin skizzierten reinen Form. Recht oft erhalten heute Mitglieder der obersten Geschäftsleitung eine Gebiets-verantwortung übertragen, zumeist aber in Kombination mit der Betreuung eines Funktionsbereiches. Ein Generaldirektor, spezialisiert beispielsweise auf

162

kommerzielle Auslandkredite, betreut gleichzeitig die französisch-sprachigen Länder, zusammen mit den iberischen. Nicht selten werden in Marktgebieten *Niederlassungen* mit regionaler Verantwortung geschaffen oder - vor allem im Ausland - *Tochtergesellschaften* erworben oder gegründet, deren Leiter das Gastland kundenmässig bearbeiten. Weil Tochtergesellschaften nach dem Recht des Gastlandes geschaffen sind, geniessen sie in der Regel dieselben Vorteile wie einheimische Gesellschaften. Will man die Kombination von funktionaler und marktgebietsorientierter Verantwortung ausdrücklich nicht, muss die organisatorische Lösung wohl in der Matrixstruktur gesucht werden. Die Art des im Ausland zu betreibenden Geschäftes und das Geschäftsvolumen, das zur Abwicklung gelangt, lassen es oft als angezigt erscheinen, anstelle regionaler Verantwortungen eine globale Zuständigkeit eines Geschäftsleitungsmitgliedes zu schaffen, beispielsweise für ein noch im Aufbau begriffenes «Global Asset Management».

Kundengruppenorientierte Struktur

Seit Jahren wird auch die Idee propagiert, die Bank nach Kundengruppen zu gliedern, um so alle Anstrengungen auf den Klienten und seine Bedürfnisse auszurichten. *Abbildung 6/5* zeigt eine solche Möglichkeit am Beispiel einer Sparkasse. Es werden hier drei Kundensegmente gebildet, je eines für gewerbliche, private und institutionelle Kunden. In Grossbankverhältnissen wird, wenn im Organigramm auch nicht erkennbar, für die Marktbearbeitung etwa mit den folgenden *Kundengruppierungen* gearbeitet:

Kleine (bis 9 Mitarbeiter), mittlere (bis 100 Mitarbeiter) und grosse Firmenkunden, multinationale Unternehmungen, freie Berufe (Ärzte, Zahnärzte, Rechtsanwälte, Ingenieure, Künstler), kleine (bis 250'000.- Fr.), mittlere (bis 1 Mio. Fr.) und vermögliche (über 1 Mio. Fr.) Privatkundschaft, Massen- und Mengenkunden, Institutionelle Investoren wie Pensionskassen und Versicherungsgesellschaften, öffentlich-rechtliche Körperschaften wie Gemeinden, Bezirke, Spitäler, Anstalten; jugendliche Kundschaft, gegliedert nach Berufen und Studienrichtungen.

Nach Meinung der Protagonisten wäre im Idealfall jedes Kundensegment durch einen Repräsentanten der Bankniederlassung, in den USA «Contacter» genannt, zu betreuen, durch ein Kadermitglied, das in der Lage wäre, mit dem Klienten alle ihn interessierenden Bankgeschäfte ohne weitere Mittelspersonen abzuwickeln.

Abbildung 6/5: Organisation einer Sparkasse[103]

Marktbereich

Controlling-Bereich	Gewerbliche Kunden	Private Kunden	Institutionelle Kunden	Betriebs-bereich
Revision Sekretariat • Vorstand • Information • Marktforschung • Presse und PR **Personal** • Personalabteilung • Personalförderung • Sozialabteilung **Betriebswirtschaft und Planung** • Bilanzabteilung • Betriebswirtschaftliche Abteilung • Planungsabteilung	**Gewerbliche Kunden** • Sekretariat • Kreditservice • Zentrale Kreditabteilung • Grundbewertung **Ausland** • Wirtschaftsförderung • Kreditüberwachung *3 Filialdirektionen* 23 Geschäftsstellen 6 Servicestellen	**Private Kunden** • Sekretariat • Sekretariat • Geschäftsstellen • Verkaufsförderung **Hauptgeschäftsstelle** • Geschäftsabteilung • Kassen- und Serviceabteilung • Vermögensberatung und Börse • Emissionen und Anlagen **Marketingkoordination** *3 Filialdirektionen* 27 Geschäftsstellen 3 Servicestellen	**Institutionelle Kunden** • Sekretariat • Zentrale Kredit- und Wechselverwaltung • Kredit- und Darlehensbuchhaltung **Recht** **Treuhandvermögen** *3 Filialdirektionen* 23 Geschäftsstellen	**Organisation** • Organisationsabteilung • Textverarbeitung • Rechenzentrum **Grundstücke und Verwaltung** • Verwaltungsabteilung • Technische Abteilung **Zentrale Dienste** • Wertpapierverwaltung • Zahlungsverkehr • Betriebsabteilung

103 Kilgus, Ernst: Grundlagen der Strukturgestaltung von Banken; 1992, S. 43.

Wenn man diesem Konzept folgt, ist eine umfassende *Vorarbeit* zu leisten: die Bank hat die geschäftlichen Bedürfnisse einer jeden Kundengruppe zu eruieren und pro Gruppe ein ihr entsprechendes «Angebotspaket» an Geschäften zu schnüren. Es ist dann Sache des «Contacters», bei seinen Kundenkontakten mit diesem mehr oder weniger standardisierten Paket an Geschäften zu arbeiten. So werden etwa die folgenden *Angebotspakete* zu definieren sein:

- ein Basispaket für die Grosszahl der Privatkunden und kleinen Firmenkunden;

- ein Paket Kredite für die Mehrzahl der Firmenkunden;

- ein Paket Anlagen für private und institutionelle Anleger;

- ein Paket Spezialkredite und Kreditkonstruktionen für grosse und multinationale Unternehmen;

- ein Paket Vorsorgegeschäfte für institutionelle Anleger und öffentlich-rechtliche Körperschaften.

Der Katalog liesse sich beliebig fortsetzen, je nach Art und Zahl der gebildeten Kundensegmente. Der *Sinn* dieser Bildung von Geschäftspaketen sei an einem Beispiel verdeutlicht.

Beispiel: Bildung von Geschäftspaketen

Eine Bank stellt aufgrund interner Erhebungen fest, dass 95% aller Privatkunden und 30% der Firmenkunden immer wieder die gleichen Geschäfte tätigen, die sich in einem *«Basispaket»* zusammenfassen lassen: es umfasst den Zahlungsverkehr, das Spargeschäft, die einfache Vermögensanlage bis zum Höchstbetrag von 0.5 Mio. Fr., das Vorsorge- und Versicherungsgeschäft sowie die Baukredite mit Einschluss des Hypothekargeschäftes und der Kautionen. Statt einer Reihe von Spezialisten, nach Funktionen gegliedert, mit diesen Kunden zu konfrontieren, genügt eine auf alle im Basispaket enthaltenen Leistungen gut geschulte «Verkäufer-Persönlichkeit», welche mit ihren Klienten in Dauerkontakt steht. Marktforschungsresultate bestätigen im übrigen auch, dass es die Kunden in der Regel sehr schätzen, über eine längere Periode hinweg mit dem gleichen Vertreter der Bank Kontakte zu pflegen. Dies sollte realisierbar sein, hat doch die Kontaktperson der Bank stets die Möglichkeit, sich in Sonderfällen bankintern mit den Fachspezialisten abzusprechen, um diese «Einheit in der Kundenbetreuung» zu wahren.

Bei grösseren Firmenkunden und entsprechend vielschichtigeren Anliegen kann diese Rückversicherung beim Fachspezialisten eine immer grössere Rolle spielen. Und so zeichnen sich denn *zwei organisatorische Dimensionen* deutlich ab: die *Vertriebsdimension* mit dem Verkäufer des Angebotspaketes der Bank und die *funktionale Dimension* mit dem professionellen Spezialisten je Geschäftsart oder Geschäftsartengruppe. Die *Matrixstrukturen* folgen dieser Mehrdimensionalität als eigenständige Organisationstypen.

Die zweidimensionale Matrixstruktur

Mit der zweidimensionalen Matrixorganisation wird die Kombination von zwei grundsätzlich verschiedenen Gliederungsprinzipien gesucht, zum Beispiel eben die Kombination von funktionaler und kundengruppenorientierter Gliederung. Beiden Dimensionen kommt dabei in hierarchischer Sicht derselbe Stellenwert zu. Ein Betriebskredit für einen emissionsfähigen Firmenkunden wird nur dann gewährt, wenn zwischen beiden Verantwortlichen, d.h. zwischen dem Chef für Betriebskredite und dem Kundengruppenchef *Konsens* besteht. Es ist Sache des Organisationsreglementes, bei der Behandlung der Kompetenzen den Entscheidungsprozess bei Matrixformen klar zu regeln, um Patt-Situationen nach Möglichkeit zu verhindern.

Mehrdimensionale Matrixstruktur

Die Matrix-Grundidee ist hier dieselbe wie vorhin. Kombiniert werden aber drei gleichwertige Dimensionen, zum Beispiel die Funktionen, die Kundensegmente und die Marktgebiete. *Abbildung 6/6* zeigt eine solche Lösung, welche zeichnerisch mit Hilfe eines Würfels dargestellt werden müsste. Der Einfachheit halber wurden hier aber die drei Dimensionen auf eine Fläche gebracht.

Bei einer solchen Variante werden somit Trio-Entscheide getroffen. Die Theorie fordert auch hier für die reinste Form der dreidimensionalen Matrix den Konsens der Entscheidungsträger. In der Praxis muss allerdings recht häufig von dieser Idealvorstellung abgewichen werden: Mehrheitsbeschlüsse bei Stimmenzwang aller Betroffenen sollen die stets problematische Blockierung eines schwebenden Geschäftes verhindern. Manche betrachten dies mit einem gewissen Recht als Verrat an der ursprünglichen Matrixidee, welche dieses Ausdiskutieren zu dritt ja fordert.

Im bankbetrieblichen Alltag aber zeigt sich, dass Mehrheitsbeschlüsse durchaus zu tragbaren Lösungen führen, sofern die drei Entscheidungsträger die Möglichkeit haben, vor dem Entschluss zumindest ihre Meinung als Fachspezialisten einzubringen.

Abbildung 6/6:   Dreidimensionale Matrixorganisation[104]

Kunden		Private Kunden			Klein- und Mittelbetriebe			Institutionelle Kunden		
	Reg.	Regionen			Regionen			Regionen		
Sparten		A	B	C	A	B	C	A	B	C
Commercial Banking										
Investment Banking										
Trust Banking										

Folgerungen aus der Strukturdiskussion

Ein Blick auf die Organigramme und die dazugehörigen Organisationsreglemente schweizerischer Banken zeigt, dass der reinen Matrixstruktur in der Regel ausgewichen wird, weil die auch von der Bankaufsichtsbehörde geforderte klare Verantwortlichkeitsregelung nicht einfach zu treffen ist. Aber auch die anderen Strukturtypen finden sich selten in reiner Form. Zwei Beispiele können dies verdeutlichen: das bereits in *Abbildung 6/4* gezeigte Organigramm des Schweizerischen Bankvereins und jenes der Schweizerischen Kreditanstalt gemäss *Abbildung 6/7*. In keinem der beiden Fälle kann von einer reinen Matrixstruktur gesprochen werden, aber bei beiden finden sich Teile einer funktionalen, kundengruppen- und marktgebietsorientierten Struktur. Diese Mischung gestattet, eine kombinierte Linien- und Stabsorganisation zu realisieren, die zu klaren Unterstellungsverhältnissen führt.

---

104 Kilgus, Ernst: Grundlagen der Strukturgestaltung von Banken; 1992, S. 39.

Abbildung 6/7: Organigramm der Schweizerischen Kreditanstalt

Präsident Generaldirektion	Sparte Schweiz	Sparte International	Sparte Anlagen/Handel	Sparte Logistik
Dr. Josef Ackermann	Dr. Klaus Jenny Paul Meier Franz von Meyenburg Dr. Martin Wetter	Dr. Rudolf W. Hug Dr. Beat M. Fenner Alfred Gremli	Oswald J. Grübel Hans Peter Sorg Dr. Manfred J. Adami	Dr. Hans Geiger Dr. Victor Eme
Generalsekretariat und Unternehmungs-kommunikation Projekte Qualitätsmanagement Volkswirtschaft	Kreditmanagement Inland Spartenstab Schweiz Stäbe Führungseinheiten Konsumkreditgeschäft Finanzbeteiligungen Schweiz Retailbanking Kapitalmarkt Schweiz/Ausland Corporate Finance Schweiz Multinational Services Schweiz Banken Schweiz Kommerzgeschäft Zürich Handels- und Exportfinanzierungen	Kreditmanagement International Spartenstab International Internationales Kommerzgeschäft	Spartenstab Anlagen Asset Management Anlageberatung Institu-tionelle Finanzanalysen Anlageberatung/Portfolio-management Übersee, Europa Erbschafts- und Steuer-beratung Privatkunden Retail Banking Hauptsitz Betriebsführung, Lombard-kredite Private Banking Inter-national Global Treasury Syndizierungen Effektenhandel Wertschriftenverkauf Wertschriften-Manage-mentsupport	Spartenstab Logistik Organisation und Anwendungsentwicklung Technische Informatik Rechnungswesen und Controlling Rechtsdienst Sicherheit Personal Personalausbildung Produktion und Dienste Hauptsitz Marketing Services Steuern Bau und Immobilien
	Regionen Schweiz	Regionen Europa Zweigniederlassungen New York und Tokio		

168

6.2.3. Konsequenzen der Restrukturierung für Bankführung und Geschäftsleitung

Dem Denken in Modellen und Strukturvarianten hat der *Entscheid* für die zu realisierende Lösung zu folgen, wobei eine Reihe von *Auflagen* zu beachten sind.

Rechtliche Auflagen

Das schweizerische Bankenrecht verlangt die genaue Umschreibung des Geschäftskreises der Bank und der Verwaltungsorganisation, welche der geplanten Geschäftstätigkeit entsprechen soll. Statuten bei Aktiengesellschaften, Gesellschaftsverträge bei Personengesellschaften sowie Geschäfts- und Organisationsreglemente sind vor Inkraftsetzung durch die Bankenaufsichtsbehörde zu genehmigen, und zwar vor Eintrag der Änderungen im amtlichen Handelsregister. Auch verlangt die Bankenaufsichtsbehörde die klare Umschreibung der Geschäftsleitung, welche als Kollegialbehörde Dritten gegenüber die Verantwortung für das *gesamte* bankbetriebliche Geschehen trägt. Diese Auflage bedeutet, dass für die Führungs- und Leitungsorgane unzweideutige Umschreibungen bezüglich deren Zuständigkeit vorzulegen sind.

Betriebswirtschaftliche Auflagen in den Geschäftsbereichen

Die betriebswirtschaftlichen Auflagen ergeben sich aufgrund der strategischen Zielsetzungen und der Resultate der SWOT-Analyse. Auch die Entwicklungen an den nationalen und internationalen Finanzmärkten, welche organisatorische Anpassungen faktisch erzwingen, sind als betriebswirtschaftliche Auflagen zu sehen.

Wer als *Universalbank* zu arbeiten gedenkt, wird unter Beachtung der Verhältnisse auf Finanzplätzen wie New York, London oder Tokio die stete Trennung in Commercial und Investment Banking kaum übersehen. Eine Schweizer Bank, die ihre Strukturen überprüft, muss sich mitunter fragen, ob es nicht zweckmässig wäre, diese Spartentrennung konsequent zu übernehmen. Sie wird dies in der Regel tun, weil die Bearbeitung der *Kreditmärkte* an andere Fähigkeiten appelliert, als dies im Investment Banking mit den *Geld- und Kapitalmärkten* der Fall ist. Dazu kommt weltweit eine offensichtliche Inkompatibilität der Mentalitäten, der Corporate Culture, von Investment und Commercial Bankers. Jede Bank mit internationaler Tätigkeit erfährt diese Unterschiede fast täglich, obwohl die Sparten «Kredite» und «Finanz» im Zeitalter der

«Securitisation» eigentlich auf das engste zusammenarbeiten müssten. Auch unter dem Titel «totale Kundenbetreuung aus einer Hand» müsste ja im Grunde die Harmonie gesucht werden.

In einem nächsten Schritt ist zu klären, ob nicht auch *Anlageberatung und Vermögensverwaltung* mit Einschluss der unterstützenden Finanz- und Wertschriftenanalyse, des Portfolio-Managements, der Asset Allocation und des Fondsgeschäftes aufgrund einer weiteren, wieder etwas anders gelagerten Kultur verselbständigt werden müssten. Angesprochen ist hier die im angelsächsischen Bereich mit *Trust Banking* oder noch moderner mit Computer Integrated Private Banking umschriebene Sparte «Anlagen». Dies dürfe nicht sein, meinen die Vertreter der marketingorientierten Strukturansätze, weil dies die funktionale Denkweise erneut fördere. Die Wirklichkeit zeigt ein etwas anderes Bild. Die Belegschaft einer Bank besteht je länger desto mehr aus Spartenspezialisten: Betriebskreditfachleute, dem Notariatswesen verbundene Hypothekarspezialisten, Börsianer, Devisenhändler, Experten im Interbankengeschäft und im Geldhandel, Derivatespezialisten, Emissionsfachleute, Analysten, Mathematiker, Ingenieure usw. Die meisten wären kaum in der Lage, ohne neue Ausbildungsunterstützung in andere Sparten oder Ressorts zu wechseln, obwohl man seit langem *Job Rotation* und *Job Enlargement* propagiert. Fast jede Bank tut sich schwer, dieser Eingleisigkeit, welche sich durch Fachspezialisierung ergibt, mit der Förderung der Idee des «Allround Bankings» zu begegnen. Selbst auf Geschäftsleitungsstufe lassen sich etablierte und erfolgreiche Generaldirektoren, auch wenn diese erst um die 50 Jahre alt sind, ressortmässig kaum mehr verschieben. Daraus ist der Schluss zu ziehen, dass funktionale Abgrenzungen auch künftig kaum zu umgehen sind. Der berechtigten Forderung nach Kundenausrichtung muss organisatorisch auf andere Weise Rechnung getragen werden, nämlich mit der Bildung von Kundensegmenten innerhalb von Sparten, Departementen, Ressorts und Abteilungen. Um Doppelspurigkeiten zu vermeiden, sind in einem solchen Fall *Kundenverantwortliche* zu bestimmen, welche die *Marktbearbeitung* durch die Sparten überwachen und harmonisieren.

Betriebswirtschaftliche Auflagen für die Logistik

Die Bank von morgen ist nur noch als umfassendes Informations- und Kommunikationssystem zu begreifen, massgeblich getragen von komplexen Informatik- und Telekommunikationsmitteln. Die damit verbundenen logistischen Probleme sind derart anspruchsvoll geworden, dass auch hier vollamtliche Fachspezialisten gefragt sind. Man sollte deshalb das Kader mit Front-Verant-

170

wortung nach Möglichkeit weitgehend von der Erfüllung zusätzlicher logistischer Aufgaben befreien.

Routinegeschäfte, die heute nach standardisierten Programmen ablaufen, wie bargeldloser Zahlungsverkehr, Check- und Wechselportefeuille, Wertpapierhandel, Wertpapieradministration, Depot-Sammelverwahrung usw., lassen sich weitgehend in «Produktionsstätten» zentralisiert bewältigen. Dies führt auch in der Bank zur an sich ungewohnten Trennung von *Vertrieb* und *Produktion*. Die Kundenfront, also die Vertriebsseite, wird dadurch erheblich entlastet.

Die Verlagerung von bankbetrieblichen Aufgaben in den Bereich der Logistik zeigt sich auch bei der Reorganisation des *Filial- und Niederlassungsnetzes*. Es wäre heute völlig verfehlt, jede einzelne Filiale mit dem Auftrag zu belasten, ein eigenes Rechnungswesen, eine eigene Personal- und Ausbildungsabteilung, eine eigene Liegenschaftenverwaltung oder gar eine eigene Informatik, zum Beispiel mit «Insellösungen», zu unterhalten. Die Tendenz geht vielmehr dahin, diese unterstützenden Funktionen in Regionalzentren oder grossen Kopfstellen aufzubauen, auf denen die Filialen basieren. Damit kann sich die Filiale voll auf die Kundenakquisition und -betreuung ausrichten. Weil zudem die Verantwortung für die Entwicklung der einzelnen Bankgeschäfte bei den funktionalen Chefs liegt, wird die Filiale sehr stark in die Rolle einer reinen *Vertriebsorganisation* gedrängt.

Betriebswirtschaftliche Auflagen für das Marketing

Man könnte bis jetzt den Eindruck gewinnen, kunden- und marktgebietsbezogene Strukturen hätten bei Reorganisationsvorhaben keine Chance auf Realisierung. Dies trifft nicht zu. Vieles deutet darauf hin, dass den einzelnen Ressorts die Kompetenz übertragen wird, unter Beachtung der jeweiligen geschäftlichen und marktwirtschaftlichen Gegebenheiten die Marketing-Aspekte gebührend zu berücksichtigen. In einem Departement «Kommerzielle Kredite Schweiz» lassen sich für die Betreuung der Firmenkundschaft Abteilungen bilden, die auf Branchenzugehörigkeit, Beschäftigtenzahl, Umsatzgrössen und Höhe des Kapitaleinsatzes von Unternehmen aller Art Rücksicht nehmen. In einem Ressort «Anlageberatung» dürfte die interne Gliederung nach Kundengrössen und nach Privat- und Firmenkunden üblich sein.

Die Schwierigkeiten allerdings darf man bei einer solchen Vorgehensweise auch nicht übersehen. Sie liegen in der Harmonisierung der Kundensegmente und in der einheitlichen Betreuung des Klienten. Banken sind dazu übergegangen, die Kundensegmentierung quer durch die Bank zu *vereinheitlichen*, auch

Abbildung 6/8: Möglicher Inhalt eines Geschäftsreglementes

---

1. **Allgemeine Bestimmungen**

   1.1. Geschäftsziele und -politik

   1.2. Organisation und Führung

   1.3. Kompetenzordnung

2. **Aufgaben und Zuständigkeiten der Mitglieder der Geschäftsleitung**

   2.1. Vorsitzender der Geschäftsleitung

   2.2. Sparte Kommerz, gegliedert nach Departementen

   2.3. Sparte Finanz, gegliedert nach Departementen

   2.4. Sparte Anlagen, gegliedert nach Departementen
      (Jedes Departement umschrieben nach Aufgaben, Regionen bzw. Ländern, Niederlassungen und Tochtergesellschaften)

   2.5. Sparte Logistik

3. **Der Ausschuss der Geschäftsleitung**

4. **Der Kreditausschuss**

5. **Besondere Bestimmungen in der Sparte Logistik**

   5.1. Gehälter und Gehaltszulagen

   5.2. Anstellungen und Entlassungen, Ernennungen und Löschungen

   5.3. Urlaube und andere Abwesenheiten

   5.4. Vorzeitige Pensionierung

   5.5. Pflichtaktien

   5.6. Kauf, Verkauf, Miete, Leasing und Unterhalt von Liegenschaften

   5.7. Organisation/Sachmittel

6. **Verschiedenes**

   6.1. Verlustrisiken

   6.2. Strafanzeigen, notleidende Positionen, Prozesse, Vergleiche

7. **Anwendungsbereich**

Anhänge: **Kompetenzlimiten nach Sparten, Departementen und Ausschüssen**

genehmigt durch VR am ...

---

im Hinblick auf spätere Konten- und Kundenkalkulationen. Dort erfolgt ja der Zusammenzug einer jeden Geschäftsbeziehung, die periodisch mit dem Kunden zu besprechen ist. Gespräche dieser Art sind von einem Kundenverantwortlichen zu führen, der während des Jahres schwergewichtig mit diesem Klienten arbeitet, mit ihm verhandelt, Lösungen sucht, Geschäfte tätigt. Er nimmt auch allfällige Reklamationen entgegen und versucht zu erfahren, bei welchen Dienstleistungen und Produkten einer Konkurrenzbank der Vorzug gegeben wird. Dieses Hinaushorchen in die Märkte ist von zentralster Bedeutung, wie im 9. Kapitel zum Thema «Marketing» noch zu zeigen sein wird.

Anpassung von Statuten, Reglementen und Weisungen

Die Lösungen für die vorhin behandelten Gliederungsprobleme und alle weiteren Entscheidungen im Zusammenhang mit Funktionen und Kompetenzen, Entscheidungsträgern und Instanzenbau, mit Delegation von Rechten und Stellvertretung, mit der Schaffung der einzelnen Führungs- und Leitungsgremien auf Gesamtbank- und auf Filialebene usw. sind in *Geschäfts- und Organisationsreglementen* festzuhalten. Das kann in einem einzigen Dokument geschehen oder in zwei sich ergänzenden Reglementen, wie dies in den *Abbildungen 6/8 und 6/9* geschieht.

Zu diesen beiden *Reglementen* ist ergänzend folgendes zu bemerken: Im Interesse einer ausgewogenen und kontinuierlichen Geschäftspolitik wird heute mehr und mehr als Präsident der Geschäftsleitung ein *ständiger* Vorsitzender eingesetzt. Er führt die Generaldirektion mit Hilfe der ihm unterstellten Stäbe, koordiniert die vielfältigen Interessen seiner Kollegen, übernimmt in der Regel aber keine direkte Kundenverantwortung, von repräsentativen Aufgaben einmal abgesehen.

In grösseren betrieblichen Verhältnissen sollte die *Geschäftsleitung als Ganzes* nicht wöchentlich zu Sitzungen einberufen werden, damit die Frontaufgaben optimal erfüllt werden können (u.a. Auslandreisen, Kundenbesuche, Mitwirkung bei der internen Ausbildung, usw.), Störungen also weitgehendst unterbleiben. Deshalb wird für die kurzfristige, operative Leitung der Geschäfte ein *Ausschuss* gebildet, der in der Regel wöchentlich tagt und alle zwei bis drei Wochen in der Sitzung der Geschäftsleitung Bericht erstattet. Trotzdem werden Sitzungen ohne Absenzen eine Rarität bleiben. Abklärungen bei einer Grossbank haben ergeben, dass an den Geschäftsleitungssitzungen eines Kalenderjahres eine durchschnittliche Präsenz von 60% gemessen wurde, ein Resultat, das übrigens auf die hohe Bedeutung der *Stellvertretungsregelung* hinweist.

Abbildung 6/9:   Möglicher Inhalt eines Organisationsreglementes

1. Verwaltungsrat

1.1. Konstituierung

1.2. Obliegenheiten und Befugnisse

1.3. Präsident des Verwaltungsrates

1.4. Sitzungen

1.5. Zirkulationsbeschlüsse

1.6. Protokolle

2. Der Ausschuss des Verwaltungsrates

2.1. Wahl

2.2. Sitzungen

2.3. Kompetenzen

3. Die Generaldirektion

3.1. Zusammensetzung

3.2. Die Geschäftsleitung

    3.2.1. Ernennung und Zusammensetzung

    3.2.2. Obliegenheiten und Befugnisse

    3.2.3. Vorsitzender der Geschäftsleitung

    3.2.4. Sitzungen

3.3. Der Ausschuss der Geschäftsleitung

3.4. Die Sparten

3.5. Die Departemente

3.6. Die Bereiche

4. Die Direktion der Sitze

4.1. Ernennung

4.2. Obliegenheiten und Befugnisse

4.3. Allgemeine Bestimmungen

5. Sonstige Bestimmungen

5.1. Reglemente

5.2. Errichtung und Aufhebung von Geschäftsstellen und Tochtergesellschaften

5.3. Errichtung und Aufhebung von Vertretungen im Ausland

5.4. Aufsicht, Revision, Kontrolle

5.5. Geschäftsbericht und Jahresrechnung

5.6. Personalvorschriften

5.7. Berufsgeheimhaltungspflicht

genehmigt durch VR am ...

Umstritten ist bei jeder Reorganisation auch die Frage nach der Zahl der zu bildenden *Ausschüsse* und der einzusetzenden sog. «*ständigen Kommissionen*». Zurückhaltung ist hier wohl am Platze, weil jedes Gremium seinen Sitzungskalender fordert, Sitzungen aber oft kein Ersatz für erfolgsfördernde Arbeit sind. Auf einen *Kredit-* und einen *Tresorerie-Ausschuss* wird eine Universalbank heute kaum verzichten können, ebensowenig auf ein Gremium, das sich dem *Risk Management* annimmt, es sei denn, diese Aufgabe werde durch das Controlling abgedeckt.

Die Reglemente sind der *Eidgenössischen Bankenkommission* zur Genehmigung vorzulegen. Erst nach erfolgter Zustimmung kann ein Reorganisationsvorhaben - wenigstens nach aussen - als abgeschlossen betrachtet werden. Intern verbleibt die im allgemeinen sehr grosse Aufgabe, das Weisungswesen den neuen Gegebenheiten anzupassen und all jene Dokumente ausser Kraft zu setzen, welche durch die neue Ausrichtung der Bank überholt sind.

7. Kapitel
Information und Kommunikation

Einführung

Im 2. Kapitel, insbesondere im Zusammenhang mit *Abbildung 2/1*, ist dargelegt worden, weshalb die Schaffung eines Informations- und Kommunikationssystems im Rahmen des strategischen Bank-Managements gefördert werden muss. Eine Bank ist ohne funktionierenden Informationsaustausch nicht zu führen. Das Management hat deshalb ein System zu schaffen, welches erlaubt, *Informationen* zu sammeln, zu steuern und zu übermitteln. Die Bank, selber ein produktives soziales System, stellt eine Organisation dar, die Informationen von aussen empfängt, nach aussen abgibt und in welcher intern, in Form kybernetischer Prozesse, Nachrichten fliessen. Dieser Nachrichtenfluss hat zwischen den Hierarchieebenen von oben nach unten und umgekehrt, horizontal und diagonal zwischen Abteilungen, Ressorts und Departementen sowie zwischen den einzelnen Geschäftsstellen zu erfolgen. Weil Banken streng strukturiert sind, halten sich die Informationsströme in starkem Masse an die vorgegebenen Strukturen, auch wenn die Bedeutung des bankinternen, *informellen* Informations- und Nachrichtenaustausches nicht unterschätzt werden darf.

Jede Bank, ob gut oder schlecht geführt, verfügt allein schon in Ausübung ihrer geschäftlichen Tätigkeit über ein Informations- und Kommunikationssystem. Man benennt es vielleicht nicht so, aber es ist, ob bewusst oder eher zufällig konzipiert, allgegenwärtig. Informationen fliessen kontinuierlich durch die «Organisation Bank». Es sind Instanzen da, welche für den Informationsaustausch die Verantwortung tragen. *Informatikmittel* sorgen als Instrumente für das Funktionieren und für den ständigen Fluss der Daten und Nachrichten. Die Mitarbeiter aller Stufen haben diesen Austauschprozess zu tragen und mit ihrem Beispiel zu fördern. Sie haben untereinander zu kommunizieren. *Informations- und Kommunikationssysteme* bilden deshalb eine *Einheit*; denn es wäre wohl nicht zweckmässig, Informationsansprüche geltend zu machen, würde nicht gleichzeitig dafür gesorgt, dass die Informationen die designierten Empfänger tatsächlich erreichen.

7.1. Information und Kommunikation als Führungselemente

7.1.1. Die Erarbeitung eines Informations- und Kommunikationskonzeptes als strategische Aufgabe

Bereits *Waldemar Wittmann*[105] hat sich 1959 in seinem Werk «Unternehmung und unvollkommene Information» für die Erarbeitung eines Informations- und Kommunikationssystems eingesetzt und zum Ausdruck gebracht, die Urteilsfähigkeit eines Mitarbeiters könne nie besser sein als sein Informationsstand. Information bedeute «zweckorientiertes Wissen», Kenntnisse also, die zur Erreichung der unternehmerischen Ziele eingesetzt werden.

In der Bank werden qualitative und quantitative Daten, Meldungen aller Art, Berichte, Grafiken und Bilder aus diesem Grunde zu *Informationen* verdichtet. Das Bank-Management hat durch Organisation Mechanismen zu schaffen, welche dafür sorgen, dass Informationen im Sinne von Nachrichten «fliessen», in der Leitungshierarchie vertikal, zwischen den Instanzen unter Einschluss der Geschäftsstellen auch horizontal. Die Unternehmung «Bank» hat aber auch Informationen an die Umwelt abzugeben und von externen, bankfremden Stellen für eigene Zwecke zu empfangen. Der gesamte, so verstandene *Informationsaustausch* wird mit *«Kommunikation»* bezeichnet. Weil die totale Erfassung aller denkbaren und relevanten Informationen allein schon aus Kosten- und Zeitgründen nie gelingen kann, wird logischerweise auch die Kommunikation immer mit Mängeln behaftet sein und nur unvollkommen gelingen. Es gilt auch hier, unter Beachtung von Restriktionen das bestmögliche zu machen.

In Anlehnung an *Carl August Zehnder* verstehen wir unter einem *Informationskonzept* «ein Leitbild für die Führung der wesentlichen Datenbestände und Datenflüsse eines Betriebes sowie die damit verbundenen Verantwortlichkeiten und Datenbeschaffungswege. Es regelt auch den angestrebten Grad der Dezentralisierung wichtiger Informationsbereiche»[106]. Damit ist auch angedeutet, dass ein Informationskonzept sehr stark von den *individuellen* Bedürfnissen jeder einzelnen Bank abhängig ist. Es kann deshalb auch nicht stur nach einem Einheitsschema entwickelt werden. Der ständig wachsende Bedarf an aktueller und qualitativ angemessener Information und die Zunahme der damit verbundenen *Beschaffungs- und Transaktionskosten* erfordern eine saubere Planung der Datenbeschaffung, -verarbeitung, -speicherung und -weitergabe

---

105 Wittmann, Waldemar: Unternehmung und unvollkommene Information; 1959, S. 14.
106 Zehnder, Carl August: Informatik-Projektentwicklung; 1991, S. 272.

durch die verantwortlichen Leitungsinstanzen. Mit der Erarbeitung des Informations- und Kommunikationskonzeptes sind folgende Tätigkeiten zu regeln:

- das *Sammeln* von Daten in der Umwelt und in der Bank selbst;

- das *Verarbeiten* von Daten durch den bewussten Zusammenzug zu Informationen;

- das *Filtern* von Informationen durch Unterscheidung nach Bedeutung und Prioritäten;

- das *Speichern* von Informationen, falls Entstehungs- und Verwendungsort bzw. -zeitpunkt der Informationen auseinanderfallen;

- das *Verteilen* und die *Weitergabe* von Informationen an die Mitarbeiter der Bank und an interessierte und bezugsberechtigte Informationsempfänger in der Umwelt wie Aktionäre, Kunden, Medienvertreter, Arbeitnehmerorganisationen, Staat und letztlich Öffentlichkeit;

- das *Vernichten* von Informationen, welche nicht mehr benötigt werden oder Personen respektive Personengruppen unzugänglich gemacht werden sollen (z.B. Bankgeheimnis).

Bei allen Banken ist das *Bedürfnis* nach Information grösser als der notwendige, von der Sache her gegebene *Informationsbedarf*.[107] Der Informationsbedarf ist auf die *aufgabenbezogene* Information beschränkt, während die Bedürfnisse auch jenen Hunger nach Informationen miteinschliessen, den man mit «Deckung sozio-emotionaler Wünsche» der Mitarbeiter bezeichnet. In der Bankpraxis ist es allerdings schwierig, zwischen angemeldetem Informationsbedürfnis und echtem, für die Aufgabenerfüllung notwendigem Bedarf zu unterscheiden. Deckt ein Schalterbeamter in der Filiale bei der täglichen Lektüre des Wirtschaftsbundes einer kompetenten Zeitung einen Teil seines Informationsbedarfs, ohne dessen Abdeckung er seinen Beruf nur mangelhaft ausüben könnte, oder wird, über dieses Minimum hinaus, auch der nicht berufsbedingte Anspruch auf Information, von den weltpolitischen Ereignissen angefangen bis hin zu den neuesten Fussballresultaten, «konsumiert»? Die Frage ist schwierig zu beantworten, auch für die vielen anderen Bankberufe. Wenn Primärerhebungen beispielsweise zeigen, dass bei einem 40minütigen Kundengespräch eines Anlageberaters und Vermögensverwalters nur knappe 15 Minuten für die Erledigung der eigentlichen Sachprobleme benötigt werden, der gleiche Kunde aber, zum Beispiel ein Auslandkunde, auch über die wirtschaftlichen, gesell-

---

107 Vgl. Leichsenring, Hansjörg: Führungsinformationssysteme in Banken; 1990, S. 53 und S. 155ff.

schaftspolitischen und kulturellen Entwicklungen im Lande orientiert sein möchte oder die Vermittlung eines Arztes oder Zahnarztes wünscht, dann zeigt dies nur die Abgrenzungsschwierigkeiten zwischen «Bedürfnis» und «Bedarf». Wir wissen, dass gerade das Privatkundengeschäft in der Schweiz von der *Breite* der Kommunikationsmöglichkeiten zwischen Klient und Bankenvertreter lebt.

Vor diesem Hintergrund muss das Management bei der Erarbeitung des Informationskonzeptes Breite und Tiefe des *Informationsangebotes* abstecken. Dabei sind festzulegen:[108]

- der *Inhalt* der Information, gestützt auf Stellenbeschreibungen und unter Beachtung der Wichtigkeit der zu erfüllenden Aufgabe und der damit verbundenen praktischen Erfahrungen;

- die *Form* der Informationsübermittlung an die Bezugsperson und damit auch die Bestimmung des geeigneten Mediums;

- die *Relevanz* der Information im Hinblick auf die Entscheidungsprozesse, welche nachrichtenbezogen vorzubereiten sind;

- die *Verfügbarkeit* der Information, handle es sich nun um die rechtzeitige, automatische Zulieferung oder um Möglichkeiten für den individuellen Abruf unter angemessenem Ressourcenaufwand;

- die *Verlässlichkeit* der Information je nach Informationsquelle und je nach Ausmass der Verfälschungsgefahren durch Umbiegen, Dramatisieren, Andichten, absichtliches oder unbeabsichtigtes Verfälschen.

Natürlich wird man sich jetzt fragen, inwieweit der *Computer* Teile eines solchen Pflichtenheftes wird abdecken können. Gerade weil im Bankbetrieb Computerisierung und Informatisierung stark zugenommen und den beruflichen Alltag verändert haben, ist ein solches Fragen verständlich. Selbst EDV-Spezialisten wie *Zehnder* aber erklären: «Die Beschaffung von Informatikmitteln ist nur das Vordergründige; wichtiger sind Erarbeitung, Realisierung und dauernde Beobachtung eines geeigneten Informationskonzepts»[109]. Und an anderer Stelle erklärt er: «Kümmern sie sich in ihrem Betrieb primär um Information und Informationsabläufe, erst sekundär um Informatik.»[110] Das Informatikkonzept ist dem Informationskonzept also eindeutig unterzuordnen, auch wenn

---

108 Vgl. Breyer, Richard: Die Informationsversorgung marktorientierter Topmanager; 1992, S. 81ff.

109 Zehnder, Carl August: Informatik-Projektentwicklung; 1991, S. 272.

110 Ebenda, S. 153.

das eine ohne das andere kaum mehr denkbar ist. *Investitionen* in Informatik-mittel bringen niemals den erwarteten *Nutzen*, wenn das umfassende Informations- und Kommunikationskonzept fehlt. Zudem stellen wir gerade bei Banken mehr und mehr fest, dass eine noch so gekonnte Information mit technischen Mitteln das zwischenmenschliche Gespräch zur Lösung komplexer Probleme niemals ersetzen kann, so überlegt die technische Apparatur auch eingesetzt sein mag. Diese Denkweise hat, wie in *Abbildung 7/1* verdeutlicht, auch die Gliederung dieses Kapitels in zwei Unterkapitel 7.1. «Information und Kommunikation als Führungselemente» und 7.2. «Informatik im Dienste von Information und Kommunikation» massgeblich beeinflusst.

Abbildung 7/1:   «Pfeiler» eines bankbetrieblichen Informations- und Kommunikationskonzeptes

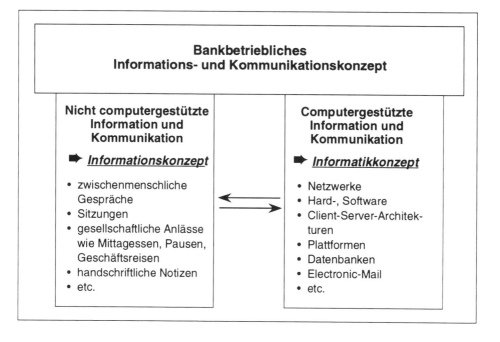

7.1.2. Gegenstand und Zweck von Informationssystemen

Edmund Heinen[111] bezeichnet die Informationswirtschaft als «das zentrale Nervensystem» der Unternehmung überhaupt. So sei auch die Bank als ein informationsgewinnendes und informationsverarbeitendes, zielgerichtetes soziales System zu begreifen.

Zum Begriff «Informationssystem»

Unter einem Informationssystem verstehen wir die Gesamtheit aller Instanzen, Instrumente und Ablaufprozesse, die sich mit der Generierung, Verarbeitung, Speicherung und Weitergabe von Nachrichten befasst. Es ist vom Management nach bankspezifischen Bedürfnissen zu schaffen und mit der *Organisation* der Bank in Einklang zu bringen. *Horst Schwarz* meint zu dieser Harmonisierungsaufgabe: «Information und Organisation stehen in enger Wechselbeziehung zueinander, einerseits, weil die Tätigkeit des Organisierens als ein planerischer Gestaltungsakt auf Informationen beruht, andrerseits, weil die Gestaltung des betrieblichen Informationssystems selbst eine Organisationsaufgabe darstellt, die in Zeiten wachsender, zu verarbeitender Informationsmenge in demselben Masse an Bedeutung zunimmt.»[112] Die Stellung des einzelnen Menschen in der Organisation «Bank» beeinflusst nicht unwesentlich seine Ausrichtung in der Wahrnehmung von Nachrichten und die Auswahl der von ihm beachteten Informationen.[113]

Zum Zweck von Informationssystemen

Der Zweck von Informationssystemen besteht darin, die Kaderkräfte der Bank bei den täglichen *Entscheidungsprozessen* zu unterstützen. Entscheidungen sind laufend zu treffen, ob bei *vollkommener* oder *unvollkommener* Information. Das Informationssystem soll nach Möglichkeit Lücken in der Information schliessen und so die *Entscheidungsvorbereitung* erleichtern. Die Entscheidungen selbst können das tägliche Geschäft betreffen, sich aber auch auf Planung, Anordnung oder Kontrolle beziehen. Die Qualität des *Planungsinhaltes* beispielsweise ist abhängig vom Informationsstand der planenden Stelle, insbeson-

---

111 Heinen, Edmund: Industriebetriebslehre - Entscheidungen im Industriebetrieb; 1983, S. 893ff.

112 Schwarz, Horst: Betriebsorganisation als Führungsaufgabe; 1983, S. 25ff.

113 Vgl. Lattmann, Charles: Die verhaltenswissenschaftlichen Grundlagen der Führung des Mitarbeiters; 1982, S. 440.

182

dere auch, was Informationen externen Ursprungs aus dem bankwirtschaftlichen Umfeld anbetrifft. Im Bereiche der *Anordnung* spielt gerade im Bankbetrieb die Delegation von Kompetenzen, von Rechten und Pflichten, eine bedeutsame Rolle. Kompetenzempfänger in Abteilungen oder Geschäftsstellen sind jedoch laufend mit Informationen zu versorgen, damit ein hoher, objektiver und ausgeglichener Informationsstand gesichert ist. Es ist *nicht alles* an Wissenswertem weiterzugeben, aber das *nötige*, das für die spätere Aktivität relevante Wissen. Bei *Führungskontrollen* schliesslich sind Soll/Ist-Vergleiche und anschliessende Abweichungsanalysen nur dann ergiebig, wenn sie auf einem zeitgerechten Daten-Input beruhen und Steuerungsmassnahmen rasch erfolgen können.

Offene und geschlossene, formelle und informelle Systeme

Fast überall, aber bei Planung und Kontrolle im besonderen, sind *externe* Informationen nicht minder geschätzt als *interne*, im Hause selbst generierte. *Abbildung 7/2* gibt eine Übersicht über interne und externe Informationen, systematisiert nach Herkunft und Verwendungszweck.

Abbildung 7/2:   Interne und externe Informationen[114]

		VERWENDUNGSZWECK	
		I n t e r n	**E x t e r n**

H E R K U N F T	**I n t e r n**	• Instruktionen, Weisungen
		• Informationen zu Controlling-
		  zwecken
		• Produktionsinformationen
		• Produktinformationen
		• Mitarbeiterinformationen
			• Erfüllung der Publizitäts-
			  vorschriften
			• Reporting, Presseinformationen
			• Publikationen, Vorträge
			• Bestätigung von Geschäfts-
			  beziehungen
			• Auskünfte

	E x t e r n	• Informationen des Gesetz-
		  gebers
		• Marktinformationen
		• Informationen von Gläubigern
		  und Kapitalgebern
		• Informationsdienste (z.B. Tele-
		  kurs, Reuters, PTT)
			• Informationsdienste
			• Marktinformationen
			• Brancheninformationen
			• Finanzinformationen

114 Haas, David: Informations- und Kommunikationssysteme; 1991, S. 26.

183

Offene Informationssysteme sind zur Gewinnung externer Informationen unentbehrlich geworden und ergänzen die *geschlossenen* Systeme zwecks interner Informationsgenerierung auf sinnvolle Weise. Bei offenen Systemen stehen wir vor einer Fülle von Nachrichtenquellen: Daten aus Wirtschaft, Gesellschaft, Staat, Politik, Technik und Ökologie. Meist geht es um völlig wertfreie Nachrichten von dritter Seite: Kurse, Preise, Indizes, Wirtschaftsnachrichten, personelle Veränderungen in Firmen und Verbänden, Berichte über Geld-, Investment- und Rohstoffmärkte. Oftmals sind externe Berichte und Kommentare auch zu werten, die Verlässlichkeit der Quelle ist zu überprüfen. Wie in der Wissenschaft auch, genügt das blosse Zitieren noch nicht, um eine These zu rechtfertigen. *Geschlossene* Systeme sind deshalb, weil die Daten «hausgemacht» anfallen, recht oft beliebter, weil unverfänglicher.

Wie allseits bekannt, spielt die *Informatik* bei der Erfüllung der Informationsaufgabe eine bedeutende Rolle und dies bei offenen wie bei geschlossenen Systemen. Deshalb sind die computergestützten Systeme in ihrem Grundansatz *formelle* Systeme, nach festen Regeln aufgebaut, über längere Perioden hinweg nach bestimmten Mustern regelmässig Bericht erstattend, nach Bedarf auch mit direktem Zugriff. *Informelle* Subsysteme werden jedoch die formellen stets ergänzen und über Informationskanäle funktionieren, die unberührt von jeder organisatorischen Arbeit entstanden sind. Das ist unvermeidlich, so wie sich in jedem Betrieb informelle Gruppierungen nach Interessen und nach Sympathien ergeben. Vielleicht ist dies aber auch erwünscht und im Interesse des Unternehmens, damit ein System in den Formalismen nicht erstickt. Dass dabei allerdings auch Gerüchte und Unwahrheiten eine bedeutende Rolle spielen können, weil sich ja alles unkontrolliert vollzieht, ist unbestritten. Dennoch wäre es absurd und praktisch auch nicht machbar, nur formell abgesicherte Nachrichtenströme zuzulassen. Formelle Totalität wäre ausserdem kostenmässig nicht verkraftbar.

Gesamtbankbezogene Systeme

Bei der Gestaltung eines bankbetrieblichen Informationssystems kommt der Unterscheidung zwischen gesamtbankbezogenen und funktionsbezogenen Systemen erhebliche praktische Bedeutung zu.

Gesamtbankbezogene Systeme stellen das generelle *Berichtswesen* der Bank dar. Zuhanden des Managements werden die Planungs-, Steuerungs- und Kontrollinformationen zu Ziel- und Schlüsselgrössen dargestellt. Durch den Vergleich mit den entsprechenden Soll-Grössen lässt sich auch der *Zielerreichungsgrad* für Gewinn- und Rentabilitätsvorgaben, für die Liquidität, die Investitionstätigkeit, das Kreditvolumen, die Aktivität an den Geld- und Kapitalmärkten usw. bestimmen. Im Rahmen dieser *internen*, für den Verwaltungsrat und die Geschäftsleitung bedeutsamen, zentralen Berichterstattung ist es auch möglich, je nach dem Stand von Planung und Budgetierung, anhand der «echten» Zahlen über die resultierenden Abweichungen zu orientieren, allenfalls begleitet von einer Ursachenanalyse und entsprechenden Verbesserungsvorschlägen. Diese Form des Reportings liegt in angelsächsischen Verhältnissen in der Hand des *Chef-Controllers*, so wie er im 5. Kapitel zur Darstellung gelangt ist. Über die gleiche Dokumentation verfügt auch das interne *Inspektorat* sowie die bankengesetzliche *Revisionsstelle*. Der internen Berichterstattung kommt auch bei Übernahme- oder Fusionsverhandlungen eine hohe Bedeutung zu, wenn es darum geht, neben den tatsächlichen Daten auch die zukünftig wirksamen Verlustpotentiale zu kennen. Der absoluten Verlässlichkeit des vorgelegten Informationsmaterials ist stärkste Bedeutung beizumessen, im Sinne auch der Vertrauensbildung gerade bei Verhandlungen.

Für die *externe* Berichterstattung zuhanden der Aktionäre, der Gläubiger und Schuldner sowie der Medienvertreter werden in der Regel verdichtete Informationen verwendet, um der echten Datenflut zu begegnen. Das Zahlenmaterial ist eingehender zu erklären, zu kommentieren, in einer für den Laien verständlichen Sprache. Dies gilt insbesondere auch für die Gestaltung des *Geschäftsberichtes,* dessen Elemente in *Abbildung 7/3* dargestellt sind.

Der Geschäftsbericht bringt in der Regel einleitend eine tabellarische *Kennzahlenübersicht* (Ertragslage, Bilanzzahlen, Kennzahlen, Personalbestände im In- und Ausland, Geschäftsstellennetz im In- und Ausland) und beinhaltet sodann den *Jahresbericht* mit der Darstellung des *Geschäftsverlaufes*, des *Lageberichtes*, allfälliger *Kapitalerhöhungen* und des *Berichtes der Revisionsstelle*. Der Jahresbericht äussert sich damit allgemein zur Umwelt und zu den Rahmenbedingungen, zur Bankentwicklung und zur eingeschlagenen Geschäftspolitik, um anschliessend das eigentliche Kernstück, die *Jahresrechnung,* zu präsentieren. Diese beinhaltet nach Art. 662 Abs. 2 OR heute drei Teile: die *Bilanz*, die *Erfolgsrechnung* und den *Anhang* zur Bilanz. Vermehrt werden auch *Mittelflussrechnungen* im Geschäftsbericht publiziert. Zu beachten ist, ob es sich beim Geschäftsbericht um denjenigen des *Konzerns* oder um jene der einzelnen Tochtergesellschaft handelt. Auf Konzernstufe sind *konsolidierte Jahresrechnungen* obligatorisch, auch wenn die Schweiz derzeit noch über kein eigenständiges Konzernrecht verfügt.

Abbildung 7/3: Begriffliche Übersicht zur Publizität

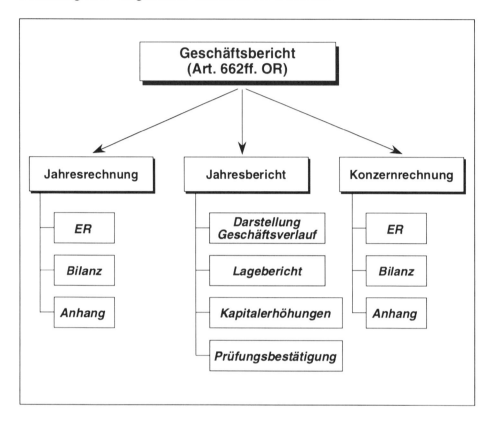

Jean-Pierre Mittaz[115] hat in seiner Dissertation «Reporting im Bankkonzern» eingehend über die Information der Öffentlichkeit und des Verwaltungsrates berichtet. Zur Diskussion steht dabei immer auch die Frage, ob der Verwaltungsrat, immerhin das oberste Führungsorgan der Bank, auf andere Art und Weise zu informieren sei als die Geschäftsleitung. Nach eigenen Beobachtungen drängen sich getrennte Lösungen auf, nicht aber, um Tatbestände zu verheimlichen, dem Verwaltungsrat vorzuenthalten, sondern um den Blick auf das Wesentliche zu lenken, um den Führungsprozess auf oberster Stufe zu erleichtern, von Details zu entlasten. Ein Corporate Management Support System, nach amerikanischem Muster beinhaltet richtigerweise auch das Zahlenmaterial, das bei der betrieblichen Rechnungslegung anfällt, Daten also über Kosten und Erlöse, über die einzelnen Profit Centers, über Kunden-, Marktgebiets-

---

115 Mittaz, Jean-Pierre: Reporting im Bankkonzern; 1993.

und Spartenkalkulationen. Die Analyse dieses «Rohstoffes» sollte eigentlich der Geschäftsleitung bzw. ihrem Controller vorbehalten bleiben.

Funktionsbezogene Systeme

Von den gesamtbankbezogenen Systemen zu trennen sind also die *funktionsbezogenen*. Sie decken nicht den Informationsbedarf der Gesamtleitung der Bank, sondern jenen der *Sparten-, Departements-, Ressorts- und Abteilungschefs* sowie der *Geschäftsstellen-(Filial-)Leiter*. Auch hier handelt es sich um «Management Support», jedoch um Unterstützung auf tieferer Leitungsebene. *Abbildung 7/4* will dies mit Hilfe einer «MIS Management-Informations-System-Pyramide» verdeutlichen.

Die einzelnen Geschäftsfälle sowie bankinterne Daten bilden den Input für die Teilsysteme auf operierender Ebene. Bereits das übergeordnete mittlere Management wird anschliessend mit verdichteten Resultaten versorgt, zusammen mit separat erhobenen externen Daten. Dieser Zusammenzug setzt sich schliesslich auch bezüglich der Bedürfnisse der Führungs- und Geschäftsleitungsorgane fort.

Beispiele für funktionsbezogene Systeme gibt es unzählige: bekannt sind die «Decision Support Systeme» für die Funktion des Anlageberaters und Vermögensverwalters zur Unterstützung des Wertschriften-Portfolio-Managements und der «Global Asset Allocation». Im weiteren Entscheidungshilfen für den Devisen- und Edelmetallhändler, Informationssysteme für den Ringhändler an der Wertschriftenbörse und für Soffex-Händler. Im Kreditbereich beinhalten die Systeme Angaben über gesprochene und effektiv benützte Kredite, über die Einhaltung der Kreditlimiten, über die Risiken bezüglich Deckungen, Branchen und Länder, oft versehen mit einem Länderrating und Bestimmungen zu den geltenden Länderplafonds. Die Entwicklung geht dahin, die Informationshilfen zu erweitern, abzurücken von den eher statischen *Decision Support Systemen* zu den dynamischen, weil «lernfähigen» *Expertensystemen* mit ihrem «Knowledge Processing». Expertensysteme sind Computerprogramme, die Wissen über ein bestimmtes Anwendungsgebiet in einer Wissensbank speichern und daraus logische Schlussfolgerungen ableiten können.[116] Das Wissen, «wie man es tut», wird bei einem oder mehreren Fachleuten, den Experten, eingeholt. Dann werden die Expertenfähigkeiten und -tätigkeiten in Anwendungsre-

---

116 Zu Expertensystemen im Bankbereich vgl. Chorafas, Dimitris; Steinmann, Heinrich: Expert Systems in Banking; 1991.

Abbildung 7/4: Management-Informations-System-Pyramide

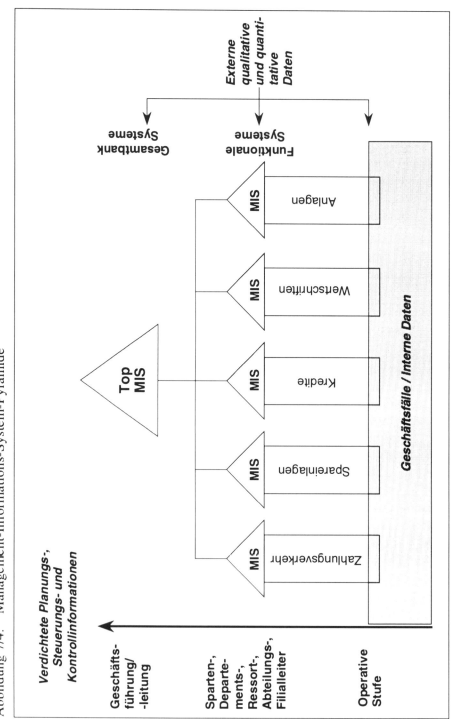

geln umgesetzt. Man kann den Berechtigten die funktionsbezogenen Daten *periodisch* zuleiten oder übermitteln. Mehr und mehr bestehen aber auch Möglichkeiten des selektiven Zugriffs auf Datenbanken mittels *Abfragen* nach Bedarf. Optimierungs- und Simulationsverfahren ergänzen das Angebot, beispielsweise mit Simulationen zur Bilanzstrukturgestaltung bei variierenden Fälligkeiten, Zinssätzen, Wechselkursen.

Die Beispiele verdeutlichen, wie sehr funktionsbezogene Systeme geeignet sind, die Kadermitglieder der verschiedensten Stufen anzusprechen. Vernachlässigt werden dabei möglicherweise die nicht chargierten Mitarbeiter. «Nichts ist schlechter für die Arbeitsmoral als unzureichende Information auf den unteren Ebenen», sagen *Peters* und *Waterman*[117] in ihrem Klassiker «In Search of Excellence». Der Mitarbeiter bleibt ohne ausreichende Information orientierungslos und wird infolgedessen seine Arbeit ohne grosse Motivation verrichten. Es kann daher nicht erstaunen, dass bei vielen bankinternen Erhebungen zur *Lebensqualität* am Arbeitsplatz neben anderen Führungsmängeln stets auch ein Informationsnotstand signalisiert wird. Hier haben die leitenden Instanzen persönlich Einfluss zu nehmen und für Abhilfe zu sorgen, möglicherweise auch über Schulungsmassnahmen, weil bei manchen Mitarbeitern das Denken in grösseren Zusammenhängen nicht ausgeprägt entwickelt ist.

Zum Informationsprozess

Informationssysteme, wie immer man sie gestalten mag, lassen viele Fragen offen: ist die Entwicklung eines umfassenden Informationssystems für Management und Mitarbeiter sinnvoll? Was beinhaltet dabei das Wort «umfassend»? Ist es «umfassend», wenn die gesetzlichen Ansprüche abgedeckt sind? In welchem Umfange verursachen Informationssysteme Kosten? Sind sie finanziell tragbar und verantwortbar? Sind die anfallenden Führungsinformationen wertneutral oder müssen sie im Zuge einer weiteren Verarbeitung neu bewertet werden? Können die Informationen mit einem betrieblich noch vertretbaren Aufwand erfasst werden oder sind zusätzliche und kostspielige Erhebungen notwendig? Sind die Daten im Zeitpunkt ihrer Verwendung noch aktuell und für Entscheidungen ausreichend genau? Wie lange sind sie sinnvollerweise aufzubewahren, zu speichern? Sind die Informationen von den Benützern gefragt? Sind sie durch die Benützer direkt verwertbar oder muss eine interpretierende Stelle, beispielsweise ein Spezialist des Controllings, vorgeschaltet werden?

---

117 Peters, Thomas J.; Waterman, Robert H.: Auf der Suche nach Spitzenleistungen; 1991, S. 307.

Die Beantwortung solcher oder ähnlicher Fragen bedingt eine kritische Beurteilung der *Informationsquellen. Interne* Quellen, insbesondere die diversen Teile des finanziellen und betrieblichen Rechnungswesens, scheinen dabei zuverlässiger zu sein als *externe* wie etwa Zeitungsberichte, wenn sie tendenziös gehalten sind. Viele meinen auch, trotz der Errungenschaften der Informatik sei die *persönliche* Information, beispielsweise ein Vorgesetztengespräch, dem schriftlichen und *automatisierten Reporting* vorzuziehen. Skepsis also gegenüber dem Papier. Interessant ist in diesem Zusammenhang auch die Feststellung, wie oft involvierte Befragte und damit auch Betroffene den Vorgang des Informierens als Teil der Führungsaktivität empfinden, wie *Abbildung 7/5* verdeutlicht.

Abbildung 7/5:   Stellenwert des Informierens als Teil der Führungsaktivität[118]

	Ist-Zustand	Soll-Zustand
	(Woher erhält der Mitarbeiter die Informationen?)	(Woher möchte der Mitarbeiter die Informationen erhalten?)
Informationsquelle	Rangfolge	
Vorgesetzte	4	1
Interne Informationsmedien	3	2
Kollegen	1	3
Externe Quellen	5	4
Gerüchte	2	5

Vorgesetzte, die sich im Elfenbeinturm isolieren, sind wenig gefragt. Schon telefonische *Kontakte* und persönlich gehaltene *Aktennotizen* zu Besuchen oder zu Konferenzen und Sitzungen aller Art wirken stimulierend und leistungsmotivierend, obwohl deren Inhalt ein subjektiv verzerrter sein kann. Und doch sind Meinungsäusserungen gefragt, etwa bei Abteilungsbesuchen, die ja stets Eindrücke über das Mitarbeiterverhalten vermitteln.

Angesichts der Nachrichtenflut drängt es sich auf, eingehende Informationen formell und materiell zu *verarbeiten*. Relevanz und Verlässlichkeit sind zu überprüfen. Informationen, welche den qualitativen Ansprüchen zu genügen vermögen, können im Prinzip unverändert weitergegeben werden. Man spricht

---

118 Erne, Victor: Die Angst des Managers vor dem Dialog, Innerbetriebliche Kommunikation als strategischer Erfolgsfaktor; in: Neue Zürcher Zeitung: Separatdruck vom 3. Dez. 1991.

in diesem Fall von blosser *Transmission*.[119] Andere sind «umzuwandeln», nicht inhaltlich, aber in der Form, sind zu präzisieren, zu vereinfachen, zu verdichten, bevor die Weitergabe erfolgt. In diesem Fall wird von *Translation* gesprochen. Müssen Informationen aber nach Form *und* Inhalt verändert werden, bevor die Weiterleitung erfolgt, spricht man von *Transformation*, die immer auch zu einer Art von «Datenselektion» führt. Nach der Informationsverarbeitung ist zu entscheiden, welche Daten nach Verwendung zu vernichten, welche zu *speichern* sind. Im Falle der Aufbewahrung sind Ablauffristen beizufügen.

Es ist hier zu erwähnen, welche Bedeutung beim Vorgang des Informierens dem *sprachlichen Ausdruck* zukommt. Untersuchungen haben ergeben, dass es für die 500 wichtigsten Worte 14'000 Definitionen gibt, also 28 pro Wort. Kommt ein Problem hinzu, das sich durch die Kommunikation zwischen Menschen ergibt: die Möglichkeit der bewussten *Manipulation* von Informationen; so zum Beispiel das *Sperren* von Informationen zwischen beruflichen Rivalen, die sich Fakten bewusst vorenthalten. Bekannt ist auch das *Umbiegen* von Informationen, unbewusst durch *falsches Verstehen,* bewusst durch *Weglassen von Informationsteilen* und das *Beifügen* von Gerüchten. Im Extremfall kann ein Mitarbeiter Informationen auch *vernichten*, bevor sie den Empfänger erreichen.

Banken sind sich all dieser Aspekte bewusst und haben Versuche verschiedenster Art unternommen, um diesen Schwierigkeiten Herr zu werden. So steht die Schaffung spezieller Informationssekretariate bei den Geschäftsstellen immer wieder zur Diskussion. Auch wird etwa, in Anlehnung an die militärische Praxis in den Stäben grosser Verbände, der Einsatz eines «bankwirtschaftlichen Nachrichtenoffiziers» zum Thema. Im Augenblick allerdings geht die Tendenz eher dahin, dem Linienchef selbst die Informationsaufgabe zu übertragen. Dass mag ein Grund sein, weshalb die beidseitige vertikale Information im allgemeinen nicht schlecht spielt. Sorgenkinder bleiben die *horizontale* und die *diagonale* Information zwischen Geschäftsstellen und zwischen fachlich weit auseinander liegenden Geschäftssparten und Departementen. Es dürfte nicht vorkommen, was geschehen ist: dass sich zwei Filialen um den Kauf einer Liegenschaft bemühen, die der eigenen Bank bereits gehört! Es hinterlässt auch einen merkwürdigen Eindruck, wenn sich der Chef der Sparte «Kredite» um einen Übernahmekandidaten (Mergers and Acquisitions) bemüht, der bereits vom Chef der Sparte «Finanz» bearbeitet wird, ohne dass der eine vom Vorhaben des anderen wüsste.

---

119 Vgl. Picot, Arnold; Reichwald, Ralf: Informationswirtschaft; in: Heinen, Edmund: Industriebetriebslehre - Entscheidungen im Industriebetrieb; 1991, S. 257f.

Abschliessend ist fairerweise auch festzustellen, dass die Schwierigkeiten weniger in der Struktur des Informationssystems zu suchen sind, sondern in manchen Fällen viel eher im Bereiche eines nicht funktionierenden internen *Kommunikationsflusses*.

7.1.3. Gegenstand und Zweck von Kommunikationssystemen

Es ist schon mehrfach angedeutet worden, dass Informationssysteme als statische Einrichtungen wenig nützen, wenn sie nicht mit einem Kommunikationssystem konsistent verbunden sind.

Zum Begriff «Kommunikationssystem»

Unter dem Begriff «Kommunikationssystem» verstehen wir die Gesamtheit aller Instanzen, Instrumente und Ablaufprozesse, die sich mit der Weitergabe oder Übermittlung von Informationen von einem Sender zu einem Empfänger befassen. Weitergabe oder Übermittlung erfolgen über Kommunikationskanäle. Weil Sender und Empfänger meist Personen oder Personengruppen sind, wird oft auch von *sozialer Kommunikation* gesprochen.[120]

Zur Bedeutung der Kommunikation

Wahrscheinlich wird die Bedeutung der Kommunikation im bankbetrieblichen Geschehen auch von massgebender Seite eher unterschätzt, obwohl viele Untersuchungen auf einen hohen Stellenwert schliessen lassen. Man vergegenwärtige sich: wenn in einer Bankfiliale 50 Mitarbeiter beschäftigt sind, bestehen zwischen diesen 1'225 gegenseitige Kommunikationsbeziehungen. Bei 100 Mitarbeitern wären es bereits 4'950. Bei leitenden Stellen besteht die Arbeitszeit nach Erhebungen zu mehr als 50% aus verbaler Kommunikation.[121] Es handelt sich dabei um geplante und vorbereitete Gespräche, um ungeplante und improvisierte und schliesslich auch um Telefonate. Bei solchen Erhebungen werden meist nur die fachbezogenen, «harten» Informationen verfolgt. Man weiss aber, welche Rolle auch die «weichen» Nachrichtenströme spielen, obwohl es

---

120 Vgl. Staehle, Wolfgang: Management; 1991, S. 257ff.

121 Vgl. Mintzberg, Henry: Mintzberg über Management - Führung und Organisation, Mythos und Realität; 1991, S. 26f.

sich dabei immer auch um etwas Klatsch, um Gerüchte und Andeutungen handelt, die kommuniziert werden.

Zum Kommunikationsprozess

Der Kommunikationsprozess vollzieht sich zwischen «Sender» und «Empfänger» mittels eines Instrumentes, einem sog. «Kanal» von mehr oder minder starker Komplexität. In einfachsten Verhältnissen vollzieht sich der Informationsaustausch über das Telefon, den Telefax oder den brieflichen Verkehr. Gerade in internationalen bankbetrieblichen Verhältnissen kann sich die Kommunikation nicht immer auf direktem Wege vollziehen. Es bestehen vielmehr *Kommunikations-Netzwerke*, welche die gegenseitige Verbindung über lange Distanzen und bei bedeutenden zeitlichen Unterschieden ermöglichen. Gegenstand der Information wird dann schwergewichtig die *Sachinformation* sein und sein müssen. Je nach der gewählten Übermittlungsart kann der Transfer aber auch Informationen über Sender und Empfänger preisgeben. In manchen Situationen könnten Tonfall in der Stimme und Gestik eine gewichtige Rolle spielen. Die Kommunikation soll ja den Empfänger letztlich zum gewünschten Handeln bewegen. Ob dies gelingt, ist vielfach neben dem Sach- auch ein Beziehungsproblem.

Das *Verhalten* von Sender und Empfänger bestimmt den Erfolg des Nachrichtentausches. Vielleicht hat deshalb die an sich aufwendige Geschäftsreise nach Übersee nichts von ihrer Bedeutung verloren. Die Theorie geht soweit, die «Körpersprache» als eine zentrale Form der Kommunikation zu betrachten, weil sie die Gefühle des Senders eher ausdrücke, als Worte es tun könnten. Bei der Kommunikation zwischen *Gruppen* wird die Wahl der *Kommunikationsstruktur* zum zentralen Anliegen. *Lineare Netze*, welche nur bilaterale Beziehungen zwischen den Bezugspersonen kennen, haben hier ausgespielt und sind durch *Vollstrukturen* zu ersetzen. Wir verstehen darunter Netzwerke, welche simultan alle Bezugspersonen miteinander verbinden. Wer sich stur der Einhaltung des «klassischen» Dienstweges «von Station zu Station» verschrieben hat, folgt der Idee des Liniennetzes. Typisch dagegen für Vollstrukturen sind Konferenzen oder Arbeiten im Team. Die Kommunikationsstruktur wird deshalb auch den *Führungsstil* massgeblich beeinflussen. Der moderne, mitwirkungsorientierte Führungsstil bedingt Vollstrukturen. Anders vielleicht bei ausgeprägt autoritärer Führung, die manche an sich notwendige Nachricht im Keime erstickt, bevor sie «fliesst».

Kommunikationsbarrieren und -störungen

Zum Thema «Kommunikationsbarrieren und -störungen» ist eine eigentliche Fachliteratur entstanden. *Abbildung 7/6* zeigt im Überblick die Arten und Formen von Kommunikationsstörungen.

Abbildung 7/6:   Kommunikationsstörungen[122]

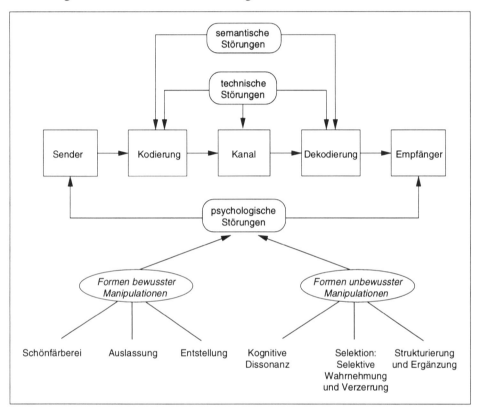

Es wird keine Bank geben, die sich nicht regelmässig mit diesem Komplex auseinandersetzen müsste, denn jedermann hat erkannt, dass über Kommunikation und Information *Macht* erworben und Macht ausgeübt wird. Wer über Spezialwissen und besondere Kontakte verfügt oder sich schon rein zeitlich einen *Informationsvorsprung* gegenüber anderen verschafft, besitzt in einem gewissen Sinne Handlungsmacht. Er kann *Einfluss* nehmen und das *Verhalten* von Personen in entscheidenden Situationen ändern. Das mag mit ein Grund sein, wes-

---

122 In Anlehnung an: Staehle, Wolfgang: Management; 1991, S. 281ff.; Schmidt, Götz: Organisation im Bankbetrieb; 1987, S. 72.

halb namhafte Autoren das Weiterbestehen informeller Organisationsformen begrüssen; denn sie würden «die Kommunikation innerhalb der langen, frustrierenden Verantwortlichkeits- und Hierarchieketten fördern»[123]. In informellen Verhältnissen kommunizieren die Mitarbeiter untereinander auf gleicher Ebene, ungeachtet ihres Ranges oder ihres Titels und losgelöst von einem System der Über- und Unterordnung. Im freien Gespräch erhalten sie dadurch raschere Antworten, auf die sie in bestimmten geschäftlichen Lagen angewiesen sind. Informelle Beziehungen sollen deshalb nicht verhindert werden. Ein möglicher negativer Einfluss ist aber nicht zu übersehen. Er nimmt dort seinen Anfang, wo informelle Kontakte den formellen Nachrichtenfluss untergraben und so der Zielerreichung negativ im Wege stehen.

7.2.   Informatik im Dienste von Information und Kommunikation

7.2.1.   Strategisches Bank-Management und Informatik

Im vorherigen Unterkapitel 7.1. ist mehrmals auf die Verbindungen zwischen Information, Kommunikation und Informatik hingewiesen worden, auch wenn das Informationsproblem zunächst unter Weglassung all jener besonderen Sachfragen diskutiert worden ist, welche sich aus dem Einbezug elektronischer Mittel ergeben. Information und Kommunikation würden eine jede betriebswirtschaftliche Organisation auch dann mit Intensität beschäftigen, wenn die speziellen Aspekte der technischen Unterstützung nicht zu beachten wären.

Heute allerdings sind Information, Kommunikation und Informatik auf das engste miteinander verbunden, in allen Wirtschaftszweigen, in besonderem Masse aber bei Banken. Die Banken gehören zu den intensivsten Benutzern von Computern. Im Jahre 1991 hat die Terminaldichte[124] (Anzahl Terminals/Mitarbeiter) im Bankbereich das Verhältnis 1:1 überschritten, d.h. jeder Mitarbeiter verfügte durchschnittlich über mehr als eine Arbeitsstation. Der Anteil der Banken am gesamten schweizerischen Informatik-Markt liegt zwischen 15% und 20% für Hardware, Software und Informatik-Dienstleistungen.[125] Somit stammt

---

123 Murdick, R.: Management Information Systems, Concepts and Design; 1980, S. 38 zitiert und frei übersetzt.

124 Als Terminals gelten Datensichtgeräte, Personal Computer und Workstations jedoch keine Geldausgabeautomaten (Bancomat/Contomat).

125 Bult, Adrian; Furegati, René; Stüssi, Mathias G.: Wozu Informatik in Schweizer Banken; 1992, S. 5.

jeder sechste Franken, der in der Schweiz für Informatik-Mittel ausgegeben wird, von einer Bank.

Strategischer Zweck der bankbetrieblichen Informatik

Hauptzweck der Informatik - hier verstanden als Oberbegriff für Computertechnik und der Telekommunikation - ist es, die Schaffung, Verbesserung und Erhaltung *technologiebedingter relativer Wettbewerbsvorteile* zu unterstützen. Diese komparativen Vorteile sollen nachhaltig, schwierig zu kopieren und mit beherrschbarem Aufwand zu realisieren sein. Letztlich bestehen aus Kundensicht durch Informatik geschaffene Werte immer darin, dass im Vergleich zur Konkurrenz die gleichen Produkte und Dienstleistungen zu einem niedrigeren Preis oder zum gleichen Preis aber mit höherem Nutzen angeboten werden können. In folgenden vier Bereichen kann die Informatik relative Wettbewerbsvorteile neu schaffen oder bestehende verbessern:[126]

1) *Effektivere Führung und Steuerung:* Die Bankleitung wird durch Zusammenstellung der betriebswirtschaftlichen Basisinformationen zur Beurteilung der eigenen Wettbewerbsposition - der Stärken und Schwächen sowie der Chancen und Gefahren - unterstützt. Hierunter fällt der ganze Bereich der Management-Support-Systeme, der Risk-Management-Systeme oder der Planrechnungen.

2) *Ausweitung des Leistungsangebotes:* Das Produktesortiment wird durch die Bereitstellung neuer oder verbesserter Informatik-Lösungen abgesichert oder erweitert. Gleichzeitig soll die Entwicklungszeit neuer Produkte gesenkt werden («speed to market»). Immer mehr Bankleistungen, zu denken ist etwa an Derivate oder an den elektronischen Handel, können ohne entsprechende Informatik-Mittel gar nicht mehr angeboten werden.

3) *Wirtschaftlichkeit der Leistungserstellung:* Durch die Entwicklung kostengünstigerer Transaktionsabwicklungen und die Einsparung teurerer menschlicher Arbeitskraft soll eine möglichst rationelle Abwicklung aller anfallenden Banktransaktionen sichergestellt werden.

4) *Erhöhung der Servicequalität:* Durch die Verbesserung der Schnittstellen zwischen Kunde und Bankmitarbeiter werden zusätzliche akquisitorische Potentiale geschaffen. Dies kann man etwa durch elektronische Systeme erreichen, welche die zeit- und standortunabhängige Nachfrage nach Bankleistungen erlauben.

---

126 Vgl. Brunner, Christoph; Gysler, Thomas; Muffler, Jürg: Informatik und Telekommunikation; in: Lehrmittel «Die Bank - Unternehmung im Spannungsfeld ihrer Märkte» (in Vorbereitung).

Zweifelsohne ist die Informatik zu einer entscheidenden Wettbewerbswaffe der Banken geworden, wenn es darum geht, zusätzliche Marktanteile zu gewinnen oder die Wertschöpfung zu erhöhen. Heute besteht in Banken nachgerade ein Zwang, modernste Informatik-Mittel einzusetzen. Die rasanten Fortschritte in der Technologie lassen vermuten, dass sich die moderne Bank in naher Zukunft nur noch als riesiges Informations- und Kommunikationssystem begreifen lässt.

Informatik im Rahmen der Unternehmensplanung

Damit die Informatik die ihr zugedachte Rolle spielen kann, sind die Informatik-Ziele, die Vorgehensweisen zur Zielerreichung sowie die einzusetzenden personellen, finanziellen und sachlichen Ressourcen im Rahmen einer systematischen Planung zu erarbeiten, welche letztlich in eine *«Gesamtstrategie Informatik»* mündet. Nur schon angesichts der immensen Kosten der Informatik, für die Grossbanken schätzten Fachleute die Investitionen im Jahre 1991 auf insgesamt 500 Mio. Fr., muss diese Forderung nicht mehr weiter begründet werden. Die Erfahrung lehrt denn auch, dass die *Ansprüche* an die Informatik ständig wachsen, so dass für die laufende Aufgabenerfüllung im planerischen Prozess *Prioritäten* zu setzen sind.

Abbildung 7/7 zeigt eine mögliche Vorgehensweise, wie die Informatik-Strategie aus der Gesamtbankplanung und der Planung der einzelnen Geschäftsfelder sowie der weiteren Logistikfelder abzuleiten ist. Keinesfalls darf die Informatik, wie in der Praxis nur allzuoft der Fall, zum Selbstzweck werden. Die *kurz-, mittel- und langfristige Informatik-Planung* - unter Einschluss der gerade im Informatik-Bereich so zentralen *Projektplanung* - hat sich vielmehr an den Vorgaben der Geschäftsfelder zu orientieren. Nur so kann gewährleistet werden, dass die Informatik tatsächlich der Absicherung einer verteidigungsfähigen Wettbewerbsposition und nicht der Selbstverwirklichung der EDV-Spezialisten dient.

Aufgrund teilweise massiver Kosten- und Zeitüberschreitung ist man zur Erkenntnis gelangt, dass dem *Informatik-Controlling* ein besonderer Stellenwert einzuräumen ist. In einem modernen Verständnis hat dieses die Konzeption und Koordination des Planungssystemes, der Zielerreichungskontrollen (Kosten, Nutzen, Termine, Qualität, usw.) sowie die Ausarbeitung von Korrekturmassnahmen zu umfassen.[127] Angesichts der hohen Informatik-Kosten - einmalige

---

127 Gysler, Thomas: Informatik-Controlling im Bankbetrieb; Zürcher Dissertation am Institut für schweizerisches Bankwesen (in Vorbereitung).

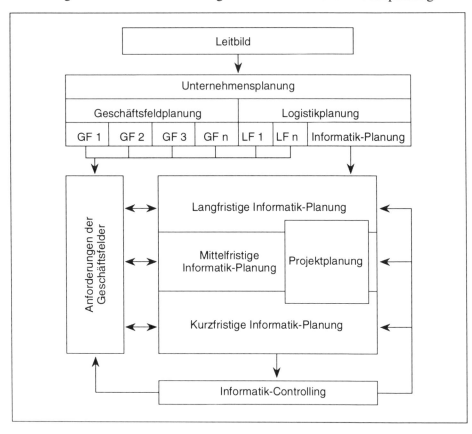

Investitionskosten für Hard- und Software sowie jährlich anfallende Kosten für Benutzer-Unterstützung, Wartung und «Software-Updates» - stehen insgesamt Kosten/Nutzen-Analysen im Zentrum des Informatik-Controllings.

Ein Spannungsfeld ergibt sich für jedes Bank-Management dadurch, dass zur Unterstützung «kurzfristiger» Bankgeschäfte in den Informatik-Abteilungen Entscheidungen mit *langfristigen* Auswirkungen zu treffen sind. Und diese Entscheidungen müssen sich ebenso an langfristigen Leitideen der Bankführung orientieren. Diese bekundet oft Mühe, Leitideen in der wünschbaren Art zu entwickeln. Zum einen, weil die rasanten *Entwicklungen* in der Informatik die Entscheidungen über anzuwendende Technologien, Produkte und Kombinationsmöglichkeiten schwierig machen. Entwicklungsprojekte nehmen stets auch sehr

---

128 In Anlehnung an: Gysler, Thomas: Informatik-Controlling im Bankbetrieb; Zürcher Dissertation am Institut für schweizerisches Bankwesen (in Vorbereitung).

viel Zeit in Anspruch. Zum anderen, weil sich die *Kommunikation* zwischen Bankfachmann und Informatiker immer als sehr anspruchsvoll erweist, für bedürfnisgerechte Informatik-Lösungen aber unabdingbar ist.

Grundlegende Informatik-Strategien

Walter Altherr[129] unterscheidet, wie in *Abbildung 7/8* dargelegt, vier grundlegende Vorgehensweisen zur Erreichung von Informatik-Zielen. Erstens verbleibt die Bank sinnvollerweise in der *bestehenden EDV-Lösung*, falls von den Geschäftsfeldern keine wesentlichen neuen Anforderungen an die Informatik definiert werden, die bestehenden Lösungen die aktuellen Bedürfnisse der verschiedenen Geschäftseinheiten zu befriedigen vermögen und keine technologische Veralterung vorliegt.

Abbildung 7/8:   Grundlegende Informatik-Strategien[130]

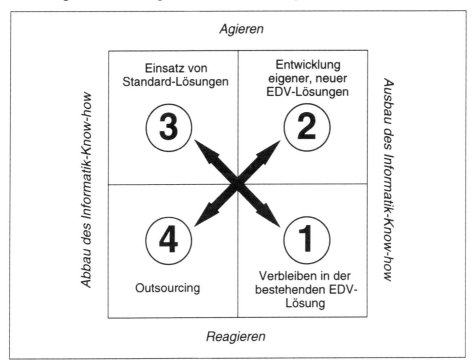

129 Altherr, Walter: Informatik-Controlling und Informationsmanagement; in: Informatik-Controlling im Bank- und Kreditwesen, Tagungsdokumentation UNISYS; 1991.

130 Ebenda, Beilage 3.1.

Wie bereits erwähnt, wird es jedoch weitaus häufiger der Fall sein, dass neue Ansprüche an die Informatik gestellt werden. Dadurch kann sich die Bank veranlasst sehen, *neue Lösungen zu entwickeln*. Als Variante dazu kann auf *Standard-Software* zurückgegriffen werden, die heute verstärkte Verbreitung findet und zwar sowohl in Form von Gesamtbank-Lösungen als auch im Bereich der Einzelanwendungen. Häufig ist der Einsatz von Standard-Software gegenüber Eigenentwicklungen kostengünstiger. Umgekehrt können institutsspezifische Bedürfnisse i.d.R. weniger differenziert abgedeckt werden. Zudem ist der Einsatz von Standard-Software mit dem Abbau von Informatik-Know-how verbunden, es muss weitgehend darauf verzichtet werden, mit der Wettbewerbswaffe Informatik komparative Vorteile gegenüber der Konkurrenz zu erzielen und man begibt sich in ein erhöhtes Abhängigkeitsverhältnis zu den Herstellern.

Die Nachteile des Einsatzes von Standard-Software gelten in noch verstärktem Masse für die vierte Variante, das *Outsourcing*. Unter Outsourcing wird die Ausgliederung der Leistungserstellung an Drittunternehmen oder an Gemeinschaftswerke verstanden. Hauptvorteile der Outsourcing-Lösung liegen in der substantiellen Reduktion der Fixkostenbelastung sowie der - aufgrund der Spezialisierung des Outsourcers - nicht selten markant besseren Leistungsqualität.

Ein Blick auf die schweizerische Bankenszene zeigt, dass sowohl Kantonal- als auch Regionalbanken durch Gemeinschaftsgründungen im Informatik-Bereich einen Teil ihres Kampfes gegen den Kosten- und Investitionsdruck führen.[131] Es ist zu erwarten, dass inskünftig weitere Outsourcing-Möglichkeiten entstehen werden, planen doch Grossbanken den Aufbau eigentlicher Verarbeitungsfabriken mit Informatik-Kapazitäten auch für Drittunternehmen. Weiter an Gewicht gewinnen dürften auch die Standard-Lösungen, vergrössert sich doch das Angebot an ausgreiften Applikationen laufend.

---

131 Als Beispiele für Gemeinschaftsgründungen im Bankbereich zwecks Outsourcing der Informatik oder Teilen davon können die Telekurs AG, die BIRAG (Banken- und Industrierechenzentrum AG), Unicible oder die RTC (Real-Time Center AG) genannt werden. Vgl. Lengwiler, Christoph: Kooperation als bankbetriebliche Strategie; 1988, S. 203ff.

7.2.2. Information und Kommunikation dank Informatik

Zur Technologisierung des Bankbetriebes

Vereinfacht können drei Stufen unterschieden werden, welche die Banken hinsichtlich der Technologisierung durchlaufen:[132] Zuerst ist der *Verarbeitungsbereich* und dort insbesondere die Konto- und Depotführung sowie das Rechnungswesen computerisiert worden, was die Rechenzentren der Banken entstehen liess. In einer zweiten Phase hat man sich dem *Front-Geschäft* zugewendet, namentlich um den Bankmitarbeitern den Umgang mit den Kunden durch direkten Zugriff auf Informationen und Applikationen zu erleichtern. Schliesslich ist mittels Electronic Banking (Telebanking, Selbstbedienungsautomaten, «Point of Sale»-Systeme) die *Kundenschnittstelle* automatisiert worden. Dadurch hat man bisher von Bankmitarbeitern erbrachte Funktionen auf die Kundschaft ausgelagert.

In technischer Hinsicht charakterisieren drei Elemente die Bank-Informatik: die Systemplattform, die Basissysteme und die Anwendungen. Die *Systemplattform* umfasst Hardware inkl. Telekommunikationseinrichtungen sowie Betriebssysteme. Gerade die Bedeutung der Telekommunikation für Banken muss betont werden, hat sie doch in den letzten Jahren nicht unwesentlich zur Globalisierung der Bankgeschäfte beigetragen und dadurch die Struktur der Banken aber auch der Finanzmärkte verändert. Auf ihr beruht der gesamte Informationsaustausch innerhalb der Bank und in zunehmendem Masse auch im Verkehr mit Kunden (z.B. Telebanking, POS-Systeme usw.), mit den PTT-Betrieben, mit anderen Banken, Informationslieferanten wie Telekurs oder Reuters, elektronischen Handelssystemen wie Soffex oder EBS und Giro- und Clearingzentralen wie etwa mit SNB/SIC.[133] Zu den sog. *Basissystemen* zählen u.a. Systeme zur Datenhaltung und -pflege, Systeme zur Erstellung von Basisinformationen (z.B. Customer Information File, Buchungssysteme usw.) sowie Büroautomationssysteme. Unter die Anwendungssysteme fallen schliesslich sämtliche Applikationen, die für bestimmte Funktionen entwickelt werden, wie beispielsweise für die Abwicklung des Zahlungsverkehrs, den elektronischen Handel oder die Bonitätsprüfung im Kreditgeschäft. Die verschiedenen Elemente der Bank-Informatik und die dazugehörenden Schichten zeigt *Abbildung 7/9*.

---

132 Vgl. Steiner, Thomas D.; Teixeira, Diogo B.: Technology in Banking; 1990, S. 45ff.; vgl. auch Brunner, Christoph: Bankübernahmen in der Schweiz; 1994, S. 117f.

133 Vgl. Stüssi, Mathias G.: Aspekte der Informatikstrategie von Banken; 1992, S. 21.

Abbildung 7/9:   Verallgemeinerte Banksystemarchitektur[134]

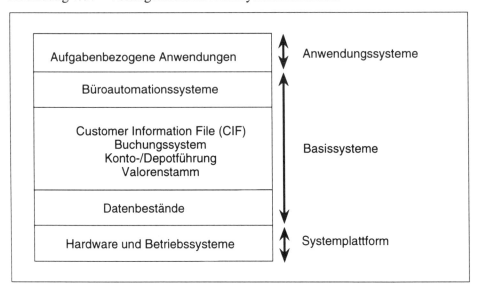

Es ist Sache der Bankfachleute der einzelnen Geschäftsfelder, ihre Bedürfnisse und die damit verbundenen Informationen zu identifizieren, zu strukturieren und zu beschreiben. Den Informatikern dagegen fällt die Aufgabe zu, die *System-plattform und die Basissysteme* aufzubauen und zu betreiben. Bei den *Anwen-dungen* schliesslich kann nur eine enge Zusammenarbeit zwischen Bankfach-mann und Informatiker die Voraussetzungen für den Erfolg schaffen.

Etablierung einer Informatik-Plattform

Das Bank-Management wird von der Informatik die Schaffung einer langfristig wirksamen und homogenen «*Informatik-Plattform*» verlangen. Unter dem Be-griff «Plattform» wird eine konsistente *Informatik-Infrastruktur* verstanden. Nach *Mathias Stüssi* repräsentiert die Informatik-Plattform eine auf die Bedürf-nisse der einzelnen Bank massgeschneiderte Teilmenge im Markte käuflicher *Architekturen*. Sie soll die Möglichkeit eröffnen, neue Anforderungen an die Bank rasch und wirtschaftlich zu realisieren. Zu diesem Zweck muss die techni-sche und betriebliche Infrastruktur weitgehend vorhanden sein, genauso wie *Know-how* über *Methoden und Instrumente zur Projektentwicklung*. Die Platt-form erlaubt, die Zahl «temporärer» Nischen- oder Insel-Lösungen zu verklei-

---

134 Gysler, Thomas: Informatik-Controlling im Bankbetrieb; Zürcher Dissertation am Insti-tut für schweizerisches Bankwesen (in Vorbereitung).

nern und Informatik-Spezialisten abzubauen, die mit ihren Exklusivkenntnissen sehr gesucht und der Bank nicht nur nützlich sind.[135]

So erfolgsversprechend die Etablierung einer einheitlichen Informatik-Plattform auch sein mag, muss doch auch Erwähnung finden, dass angesichts der dynamischen Informatik-Entwicklung die Wahl einer bestimmten Architektur mit nicht unerheblichen Risiken verbunden ist, so etwa wenn der Hersteller selber vom Markt verschwindet. Dieser Problematik kann durch die Wahl herstellerübergreifender Architekturen begegnet werden. Im weiteren ist beizufügen, dass die Kontroverse, ob nicht bei speziellen Anwendungen *Insel-Lösungen* im Vergleich zu Plattform-Lösungen vorzuziehen wären, bis heute nicht eindeutig beantwortet werden kann.

7.2.3. Systeme für das Bank-Management

Management-Informations-Systeme

Computergestützte Informations-Systeme, insbesondere jene zur Unterstützung der Leitungsorgane, stehen seit Jahren im Brennpunkt des Interesses. Die computerunterstützten Management-Informations-Systeme (CMIS oder kurz MIS) sollen idealerweise die zur Steuerung der Bank notwendigen Informationen zur Verfügung stellen und zwar zeit- und empfängergerecht.

Wie dargelegt, hat die Informatik verschiedene Aufgaben zu erfüllen: sie will die Massen- und Routine-Datenverarbeitung pflegen, mit Hilfe von Optimierungsmodellen die analytische Arbeit erleichtern und schliesslich mit Computerunterstützung Führungsinformationen automatisiert bereitstellen. Im *Führungsbereich,* der an dieser Stelle alleine von Interesse ist, geht es darum, Systeme zu schaffen, welche die Gewinnung und Verteilung führungsrelevanter Informationen aus den Daten der Massenverarbeitung und den eingebetteten Optimierungsmodellen erlauben. Die *Berichterstattung* soll rasch erfolgen und, sie muss verdichtet und trotzdem objektiv sein, damit die Entscheidungsträger nötigenfalls innert kurzer Frist kompetent zu reagieren und zu handeln vermögen. Schnelle Entscheidungen sind eben für eine ganze Reihe von Bankaktivitäten typisch, man denke nur an das Devisen- und Börsengeschäft oder an ausgewählte Geldmarkttransaktionen zur Liquiditätssteuerung.

---

135 Vgl. Stüssi, Mathias G.: Aspekte der Informatikstrategie von Banken; 1992 S. 20f.

Hubert Huschke hat auf die Problematik in der Bereitstellung solcher Informationen hingewiesen. Obschon bereits im Jahre 1985 geschrieben, haben seine Darlegungen nichts von ihrer Bedeutung verloren. So führt er u.a. aus: «Führungsinformationen haben den Zweck, den Entscheidungsprozess in einem Unternehmen effizient zu unterstützen. Damit stehen am Beginn einer Lösung einige grundsätzliche Fragen:

- Wer sind die *Teilnehmer* am Entscheidungsprozess, was sind ihre *Informationsbedürfnisse?*
- Wie sind der *Führungsstil* und der *Führungsrhythmus,* denen die Führungsinformation angepasst sein muss?
- Was sind die *führungsrelevanten* Informationen? Welche *Entscheidungssituationen* sind zu unterstützen?
- Was ist die Periodizität? Welche Entscheide fallen *periodisch*, welche *sporadisch* an?
- In welcher *Form* sind die Informationen anzubieten?

(...) Die wohl *schwierigste* Anforderung an ein Führungsinformationssystem liegt darin, dass sowohl *langfristige*, meist *periodisch* wiederkehrende Entscheide als auch *sporadische* Entscheide von häufig *kurzfristigem* Charakter angemessen unterstützt werden müssen.»[136]

Beobachtet man nun die in der Bankenszene eingesetzten MIS, so kann man *vier Hauptvarianten* unterscheiden, wie den Führungskräften Informationen unterbreitet wird:

Variante 1: Periodisch übermittelte Führungsinformationen

Geliefert werden monatliche, wöchentliche oder tägliche Berichte mit Mengen- und Wertdaten, teils kommentarlos, teils nach Verfahren des Soll/Ist-Vergleichs aufgebaut. Mittel also auch zur Budgetüberwachung und -kontrolle. Der Überwachungsbericht wird dadurch zum Leistungsbericht. Es wird informiert über Kreditgewährungen, über die Emissionstätigkeit, über die Einhaltung von Limiten und Länderplafonds, über Depotbewegungen usw. Die Empfängerliste ist zum voraus bekannt, die Lieferung erfolgt unaufgefordert.

---

136 Huschke, Hubert: Der Einsatz neuerer EDV-Techniken für die Bereitstellung von Führungsinformationen; in: Dienste-Sondernummer der SBG; Sept. 1985, S. 39f.

Variante 2: Führungsinformationen über Ausnahmesituationen

Hinter diesem Verfahren steht die Idee eines «Management by Exceptions». Informationen werden nur geliefert, wenn eine Entwicklung nicht «normal» verläuft. Das System geht also von der Annahme aus, dass eine Art von «Normen» existiert, mit denen die Ereignisse des Tages verglichen werden können. Es muss ebenso bestimmt sein, welche Abweichungen von der Norm toleriert werden respektive zugelassen sind, damit das System nicht wegen Bagatellen zu reagieren beginnt. Bei Banken in den USA trifft man etwa auf die Faustregel, Budgetabweichungen innerhalb einer Spannweite von ±5% seien alltäglich, also «normal», und demzufolge weder zu beachten, noch besonders zu kommentieren.

Variante 3: Kombination zwischen periodischer Information und Ausnahme-Information

Die periodische Berichterstattung gemäss Variante 1 wird auf ein absolutes Minimum reduziert. Hinzu kommen Zusatzberichte analog zu Variante 2, sofern Ausnahmesituationen eintreten.

Variante 4: Bedarfsweise, interaktive Erarbeitung von Führungsinformationen

Der Benützer beschafft sich die Führungsinformationen gezielt über den Bildschirm. Ist der Benützer ein Manager, so wird er sich in der Regel darauf beschränken, *vordefinierte* Informationen *abzufragen*. Die Orientierung dürfte dann schwergewichtig in Form von Tabellen und Grafiken am Bildschirm erfolgen. Einfache menügestützte Auswahlregeln erlauben es, aufbereitete Informationen, auf seine Situation zugeschnitten, zu beschaffen. Gezielte Auswahl am Bildschirm statt Papier! Man muss sich jedoch bewusst sein, dass es hier um eine vordefinierte Auswahl aus *Standardberichten* geht, optimal auf die jeweilige Entscheidungssituation hin ausgerichtet. Es ist eine wesentliche Aufgabe des Controllings, diese Standardberichte laufend den Informationsbedürfnissen der Führung anzupassen.

Sind die Benützer dagegen *Stabsmitarbeiter*, dann werden *Decision Support Systeme* zur Anwendung kommen. Beschafft und aufbereitet werden Basisinformationen für weiterreichende Analysen zur Entscheidungsunterstützung. Im Vordergrund stehen einfachere *Modellrechnungen* für das Erkennen von Handlungsalternativen. Auch *Simulations- und Prognoserechnungen* sind denkbar. Demgemäss werden hier ad hoc-Analysen möglich. Der moderne Personal Computer oder die intelligente Workstation stellt dezentral am Arbeitsplatz des

Benützers Rechenleistung, Werkzeuge und Zugriff auf Datenbestände zur Verfügung. Die Weiterverarbeitung der Daten übernimmt der Anwender selbst.

In all diesen Fällen ist es notwendig, für die zentrale Verwaltung der Datenbestände zu sorgen, weil nur so die Richtigkeit und Redundanzfreiheit gewährleistet werden kann. Die Erfassung, Auswertung und Pflege der Daten kann sowohl mittels zentraler als auch dezentraler *Datenbanken* erfolgen.

Expertensysteme

Gerade für Führungskräfte werden künftig aufgrund ihrer Flexibilität und ihrer Selbsterklärungsfähigkeit vermehrt sog. Expertensysteme zum Einsatz gelangen. Expertensysteme werden häufig mit künstlicher Intelligenz gleichgesetzt. Sie sind jedoch lediglich der bekannteste Zweig eines ganzen Forschungsgebietes, das beispielsweise auch das Erkennen und Verstehen der natürlichen Sprache, automatisches Programmieren, Robotik oder Mustererkennung beinhaltet.

Expertensysteme gehen in Richtung flexibel formuliertes und gespeichertes Wissen, bequeme Benutzerschnittstellen und aussagekräftige Erklärungskomponenten. Im Bankbereich gelangen sie heute etwa für die Bonitätsprüfung aber auch für SWOT-Analysen zum Einsatz. Für den Aufbau solcher Systeme wird Expertenwissen gesammelt, formalisiert und in ein Regelwerk eingebettet. Die Dialogkomponente erlaubt auch dem Nicht-Experten den Zugriff auf das System. *Abbildung 7/10* zeigt vereinfacht die Architektur eines Expertensystems.

Nicht verschwiegen werden darf die Gefahr, die von Expertensystemen ausgehen kann. Wenn Fachleute solche Systeme als weitere Entscheidungsgrundlage beiziehen, so ist dies ein Gewinn. Ein Spiel mit dem Feuer wird ihr Einsatz dann, wenn die Benutzer die Folgerungen des Systems nicht kritisch zu werten wissen. Insbesondere falls aufgrund von Expertensystemen falsche Entscheidungen gefällt werden, stellt sich natürlich auch die Frage nach der Verantwortlichkeit.

Büroautomationssysteme

Neben dem MIS haben *Büroautomationssysteme* ihren Siegeszug angetreten. Bei diesen Systemen geht die Tendenz dahin, Daten, Text, Bild und Sprache vermehrt zu integrieren und an einem *multifunktionalen Arbeitsplatz* zur Verfügung zu stellen. Diese Entwicklung kann mit dem Schlagwort «Wired Desk»

Abbildung 7/10: Architektur eines Expertensystems[137]

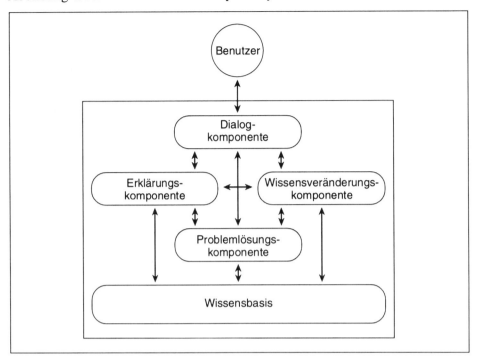

umschrieben werden.[138] An solchen «vernetzten Schreibtischen» stehen Instrumente für die Kommunikation (Netzwerkzugang, elektronische Post, Telefax,
usw.), die Dokumentenerstellung (Text- und Bildverarbeitung, Tabellenkalkula-
tion), das Sortieren und Selektionieren von Daten sowie die Terminplanung zur
Verfügung. Voraussetzung dazu sind leistungsfähige Personal Computer respektive Workstations sowie breitbandige Inhouse-Netzwerke.

Besonders hervorzuheben gilt es die *elektronische Post* (E-Mail). Sie kann
ausserhalb der Blockarbeitszeiten gelesen und beantwortet werden, wodurch die
asynchrone Informationsübermittlung ermöglicht wird. Die Kommunikations-
partner haben nicht gleichzeitig präsent zu sein. Mit E-Mail lässt sich die Er-
reichbarkeit vor allem der oberen Kadermitglieder verbessern, was besonders im
Verkehr mit Übersee bedeutsam ist. Die elektronische Post erleichtert die
Diagonal- und Querinformation ganz erheblich, was auch unter Wettbewerbs-
aspekten ganz entscheidend sein kann.

---

137 Duden Informatik; 1989, S. 222.
138 Vgl. Steiner, Thomas D.; Teixeira, Diogo B.: Technology in Banking; 1990, S. 196ff.

Ebenfalls zu den Büroautomationssystemen gezählt werden *Video-Konferenz-Systeme*, deren Einsatz in international tätigen Banken heute fast schon eine Selbstverständlichkeit ist. Diese erlauben insbesondere auch non-verbale Kommunikation, die gerade auf der Stufe des strategischen Managements eine nicht zu unterschätzende Rolle spielt. In die gleiche Richtung gehen *Bildtelefone*, die heute allerdings noch weitgehend Zukunftsmusik sind.

Bei aller Liebe zur Technologie darf nicht vergessen werden, dass diese zwar Information und Kommunikation verbessern kann, die Führungskräfte aber trotzdem nicht davon befreit sind, Entscheidungen zu fällen und Verantwortung zu tragen. Vor allem in kritischen Lagen ist zu beachten, dass die Mitarbeiter aller Schattierungen im Grunde eine starke persönliche Führung suchen, Chefs, die ihre Präsenz glaubhaft manifestieren, ihr Denken und Beurteilen offenlegen und beweisen, in schwierigen Lagen mit Kompetenz und Mut zu entscheiden. Die Informationsflut, welche mit der Informatik generiert werden kann, lässt die Gefahr manifest werden, dass Kader Entscheide fälschlicherweise hinauszögern und immer noch höhere Anforderungen an die Informationsbasis stellen. Man spricht da und dort von Informationsüberflutung und von den negativen Folgen für das Betriebsklima. Jedenfalls dürfen sich die verantwortlichen Führungskräfte niemals hinter der Technologie verstecken!

8. Kapitel
Personal und Ausbildung

Einführung

Im Gespräch mit Bankiers kann man etwa hören, der Erfolg einer Bank werde ganz entscheidend beeinflusst von der *Qualität* und *Integrität* des Personals. Bei der Leistungserstellung, aber auch marketingseitig spiele der Produktionsfaktor «Mensch», die sog. «Human Resources», die ausschlaggebende Rolle, weil «persönlicher» Verkauf und «persönlicher» Service durch nichts zu ersetzen seien. Der Personalbetreuung mit Einschluss der Ausbildung sei deshalb höchste Aufmerksamkeit zu schenken, in einer Zeit, in der alles dynamischer, turbulenter, vernetzter, globaler, kompetitiver und kompetenter werde, auf Kunden- wie auf Mitarbeiterseite. Um mit der Entwicklung Schritt halten zu können, brauche es bei der Personalarbeit bessere Selektion, mehr Job Rotation, permanente Ausbildung und Umschulung, eine verstärkte Planung im *Management Development*, weltumfassend und gruppenorientiert gestaltet, ein bewusstes Kosten-Management, eine Förderung der Mitarbeiter-Mobilität und einen Paradigma-Wandel in der Führung.[139]

Solchen und ähnlichen Thesen ist in diesem 8. Kapitel nachzugehen. In einem ersten Unterkapitel 8.1. soll aufgezeigt werden, welche *Elemente* das bankbetriebliche Personalwesen bestimmen und in der Folge inhaltlich zu gestalten sind, wenn ein *Personal-Konzept* zu entwickeln ist. In einem zweiten Unterkapitel 8.2. wird versucht, die Bedeutung der *Ausbildung* im Rahmen eines Management Development-Konzeptes bewusst zu machen.

In beiden Unterkapiteln wird grosses Gewicht auf die Tatsache gelegt, dass Personal- und Ausbildungsarbeit zur Sache *aller* Führungskräfte geworden ist. Sie bleibt keineswegs einem begrenzten Kreis von Stabsspezialisten vorbehalten. Sicher kommt für Belange der Personaladministration einer stabsähnlich organisierten, zentralen *Personalabteilung* eine nicht zu unterschätzende Bedeutung zu. Im betrieblichen Alltagsgeschehen aber ist Personalarbeit weitgehend Sache der Linienstellen; denn sie haben Mitarbeiter zu entdecken, zu entwickeln und zu erhalten, basierend natürlich auf gemeinsamen bankinternen Strategien,

---

[139] Vgl. Erne, Victor: Struktur- und Wertewandel: neue Herausforderung an das Management und die Personalarbeit; Vortrag im Rahmen der «Swiss Banking School», gehalten am 25. Aug. 1993 (unveröffentlicht).

Konzepten und Systemen. Dadurch ergibt sich bei der Personalführung eine gewisse *Aufgabenverteilung*: Personalpolitik ist Angelegenheit der Geschäftsleitung, tägliche Personalarbeit Sache der Linie in Kooperation mit der Personalabteilung und Personaladministration eine Aufgabe des zentralen Stabes. Die meisten den Mitarbeiter betreffenden Angelegenheiten fallen zunächst in die Kompetenz der Linie. Die Personalabteilung dagegen übernimmt diejenigen Aufgaben, für welche der Linie die Kapazität, das Fachwissen, zum Beispiel in arbeitsrechtlichen Belangen, oder die Instrumente wie Musterverträge oder Ausbildungshilfen fehlen.

Diese wenigen einführenden Bemerkungen sind notwendig, weil in der Folge in beiden Unterkapiteln auf die organisatorischen und arbeitsteiligen Aspekte nur noch am Rande eingegangen wird.

8.1. Elemente des bankbetrieblichen Personalwesens

Die Aufgaben des bankbetrieblichen Personalwesens werden hier in die drei grossen Gruppen «Bereitstellung des Personals», «Aktivierung des Personals» und «Personalverwaltung und -organisation» gegliedert, wobei jede Gruppe ihrerseits vier Elemente enthält. *Abbildung 8/1* zeigt die zwölf Elemente des bankbetrieblichen Personalwesens im Überblick.

8.1.1. Bereitstellung des Personals

Ein erstes Bündel von zu erfüllenden personalwirtschaftlichen Aufgaben ergibt sich im Zusammenhang mit der Bereitstellung des Leistungspotentials. Es geht dabei im wesentlichen um die vier Aufgabenbereiche «Personalbedarfsplanung», «Personalbeschaffung», «Personaleinsatz» und «Personalfreistellung».

Personalbedarfsplanung

Mit der Personalbedarfsplanung soll erreicht werden, den Bedarf an Mitarbeitern nach Menge und Qualität zu ermitteln und die Struktur der Belegschaft aktiv zu gestalten.

Abbildung 8/1: Elemente des bankbetrieblichen Personalwesens

Bereitstellung des Personals	Aktivierung des Personals	Personalverwaltung und -organisation
Personalbedarfs-planung	Monetäre Anreize	Personalverwaltung
Personalbeschaffung	Soziale Anreize	Personalinformations-systeme
Personaleinsatz	Ausbildungsanreize	Arbeitsrecht und Gewerkschaften
Personalfreistellung	Aufstiegsanreize	Organisatorische Aspekte des Pers.

Im Rahmen der *quantitativen Personalbedarfsplanung* ist auszugehen vom Ge-samtbankplan, der sich über die Geschäftssparten und die abzudeckenden strate-gischen Geschäftsfelder und die Art der unterstützenden Funktionen ausspricht, getrennt für jede Konzerngesellschaft und gegliedert nach Inland- und Ausland-tätigkeit der einzelnen Niederlassungen und Bereiche. *Arbeitsanalysen* und *Ar-beitsbeschreibungen* bilden den Hintergrund für diese planerische Aktivität. Sie gehen aus von der Art der bankwirtschaftlichen Tätigkeit, von Veränderungen in der Umwelt wie den Innovationen an den Geld-, Kredit- und Kapitalmärkten, von Neuerungen im Emissions- und Börsenwesen sowie der Wertschriftenadmi-nistration und führen letztlich zu einem die Gesamtbank-Bedürfnisse abdecken-den, schwergewichtig rein *quantitativ* ausgerichteten *Stellenplan*. Er erlaubt die Ermittlung der Zahl der Mitarbeiter und anhand einer mit Durchschnittswerten vorgenommenen Hochrechnung die Abschätzung der zu erwartenden, jährlichen *Personalkosten*. Zur Bedeutung der Personalkosten an dieser Stelle nur soviel: bei fast allen Banken beträgt ihr Anteil an den Betriebskosten (Gesamtkosten abzüglich Wertkosten) zwischen 60% und 80%, im Mittel etwa 75%. Ein *Ar-beitsplatz* dürfte die Bank im Durchschnitt um die 120'000 Fr. pro Jahr kosten, wie dies Stichprobenuntersuchungen[140] ergeben haben. In diesem Betrag sind

---

140 Die Zahlen sind das Ergebnis einer Analyse auf Vollkostenbasis bei einer grossen Filiale einer Schweizer Grossbank im ersten Quartal 1990.

211

neben Salär und Sozialkosten auch die anteilmässigen Kosten für Raum und für die Amortisationen von Betriebseinrichtungen und Apparaturen sowie für die Betriebsmittel anteilsmässig eingerechnet. Man geht jedenfalls nicht fehl in der Annahme, dass acht Mitarbeiter das Kostenbudget der Bank pro Jahr mit etwa 1 Mio. Fr. belasten. Natürlich sind diese Kosten zumindest teilweise auch *konjunkturabhängig*: in Zeiten wachsender Arbeitslosigkeit dürften sie sich etwas zurückbilden, sofern nicht auch in Rezessionsjahren ungewöhnlich hohe Bankengewinne resultieren. Wie die Erfahrung lehrt, dürfte es bei sehr guter Ertragslage schwierig sein, in den gewerkschaftlichen Diskussionen mit Bankpersonalverband und Schweizerischem Kaufmännischem Verband Salärreduktionen durchzusetzen.

Die quantitative Personalbedarfsplanung muss in einem nächsten Schritt vertieft und verfeinert werden. Dies geschieht im Zuge der *qualitativen Personalbedarfsplanung*. Der vorhin erwähnte mengenorientierte *Stellenplan* ist mit *Arbeitsplatz- und Stellenbeschreibungen* zu konkretisieren und dies mit dem Ziel, im Idealfall für jede einzelne zu besetzende Stelle die erwarteten Fähigkeiten eines Mitarbeiters, die notwendigen Kenntnisse, die praktischen Erfahrungen, die Befähigung für den mündlichen und schriftlichen Ausdruck in Fremdsprachen, den ökonomischen, juristischen oder technischen Background im Sinne einer Wunschvorstellung des Arbeitgebers umschreiben zu können. Werden solche an sich recht aufwendige Stellenbeschriebe regelmässig den neuen Verhältnissen angepasst, lässt sich anhand des ständig sich wandelnden Bildes der Einfluss von Innovationen erkennen. Bestimmte bankbetriebliche Berufe werden mit den sich ändernden Anforderungsprofilen verschwinden, neue dafür entstehen. Arbeitsplatz- und Stellenbeschreibungen erleichtern im übrigen die Kompetenz- und Stellvertretungsregelung, die textliche Gestaltung der Personalwerbung und die Festlegung anforderungsgerechter Löhne. Vor allem aber liefern sie durch Soll/Ist-Vergleiche Informationen und Anregungen für die *Ausbildungsverantwortlichen*. Schulungsprogramme sollen ja der Erfüllung der qualitativen Personalbedarfspläne dienen.

Nach Abschluss dieser planerischen Vorarbeiten ist die *optimale* und anzustrebende *Personalstruktur* in quantitativer wie qualitativer Hinsicht klar zu erkennen, gegliedert nach Funktionen, Hierarchieebenen, Lebens- und Dienstalter, Geschlecht und Ausbildungsrichtung. Auch wenn später die wirklichen Verhältnisse von der optimalen Lösung abweichen, bleiben die Pläne als Führungshilfe und Orientierungsmittel unentbehrlich. Sie können unzählige Diskussionen zu Ausbildungsfragen, zur Altersstrukturgestaltung, zur Lohngleichheit von Mann und Frau bei Ausübung gleicher Funktionen, zum Machtkampf zwischen Generationen massgeblich erleichtern. Auch wird bewusst, dass man Strukturen gestalten kann und durch aktives Tun gestalten muss und dass sie niemals Resultat des reinen Zufalls werden dürfen. Auf ausländischen Finanzplätzen wie etwa New York kommt hinzu, dass Strukturpläne oft auch arbeitsrechtliche Diskussionen mit dem Staat in dem Sinne entlasten, als sie das Verhältnis zwischen weiblichen und männlichen oder schwarzen und weissen Arbeitskräften aufzeigen, also über die Erfüllung behördlicher Auflagen informieren.

Personalbeschaffung

Mit der Personalbedarfsplanung wird u.a. die *Personalbeschaffung* vorbereitet. Sie setzt ein mit der *Personalwerbung*, die je nach Arbeitsmarktlage unterschiedlich zu gestalten ist. Zunächst wird wohl jede Bank die Möglichkeit nutzen, über *interne Stellenbörsen* Personalbedürfnisse hausintern zu befriedigen. Dies zum Teil, weil erfahrungsgemäss bei vielen Mitarbeitern latente und so noch nicht genutzte Fähigkeiten vorhanden sind, die eine Versetzung, vielleicht mit einer Promotion verbunden, durchaus rechtfertigen. Dann aber auch, weil bei internen Verschiebungen und Promotionen Gewähr dafür besteht, dass eine bestimmte Unternehmenskultur erhalten bleibt, kennt doch der erfahrene und erprobte Mitarbeiter die Gepflogenheiten eines Hauses. Nicht zu vergessen auch die *psychologische* Wirkung: es ist sehr wichtig, dass die Mitarbeiter von den Möglichkeiten eines internen Aufstiegs nicht nur hören, sondern dass sie solche Promotionen konkret miterleben und vielleicht an sich selbst erfahren. Selbstverständlich bedingen solch interne Mutationen das Vorhandensein eines entsprechenden Umschulungsprogrammes.

Ist aufgrund bestimmter Konstellationen allerdings eine Blutauffrischung, ein neues und noch unbelastetes Denken gefragt, wird der externen Personalbeschaffung der Vorzug zu geben sein, durch Ausschreibung in der Presse, durch direkte *Abwerbung* bei der Konkurrenz, durch Einbezug eines Personalvermittlers, möglicherweise auf *Headhunting* spezialisiert. Dem *Personalmarketing* und der Phantasie seiner Leiter sind da, von ethischen Normen einmal abgesehen, keine Grenzen gesetzt. Sicher müsste man auch tolerieren, dass andere Gegenrecht halten und ihrerseits auf dem Arbeitsmarkt aktiv sind. Vor allem in Zeiten ausgetrockneter Arbeitsmärkte sind dadurch die *Fluktuationsraten* massiv angewachsen. Sie lagen Ende der 80er Jahre bei den Grossbanken zwischen 14% und 17%, bei den Banken insgesamt zwischen 5% und 28%.[141] Dem Vernehmen nach sanken sie bis zum Ende des Rezessionsjahres 1993 auf 4.5% bis 7%! Eine Bank hat errechnet, dass ihr bei einer Personalmutation im Durch-

---

141 Die Zahlen basieren auf eigenen Umfragen bei ausgewählten Schweizer Banken.

schnitt Zusatzkosten von rund 50'000 Fr. erwachsen. Bei einer Fluktuationsrate von 15%, bezogen auf 3'000 Mitarbeiter Zusatzkosten von 22.5 Mio. Fr. Die Faustregel von 5 Mio. Fr. Zusatzkosten pro 100 Mutationen haben inzwischen auch andere Banken bestätigt. Fluktuationen sind jedoch nicht nur unter kostenrechnerischen Aspekten ernst zu nehmen. Stellenwechsel qualifizierter Mitarbeiter, oft auch in Kaderfunktionen, bringen meist einen bedeutsamen Verlust an *Know-how* für die eigene Bank und einen unerwünschten Know-how-Transfer zur Konkurrenz. Obwohl oft bestritten, wird ein solcher Transfer zweifellos erfolgen, wenn auch in einer Art und Weise, der rechtlich nicht geahndet werden kann. Erfahrungen im Umgang mit dem Headhunting machen auch deutlich, wie rasch die Treue zu einem Arbeitgeber und möglicherweise auch eine berechtigte Dankbarkeit vergessen sind, wenn entsprechende finanzielle Angebote auf dem Tisch liegen.

Arbeitsmarktforschung und *Personalmarketing* spielen insbesondere bei der Nachwuchsbeschaffung eine bedeutsame Rolle. Stellvertretend für viele mögliche andere Beispiele seien die dauernden Verbindungen und Kontakte vieler Banken aller Kategorien zu Hochschulen, Universitäten und wissenschaftlichen Instituten, die dort wirken, erwähnt. Auch die wissenschaftliche Seite ist für solche Kontakte dankbar. In Zeiten ausgetrockneter Arbeitsmärkte können die massgeblich vom Staat und somit vom Steuerzahler getragenen Anstalten der Wirtschaft Hilfe anbieten, in Zeiten der Arbeitslosigkeit lässt sich für junge und erfolgversprechende Nachwuchskräfte überhaupt Beschäftigung finden.

Der Personalwerbung folgen *Anstellungsgespräche*, die von Bank zu Bank recht unterschiedlich geführt werden. Die einen arbeiten mit festen *Auswahlkriterien* - Alter, Geschlecht, bisheriger Werdegang, veröffentlichte Arbeiten, militärische Funktionen, Parteizugehörigkeit, Konfession, äusseres Erscheinungsbild, Umgangsformen, Auslanderfahrung, Fremdsprachenkenntnisse - andere führen die Gespräche nach der *Interviewmethode*, teils strukturiert, teils eher frei und der Situation angepasst. Arbeitsproben und Tests aller Art können Bewerbungsunterlagen und Gespräche mit dem Bewerber ergänzen.

Anstellungsgespräche sollen die *Personalauswahl* erleichtern, die *Beurteilung* der Bewerber ermöglichen. Das Bild, das sich nach den diversen Prüfverfahren ergibt, wird eine sinnvolle und zweckmässige *Personalzuordnung* ermöglichen. Man möchte neue Mitarbeiter ja dort zum Einsatz bringen, wo die optimale Ausschöpfung des gegebenen Leistungspotentials möglich ist. Weitere Selektionsverfahren, etwa durch Einschaltung von Assessment Centers, und das Einholen von Informationen bei kompetenten Auskunftspersonen können das Auswahlprozedere ergänzen.

214

Personaleinsatz

Der Anstellung wird der erste Arbeitstag folgen. Der *Personaleinführung* ist dabei grosse Bedeutung beizumessen. Auch hoch qualifizierte Mitarbeiter sind auf *Einführungskurse* und eine erste *Informationsvermittlung* angewiesen, handle es sich nun um Gesamtbank-Zusammenhänge oder arbeitsplatzspezifische Besonderheiten.

Die Personaleinführung hat überzuleiten zur nachfolgenden *Personalunterstützung und -betreuung*. In erster Linie sind hier die dauernden Ausbildungsbemühungen zu nennen, wobei dem oft verkannten «*Training on the Job*» zentrale Bedeutung zukommen dürfte. Im Verlaufe der personellen Betreuung wird sich überdies zeigen müssen, inwieweit bei einem Mitarbeiter *Mobilität* und *Flexibilität* gegeben sind, zwei Eigenschaften, die dem Vernehmen nach vielen Personalverantwortlichen mehr und mehr Sorgen bereiten. Mobilität in diesem Sinne bedeutet, dass ein Mitarbeiter Bereitschaft zeigt, nötigenfalls seinen Arbeitsplatz bankintern zu wechseln, sich beispielsweise der Belegschaft einer Filiale im In- oder Ausland anzuschliessen, verbunden mit einem Wohnortswechsel und den bekannten Folgewirkungen für die ganze Familie. Ganz bestimmte Vorstellungen zur ausserbetrieblichen Lebensqualität führen oftmals zu Absagen an die Adresse des Arbeitgebers. Aufgrund sehr vieler Beobachtungen vor allem bei international tätigen Banken muss zweifellos von einer schwindenden Bereitschaft zu Deplacements gesprochen werden. Fairerweise ist aber auch zu erwähnen, dass manche Bank das spätere *Rückkehrerproblem*, vor allem nach langer Auslandabwesenheit, nur unbefriedigend zu lösen vermag, was der Bereitschaft zum Umzug wenig förderlich ist. Auch sind direkte Vorgesetzte vorwiegend aus egoistischen Gründen oft nicht bereit, eigene Mitarbeiter, die ihnen sehr dienlich sind, für neue Aufgaben innerhalb der Bank, aber zugunsten von Kollegen anderer Ressorts freizugeben.

Geht es bei der *Mobilität* um örtliche Veränderungen, ist unter der Eigenschaft der *Flexibilität* die vorhandene berufliche *Polyvalenz* zu verstehen. Höchste Flexibilität bietet ein Allround-Bankier, der ohne lange Vorbereitung im Commercial, Investment oder Trust Banking oder auch in logistischen Ressorts, im Rechnungswesen, in der Planung oder in der Informatik eingesetzt werden könnte. Die immer grösser werdende Komplexität des Bank- und Finanzgeschäftes legt (leider) recht vielen eine frühe *Spezialisierung* nahe, was sich in der Gestaltung der internen und externen Schulung manifestiert, etwa mit bedeutsamen Absagen an die Idee eines «General Banking». Die Folgen sind unübersehbar. So zeigen Devisen-, Noten- und Edelmetallhändler, Börsenfachleute und Derivatespezialisten, um einige Beispiele zu nennen, bei notwendigen Restrukturierungen meist erhebliche Mühe, sich im eigenen Hause, in neuen Funktionen anzusiedeln.

Auch hier dürfte es schwierig sein, nach den «Schuldigen» zu suchen. Die *Arbeitsstrukturierung* ist heute so ausgeprägt, dass jeder *Arbeitsinhalt* ganz bestimmte Anforderungen stellt und an spezialisierte Fähigkeiten appelliert. Aber auch die *Arbeitsmittel* und *Arbeitsabläufe* und damit die *Arbeitsumgebung* unterscheiden sich bankintern von Etage zu Etage, was der Mobilität und der Flexibilität natürlich abträglich ist. Das alles lasse sich, meinen Fachleute, auch bei noch so sorgfältiger Personaleinsatzplanung nicht verhindern. Der geborene Devisen- oder Edelmetallhändler bleibe das ein Leben lang, so wie ein passionierter Buchhaltungschef nicht zum Verkäufer von Bankdienstleistungen umzuerziehen sei. Dass der moderne, sog. *multifunktionale Arbeitsplatz* mit all seinen elektronischen Einrichtungen teilweise eine noch ausgeprägtere Arbeitsstrukturierung zusätzlich fördert, sei nur am Rande erwähnt. Auch beeinflusst der Büroautomatisierungsgrad das Arbeitsumfeld und die Arbeitszeiten erheblich, wie *ergonomische* Studien zeigen. Mit solchen Arbeitsplätzen ist jedoch immer auch *Prestige* verbunden, selbst wenn eine Stelle den Inhaber eher unter- als überfordert.

Personalfreistellung

Zur Bereitstellung des Personals ist schliesslich auch die Personalfreistellungs-Problematik zu zählen, die *interne* wie die *externe Freistellung*.

Bei der *internen* Freistellung geht es primär um die Gewährung *flexibler Arbeitszeiten*, teils aber auch um dauernde und entlastende Arbeitszeitverkürzungen und um Möglichkeiten für eine Teilzeitarbeit, insbesondere bei grösseren familiären Verpflichtungen. Lösungen in dieser Richtung bewirken meist Aufgabenumverteilungen, die aus naheliegenden Gründen bei polyvalenten Mitarbeitern leichter zu bewerkstelligen sind.

Die *externe Freistellung* ist im Zusammenhang mit der vorzeitigen, flexiblen *Pensionierung* zum Thema geworden, weil viele der älteren Angestellten aller Stufen eine reduzierte Tätigkeit der abrupten Versetzung in den Ruhestand vorziehen. Pensionierungsprobleme lassen sich mit der Möglichkeit auf vorzeitigen, aber begrenzten Rücktritt mildern, was Kurse zur Vorbereitung auf das Pensionierungsalter immer wieder bestätigen. Bei allem Verständnis für soziale und psychische Probleme des Mitarbeiters muss allerdings die Möglichkeit für eine definitive Entlassung stets gewahrt bleiben, weil in manchen Fällen Probleme des altersbedingten physischen und geistigen Abbaus mit den Zielen des Unternehmens nicht mehr in Einklang zu bringen sind. Auch zeigen Erfahrungen, dass viele Menschen in vorgerücktem Alter die Fähigkeit verlieren, sich selber in einer Gemeinschaft einzustufen und nicht bereit wären, eine Funktion freiwillig abzugeben. Dies ist übrigens in Verwaltungsratsgremien nicht anders: viele Unternehmen schaffen die Erneuerung nur dank statutarischer Altersbegrenzungen. Es nützt da gar nichts, was Mark Twain einmal sagte: «Wirklich unersetzlich in der Geschichte der Menschheit waren nur Adam und Eva».

Wichtig in solchen Situationen allerdings ist, dass die Bank dazu beiträgt, die *Freistellungsfolgen* zu bewältigen, mit Kursen, welche auf die Pensionierungszeit vorbereiten, nötigenfalls mit psychologischer Betreuung und im finanziellen Bereich durch angemessene Renten und ergänzende Abfindungen.[142]

8.1.2. Aktivierung des Personals

Seit Generationen wird darüber gestritten, ob der Mensch in seiner Grundveranlagung als *faul* oder als *fleissig* zu qualifizieren sei. Nach unzähligen Sprechstunden zu schulischen Promotionsproblemen an Mittelschulen und Universität gewinnt man den Eindruck, auftretende Schwierigkeiten seien niemals Folge mangelnder Intelligenz, sondern stets das Resultat von Bequemlichkeit und Faulheit, zumindest, wenn man der Meinung von Eltern und Lebenspartnern folgt. Wie dem auch sei: die Frage kann an dieser Stelle weder diskutiert, noch abschliessend beantwortet werden, zumal die Bankbetriebswirtschaftslehre auch nicht die Kompetenz hätte, darüber zu befinden. Eine Tatsache allerdings kann nicht bestritten werden: die Wirtschafts- und Bankpraxis lehrt, dass die Bereitstellung des Personals, auch wenn sie noch so gewissenhaft erfolgt, nur dann langfristigen Nutzen stiftet, wenn das Personal über Jahre und Jahrzehnte hinweg aktiviert werden kann. Um das zu erreichen, sind personalwirtschaftliche *Anreizsysteme* geschaffen worden, Formen monetärer und sozialer Anreize, neben Ausbildungs- und Aufstiegsanreizen. Motivatoren also, welche den Menschen dazu bewegen sollen, zugunsten des Arbeitgebers und ebenso zu seinem eigenen Wohle eine *Leistung* zu erbringen. Über den Einsatz solcher Anreizsysteme ist nachfolgend zu berichten.

---

142 Für weitere Darlegungen im Zusammenhang mit der rezessionsbedingten Freistellungs-problematik sei auf das folgende Werk verwiesen: Lutz, Karin: Das Personalkonzept der Bank; Zürcher Dissertation am Institut für schweizerisches Bankwesen (in Vorbereitung).

Monetäre Anreize

Die monetären Anreize bedürfen keiner langen Begründung. Geld hat über die Menschheitsgeschichte hinweg seine motivierende Bedeutung beibehalten, nicht nur im Wirtschaftsleben, auch in der Kunstszene oder im Sport. Wahrscheinlich würde man nicht über ein Jahrzehnt hinweg die Kugel stossen oder mit dem Rad die Alpenpässe überqueren, gäbe es die monetären Anreize nicht. Auf die Bank bezogen bildet das *Salärwesen* mit Einschluss der diversen Sozialleistungen und der Salär*zusätze* das Kernstück der *monetären Anreize*.

Salär- und Sozialleistungsstrukturen sind untrennbar miteinander verwoben. Im Salär sind die obligatorischen Beiträge zugunsten der 1. und 2. Säule zu berücksichtigen. Zum Teil werden zusätzlich Nebenleistungen des Arbeitgebers für repräsentative Verpflichtungen erbracht. Daneben bestehen überall klare Spesenregelungen. Diskussionen entstehen Jahr für Jahr bei den Lohnverhandlungen mit dem Bankpersonalverband, was die Anpassung der Lohnhöhe an neue wirtschaftliche Gegebenheiten anbetrifft. Während die *gewerkschaftliche* Seite in der Regel auf generelle reale Lohnerhöhungen und Teuerungszulagen pocht - von den Forderungen nach Arbeitszeitverkürzung und bezahlten Ausbildungstagen einmal abgesehen - drängen die Banken in den Verhandlungen mehr und mehr auf eine leistungsgerechte Entlöhnung, was natürlich Arbeitsbewertungen bedingt.[143] Je nach Ausgestaltung des Systems ist somit zwischen Basislohn und *Salärzusätzen* zu unterscheiden, Salärzusätze im Sinne von Leistungs- und Anerkennungsprämien und/oder von Erfolgsanteilen. Auch das betriebliche Vorschlagswesen im Hinblick auf mögliche Verbesserungen in den Betriebsabläufen arbeitet meist mit monetären Anreizen.

Oft unausgesprochen steht damit zweifellos auch im Bankenbereich der «*gerechte*» Lohn zur Debatte, eines der ältesten betriebswirtschaftlichen Themen überhaupt. Bei den Banken hat sich die Auffassung durchgesetzt, gleiche Leistungen seien mit gleichem Lohn abzugelten, ungeachtet des Geschlechts oder der Rassenzugehörigkeit des Mitarbeiters. Ob dem Lebensalter und dem Zivilstand zusätzlich Rechnung zu tragen ist, wird unterschiedlich beurteilt. Die nötigen Arbeitsbewertungen auf der Grundlage der Stellenbeschreibungen sind in der Regel wenig umstritten. Geteilt sind die Meinungen dagegen in bezug auf Erfolgsbeteiligung bzw. Risikoübernahme. Wer am Gewinn partizipiert, müsste in Krisenzeiten auch bereit sein, Verluste mitzutragen. Gesprochen wird allerdings meist nur von den *Bonussystemen*. Die Banken gehen da ganz verschiedene Wege und verteilen den zur Auszahlung freigegebenen Bonus oft aufgrund kombinierter *Bemessungskriterien*. Ein Teil des Bonus wird beispielsweise

---

143 Diese bilden oftmals die Grundlage für die Festlegung von Bonussystemen.

gleichförmig auf alle Mitarbeiter verteilt, ein weiterer Teil aufgrund der Ergebnisse der individuellen *Qualifikationen*, ein möglicher dritter Teil schliesslich aufgrund der *Budgettreue*, als Anerkennung für Kostenunterschreitungen oder nicht-budgetierte Zuwachsraten bei den Erlösen. Dadurch werden gleichzeitig heikle Nebenfragen aufgeworfen: wer qualifiziert und wann ist eine Qualifikation «bonuswürdig»? Wer budgetiert und bestimmt die Budgetstandards?

Weitere *Unterstützungsleistungen* können das geltende Salär- und Sozialleistungssystem zusätzlich komplizieren: zu denken ist hier an Mitarbeiterkredite und -darlehen zu Vorzugsbedingungen, an eine höhere Verzinsung der Mitarbeiterersparnisse und -einlagen, an die Übernahme von Versicherungsleistungen und Arztkosten durch den Arbeitgeber, an die Subventionierung von Freizeitanlagen und Einrichtungen für den Firmensport, an die Zusatzleistungen der Bank für die Verpflegungsstätten, an Sonderleistungen für Kranke und Pensionierte. Offen ist die Frage, ob die Banken tatsächlich deutlich erkennbare Wettbewerbsvorteile auf dem Arbeitsmarkt erlangen, wenn sie monetäre Anreize ins Spiel bringen. Die gemeinsamen Salärverhandlungen haben doch wesentlich zur Angleichung, wenn nicht gar zur Nivellierung geführt, von den Zusatzentschädigungen und Erfolgsprämien einmal abgesehen.

Soziale Anreize

In der modernen Massengesellschaft spielen soziale Anreize eine immer bedeutsamere Rolle, wie dies Untersuchungen zur sog. *betrieblichen Lebensqualität* und zur Humanisierung der Arbeitswelt zeigen. *Abbildung 8/2* vermittelt eine Übersicht über die Faktoren der Lebensqualität; *Abbildung 8/3* zeigt die Verknüpfung von Massnahmen und Zielen der Arbeitshumanisierung.

Abbildung 8/2:   Faktoren der Lebensqualität[144]

144 Studie des Instituts für schweizerisches Bankwesen an der Universität Zürich, Winter-
    Semester 1980/81.

220

Abbildung 8/3: Die Verknüpfung von Massnahmen und Zielen der Arbeitshumanisierung [145]

Komponenten der Humanität

Verbesserung physischer Bedingungen des Arbeitslebens

Verbesserung psychischer Bedingungen des Arbeitslebens

Verbesserung sozialer Bedingungen des Arbeitslebens

Erhöhung der Arbeits-sicherheit

Abbau körperlicher Belastungen

Änderung der Arbeits-mittel

Änderung der Arbeits-umwelt

Demokrati-sierung

Verbesse-rung der Arbeits-struktur

Änderung des Arbeits-ablaufs

Änderung des Arbeits-inhalts

Verbesse-rung des Betriebs-klimas

Verbesse-rung der sozialen Umwelt

Änderung des Füh-rungsstils

Änderung im Kommu-nikations-wesen

Arbeitserweiterung (Job Enlargement)

Arbeitsbereicherung (Job Enrichment)

Arbeitsplatzwechsel (Job Rotation)

Teilautonome Arbeitsgruppe

Beispiele für Strategien und Massnahmen der Humanisierung

145 Kreikebaum, Hartmut; Herbert, Klaus-J.: Humanisierung der Arbeit; 1988, S. 84.

221

Abbildung 8/4:   Formelle und informelle Gruppen

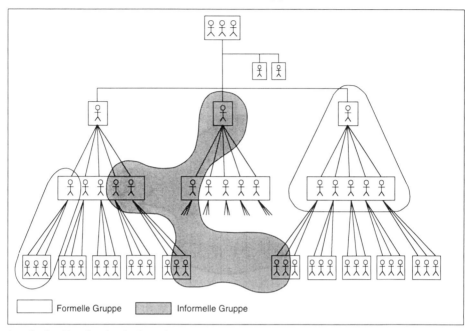

Formelle Gruppe   Informelle Gruppe

Auch der Bankmitarbeiter fühlt sich einer *Gruppe* zugehörig, sei sie nun, wie dies *Abbildung 8/4* schematisiert zeigen will, durch «Organisation» als Abteilung oder als Team künstlich geschaffen worden oder durch gemeinsame Interessen, Neigungen oder ganz einfach durch Sympathie *informell* entstanden. Im Verhältnis zwischen formellen und informellen Gruppen werden auch Machtkonstellationen innerhalb einer Belegschaft erkennbar und dadurch auch ein Stück *Unternehmenskultur*; denn vor allem die informellen Gruppen beeinflussen das Betriebsklima und die Willensbildungsprozesse bei *Mitsprache* und *Mitbestimmung* recht bedeutsam.

Auf eine Merkwürdigkeit ist in diesem Zusammenhang hinzuweisen: so sehr das Zusammenwirken formeller und informeller Gruppen mit einer echt menschlichen Führung der Gruppe bejaht und der Nutzen des Zusammengehörigkeitsgefühls anerkannt wird, so wenig besteht heute in breiten Kreisen einer Belegschaft Lust, die formelle, verantwortliche Leitung einer Gruppe zu übernehmen. Viele Befähigte warten in Banken auf Beförderung, ziehen aber eine Stabstätigkeit der Übernahme einer Linienverantwortung vor. Umfragen bei erfolgreichen Absolventen der «Swiss Banking School» bestätigen diesen Eindruck. Das Führen und Begleiten von Menschen aller Kategorien sei nur bedingt ein Anreiz, weil von manchen Unannehmlichkeiten begleitet. Eine gewisse Parallele übrigens zu militärischen Erfahrungen, weil sich auch dort junge Leute zu

Stabsfunktionen drängen, auf die Übernahme eines Kommandos jedoch gerne verzichten.

Ebenso sind die *Mitwirkungsrechte* - Mitsprache, Mitbestimmung und Mitbeteiligung - unter dem Aspekt der sozialen Anreize zu beurteilen. Bei allen Befragungen zum Thema «Lebensqualität» wird immer wieder auf die unbefriedigende *Informationspolitik* der Bank verwiesen, was die Mitsprache erschwere. Darunter leide zwangsläufig die innerbetriebliche *Kommunikation*. Information und Kommunikation prägen in der Tat den Führungsstil eines Hauses und damit die Art der *Mitarbeiterführung*. Dort, wo Menschenführung und -betreuung versagt, häufen sich erfahrungsgemäss die *stressinduzierenden Faktoren*, nimmt die *Konfliktanfälligkeit* zu. *Abbildung 8/5* zeigt anhand eines sog. «Stressmodells» die Zusammenhänge zwischen stressinduzierenden Faktoren und psychischen und physischen Dauerschäden.

Stressbewältigung und *Konfliktmanagement* sind im Sozialbereich zu Schlüsselaufgaben geworden. Wer sie mit Auszeichnung löst, kann zumindest nach der Theorie zusätzliche soziale Anreize bieten. Die *Lösungsansätze* sind allerdings noch immer sehr umstritten: im Gegensatz zur verbreiteten Auffassung, Stress sei zur Hauptsache Ausdruck der physischen Überbelastung am Arbeitsplatz, neigen viele dazu, Stress primär als psychisches Problem zu sehen.

Nicht Arbeit mache krank, sondern Unzufriedenheit am Arbeitsplatz, Enttäuschungen und Niederlagen, Über- wie Unterforderung, Angst um die Position, Konflikte aller Art mit Kolleginnen und Kollegen. So stellt sich für fast alle Führungskräfte die Frage, ob sich die mehr unbewusst wahrgenommenen Spannungen und letztlich die offenen *Konflikte* überhaupt vermeiden lassen. Ja, das Fragen geht sogar noch weiter: ob man Konflikte überhaupt verhindern sollte? Manche sehen Konflikte im Betrieb, am Arbeitsplatz, als innovative Kraft, als echte Chance.[146] Sie auszutragen und zu bewältigen diene der unternehmerischen Sache besser, als sie mit unschönen Kompromissen zu verhindern. Auch wenn der Konfliktaustragung sehr viel Positives abgewonnen werden kann, bleibt die Tatsache bestehen, dass es sehr oft die Konfliktpotentiale sind, welche Mitarbeiter dazu bewegen können, Beförderungen auszuschlagen und auf die Übernahme neuer Verantwortlichkeiten zu verzichten.

---

146 Vgl. Institut für Weiterbildung und Persönlichkeitsentwicklung (IWP AG): Konflikte als Chance - Konfliktmanagement, Werkzeug für Führungskräfte; 1993.

Abbildung 8/5:   Stressmodell[147]

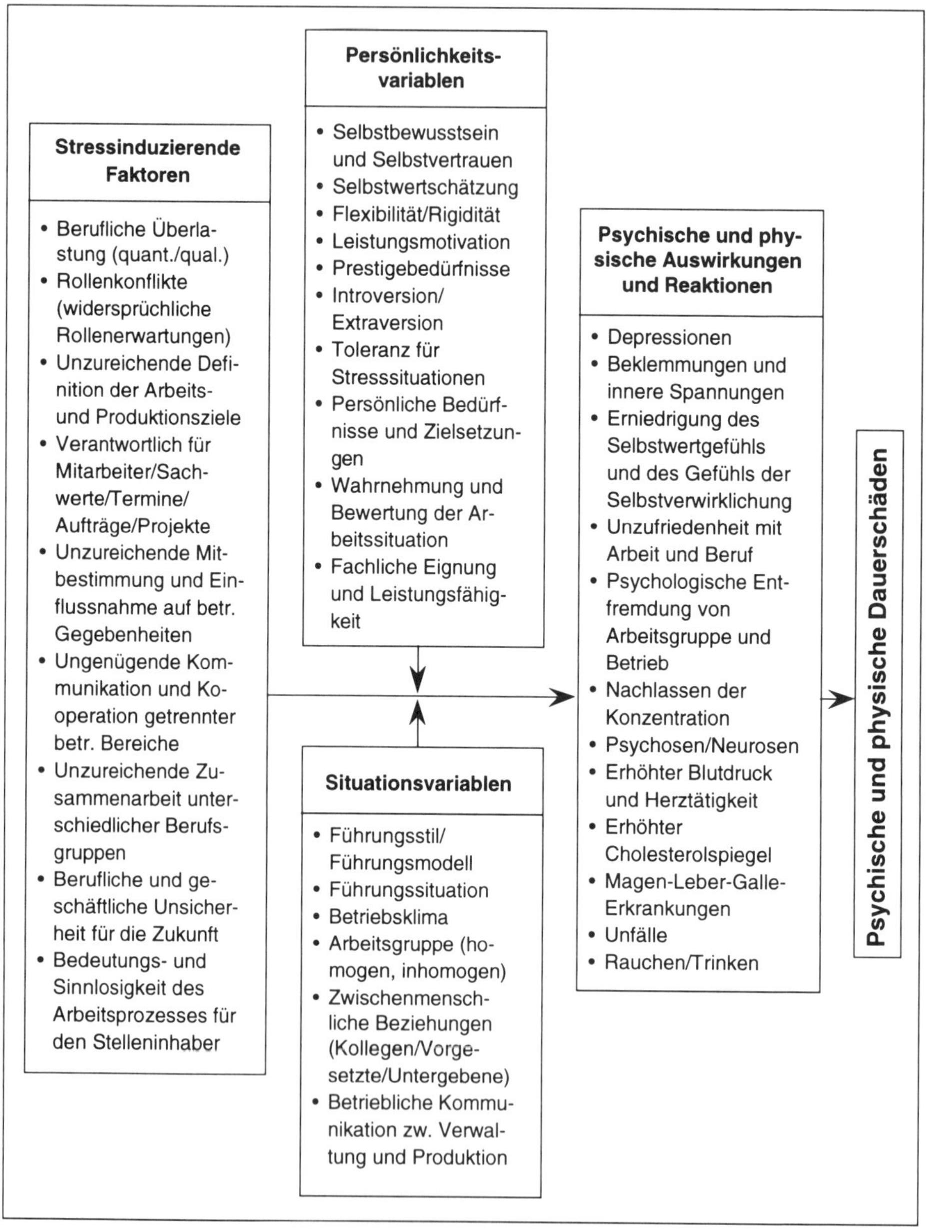

Stressinduzierende Faktoren

- Berufliche Überlastung (quant./qual.)
- Rollenkonflikte (widersprüchliche Rollenerwartungen)
- Unzureichende Definition der Arbeits- und Produktionsziele
- Verantwortlich für Mitarbeiter/Sachwerte/Termine/Aufträge/Projekte
- Unzureichende Mitbestimmung und Einflussnahme auf betr. Gegebenheiten
- Ungenügende Kommunikation und Kooperation getrennter betr. Bereiche
- Unzureichende Zusammenarbeit unterschiedlicher Berufsgruppen
- Berufliche und geschäftliche Unsicherheit für die Zukunft
- Bedeutungs- und Sinnlosigkeit des Arbeitsprozesses für den Stelleninhaber

Persönlichkeitsvariablen

- Selbstbewusstsein und Selbstvertrauen
- Selbstwertschätzung
- Flexibilität/Rigidität
- Leistungsmotivation
- Prestigebedürfnisse
- Introversion/Extraversion
- Toleranz für Stresssituationen
- Persönliche Bedürfnisse und Zielsetzungen
- Wahrnehmung und Bewertung der Arbeitssituation
- Fachliche Eignung und Leistungsfähigkeit

Situationsvariablen

- Führungsstil/Führungsmodell
- Führungssituation
- Betriebsklima
- Arbeitsgruppe (homogen, inhomogen)
- Zwischenmenschliche Beziehungen (Kollegen/Vorgesetzte/Untergebene)
- Betriebliche Kommunikation zw. Verwaltung und Produktion

Psychische und physische Auswirkungen und Reaktionen

- Depressionen
- Beklemmungen und innere Spannungen
- Erniedrigung des Selbstwertgefühls und des Gefühls der Selbstverwirklichung
- Unzufriedenheit mit Arbeit und Beruf
- Psychologische Entfremdung von Arbeitsgruppe und Betrieb
- Nachlassen der Konzentration
- Psychosen/Neurosen
- Erhöhter Blutdruck und Herztätigkeit
- Erhöhter Cholesterolspiegel
- Magen-Leber-Galle-Erkrankungen
- Unfälle
- Rauchen/Trinken

Psychische und physische Dauerschäden

---

147 Weinert, Ansfried B.: Einfluss der Organisationsstruktur auf betrieblichen Stress; in: Industrielle Organisation; 11/1974, S. 495.

Ausbildungsanreize

Wesentlich unbestrittener sind vor allem bei jungen Mitarbeitern die Ausbildungsanreize, welche eine Geschäftsleitung einbringen kann. Eine Vielzahl junger Hochschulabsolventen, Mittelschüler und Lehrlinge wählen beispielsweise ihren Arbeitgeber bewusst aufgrund der Chancen für eine zusätzliche und berufsbezogene Ausbildung im In- und Ausland, wenn möglich in Kombination mit einem Praktikum. Bei manchen Banken folgen sich so *Fach- und Führungsausbildung* im Wechsel mit Kursen und Seminarien an Hochschulen, Universitäten und spezialisierten Management-Schulen verschiedenster Art. Neben dem Training in *führungstechnischen Belangen* - Technik der Rechnungslegung, der Planung, der Kontrolle, der Organisation - wird auch der Ausbildung im Bereiche der *Menschenführung* grosse Beachtung geschenkt, soweit Führung lehr- und lernbar ist. Wegen ihrer hohen Bedeutung wird in *Unterkapitel 8.2.* noch speziell auf moderne Ausbildungsfragen eingegangen.

An dieser Stelle seien lediglich *zwei Aspekte* besonders erwähnt: Obwohl Banken seit langem mit sehr grossen Einsätzen in Ausbildungseinrichtungen *investieren*, man denke an ein Ausbildungszentrum Wolfsberg der Schweizerischen Bankgesellschaft, an die Ausbildungsstätte Seepark Thun des Schweizerischen Bankvereins, an die Ausbildungseinrichtungen in Horgen der Schweizerischen Kreditanstalt oder an das Ausbildungszentrum Schloss Gerzensee der Schweizerischen Nationalbank, beschäftigt das Spannungsverhältnis zwischen *interner* und *externer* Ausbildung in Fachkreisen nach wie vor. Unbestritten ist eigentlich einzig der Nutzen eines gekonnten *«Training on the Job»*, jener Teil der Ausbildung also, die sich bankintern am Arbeitsplatz oder in unmittelbarer Nähe davon vollzieht. Beim Vergleich interner Kurse, Seminarien und Tagungen mit externen Veranstaltungen sind die Meinungen in bezug auf das Verhältnis von *Kosten* und *Nutzen* allerdings stets geteilt. Selbst einzelne Universitäten mit ihren MBA-Abschlüssen werden in Frage gestellt, insbesondere auch die Qualität des Lehrkörpers, der überdies oft gezwungen ist, aus finanziellen Gründen auch unbegabte «Schüler» zum Abschluss zu führen. Selektion ist da wenig gefragt. Bei der internen Ausbildung besteht der Lehrkörper schwergewichtig aus Führungskräften der eigenen Bank, die oft über erstaunliche Lehrfähigkeiten verfügen, nicht selten aber dazu neigen, ihre eigene Arbeit und die Art, wie sie diese Tätigkeit bewältigen, zu rechtfertigen. Bei der externen Schulung sind zumeist professionelle Dozenten im Einsatz, deren Leistungsfähigkeit in der Regel nicht angezweifelt wird, denen aber oft der Bezug zu bankspezifischen Problemen abgeht. Die sinnvolle Lösung dieser Problematik dürfte im helvetischen Kompromiss liegen.

Ein zweiter Aspekt betrifft den *Stellenwert* der Ausbildung im Rahmen des *Management Developments*. Ein Management Development-Konzept beinhaltet wesentlich mehr als nur Ausbildung. Hier steht natürlich die Frage im Vordergrund, ob Führung überhaupt lehr- und lernbar sei oder nicht eher eine besondere Art von Kunst darstelle, zu der man von Geburt an und ohne Unterstützung durch einen Lehrer befähigt sei. Das Problem wird möglicherweise in seiner Bedeutung überschätzt; denn auch sog. geborene, talentierte Führungskräfte haben in unserer raschlebigen Zeit sehr viel zu lesen, zu hören und zu lernen. Sie würden einer Illusion nachleben, wollten sie versuchen, über Jahre hinweg auf einem Wissensstand zu verharren. Man ist allerdings immer wieder erstaunt, wie unbelesen Führungskräfte zu Seminarien erscheinen. Die meisten allerdings erkennen die Notwendigkeit zur Fortbildung und empfinden eine Ausbildungsunterstützung durch die Bank als echte Hilfe und wirksamen Anreiz.

Aufstiegsanreize

Auf die da und dort anzutreffende Unlust, Führungsfunktionen in der Linie zu übernehmen, wurde bereits hingewiesen. Dessenungeachtet darf man festhalten, dass *Promotionschancen* überall als Ansporn und Anreiz empfunden werden. Eine Bank wäre wahrscheinlich auf die Dauer verloren, bestünden für befähigte Mitarbeiter keine Beförderungs- und Karrierechancen. Aussichten auf bessere materielle Lebensverhältnisse wirken da zweifellos zusätzlich sehr anregend, von Prestigeüberlegungen einmal abgesehen. Vor allem aber ist zu vermerken, dass *Beförderungs- und Karrieresysteme* zur Selbstverwirklichung einer Persönlichkeit massgeblich beitragen; denn sie erlauben, sinnvoll konzipiert und eingesetzt, das frühe Erkennen menschlichen Potentials und eine gerechte, objektive Beurteilung der Leistungsfähigkeit.

Dem *Qualifikationswesen* ist deshalb höchste Bedeutung beizumessen. Es kann dazu beitragen, die wirklich Befähigten aufzuzeigen und - sofern dem Leistungsprinzip verpflichtet - vor Protektionismus und Korruption im Beförderungsgeschehen zu schützen. Auf Stufe Kader ist insbesondere auch der *Selbstqualifikation* der gebührende Platz einzuräumen, weil sie Selbsteinschätzung und Selbstkritik fördert, Schwachstellen im Ausbildungsstand erkennen lässt und später ein echtes *Qualifikationsgespräch* mit dem Vorgesetzten erleichtert. Solche Gespräche, weil oft nicht besonders beliebt, sind nötigenfalls zu erzwingen.

Natürlich ist das Qualifikationswesen untrennbar verbunden mit *Karriereplanung* und *Beförderungspolitik*. Zu diesem Zweck sind die Kriterien für eine Pro-

Abbildung 8/6:   Mögliche Simulations-Übungen und Dimensionen eines
Assessment Centers[148]

AC-Übungen (Beispiele) / Beurteilungs-Dimensionen (unternehmungsspezifisch)	Persönlichkeitsformat	Verhalten in Gruppen	Lenkungsverhalten	Durchsetzungsverhalten	Ausdrucksverhalten	Problemlösungs-/Analyseverhalten	Planungs-/Organisationsverhalten
Spontane Referate Stellungnahme zu einem zufällig zugelosten Thema nach kurzer Vorbereitungszeit, spontane Äusserung zu aktuellen Fragen	•				•		
Vorbereitete Referate Halten eines Referates mit frei wählbarem Inhalt und freier Gestaltung, relativ lange Vorbereitungszeit	•				•		
Führerlose Gruppendiskussionen Finden einer gemeinsamen Lösung zu einem unstrukturierten Problem, Kompromissfindung unter Zeitdruck	•	•	•	•	•		
Zweiergespräche Simulation verschiedener Zweiergesprächssituationen (z.B. Leistungsbeurteilung) mit angemessener Vorbereitungszeit	•	•	•	•	•	•	
Fallstudien Analyse eines in der Bank auftretenden Problems, Ausarbeiten einer mündlichen oder schriftlichen Stellungnahme	•				•	•	
Postkorb (In-Basket Exercise) Aufnahme und Strukturierung von Informationen, Setzen von Prioritäten und Treffen von Entscheidungen, Vertreten der gefundenen Lösung							•

148 Barell, Gabriel: Bewährungskontrollen von Assessment Centern mittels testtheoretischer
Validitätsmodelle; 1992, S. 45.

motion festzulegen. Neben Qualifikation und Selbstqualifikation können auch Resultate von *Übungen*, die in *Assessment Centers* vor einer neutralen Jury abzulegen sind, bedeutsam werden. Die zum Teil sehr anspruchsvollen Examen sollen dazu beitragen, im Rahmen eines Management Development-Konzeptes künftiges Führungspotential zu erkennen und die Fähigkeiten eines Kandidaten im Hinblick auf neue und schwierigere Aufgaben zu beurteilen: sein Auftreten, sein Verhalten in bedrängten Lagen, seine Fähigkeit, sich auszudrücken, sich nötigenfalls auch gegenüber Angriffen zu verteidigen, die Breite seines Allgemeinwissens und Könnens zu erahnen. *Abbildung 8/6* zeigt Beispiele von möglichen Simulations-Übungen und Beurteilungs-Dimensionen eines Assessment Centers.

Assessment Centers sind als Idee und Institution nicht unbestritten, zumal nicht selten sehr gut qualifizierte Mitarbeiter in der ungewohnten Atmosphäre eines mehrtägigen Testverfahrens relativ schlecht abschneiden. Aufgrund mancher Beobachtung lässt sich aber sagen, dass negative Resultate die Vorgesetzten wohl dazu bewegen, eine beantragte Promotion noch einmal zu überdenken. Wegen der Resultate eines Assessment Centers allein werden aber in der Regel Beförderungen nicht sistiert.

8.1.3. Personalverwaltung und -organisation

Im Verlaufe der bisherigen Darlegungen wurde mehrfach auf die Notwendigkeit hingewiesen, Personal- und Ausbildungsprobleme nicht nur einer Stabsabteilung zur Bearbeitung zuzuweisen, sondern Mitarbeiterführung und -betreuung auch als Sache der Linie zu sehen. Wenn in diesem Abschnitt Fragen der *Personalverwaltung und -organisation* angesprochen sind, ist zu beachten, dass diese Belange schwergewichtig die *Personalabteilung* einer Bank, also eine Stabsabteilung, berühren, welche den Linienstellen unterstützende Hilfe zu gewähren hat.

Personalverwaltung

Die Personalverwaltung umschliesst zwei grosse Gruppen von Verwaltungsaufgaben, die Gruppe der *verfahrenstechnischen* und jene der *informationsbezogenen* Aufgaben.

Auch wenn die Linienstellen bei der Personalauswahl und -anstellung beigezogen werden müssen, sind die *verfahrenstechnischen* Arbeiten rund um Perso-

228

nalwerbung, -auswahl und -anstellung Sache der Stabsabteilung, insbesondere auch, was die *Vertragsabschlüsse* und allfällige *arbeitsrechtliche Sonderregelungen* anbetrifft. Das Arbeits- und Sozialversicherungsrecht bedingt heute angesichts der wachsenden Komplexität der juristischen Belange den Einsatz von Spezialisten, die in der Stabsabteilung, vielleicht sogar auch im Rechtsdienst, zu konzentrieren sind.

Auch die *informationsbezogenen* Aufgaben sind durch die Stabsabteilung zu erfüllen, so das Führen und Verwahren der *Personalakten* und *-dateien*. Eine solche Lösung drängt sich auch nach der Inkraftsetzung des *Datenschutzgesetzes* auf. Widerstände einzelner Gruppen gegen die letzte Eidgenössische Volkszählung und später auch das sog. schweizerische Fichenproblem haben die Bedeutung der Datenschutzbelange unterstrichen. *Personal-Informations-Systeme* sind aber dessenungeachtet eine absolute Notwendigkeit, unentbehrlich im Hinblick auf das Qualifikationswesen und die Beförderungspolitik. Personalabteilungen wird oftmals die Aufgabe übertragen, Primärerhebungen im Dienste der *Meinungsforschung* durchzuführen, um Ansichten der Mitarbeiter zu Fragen der innerbetrieblichen Lebensqualität und zur Gestaltung der bankbetrieblichen Dienstleistungen und -produkte zu erfahren. So überprüft die Schweizerische Kreditanstalt auf diesem Wege, ob nach Meinung der Mitarbeiter das Ziel, «Service Leader» zu werden, erreicht werden kann. Es leuchtet ein, dass eine solche Aufgabe nicht Linienstellen übertragen werden kann, aus organisatorischen Gründen und aus Gründen der möglichen Befangenheit.

Personal-Informations-Systeme

Auf die Zweckmässigkeit von Personal-Informations-Systemen (PIS) wurde bereits hingewiesen. Die an solchen Systemen Interessierten gehen dabei von recht unterschiedlichen Anforderungsprofilen aus. So sind denn auch die Vorgehensweisen bei der Beschaffung eines PIS sehr unterschiedlich. Weil die Erarbeitung eines PIS zeitaufwendig ist und vergleichsweise erhebliche Kosten verursacht, plädieren die einen für den Kauf bereits bestehender Systeme, andere ziehen dessenungeachtet die massgeschneiderte Eigenentwicklung vor. Zum einen, weil bei Eigenentwicklungen die Möglichkeiten für einen *unternehmensspezifischen* Aufbau des Systems besser gegeben sind, zum anderen, weil die nie zu vermeidende *Schnittstellenproblematik* ohnehin aufwendige hausinterne Absprachen mit Vertretern des Rechnungswesens, der betrieblichen Rechnungslegung und der Informatik bedingt.

Aufgrund ihrer Vor- und Nachteile werden Personal-Informations-Systeme teils gesucht, teils abgelehnt. Widerstände gegen deren Einführung sind nie zu vermeiden. Angemeldet werden Zweifel an der *Effizienz* und *Transparenz*, andere beklagen die mangelnde *Flexibilität* und den ständigen Zwang zur *Aktualisierung* der Daten. Organisatorische Veränderungen in der Bank, meist verbunden mit personellen Neuzuordnungen, bedingen in der Tat permanente Mutationen, damit das System operationabel bleibt. Ähnlich wie bei der Kritik an Stellenbeschreibungen wird auf die Unmöglichkeit hingewiesen, hinsichtlich der Aktualität der Daten ständig à jour zu sein. Trotz all dieser, an sich berechtigter Bedenken lässt sich schon in mittelgrossen Verhältnissen auf PIS nicht verzichten, weil keine echten Alternativen bestehen.

Arbeitsrecht und Gewerkschaften

Der Personalabteilung einer Bank obliegt der gesamte personalbezogene Rechtsdienst mit dem *Arbeits- und Sozialversicherungsrecht*. Mit dem Bestreben der Schweiz, europafähig zu werden, hat das EU-Recht grosse Bedeutung erlangt, nicht zuletzt natürlich durch den Einsatz *ausländischer Arbeitskräfte* bei Banken. Umgekehrt hat die Personalabteilung gleichermassen die rechtlichen Interessen schweizerischer Arbeitnehmer im Ausland zu wahren.

Die Personalabteilungen sind ferner Gesprächspartner für bankinterne *Hausverbände* und die grossen *gewerkschaftlichen* Organisationen, den Schweizerischen Kaufmännischen Verband und den Schweizerischen Bankpersonalverband. Im Vordergrund stehen dabei die jeweiligen Lohnverhandlungsrunden, der gesamte Sozialdienst mit Einschluss der beruflichen Vorsorge, Fragen der Arbeitszeitgestaltung, Ausbildungs- und Arbeitsplatzprobleme und im Zuge der zunehmenden Verbreitung der Informatik mit ihrer Bildschirmarbeit ergonomische Arbeitsstudien.

Organisatorische Aspekte der Personalwirtschaft

Die Personalabteilung als Stabsabteilung kann organisatorisch unterschiedlich integriert werden: als *Stabsabteilung* der Geschäftsleitung oder als selbständiges *Departement* innerhalb einer Sparte «Logistik». Beide Systeme funktionieren in der Bankpraxis zur Zufriedenheit.

Auch *abteilungsintern* lassen sich verschiedene Aufgabengliederungen denken, wobei neben Einrichtungen für die täglich wiederkehrenden Aufgaben Kapazitäten für Sonderaufgaben zu reservieren sind. Grössere Probleme mit interdisziplinären Auswirkungen werden mit Vorteil *Projekt-Teams* übertragen.

8.2. Ausbildung als strategische Aufgabe des Bank-Managements

Auf die *Bedeutung* der Ausbildung ist in diesem 8. Kapitel schon mehrmals hingewiesen worden. Sie zählt heute zweifellos zu den unentbehrlich gewordenen Elementen eines bankbetrieblichen Personalwesens, aus der Sicht des Personals eingestuft unter den *Anreizsystemen*. Die Mitarbeiter sollen sich durch *Ausbildungsprogramme* angesprochen und angezogen fühlen, weil diese dazu geeignet sind, ihre persönliche Entwicklung als Mensch, Fach- und Führungskraft zu begünstigen. So jedenfalls sieht es die Theorie. Dass Mitarbeiter recht oft gezwungen werden müssen, an schulischen Veranstaltungen teilzunehmen, soll im Moment nicht weiter beschäftigen. Der Arbeitgeber seinerseits erwartet mit Recht, dass sich seine *Investitionen* in Ausbildung lohnen, dass sich im Gefolge einer Schulung verbesserte, zielorientierte Arbeitsleistungen zugunsten der Bank einstellen werden.

Unternehmensführung und Geschäftsleitung bejahen heute recht übereinstimmend den *Nutzen* der Ausbildungsbemühungen. Dank permanenter Ausbildung werde zweifellos eine Leistungssteigerung im Betrieb möglich. In bezug auf die *Förderung* der Ausbildung lassen sich allerdings unterschiedliche *Strategien* erkennen: es gibt Banken, die eine eher reagierende Politik verfolgen, indem sie den Besuch von Ausbildungsveranstaltungen, Kursen, Tagungen, Seminarien und zum Teil von Schulen tolerieren und mit finanziellen Beiträgen zum Besuch anreizen, die Weiterbildung von Mitarbeitern durch Beurlaubungen erleichtern. Es gibt andere Institute, die agierend eine aktive Förderung der Ausbildung an die Hand nehmen, indem eine hausinterne *Ausbildungspolitik* zum festen und ganz bewusst gestalteten Bestandteil der Geschäftspolitik wird. Das kann in den verschiedensten Spielarten geschehen: durch feste Vereinbarungen mit bestehenden schulischen Einrichtungen wie Universitäten oder Hochschulen, durch den Abschluss von Kooperationsverträgen mit anderen, befreundeten Banken oder Bankenverbänden, durch eine Delegation eigener, für das Lehramt befähigter Kader in die Lehrkörper betriebseigener Ausbildungsstätten, durch Beteiligung an schulischen Gemeinschaftsgründungen, zusammen mit anderen, gleich gesinnten Banken, auch wenn diese an der Geschäftsfront als Konkurrenten auftreten. Die Beispiele liessen sich noch mehren. Sie alle würden eines verdeutlichen: dass die Gestaltung einer Ausbildungspolitik zu einer echten, *strategischen Aufgabe* geworden ist, die langfristig bedeutsame und wirksame Entscheidungen des Managements bedingt, verbunden mit nicht unerheblichen Investitionen in ein unsichtbares und nur schwer fassbares Gut, nämlich in ein vermutetes und fast überall latent vorhandenes *Entwicklungspotential* der in der Bank tätigen Menschen.

8.2.1. Ausbildung als Teil des Management Developments

Beim Versuch, für eine Bank eine bewusst gestaltete, konsistente Ausbildungspolitik zu formulieren, wird sofort deutlich, dass schulische Arbeit, so perfekt
sie auch gestaltet sein mag, nur *Teil* eines umfassenderen Konzeptes zur Beschaffung, Heranbildung und Entwicklung leitender Mitarbeiter sein kann.
Wenn wir der heute üblichen Praxis folgen und den Begriff der «Kaderentwick-
lung» durch jenen des «Management Developments» (MD) ersetzen, so bedeutet dies, dass sämtliche schulischen Bemühungen in den Dienst eines «Förde-
rungskonzeptes» zu stellen sind, das wesentlich *mehr* beinhaltet als nur eine An-
häufung von Kursen und anderen Ausbildungsveranstaltungen, die sich über das
Jahr hinweg in mehr oder weniger erkennbarem Rhythmus folgen. Dessenungeachtet wird Ausbildung noch immer von vielen dem Management Development
gleichgesetzt, so als ob sich Bank-Manager ausschliesslich in Hörsälen heranbil-
den liessen. Leider liegen aber die Verhältnisse nicht so einfach, selbst wenn
man den Nutzen der Ausbildung, wie dies hier in Unterkapitel 8.2. grundsätzlich
geschieht, sehr hoch veranschlagt.

Die *Gründe*, weshalb Ausbildung nur Teil des Management Developments
sein kann, werden sehr rasch deutlich, wenn wir uns nicht in abstraktem Definieren des Begriffs «Management Development» üben, sondern uns davon leiten lassen, wie denn eigentlich das *Profil* eines hochleistungsfähigen Bank-Ma-
nagers aussehen müsste. *Ingo Walter* hat einen solchen Versuch unternommen
und hält dem Sinne nach folgendes fest:

Der Bank-Manager hat seine Bank zu verkörpern und auf den Finanzplätzen
zu *repräsentieren*. Zu diesem Zweck wird er versuchen, die Beziehungen zu
Kunden und Investoren, ob Anleger oder Kreditnehmer, zu intensivieren und zu
verbessern. Er kann dies jedoch nur tun, wenn er mit den geschäftlichen Sorgen
seiner Kunden, gleich welcher Branchen, vertraut ist und die Fähigkeit besitzt,
in Kombination mit seinen eigenen bankfachlichen Kenntnissen kommende
Kundenbedürfnisse zu erahnen, daraus für sich und seine Bank neue Ideen abzuleiten und, die guten Ideen realisierend, innovativ zu wirken. Dies wird ihm
neue geschäftliche Möglichkeiten erschliessen, und er wird auch erreichen, dass
er von den bedeutenden Kunden in neuen und vor allem auch in schwierigen Lagen *konsultiert* wird. Damit avanciert der Bank-Manager vom Geschäftsmann
zum *Berater*.[149]

---

149 Walter, Ingo: Profile of a high-performance wholesale Banker, 1993 (Arbeitspapier, unveröffentlicht).

Der Bank-Manager hat den Kunden auch die *Vision* und die *Geschäftsstrate-gien* der eigenen Bank näher zu bringen. Er soll auf diese Weise Interesse und Begeisterung für das Geschäft wecken, einmal intern in seinem eigenen Verant-wortungsbereich und dann auch extern bei der Kundschaft. Im Bedarfsfall soll er den Klienten auch mit jenen Leuten in der Bank zusammenführen, welche bei ganz bestimmten Vorhaben entscheidend sind. Dies kann er natürlich nur tun, wenn er die Entwicklungen und Innovationen innerhalb der eigenen Bank voll überblickt, auch im Interesse seiner Kunden. Dank seiner Ausstrahlung sollte er junge und talentierte Leute anziehen und sie für die Bank dauernd gewinnen können. Damit schafft er ein positives Klima für Neuerungen und Initiativen und wirkt anregend zugunsten eines kritischen Gedankenaustausches. Bürokrati-sche Friktionen sollen nach Möglichkeit verhindert werden, auch wenn ange-messene *Kontrollen* zwingend notwendig sind. Der Bank-Manager muss erken-nen, wo er allein entscheiden sollte und entscheiden darf und wo weitere Kolle-gen zu involvieren sind. Seinen Mitarbeitern soll er in allen Dingen, auch bei heiklen Planungs- und Budgetierungsfragen, ein *fairer* Coach und *Gesprächs-partner* sein. Der Bank-Manager führt durch sein *Beispiel*, was sein Können, seinen Einsatz an Kraft und Energie und seine echte Menschlichkeit anbetrifft. Loyalität und Respekt gegenüber den Mitarbeitern hat er vorzuleben. Seine en-geren Interessen sind stets mit den Gesamtbank-Interessen zu harmonisieren. In Zweifelsfällen hat er sich den *Gesamtbank-Zielen unterzuordnen*. Er muss aber den Mut besitzen und bewahren, nötigenfalls auch Vorgesetzten zu widerspre-chen, sofern er seinen Standpunkt sachbezogen begründen kann. Was er tut, soll wahr sein, soll für die Betroffenen fair sein, soll die Beziehungen im Hause und zwischen den Geschäftspartnern fördern.

Soweit einige Überlegungen zur *Führungspersönlichkeit*. Management Deve-lopment hat in dieser Richtung zu wirken. Bei Durchsicht all dieser Thesen wird sogleich deutlich, dass mittels schulischer Bemühungen eine ganz wesentliche Unterstützung bei der Entwicklung von Bank-Managern garantiert werden kann. Vieles aber ist in Schulen, Kursen und Seminarien zwar thematisch ansprechbar, wahrscheinlich aber kaum lehr- und vom Kandidaten lernbar, insbesondere, was charakterliche Wesensmerkmale anbetrifft. Jede Schule kennt in ihrer Geschich-te hervorragend benotete Absolventen, welche später in der Praxis beruflich ver-sagen, die lügen, Unterschriften fälschen, Geld waschen, Insider-Wissen miss-brauchen, mit bewusst verzerrten Informationen Kollegen und Vorgesetzte in die Irre führen, welche in die eigene Tasche arbeiten, welche letztlich am Alko-hol-, Nikotin- und Drogenkonsum zerbrechen. Vor solchen Entartungen können selbst MBA-Titel, verliehen von weltbekannten Universitäten, nicht lückenlos schützen. Bei der Gestaltung eines *Management Development- und Ausbil-*

dungskonzeptes lassen sich allerdings auch *Hürden* einbauen, die mit einer An-
häufung von blossem Fachwissen nicht zu überspringen sind, wo die intellektu-
elle Befähigung allein nur begrenzt Regie zu führen in der Lage ist. Die Beobachtung der Arbeit und des Arbeitsverhaltens im Team mag da ein erstes Beispiel sein. Heute versucht man aber, weit über das hinausgehend, mit besonderen *Testverfahren* Persönlichkeitsmerkmale verschiedenster Art zu ermitteln.
Dazu einige weitere Ausführungen.

Zunächst ist festzuhalten, dass sich die von einer Bank in Aussicht genomme-
nen internen und externen Ausbildungsveranstaltungen zu einem logischen Ganzen verbinden müssen, sich - auf die einzelne zu fördernde Nachwuchskraft bezogen - nach einem klaren und begründbaren *Ablaufprogramm* zu richten haben.
Bei einer Grossbank zum Beispiel bestehen alle in Erwägung gezogenen Nachwuchskräfte zunächst ein *Management-Grundseminar I*, das schwergewichtig
nicht bankbetriebliches Fachwissen vermittelt, sondern allgemeinbildende Sparten pflegt, nicht nur im ökonomischen und juristischen Bereich, sondern auch
mit Themen aus Gesellschaft, Staat, Geschichte, Kultur und Politik. Sehr zentral
werden in diesem Grundseminar auch Abklärungen zur Persönlichkeit des
Teilnehmers und zu seiner Eignung für neue Aufgaben vorgenommen. Psychologen und Graphologen ergänzen fallweise den Lehrkörper. Später, aber noch
vor der Beförderung ins Kader, folgt ein *Management Development-Seminar II*,
dessen erfolgreiches Bestehen für die Promotion ins *untere Kader* eine der Voraussetzungen bildet, selbstverständlich neben anderen, so auch der Qualifikation
am Arbeitsplatz. Steht in einer späteren Phase der Aufstieg ins *Direktionskader*
zur Diskussion, ist ein sog. *Promotion Evaluation-Seminar* zu bestehen, das
massgeblich als *Assessment Center* zu begreifen ist. Es sei deshalb an dieser
Stelle noch einmal auf *Abbildung 8/6* verwiesen, welche Beispiele für Übungen
eines Assessment Centers zeigt. Auch hier werden Eigenschaften getestet, die
durch Ausbildung zwar entwickelt und gefördert, nicht aber neu eingepflanzt
werden können, wenn Veranlagung, Begabung und Talente fehlen. Vielleicht
verhält es sich da ähnlich wie in der Kunst, in der Musik, im Theaterleben oder
im Lehramt. Kommunikationsfähigkeit, Initiativkraft, motivierende Ausstrahlung, Führungsfähigkeit in bezug auf den Umgang mit Unterstellten, Gleichge-
stellten und Vorgesetzten, Analysefähigkeit bei komplexen Problemstellungen,
Urteilsfähigkeit und nicht zuletzt Belastungsfähigkeit seien hier als weitere Test-
felder genannt. Anerkannte Bankfachleute versagen hier oftmals kläglich. Dagegen ist *Fachwissen* weitgehend lernbar. Und auch die Vermittlung von *Allgemeinwissen* wird über weite Strecken gelingen. Ob Fach- und Allgemeinwissen
letztlich dann aber zur *Allgemeinbildung* führen, bleibe dahingestellt. Die Geschichte lehrt, dass allein im 20. Jahrhundert Humanisten im Humboldt'schen

234

Sinne gemordet haben. Ähnliche Zurückhaltung ist auch in kulturellen Belangen am Platze. Auch wer die Salzburger Festspiele und Bayreuth regelmässig besucht, privat oder zu Lasten des Arbeitgebers, wird nicht zwangsläufig zum verlässlichen Kulturträger.

Erfolgt die vorhin angesprochene Promotion ins Direktionskader, ist nach Ablauf einer weiteren Periode ein *Management Development-Seminar III* zu bestehen, eine sehr anspruchsvolle marketing- und funktionsbezogene Kursfolge. Bei weiterer Promotion schliesslich in die *Geschäftsleitung* oder in vergleichbar ähnlich breite und anspruchsvolle Funktionen folgt noch der Besuch eines *Management Development-Seminars IV*. Die parallel dazu laufenden fachlichen *Schwerpunktseminare*, die mit der Führungsausbildung im vorherigen Sinne nichts zu tun haben, können hier nicht einzeln angesprochen werden. Nur soviel: die für das *Management-Development-Konzept* Verantwortlichen gehen davon aus, dass jedes Kadermitglied, gleich welcher Stufe und welcher Funktion, im Durchschnitt pro 1 1/2 bis 2 Jahre 12 bis 15 Ausbildungstage in der Rolle des Teilnehmers zu bestehen hat. Viele werden zusätzlich auf unterer Stufe als Dozenten im Einsatz stehen, ein Einsatz aber, der ehrenamtlich erfolgt und beim vorherigen MD-Konzept *nicht* zur Anrechnung kommt.

Wie die Darlegungen zeigen, unterstützen die Ausbildungsveranstaltungen die *Management-Development-Ideen*. Sie sollen überdies und soweit möglich auch einen Beitrag zum TQM, zum *«Total Quality Management»*-Prozess leisten. Hauptelemente eines TQM-Prozesses sind Entwicklung der *Selbstverantwortung*, der *Kreativität* und der *Teamarbeit*, ungeachtet der Funktion in der Bank und der Hierarchiestufe. Hohe *Service-Qualität* und optimale Befriedigung der *Kundenbedürfnisse* prägen auch hier den anzustrebenden Zielkatalog. Ein schwieriges Unterfangen, weil doch alle Banken Service-Leader und kundenorientierte Wirtschaftsförderer sein möchten, wie dies beim Studium der Bankenwerbung deutlich wird. Auf alle Fälle bedingt dies, dass die Bank zur *«Learning Organisation»* transformiert wird, mit Management- und fachlicher Schwerpunktausbildung im Zentrum. Auch wenn eine jede Bank versucht, bei all diesem Bemühen einen eigenen Stil zu entwickeln und zu pflegen, *ähneln* sich die Ausbildungsprogramme doch erheblich. Das mag auch erklären, weshalb ein Mitarbeiter der Bank A relativ mühelos und ohne allzu unüberwindliche Schwierigkeiten zur schärfsten Konkurrenzbank B wechseln kann, wohl ausgerüstet mit einem breiten Know-how und mit den kompletten Ausbildungsdossiers seines alten Arbeitgebers in der Tasche.

Ausbildung wird somit im Rahmen des Management Developments überall recht gross geschrieben! Mit Recht übrigens, weil der rasche Wandel Anpassungen erzwingt. Angesprochen sind dabei sowohl die *interne* Ausbildung in der

Bank und in eigenen Ausbildungsstätten mit vorwiegend bankeigenem Lehrkörper, als auch die *externe* Schulung zugunsten der Bank, aber getragen von Schulen und Organisationen aller Grade. Diesen beiden Ausbildungsformen ist in den nächsten Abschnitten nachzugehen.

8.2.2. Interne Ausbildung

Wie bekannt, ist die *Nachfrage* der Banken nach gut ausgebildeten Kadern bedeutend. Sporadisch durchgeführte Erhebungen zeigen, dass der Anteil der Kader an der Gesamtzahl der Beschäftigten bei Banken tendenziell steigt, ob man nun die Hierarchiestufe, den verliehenen Titel oder die Unterschriftsberechtigung zum Massstab nimmt. Klar geworden ist auch, was die Banken von ihren Kadern an *Fähigkeiten* erwarten: fachliche Kompetenz, konzeptionelle Fähigkeiten, motivierende Kraft durch Information, Delegation von Aufgaben und Schaffung eines Gefühls der Mitverantwortung, soziale Kompetenz für eine Tätigkeit im Team, fachliche, körperliche und psychische Belastbarkeit, Durchsetzungsvermögen und Ausdrucksfähigkeit, wenn möglich in mehreren Sprachen.

Viele dieser Eigenschaften sind durch *bankinterne* Management-Schulung förderbar. Das wissen die Personal- und Ausbildungsverantwortlichen seit langem. Bei der Entwicklung verschiedener *Formen* der internen Ausbildung steht das «*Training on the Job*» wahrscheinlich bei den meisten Banken an der Spitze einer Prioritätenliste. Nicht nur neu Eintretende oder Praktikanten und Lehrlinge lernen im Zuge der täglichen Berufsausübung, sondern auch bestandene Mitarbeiter finden auf diesem Wege Anschluss an Neuerungen in den Geschäftsabläufen und im Formularfluss. Auch üben sie sich im Einsatz neuer Betriebsmittel, so im Einsatz des Personal Computers und der weiteren Geräte und Apparaturen an einem multifunktionalen Arbeitsplatz.

Besondere Aufmerksamkeit ist dem «Training on the Job» zu widmen im Zusammenhang mit der Realisierung der «*Job Rotation*»-Idee. Bevorstehende Beförderungen bedingen oft besondere Anstrengungen für die Verbreiterung des eigenen fachlichen und führungstechnischen Wissens, was mit planmässig durchgeführten Arbeitsplatzwechseln, über die Grenzen von Abteilungen, Ressorts und Sparten hinweg, sehr erfolgreich bewerkstelligt werden kann. Fast klassisches Beispiel ist der Arbeitsplatzwechsel zu Filialen und Tochtergesellschaften im Ausland, nicht zuletzt natürlich zur Aneignung sprachlicher Fähigkeiten, aber auch zum Vertrautwerden mit fremden Kulturen, Sitten und Gebräuchen, ausserhalb und innerhalb der Bank. «Job Rotation» wird so mit den

Vorstellungen für ein «*Job Enlargement*» verbunden, begleitet von einer Bereicherung des Auszubildenden auf dem Wege zum bankwirtschaftlichen Generalisten mit erweitertem, internationalem Blickfeld. Zweifellos leistet die interne Ausbildung gerade hier Vorzügliches, durch nichts zu Ersetzendes, so etwa auch, wenn mit der Rotation die Übernahme von *Stellvertretungs-Funktionen* verbunden ist oder die Mitarbeit in *Projekt- und Arbeitsgruppen* ermöglicht wird. Auch eine begrenzte *Referententätigkeit* kann unter diesem Aspekt des «Job Enlargements» gesehen werden. Nur wer anderen erklären kann, was er tut, beherrscht sein Metier richtig.

Interne Ausbildung am Arbeitsplatz gibt oft auch Anlass, mit den Möglichkeiten eines angeleiteten und strukturierten *Selbstlernens* vertraut zu machen: Selbststudium von Literatur, Nutzung computerunterstützter, interaktiver Lernprogramme. Viele Menschen, nebenbei bemerkt auch junge Studenten, bekunden oft Mühe, aus Büchern im Alleingang zu lernen. Dies hat weniger mit Intelligenz denn mit persönlicher *Arbeitstechnik* zu tun. Erwähnt sei beispielsweise die Kunst des effizienten Lesens. Erfahrene Kollegen vermögen hier durch praktische Anleitung wertvolle Hilfe zu geben. In manchen Phasen eines Berufslebens ist das *Selbststudium* recht oft einzige Möglichkeit für eine gezielte, persönliche Fortbildung. Es kann durch didaktische Hilfen, etwa durch Tonträger, unterstützt und erleichtert werden. So sind heute, um ein eindrückliches Beispiel zu nennen, ganze Lehrgänge, welche sich auf den MBA-Abschluss einer Universität vorbereiten wollen, in der Form von Videos greifbar. Sie bedingen zwar von Zeit zu Zeit den Besuch kurzer, externer Repetitionskurse am Standort der Universität, Veranstaltungen aber, die berufsbegleitend besucht werden können (Wochenend-Seminarien).

Wenn man von interner Ausbildung spricht, denkt man allerdings weniger an Job Rotation oder an Formen des Selbststudiums, sondern an die tägliche Ausbildungsarbeit, welche in Schulungsräumen der Bank oder in eigens für Zwecke der Ausbildung geschaffenen *Ausbildungsstätten* geleistet wird. Den meisten Banken wird das Ausbildungszentrum Wolfsberg der Schweizerischen Bankgesellschaft in Ermatingen oder die Ausbildungsstätte Seepark Thun des Schweizerischen Bankvereins zum Begriff geworden sein. Sie ermöglichen während des ganzen Jahres die Belegung mit rund 100 Auszubildenden, welche während der Schulung im Ausbildungszentrum leben, wohnen und in klausurähnlichen Verhältnissen arbeiten, basierend auf einem umfassenden Lehrprogramm, das über weite Strecken auf die konkreten Verhältnisse in der eigenen Bank Bezug nimmt, mit Anschauungsmaterial, mit Texten, Weisungen, Berichten und Fallstudien, welche die eigene Bank mit ihren realen Gegebenheiten in den Mittelpunkt rückt. Der *Lehrkörper* besteht zur Hauptsache aus erfahrenen, promovierten Mitarbeitern, welche neben ihrer beruflichen Qualifikation auch über ausgesprochene Lehrfähigkeiten verfügen. Die der schulischen Arbeit zugrunde liegenden *Lehrpläne* decken sowohl die Fach- wie die Führungsausbildung ab, wobei sich Ausbildungszentren für die Führungsausbildung in Gruppen und für damit verbundene Diskussionen und Gespräche im kleinen Kreis besonders eignen. Dank der Arbeit in Klausur sind gute Voraussetzungen für die Schaffung einer «unité de doctrine» und eines eigentlichen Korpsgeistes gegeben. Führungsstil eines Hauses und Unternehmenskultur lassen sich sehr transparent darstellen.

Wie nicht anders zu erwarten, ist auch die interne Ausbildung, und sei sie noch so sehr mit erheblichen *Investitionen* der Bank verbunden, ins Kreuzfeuer der Kritik geraten. Gewisse *Gefahren* sollten in der Tat nicht übersehen werden, auch wenn ihnen durchaus erfolgreich begegnet werden kann. Beanstandet werden von den Kritikern die oftmals fehlenden Möglichkeiten, Problemlösungen anderer Banken kennenzulernen, sich mit Ideen auseinanderzusetzen, die nicht im eigenen Institut, sondern bei der Konkurrenz im In- und Ausland oder an Hochschulen oder Universitäten geboren wurden. Auch sei die Gefahr nicht zu übersehen, sagt die Kritik, dass der bankeigene Lehrkörper mit zu geringer Selbstkritik eigene Erfahrungen zur allgemein verbindlichen Theorie erhebt. Mit einer Durchmischung des Lehrkörpers und dem gelegentlichen Beizug bankfremder Dozenten lässt sich jedoch rasch eine notwendige Korrektur anbringen. Auch kann dafür gesorgt werden, dass über die zu verwendende Literatur, über den Beizug fremden Quellenmaterials und externer Fallstudien die nötige Öffnung nach aussen erfolgt. Mit internen und zu doktrinär geführten Ausbildungsstätten sind nur dann wirkliche und ernsthafte Gefahren verbunden, wenn sich ein Institut in der kritiklosen Selbstdarstellung verliert und den Blick nach aussen vermissen lässt. Leider sind Abschottungen oftmals mit Intoleranz gegenüber Dritten verbunden.

Eine besondere Art von Kritik ist sehr ernst zu nehmen: man kann im Prinzip jede interne Ausbildung, ob in der Bank oder in Ausbildungszentren durchgeführt, dazu benutzen, die Teilnehmer permanent zu *prüfen*, um sie letztlich im Hinblick auf die weitere berufliche Karriere aufgrund der schulischen Leistungen und des allgemeinen Verhaltens in Klausur zu *qualifizieren*. Zweifellos können Ausbildungsveranstaltungen sehr signifikante Aufschlüsse über Promotionskandidaten geben. Auch Prüfungsnoten sind nicht immer wertlos, wenn auch in ihrer Bedeutung meist überschätzt. Das sich permanent Überwachtfühlen kann aber im Extremfall den schulischen Erfolg, den sich die Kursleiter erhoffen, in Frage stellen; denn erfahrungsgemäss korreliert er sehr stark mit der Atmosphäre, in der sich Schulung vollzieht. Ausbildung soll ja Freude bereiten, soll zur Leistungserbringung animieren, soll aber auch Irrtümer und Fehler seitens der Schüler zulassen, soll sich vor allem frei von Angst vollziehen. Nach Meinung der Ärzte ist es die Angst, welche krank macht. Wenn es nicht gelingen sollte, ein Klima des sich Wohlfühlens zu schaffen, wird interne Ausbildung zum Schreckgespenst und letztlich zu einer kontraproduktiven Einrichtung.

8.2.3. Externe Ausbildung

Diese «atmosphärischen» Probleme stellen sich natürlich auch bei der externen Ausbildung ein, was Erfolgsdruck und Prüfungsangst anbetrifft, möglicherweise sogar noch stärker, je nach Art der gewählten Ausbildungsstätte. Die führenden Management-Schulen der Welt sind jedenfalls in Sachen Anforderungen kaum zu überbieten, fachlich schon gar nicht, aber auch nicht, was Leistungsdruck und tägliches, zeitliches Engagement anbelangt. Deshalb wird der erfolgreiche Abschluss solch externer Ausbildungsprogramme in der Fachwelt an sich schon zur besonderen Qualifikation.

Was die externe Ausbildung aber in ganz besonderer Weise auszeichnet, ist die völlige *Loslösung* der Lehrpläne von den konkreten betrieblichen Verhältnissen bei einem bestimmten Arbeitgeber. Das schliesst die Bearbeitung firmenspezifischer Fallstudien jedoch nicht aus. Der Arbeitgeber der Absolventen interessiert nur insoweit, als er mit seinen finanziellen Beiträgen den Intentionen der Schule dient oder in leitenden Gremien aktiv mitarbeitet, so eben auch als «Rohstoff-Lieferant» für die schulische Tätigkeit. Bei solchen Kontakten orientiert man sich allerdings weniger an den Firmen als an den Persönlichkeiten, welche sie massgeblich führen und für die Ausbildungsbelange der Schule ein besonderes Interesse bekunden. Sie werden deshalb mit Vorteil auf dem Berufungswege beigezogen und nicht als Folge statutarischer Automatismen von den zahlenden Banken delegiert; denn gerade eine höhere Schule lebt weniger von grossen Namen als von der Intelligenz und den Fähigkeiten der federführenden Organe und der dort wirkenden Spitzenkräfte.

In den *Vorteilen* einer freien und unabhängigen, von hervorragenden Dozenten getragenen externen Schule verbergen sich aber auch *Nachteile*, welche sich nicht selten in Vorwürfen aus der Wirtschaftspraxis manifestieren. Die Schule sei praxisfremd, heisst es etwa, verkenne vor lauter Theorie die echten Alltagsprobleme. Sie erschwere damit die direkte Umsetzung des Gelernten im Betrieb. Oft wirke sie auch für die Bank, welche immerhin die Schule finanziell mittrage, desintegrierend, weil ihre Absolventen plötzlich Fragen stellten, unbequeme in der Regel, im Hause dadurch geistige Unruhe stifteten und den bisherigen Führungsstil erschütterten.

Man kann solche und ähnliche Vorwürfe nicht entkräften, weil sie wahrscheinlich nicht grundlos erfolgen. Nur drängt sich die Frage auf, ob solche «Unruhestifter», so lange sie konstruktiv wirken und die Bank positiv entwickeln wollen, nicht erwünscht und notwendig sind. Möglicherweise hätte gerade in der Schweiz manche Bank in ihrem ureigenen Interesse gut getan, Führungskräfte beizuziehen, welche durch die Begegnung mit anderen Ideen *neue Impulse* in die Verwaltungsrats- und Direktionszimmer bringen.

Mit diesen Hinweisen und Bemerkungen ist die externe Ausbildung weitgehend charakterisiert: sie ist bankunabhängig, aber bankbezogen. Sie versucht, unbelastet von bestehenden Visionen und Leitbildern etablierter Banken, neue Wege zu erkennen. Sie wirkt durch ihren Lehrkörper im Hörsaal herausfordernd, aber nicht destruktiv, und verlangt von den Teilnehmern nicht Gerede, sondern Leistung, welche ihre Präsenz rechtfertigen soll.

In neuerer Zeit wird versucht, die Vorteile der internen Ausbildung mit jenen der externen zu verbinden, *Synergien* zu schaffen, indem sich auf dem Wege über diverse Kooperationsformen Banken und Universitäten für die Erfüllung bestimmter Aufgaben zusammenschliessen. Das können Zusammenarbeitsverträge für zeitlich begrenzte Mandate sein, es kann aber auch, wie dies das Beispiel der *«Swiss Banking School»* zeigt, zur gemeinsamen Gründung einer neuen Schule kommen, wie dies am 30. Juni 1987 mit der Schaffung einer privatrechtlichen Stiftung geschehen ist. Banken und Hochschulvertreter entwickeln in engster Zusammenarbeit ein *Unterrichtskonzept*, erarbeiten unter Einhaltung der vereinbarten *Rahmenbedingungen* die notwendigen *Lehrpläne* und bilden einen interdisziplinären *Lehrkörper* aus Bankpraktikern und professionellen, akademischen Lehrern, die im In- und Ausland tätig sind. *Abbildung 8/7* zeigt im Überblick die *Kursziele* und den *Unterrichtsstoff* des auf neun Ausbildungswochen begrenzten Programms. Selbststudium, die Redaktion von Hausarbeiten und das Bestehen von Examen charakterisieren die Arbeit der Teilnehmer. Banken haben das Stiftungskapital eingebracht, der Staat wirkt einzig als *Aufsichtsbehörde* (Eidg. Departement des Innern) über die Stiftung und die Kantone gestatten die unentgeltliche Benutzung der Unterrichtslokalitäten an der Universität (Kanton Zürich) und an der Hochschule (Kanton St. Gallen). Bankpraktiker und akademische Lehrer haben die Möglichkeit, in gegenseitigem Kontakt den Lehrstoff, die Unterrichtsmethoden, die zu verwendenden Hilfsmittel und die geeignetste Zusammensetzung des Lehrkörpers abzusprechen.

Abbildung 8/7:   Ausbildungsprogramm der Swiss Banking School[150]

<table>
<tr>
<td rowspan="3">1. Jahr</td>
<td>

1. Woche
- Umweltveränderungen sowie bank- und finanzwirtschaftliche Entwicklungen
- Zentrale Aufgaben der strategischen Gesamtbankführung und der Planung in den Geschäftsbereichen und der Logistik
- Methoden und Umsetzung der strategischen Planung
- Organisationsstrukturen von Banken und deren bewusste Gestaltung

2. Woche
- Grundzüge des modernen Bankgeschäftes in den Bereichen «Kommerz» (Commercial Banking), «Finanz» (Investment Banking) und «Anlagen» (Trust Banking)
- Für das moderne Bankgeschäft notwendige Grundlagen der Mathematik und der Statistik sowie Währungstheorien und Prognoseverfahren

3. Woche
- Grundzusammenhänge des modernen Finanz- und Investitionsmanagements von Unternehmungen des Nichtbankensektors
- Zentrale Elemente der betrieblichen Finanzpolitik und des finanziellen Rechnungs- und Informationswesens
- Ausgewählte, aktuelle Problemkreise wie Konzernrechung, Unternehmungsbewertung, Mergers and Acquisitions und Restrukturierungen, soweit sie für Führungskräfte von Banken von besonderem Interesse sind

</td>
</tr>
<tr><td></td></tr>
<tr><td></td></tr>
<tr>
<td>2. Jahr</td>
<td>

4. Woche
- Wesentliche Instrumente
  - zur finanziellen Führung von Banken
  - zur konsolidierten Rechnungslegung bei Kommerzkunden
  - zur Kreditanalyse und Bonitätsprüfung von Kommerzkunden
- Entwicklungstendenzen im Hypothekar- und Konsumkreditgeschäft
- Strukturveränderungen im schweizerischen Bankwesen
- Geldmarkt und aktuelle Probleme der schweizerischen Geldpolitik, des Devisen- und Edelmetallhandels (inkl. Commodity Risk Management) sowie der Liquiditätssteuerung
- Stressbewältigung

</td>
</tr>
</table>

---

150 Swiss Banking School: Kursprogramm; 1994, S. 16ff.

Abbildung 8/7: Ausbildungsprogramm der Swiss Banking School
(Fortsetzung)

2. Jahr	**5. Woche** • Kosten- und Erlösrechnung der Bank • Die Exportorientierung der Schweiz und ihre Bedeutung für die Banken • Das internationale Grosskundengeschäft • Instrumente und Politik der Exportfinanzierung • Portfoliotheorie • Optionen und Futures • Portfoliomanagement **6. Woche** • Controlling in der Bank • Neueste Instrumente und Funktionsweise internationaler Kapitalmärkte • Rahmenbedingungen und Strukturen effizienter Börsenplätze • Entscheidungsprozesse im internationalen Portfolio-Management
3. Jahr	**7. Woche** • Management der Bankinformatik • Human Resources Management • Psychologische Aspekte der Führung • Bankbilanzoptimierung • Einführung in das internationale Risk Management von Banken • Sicherheitspolitische Überlegungen **8. Woche** • Marktforschung, marktorientierte Unternehmungsführung und das Instrumentarium des Bankmarketing **9. Woche** • Globale Finanzdienstleistungen und Finanzplatz Schweiz • Bank-Management-Game

Vieles spricht dafür, dass solchen oder ähnlichen Formen der externen Ausbildung die Zukunft gehören wird. Die *Staatsfinanzen* verbieten wahrscheinlich auf Jahre hinaus die Freigabe von Ressourcen für Zwecke der Management-Ausbildung, zumindest in dem Umfange, der für den erfolgreichen Betrieb einer solchen Schule notwendig wäre. *Universitäten und Hochschulen* kämpfen ohnehin bei wachsenden Studentenzahlen um die erforderlichen Budgets. Auch die akademischen Lehrkörper sind in der Schweiz für grosse und branchenspezifische Alleingänge zu klein, was Kooperationsformen im eigenen Land und mit dem Ausland sinnvoll macht. Die *Banken* erkennen trotz guter Wirtschaftslage die Grenzen der internen, schulischen Tätigkeit, auch was die räumlichen und personellen Verhältnisse anbetrifft. Die Gespräche zwischen Vertretern der Bankpraxis und der akademischen Welt sind für beide Teile mit grossen Vorteilen verbunden, weil über die gemeinsamen schulischen Ziele hinaus gegenseitiges Verständnis für die Anliegen des anderen geschaffen wird. Lehre, Forschung und Beratung werden dadurch im positiven Sinne beeinflusst.

Die Frage, ob Banken die interne oder die externe Ausbildung forcieren sollten, wird so ad absurdum geführt; denn die Banken haben mit grossem Vorteil beides zu tun, zwei Ausbildungsansätze parallel zu pflegen, welche sich auf das beste ergänzen können.

9. Kapitel
Marketing

Einführung

In marktwirtschaftlich orientierten Ländern produzieren Unternehmungen für die Bedürfnisse des Marktes und verwerten ihre Leistungen im Wettbewerb mit anderen Anbietern, der Konkurrenz. Das ist im Dienstleistungssektor grundsätzlich nicht anders als in Industrie, Gewerbe und Handel. Auch eine Bank hat ihr *Leistungsangebot* so zu gestalten, dass den Wünschen des Marktes entsprochen werden kann und eine *Nachfrage* nach deren Dienstleistungen und Produkten erfolgt.

Die betriebswirtschaftliche Theorie zum Marketing lehrt, es gehöre zu den primären unternehmerischen Aufgaben, in die Märkte «hinauszuhorchen», die Bedürfnisstrukturen der Wirtschaftseinheiten zu erfassen und jene Leistungen bereitzustellen, welche die Wirtschaftssubjekte tatsächlich wünschen. Solche und ähnliche Thesen beziehen sich natürlich auf den *Absatzmarkt* der Unternehmung. Gleiches gilt, wenn auch mit umgekehrten Vorzeichen, für den *Beschaffungsmarkt*. Die Unternehmung, die vorhin absetzen wollte, erscheint jetzt als Nachfragerin nach Rohstoffen, Halbfabrikaten, Betriebsanlagen, Liegenschaften, Grundstücken, Personal und Kapital, die von anderen Marktteilnehmern zum Kauf oder zur wirtschaftlichen Nutzung angeboten werden. Diese doppelseitige Marktverbundenheit, die Verbindung zu Beschaffungs- und Absatzmarkt, charakterisiert alle herkömmlichen Marketing-Lehren und ist im wesentlichen auch für eine Bank gültig.

Natürlich kommen nun aber Merkmale hinzu, die für den Bankbetrieb typisch sind und eine eigenständige Bank-Marketing-Lehre rechtfertigen: *beschafft* wird neben Betriebsmitteln, Immobilien und Personal vor allem das physisch in der Regel nicht in Erscheinung tretende Gut «Kapital». Spargeld zum Beispiel in Form von Fremd- oder Eigenkapital durch Ausgabe von Aktien und Partizipationsscheinen. *Angeboten* und damit «abgesetzt» werden Möglichkeiten für Kredite an Dritte und Dienstleistungen in der Form von Geld- und Kapitalmarkttransaktionen zugunsten einer aufzubauenden Kundschaft. Die Marktpartner auf der Angebots- wie auf der Nachfrageseite sind mit der Bank durch eine Vielzahl privatrechtlicher *Verträge* verbunden und beziehen oder bezahlen Zinsen, Kommissionen, Provisionen, Courtagen und Gebühren. Die Leistungserbringung der Bank ist in der Regel nicht sichtbar, wenn man von geschaffenen Akten, Dokumenten, Beweisurkunden und Wertpapieren einmal absieht. Die Leistungen der Bank lassen sich auch nicht «auf Lager» produzieren, was im Hinbick auf den Beschäftigungsausgleich wünschbar sein könnte. Die Bank hat statt dessen mit ihrem Leistungsangebot stets präsent zu sein; die «eiserne Lagerreserve», wie sie für die Industrie typisch ist, besteht bei der Bank im Know-how ihrer Mitarbeiter, täglich, ja stündlich abrufbar.

Es geht in den beiden folgenden Unterkapitel 9.1. und 9.2. darum, die besonderen Merkmale eines bankorientierten Marketing und den hohen Stellenwert der bankwirtschaftlichen Marktgestaltung aufzuzeigen, auch wenn die Bank, im Gegensatz zu Industrie und Handel, keine physischen Produkte anzubieten hat und die Märkte, wenn wir von den Börsen einmal absehen, als abstrakte und grenzüberschreitende Konstruktionen nicht greifbar sind. Für den Laien erkennbar sind eigentlich nur die in der Regel grosszügig konzipierten Bankgebäude mit ihren vornehm gestalteten Schalter- und Empfangshallen. Da muss es schwer fallen, sich vorzustellen, dass auch eine Bank um Marktanteile und Marktpartner zu kämpfen hat, um in einem der härtesten Wettbewerbe zu überleben.

9.1. Marketing als bankbetriebliche Aufgabe

9.1.1. Marketing als Geisteshaltung und Führungsphilosophie

Banken sind in der ganzen westlichen Welt, von Ausnahmen abgesehen, Verfechter der marktwirtschaftlichen Idee. Im freien Wettbewerb sollen Geld und Kapital beschafft und an die Nachfragenden weitergegeben werden. Für deren Überlassung wird ein *Preis* bezahlt, den wir als Zinssatz, Kommissions-, Provisions- oder Gebührensatz kennen. Die preisgünstigere Leistung soll die teurere vom Markt verdrängen, sofern sich die Leistungen qualitativ gleichen. Sich den Kräften und Spielregeln des Marktes auszusetzen, ist das eigentliche Credo des modernen Bankiers und es ist zugleich ein Bekenntnis zu einer im Endeffekt sehr harten und oftmals brutalen Wirtschaftsform, welche die *Leistung* bejaht und sich vollauf dem Leistungsprinzip verpflichtet. Eine Bank, die ihre Leistungsfähigkeit verliert, dürfte recht bald in Liquiditätsschwierigkeiten geraten und bei Gelegenheit untergehen und dadurch vom Markte verschwinden. Sie soll weder vom Staat noch von der Notenbank gestützt werden, es sei denn, besondere Umstände würden eine solche Hilfsaktion rechtfertigen. Die Lehre vom bankwirtschaftlichen Marketing geht davon aus, dass es jederzeit möglich sein muss, als Bankier in diese Branche neu einzutreten oder sie freiwillig oder durch die Marktgegebenheiten erzwungen wieder zu verlassen. Die Führungsphilosophie, wonach der Markt immer recht habe, kommt fast einem Glaubensbekenntnis gleich. Wer untergehe, sagt man in Anlehnung an ein Nietzsche-Wort, sei eben reif geworden für den Untergang.

Die Marktpartner der Bank

Um im Markte zu überleben, ist auch die Bank auf Marktpartner angewiesen. Im *Inlandmarkt* zählen zu ihren möglichen Vertragspartnern:

- der *Staat*, repräsentiert durch Bund, Kantone und Gemeinden;

- die *öffentlich-rechtlichen Körperschaften* wie staatliche und halbstaatliche Unternehmen, Werkbetriebe, Schulen, Spitäler, Alters- und Pflegeheime, Anstalten;

- die anderen *Banken*, teils als Konkurrenten, teils als Kooperationspartner, angeführt von der Schweizerischen Nationalbank als Zentral- und Notenbank;

- die kommerziellen *Firmenkunden* aller Branchen;

- die *Privatkundschaft* aller Einkommens- und Vermögensklassen mit Einschluss der sog. freien Berufe;

- die *institutionellen Anleger* wie Versicherungsgesellschaften und Pensionskassen.

Im *Auslandgeschäft* ist der Kundenkreis grundsätzlich kein anderer, doch wird sich die Bank im allgemeinen auf bestimmte Kundenkategorien spezialisiert ausrichten, so zum Beispiel das Retail Banking im Ausland nicht pflegen. Beim Privatkundengeschäft wird natürlich in erster Linie die sehr vermögliche Kundschaft anvisiert.

Wie bei anderer Gelegenheit erwähnt, haben die Globalisierung der Geld-, Kredit- und Kapitalmärkte, die Deregulierung und Liberalisierung der Märkte und die Informatik-Strategien mit internationaler Reichweite die Entwicklung des Auslandgeschäftes der Banken massgeblich gefördert, wenn wir für einmal von den Eigenheiten des «Sonderfalles Schweiz» mit seiner politischen Stabilität, der harten Währung und seiner Rechtssicherheit auch für ausländische Kunden absehen. Jahr für Jahr lässt sich anhand der offiziellen Statistiken, welche über den Zufluss von Auslandgeld berichten, der Nachweis erbringen, wie sehr die Schweiz als Anlageland für Depositen und als Aufbewahrungsland im Depotgeschäft gesucht ist. Kriege, Unruhen und politische Wandlungen im Ausland tragen natürlich das ihrige zur heutigen Situation bei. Die Banken haben deshalb alles Interesse, dass für die Schweiz die Standortvorteile erhalten bleiben.

Die Konkurrenz der Bank

Vom Bekenntnis der Schweizer Banken zum freien Wettbewerb wurde bereits gesprochen. Sich im Wettbewerb erfolgreich durchsetzen kann aber nur, wer seine Konkurrenz und ihre Verhaltensweise kennt. Und hier steht eine jede Bank vor einem echten und branchenspezifischen Sonderproblem: wer ist die Konkurrenz? Welche Geschäfte lassen sich als «Bankgeschäfte» qualifizieren? Betreiben nur Banken diese «Bankgeschäfte» oder auch branchenfremde, nicht als «Banken» im Sinne des Gesetzes registrierte Unternehmen?

Einen gewissen Überblick schafft die Unterscheidung zwischen «*direkter*» und «*indirekter*» Konkurrenz: Zur *direkten* Konkurrenz sind alle Banken zu zählen, welche über eine Bewilligung der EBK zur Ausübung ihrer Geschäftstätigkeit verfügen, von der Bankenkommission auch kontrolliert werden und somit in der offiziellen Bankenstatistik der Schweizerischen Nationalbank ausgewertet und aufgeführt sind. *Abbildung 9/1* zeigt anhand einiger weniger ausgewählter Ertrags- und Bilanzpositionen wie sich die Stärkenverhältnisse zwischen 1980 und 1992 verschoben haben. Zu beachten sind die «ausländischen Banken», welche einen Eindruck von der Stärke der international direkten zur national direkten Konkurrenz vermitteln. Ein Wettbewerb, den die Schweizer Banken im allgemeinen begrüssen, weil die Zulassung ausländischer Institute nach dem Grundsatz der Gegenseitigkeit, der sog. *Reziprozität*, die Möglichkeit schafft, in Gastländern schweizerische Filialen und Tochtergesellschaften errichten zu können.

Schwieriger fassbar ist die *indirekte* Konkurrenz, weil im schweizerischen Bankengesetz weder «die Bank», noch das «Bankgeschäft» definiert sind. Aus der Sicht einer dem Bankengesetz unterstellten Schweizer Bank sind die folgenden Institutionen oder Firmen als Mitstreiter im Markte anzusehen:

- die *PTT-Betriebe* als massgebliche Träger des Zahlungsverkehrs und als Einnahmestellen für verzinstes Passivgeld;

- die *Versicherungsgesellschaften* mit ihren bankähnlichen Transaktionen (z.B. Versicherungssparen) und ihrer starken Marktstellung in der Anlagepolitik (Liegenschaften, Wertschriften, Anlagefonds usw.);

Abbildung 9/1: Stand und Entwicklung ausgewählter Ertrags- und Bilanzpositionen[151] (alle Zahlen in Prozenten)

	Bilanzsumme				Inländische Kredite[1]				Zinsertrag[2]				Kommissionensaldo			
	1980	1985	1990	1992	1980	1985	1990	1992	1980	1985	1990	1992	1980	1985	1990	1992
Kantonalbanken	20.7	18.5	19.8	20.8	35.2	33.9	32.1	33.6	17.0	15.7	19.2	19.6	6.9	5.4	5.8	5.9
Grossbanken	48.9	50.7	48.4	49.4	36.8	37.7	39.9	39.8	45.5	51.5	46.8	46.2	53.3	47.2	47.6	50.8
Regionalbanken	9.4	8.3	8.7	7.8	17.1	16.4	15.0	13.5	8.0	6.7	8.9	8.9	3.1	2.3	2.8	2.2
Raiffeisenbanken	2.7	2.7	3.1	3.4	4.8	5.4	5.4	5.9	3.0	2.7	3.3	3.7	0.2	0.2	0.3	0.3
Übrige CH-Banken	4.4	4.8	7.2	7.2	4.2	4.5	5.5	5.3	9.5	8.4	11.2	10.8	13.6	16.9	16.4	15.0
Finanzgesellschaften	2.3	2.5	2.3	1.7	0.2	0.1	0.1	0.1	2.1	2.4	0.6	1.6	1.8	3.1	1.8	0.9
Privatbankiers	0.5	0.5	0.5	0.5	0.2	0.1	0.1	0.1	-	0.8	1.2	0.8	-	6.6	5.8	5.9
Schweizer Banken und Finanzgesellschaften	88.9	88.1	89.9	90.8	98.4	98.0	98.1	98.3	85.1	88.1	91.1	91.5	79.0	78.6	80.4	81.1
Übrige ausl. Banken	9.2	9.9	8.4	8.2	1.3	1.6	1.7	1.6	11.6	10.0	8.1	7.5	17.3	18.6	17.4	17.0
Filialen ausl. Banken	1.9	2.1	1.7	1.0	0.3	0.4	0.2	0.1	3.3	1.9	0.9	1.0	3.8	2.8	2.1	2.0
Ausländische Banken	11.1	11.9	10.1	9.2	1.6	2.0	1.9	1.7	14.9	11.9	8.9	8.5	21.0	21.4	19.6	18.9
Total	100.0	100.0	100.0	100.0	100.0	100.0	100.0	100.0	100.0	100.0	100.0	100.0	100.0	100.0	100.0	100.0

1 Debitoren, Kredite an öffentlich-rechtliche Körperschaften und Hypothekaranlagen
2 Zinssaldo sowie Ertrag der Wechsel und Geldmarktpapiere

151 Brunner, Christoph: Bankübernahmen in der Schweiz; 1994, S. 293ff. und dort verwiesen auf: Schweizerische Nationalbank: Das schweizerische Bankwesen im Jahre ...; diverse Jahrgänge.

249

- die *Pensionskassen* und weitere Arten *institutioneller Anleger* mit ihren Finanztransaktionen als Folge des auf 1. Januar 1985 in Kraft gesetzten 3-Säulen-Konzeptes des Staates;

- der *Detailhandel* mit Firmen wie Migros, Coop, Konsumverein, Denner oder Warenhäusern, welche eigenständige Formen des Zahlungs- und Kreditverkehrs pflegen und teilweise, wie etwa Migros, auch einer Bank nahestehen;

- *Industriekonzerne* mit ihren Holdinggesellschaften oder Stammhäusern mit Holding-Funktionen, welche als «Konzern-Banken» oder «Konzern-Finanzgesellschaften» wirken und ein bankähnliches, aktives Cash Management und Treasury pflegen (z.B. Oerlikon-Bührle-Holding AG);

- die *Rechtsanwälte, Fürsprecher* und *Notare*, die *Treuhänder*, selbständigen *Anlageberater* und *Steuerexperten*, welche «Finanzdienstleistungen» anbieten, nicht selten in der Rolle einer Para-Bank, und gesetzlich nicht überwacht werden, es sei denn, ein geplantes, neues «Bundesgesetz über Finanzdienstleistungen» trete in Kraft.

Die Banken kämpfen im Wettbewerb mit der indirekten Konkurrenz insofern mit ungleich langen Spiessen, als die indirekte Konkurrenz, angeführt von den PTT-Betrieben, weder an Liquiditäts- noch an Eigenmittel- oder Risikoverteilungs-Vorschriften gebunden ist. Natürlich haben sich die Banken mit der Übernahme der *Allfinanz-Idee* (vgl. *Abbildung 9/2*) und dem damit verbundenen Einstieg ins Versicherungsgeschäft in gewisser Weise «revanchiert», doch ist die Marktsituation nach wie vor wenig transparent. Zu welchen Verwirrungen die heutige Marktdurchmischung führen kann, hat die bisherige Geschichte der *Sorgfaltspflichtvereinbarungen* wohl gelehrt. Dabei ist es doch verfehlt, wenn die Massnahmen zur Abwehr von Mafia-Geldern oder die Verfahren der Geldwäscherei nur die Banken beschäftigen. Auch die indirekte Konkurrenz ist von den Strafverfolgungsbehörden im Auge zu behalten, zumal ja auch sie zu den Marktpartnern und zum Teil zur Kundschaft der Banken gehört.

Der Staat als Marktpartner der Banken

Nach der nicht einfachen Umschreibung der indirekten Konkurrenz bereitet es weitere erhebliche Schwierigkeiten, in einer sozialen und schwergewichtig freien und offenen Marktwirtschaft die Funktion des Staates als Marktpartner der Banken klarzustellen.

Abbildung 9/2: Überblick über Chancen und Risiken der Allfinanz-Idee

Chancen	Risiken
✓ **aus Sicht der Kunden** • Convenience durch One-Stop Shopping • integrierte Problemlösungen	✓ **aus Sicht der Kunden** • Abhängigkeit von einer Hausbank
✓ **aus Sicht des Wettbewerbs** • Abwehr der Konkurrenz aus dem Versicherungsbereich • stärkere Kundenbindung	✓ **aus Sicht des Wettbewerbs** • Know-how-Vorsprung der Versicherungen im angestammten Bereich • Eintritt in einen kompetitiven Markt
✓ **aus Sicht der Bankorganisation** • verstärkte Auslastung des Filialnetzes • Synergien durch Zusammenlegen von Aktivitäten	✓ **aus Sicht der Bankorganisation** • Gefahr grosser, schwerfälliger Strukturen • Überforderung der Kundenberater • kulturelle Integrationsschwierigkeiten
✓ **aus Sicht von Risiko und Ertrag** • Stabilität durch Risikodiversifikation • Ausschöpfung des Kundenpotentials • Erhaltung von Passivgeldern • Umlage von Fixkosten auf neue Produkte	✓ **aus Sicht von Risiko und Ertrag** • Eingehen neuer, unbekannter Risiken • Zunahme der Komplexitätskosten

Der Staat und im Falle der Schweiz der Bund wirkt zunächst mit der Eidgenössischen Bankenkommission, als *Bankenaufsichtsinstanz*. Er überprüft in Ausübung dieser Funktion die Einhaltung der Liquiditäts- und Eigenmittelvorschriften und der Bestimmungen über Risikoverteilung, Konsolidierung der Jahresrechnungen und Kapitalexport. Die EBK entzieht einer Bank die Bewilligung zur Ausübung ihrer Tätigkeit, wenn die gesetzlichen Voraussetzungen nicht mehr erfüllt sind. Der Staat als Überwacher, als Kontrolleur, und in dieser Funktion von manchen nicht besonders geschätzt. Fairerweise muss man aber festhalten, dass der Staat mit seinen im internationalen Vergleich sehr strengen Vorschriften vieles zum guten Ruf des Finanzplatzes Schweiz beigetragen hat. Kreditfähigkeit und Kreditwürdigkeit der Schweizer Banken würden heute wohl nicht so hoch eingestuft, wäre der Staat beim Aufbau und der Fortentwicklung des Bankensystems nicht wachsam und streng gewesen.

Über die *Schweizerische Nationalbank* als Zentral- und Notenbank wirkt der Staat im weiteren als *Währungsaufsichtsbehörde*. Auch wenn die Geld-, Kredit- und Kapitalmärkte weitgehend liberalisiert sind, kann die Notenbank mit Hilfe des ihr gesetzlich übertragenen *Instrumentariums* im Bedarfsfall ins Bankgeschehen eingreifen, zum Beispiel Mindestreserven einverlangen, Emissionskontrollen einführen, Kapitalexportvorschriften erlassen, überreichlich zufliessendes Auslandgeld abwehren. Wie überall in den westlichen Ländern legt sie den Diskont- und den Lombardsatz fest. Die Notenbank-Verantwortlichen legen zwar immer wieder Wert auf die Feststellung, dass sie in der Gestaltung ihrer Währungs-, Zinssatz- und Geldmengenpolitik vom Staate unabhängig sind, mit dem Bundesrat die zu ergreifenden Massnahmen nur abzusprechen haben. De facto aber kommt den Anordnungen der Notenbank das gleiche Gewicht zu wie gesetzlichen Erlassen. Die *unabhängige Notenbank* schweizerischer Prägung ist nicht der Staat, wirkt aber gegenüber Dritten als solcher.

Während die Rolle des Staates mit der EBK als Bankenaufsichtsbehörde und der SNB als Währungsaufsichtsbehörde von der grundsätzlichen Idee her auch in vernünftigen Bankkreisen fast unbestritten ist, wird seine weitere Aktivität als unternehmerischer Bankier mehr und mehr in Frage gestellt. Angesprochen ist die Aktivität der *Kantonalbanken* und einiger kommunaler Institute. Zur Diskussion steht die alte und wahrscheinlich «ewige» Streitfrage, ob der Staat sich unternehmerisch betätigen sollte, wenn die Privatwirtschaft die Bedürfnisse eines Marktes vollumfänglich abzudecken vermag. Während im Bereiche der Bankenaufsicht die *staatliche Intervention* zu Lasten einer unbegrenzten unternehmerischen Freiheit akzeptiert wird, weil sie vor Missbräuchen schützt und zum Wohle der Bankengläubiger erfolgt, stellt sich je länger desto mehr die Frage, ob die fast alle im 19. Jahrhundert gegründeten und damals zu Recht geforderten Staatsbanken heute noch eine von der Privatwirtschaft vernachlässigte Aufgabe zu erfüllen haben. Viele der Kantonalbanken wurden damals als Gegengewicht zur einseitigen Bankenaktivität eines Alfred Escher geschaffen, dem Gewerbe, dem kleinen Grundbesitzer, der Landwirtschaft und der Mittelstandspolitik verpflichtet. Diese Szene hat sich natürlich gewandelt, nicht nur auf der Seite der grossen Handelsbanken, sondern auch bei den Kantonalbanken, die heute teilweise auch ins Auslandgeschäft drängen. Die Tatsache, dass Kantonalbanken, so etwa jene der Kantone Bern, Nidwalden, Solothurn, Basel-Land oder Wallis, im Verlaufe der letzten Jahre wegen hoher Verluste ins Gerede gekommen sind, hat natürlich zusätzlich die Diskussionen über Sinn und Zweck einer Staatsbank gefördert. Das Problem soll und kann an dieser Stelle nicht vertieft werden; denn im Bereiche des strategischen Bank-Managements, das uns hier beschäftigt, geht es darum, von der Gegebenheit Kenntnis zu nehmen, dass heute immerhin 27 Kantonalbanken im freien Wettbewerb «mitspielen» und im Konkurrenzkampf ernst zu nehmen sind.

Die Kunden als Marktpartner

Wichtigste Marktpartner der Banken sind natürlich die Kunden, weil diese erst ein positives Jahresergebnis ermöglichen:

- die *kleinen* Unternehmen und die Vertreter *freier* Berufe wie Ärzte, Anwälte, Ingenieure, Architekten, Grafiker, Berater jeder Ausrichtung, Künstler, Schriftsteller u.a.m.;

- die *mittleren* Unternehmen mit 10 bis 100 Beschäftigten;

- die *Grossunternehmen*, die emissions- und börsenfähig sind;

- die *öffentlich-rechtlichen Körperschaften* wie Spitäler, Heime, Kraftwerke, Verkehrsbetriebe, Werke aller Art;

- die in- und ausländischen *Privatkunden*, von den wenig begüterten bis zu den sog. VIPs als sehr vermögliche Kundschaft mit spezieller Betreuung;

- die *institutionellen Anleger* im In- und Ausland;

- die in- und ausländischen *Banken* als Geschäftspartner im Interbankenverkehr, bei Emissionen, bei gemeinschaftlich erstellten, standardisierten «Bankprodukten»;

- und, nicht zuletzt, die Retail- oder Mengen- oder *Schalter-* oder Trottoir-Kunden, wie immer man sie nennen mag, die an keinem Dauerverhältnis zur Bank interessiert sind und den Schalterdienst ad hoc benutzen.

Die Bank ist nach den einleitend geschilderten Prinzipien des Marketings gehalten, die Bedürfnisse all dieser *Kundensegmente* zu erfassen, zu erkennen und das *Sortiment* ihrer Geschäfte in der *Breite* wie in der *Tiefe* so zu gestalten, dass sich die Kunden angesprochen fühlen, als Bittsteller, als Schuldner der Bank genauso wie als Einleger, als Gläubiger oder lediglich als Benutzer sog. *indifferenter Dienste*, welche keine Gläubiger-/Schuldnerverhältnisse begründen.

Kennt die Bank ihre Märkte und die Kunden, die dort wirken, hat sie zu entscheiden, welche dieser Kundensegmente zu forcieren, welche zu vernachlässigen sind. In der Schweiz dominiert an sich die *Universalbankenidee*: *alle* möglichen Kundensegmente sollen angesprochen sein und mit *allen* denkbaren Bankgeschäften zufrieden gestellt werden. Dabei wäre weniger oft mehr, insbesondere wenn die personellen oder technischen Ressourcen nicht ausreichen oder schwach entwickelt sind. Die spezialisierten Banken haben jedenfalls nach wie vor ihre Stärken, wenn sie sich ganz bewusst auf bestimmte Geschäfte wie etwa die Anlageberatung oder das Grundpfandgeschäft konzentrieren und dort Spitzenleistungen erbringen. Negativ fällt hierbei ins Gewicht, dass bei solch speziellen Ausrichtungen eine «totale» Kundenbetreuung entfallen muss. Es ist eine der schwierigsten Aufgaben des Bank-Marketings, die anzusprechenden Kundensegmente und die anzubietenden Bankgeschäfte langfristig, d.h. auf strategischer Basis zu bestimmen. Der entsprechende Entscheid der Geschäftsleitung manifestiert sich in der Definition der *strategischen Geschäftsfelder*.

Als Planungsinstrument bietet sich in diesem Zusammenhang die CAP-Matrix an. Die ökonomische Logik zwingt die Banken dazu, ihre knappen Ressourcen primär in diejenigen Bereiche zu lenken, die im Verhältnis zum Risiko die höchste Rentabilität erwarten lassen. Bei der Analyse der strategischen Geschäftseinheiten darf die Performance eines Matrixfeldes jedoch nicht isoliert betrachtet werden. Vielmehr sind Verbundeffekte mit in die Entscheidung einzubeziehen, weil die Präsenz in einer Geschäftseinheit die Wettbewerbsfähigkeit in einer anderen nachhaltig beeinflussen kann. Strategisch relevante Beziehungen zwischen CAP-Einheiten bestehen immer dann, wenn durch die Kombination von Matrixfeldern Skalen- («economies of scale») oder Verbundeffekte («economies of scope») realisiert werden können. Konkurrenten, die ungenügend diversifizieren und die erwähnten Synergien vernachlässigen, nehmen Wettbewerbsnachteile in Kauf.

Verbundeffekte sind eine wichtige Determinante bei der Strukturgestaltung von Banken. Ihre Bedeutung nimmt aufgrund der immer stärkeren Verwischung der traditionellen Spartengrenzen zu. Zeichnen sich beispielsweise economies of scale im Produktebereich ab, so legt die Logik der CAP-Matrix nahe, zusätzliche Geschäftsfelder entlang der Produktedimension zu erschliessen. Umgekehrt drängt sich im Falle von economies of scope die Frage auf, ob die Geschäftstätigkeit entweder geographisch oder auf neue Kundensegmente auszuweiten sei.

Bei all diesen Überlegungen darf nicht vergessen werden, dass Diversifikation nur sinnvoll ist, wenn die Bank in den einzelnen Bereichen über die notwendigen Kompetenzen und Ressourcen verfügt. Eine Ausweitung des Sortiments in Felder, in denen keine Wettbewerbsvorteile bestehen, entpuppt sich häufig als kostspieliges Unterfangen, weil Verluste den Wert von Synergien zunichte machen.

9.1.2. Marktforschung im Dienste des Marketings

Der Bank obliegt also die Pflicht, ihre Marktpartner, die Kunden mit ihren Bedürfnissen und die Märkte, die nationalen und internationalen Geld-, Kredit- und Kapitalmärkte, zu kennen. Zu diesem Zweck wird sie u.a. *Methoden der Marktforschung* einsetzen, die vollständig in den Dienst des bankbetrieblichen Marketings zu stellen ist.

Zum Begriff der Marktforschung

Unter Marktforschung verstehen wir die systematische und methodisch gesicherte *Analyse* und *Beobachtung* der Märkte, in unserem Falle der *Finanzmärkte*, und der *Wirtschaftssubjekte*, die sich auf diesen Märkten bewegen.

Umwelt und Markt

Bereits im 4. Kapitel zum Thema «Planung» war von der Notwendigkeit die Rede, im Sinne einer betrieblichen Daueraufgabe die Chancen und Risiken in der Umwelt zu erfassen. Der Begriff der «Umwelt» wurde dort in einem sehr weiten Sinne des Wortes verstanden, nicht auf die «Märkte» allein bezogen, sondern mit Einbezug der gesellschaftlichen, staatspolitischen, gesamtwirtschaftlichen, technologischen und rechtlichen Entwicklungen. Teil einer so verstandenen «Umwelt» sind natürlich die Finanzmärkte. Damit ist angedeutet, dass die für Planung und Marketing Verantwortlichen ihre analytische Arbeit abzusprechen und zu koordinieren haben, wobei der Marktforscher zwangsläufig sehr eng mit dem Bankgeschäft verbunden bleibt und das weitere, auch nicht-ökonomische Umfeld nur dann in seine Überlegungen einbezieht, wenn ein enger kausaler Zusammenhang zwischen Umweltfaktoren und Bankgeschäft besteht. So wird er auf technologische Entwicklungen etwa in der Mikroelektronik eingehen, wenn damit die mögliche Schaffung eines neuen Produktes verbunden ist.

Methoden der Sekundärforschung

Auch im Bankenbereich wird bei einer Darstellung der *Marktforschungsmethoden* zwischen *Sekundär-* und *Primärforschung* unterschieden. Eine ausserordentlich wichtige Unterscheidung, weil die Banken über eine enorm breite Dokumentation verfügen, die externe, neutrale Dritte zu irgendwelchen Zwecken erarbeitet und zur freien Benutzung zur Verfügung gestellt haben. Dazu ist auch die gesamte wissenschaftliche Literatur zu zählen. Das heute verfügbare Sekundärmaterial ist so umfassend, dass es erschöpfend nicht annähernd aufgelistet werden kann. Mit anderen Worten: für den Praktiker besteht heute das Problem nicht darin, *Informationen* zu suchen und zu entdecken, sondern vielmehr im täglichen Unterfangen, in der Informationsflut nicht zu ersticken, die wesentliche von der unbedeutenden Information zu trennen und insbesondere die *Qualität* der verfügbaren Quellen zu werten. So sind amtliche und halbamtliche *Quellen* eines Bundesamtes, einer Bankenkommission, der Schweizerischen Nationabank, der Bretton Woods-Organisationen wie Weltbank, Währungsfonds und IDA, der EU oder der OECD, um einige Beispiele zu nennen, nicht automatisch gleichwertig den Ausführungen mehr oder weniger bekannter Wirtschaftsjournalisten oder Buchautoren, welche in der Regel nicht über den gleichen Hintergrund verfügen wie offizielle Stellen. Gleichwohl sind auch diese Quellen zu studieren, zu werten und bei genügendem Gewicht zu beachten. Diese Informationsausschöpfung wird nach eigenen Feststellungen extrem vernachlässigt und oft dem freien Ermessen des jeweilig betroffenen Kadermitglieds überlassen. Im permanenten Zeitdruck wird ihm logischerweise manches entgehen, ist er primär doch Berufsmann und am Erreichen der Budgetvorgaben interessiert und nicht wissenschaftlich orientierter Analyst. Es ist Sache der zentralen Marketing-Organisation der Bank, die bedeutenden und relativ kostengünstigen Möglichkeiten der Nachrichtenbeschaffung durch Sekundäranalysen zu nutzen und die anfallenden Informationen den richtigen Stellen zur richtigen Zeit zuzuleiten. Universitätsinstitute werden dabei oft um unterstützende Hilfe angegangen, auch wenn sich noch engere Kontakte denken liessen.

Methoden der Primärforschung

Dort, wo zur Lösung konkreter Probleme Sekundärmaterial fehlt, haben die Marketing-Spezialisten mit Methoden der Primärforschung allfällige Lücken zu schliessen. Es geht dabei um Verfahren der *Befragung* und der *Beobachtung*. Die Bank möchte beispielsweise im Hinblick auf die nächste Ziel- und Strategienplanung folgende Fragen beantwortet haben:

- *Wer* beansprucht unsere Bankdienstleistungen und Produkte (Kundenanalyse)?

- *Wer* könnte unsere Bankdienstleistungen und Produkte noch zusätzlich beanspruchen (Kundenanalyse)?

- *Wer* beansprucht die Dienste unserer Bank nicht mehr und warum (Kundenanalyse)?

- *Wo*, in welchen Gebieten, werden Bankdienstleistungen und Produkte nachgefragt (Gebietsanalysen)?
- *Wo* könnten künftig Bankdienstleistungen beansprucht werden (Gebietsanalysen)?
- *Wo* werden Bankdienstleistungen und Produkte nicht mehr beansprucht und warum (Gebietsanalysen)?
- *Wann* werden Bankdienstleistungen beansprucht (Zeitanalysen)?
- *Welche* Bankdienstleistungen und Produkte würde sich der Kunde eigentlich wünschen (Bedürfnisanalyse)?
- *Weshalb* werden heute ganz bestimmte Bankdienstleistungen und Produkte nachgefragt, weshalb andere nicht mehr (Motivanalyse)?
- *Warum* wird eine andere Bank der unsrigen vorgezogen bzw. die unsrige benützt (Motivforschung)?
- *Wie* wird unsere Bank durch die eigene Kundschaft und eine weitere Öffentlichkeit beurteilt (Imageanalyse)?

Solche und ähnliche Fragen, welche beliebig erweitert und vertieft werden können, charakterisieren die Vorgehensweise bei der Primärforschung. Durch direkte Befragungen, schriftliche, mündliche oder Gruppenbefragungen, wird versucht, *Entscheidungsgrundlagen* zu gewinnen, welche bis anhin in dieser Form nicht bekannt und vorhanden waren. In die gleiche Richtung zielen die *Beobachtungsmethoden*: Beobachtung des Kundenverhaltens am Schalter, im telefonischen Kontakt, bei geschäftlichen Unterredungen, Beobachtung aber auch der Konten- und Depotbewegungen, der geschäftlichen Aktivität des Kunden. Die Bank kann verhältnismässig leicht erkennen, welches die Geschäftspartner eines Klienten sind, seine Lieferanten, Abnehmer und die mit ihm zusammenarbeitenden anderen Banken. Auch lässt sich durch (anonyme) Beobachtung das *Konkurrenzverhalten* relativ rasch erkennen und so auch die Gründe, die Ursachen, welche einen eigenen oder potentiellen Klienten bewegen, eine Beziehung zur Konkurrenzbank jener zu uns vorzuziehen. Die sorgfältig angelegte Beobachtungsmethode ist den Befragungsmethoden insofern überlegen, als es bei Beobachtungen keine verfänglichen Suggestivfragen und keine Gefälligkeitsantworten gibt.

Grenzen der Marktforschung

Auch wenn der systematische Einsatz der geschilderten sekundären und primären Forschungsmethoden sehr viel an Erkenntnissen bringt, zeigen sich bei der bankbetrieblich orientierten Analyse und Beobachtung der Märkte auch klare *Grenzen* des Erfassens und des Erkennens von Zusammenhängen.

Da sind einmal die sog. «*Warum-Fragen*» zu nennen. Kunden- und Publikumsbefragungen zeigen immer wieder, dass die Auskunftspersonen oft nicht wissen, warum sie sich so und nicht anders verhalten, warum sie mit unserer Bank arbeiten, warum sie eine Konkurrenzbank für die Abwicklung bestimmter Geschäfte vorziehen, warum sie keine Hausbank-Beziehung pflegen, warum die Bedürfnisse nach Bankdienstleistungen und -produkten nur unzureichend befriedigt werden. Das Problem ist an sich nicht neu. Die Literatur zur Konsumgüterforschung zum Beispiel bestätigt auf Schritt und Tritt, dass die Menschen über weite Strecken nicht wissen, *warum* sie konsumieren, *weshalb* sie sich in ganz bestimmter Weise verhalten, *warum* sie ein Produkt überhaupt kaufen und bestimmte Firmen anderen vorziehen.

Neben den «Warum-Fragen» bilden auch alle Formen *zukunftsorientierter* Fragestellungen ein echtes Problem. Die Frage zum Beispiel, welche neuen Bankdienstleistungen und -produkte man künftig im Angebot der Bank sehen möchte, wird in der Regel nur unvollkommen beantwortet, nicht zuletzt deshalb, weil sich der Aussenstehende in vielen Fällen überhaupt nicht vorstellen kann, in welche Richtung das Produktesortiment einer Bank erweitert werden könnte. Diese Erfahrung lehrt, dass *Finanzinnovationen* ihr Entstehen weniger der traditionellen Marktforschung, sondern viel eher anderen Impulsen verdanken. Die Bankspezialisten selbst sind es, welche gestützt auf die direkte Erfahrung im Kundenkontakt und Beobachtung der Finanzmärkte neue Produkte kreieren. Zwei *Beispiele* sollen verdeutlichen, in welche Richtung Finanzinnovationen etwa zielen:

Beispiel: *Angebot von Convertible Money Market Units (CMM-Units)*

Der Schweizerische Bankverein (Luxemburg) AG als Emittent und der Schweizerische Bankverein Zürich als Lead-Manager offerieren mit Zeichnungsfrist vom 9.-11. August 1993 CMM-Units mit einer möglichen Konversion seitens des Emittenten in eine SBV-Namenaktie. Emissionspreis je Unit = Fr. 209.18. Konversionspreis per 10. August 1994 = Fr. 238.-. Notieren SBV-Namenaktien am Verfalltag über dem Konversionspreis von Fr. 238.-, erfolgt durch den Emittenten der Units die Rückzahlung von Fr. 238.-, was einer Rendite von 13.78%

entspricht. Notieren die SBV-Namenaktien unter dem Konversionspreis von Fr. 238.-, werden die Units in SBV-Aktien konvertiert.

Beispiel: *Optionen auf einen Index*

Am 2. August 1993 offeriert die Bank J. Vontobel & Co. AG in Zürich Optionen auf den Vontobel Swiss Small Companies Index (VSC-Index) und zwar 600'000 Call-Optionen zum Ausübungspreis (Strike) von 105.00. Optionsfrist 6. Juli 1993 bis 21. Juni 1995. Eine Option berechtigt den Optionsinhaber während der Optionsfrist zu einer Barauszahlung in SFr., die der positiven Differenz zwischen dem Vontobel Swiss Small Companies Index am Börsentag nach dem Einreichen der Ausübung und dem Strike-Preis, multipliziert mit SFr. 1.-, entspricht. Der VSC-Index zeigt die Performance der Gruppe «Nebenwerte», d.h. er beschränkt sich auf Gesellschaften mit einer Gesamtkapitalisierung, die unter oder höchstens bei 0.2% der gesamten schweizerischen Börsenkapitalisierung liegt.

Die angeführten Beispiele wollen einfach verdeutlichen, dass es die *Finanz-Spezialisten* sind, welche gestützt auf Beobachtung der Kapitalmärkte und Erfahrung im Kundenkontakt Finanzinnovationen kreieren. Neben den Mitarbeitern des Finanz-Research bei Banken sind aber auch Elektronik-Fachleute immer häufiger kreativ, welche die technischen Möglichkeiten für Neuerungen aller Art bereitstellen. Typisch hierfür sind etwa die Entwicklungen im *Home Banking* oder im Zahlungsverkehr mit den *POS-Transaktionen* im Detailhandel.

Grossen Nutzen kann die Marktforschung stiften, wenn sie in Kombination mit anderen Analyseverfahren zum Einsatz gelangt. Auch hier ein Beispiel zur Illustration:

Beispiel: *Befragungen zur Qualität der Bankleistungen*

Seit Beginn der 90er Jahre verfolgt die SKA ein Konzept «Service Leader», welches darauf abzielt, dem Markt die qualitativ besten Bankdienstleistungen und -produkte zu offerieren. Seit 1992 erfolgen nun entsprechende Erfolgskontrollen durch umfassende Befragung der bankeigenen *Mitarbeiter* und ausgewählter *Kunden*. Wie beurteilen Kunden und Mitarbeiter die SKA-Serviceleistungen in bezug auf Wichtigkeit und Zielerfüllungsgrad? Die Doppelbefragung erlaubt, die Meinung der Marktpartner an intern erhobenen Daten zu messen, und zwar nach Marktregionen und Niederlassungen getrennt. Gleichzeitig werden Service-Lücken (GAPs) sichtbar gemacht, auf deren Grundlage gezielte Massnahmen zur Verbesserung der Dienstleistungen eingeleitet werden können (vgl. *Abbildung 9/3*).

Abbildung 9/3:   GAP-Analyse der Service-Qualität

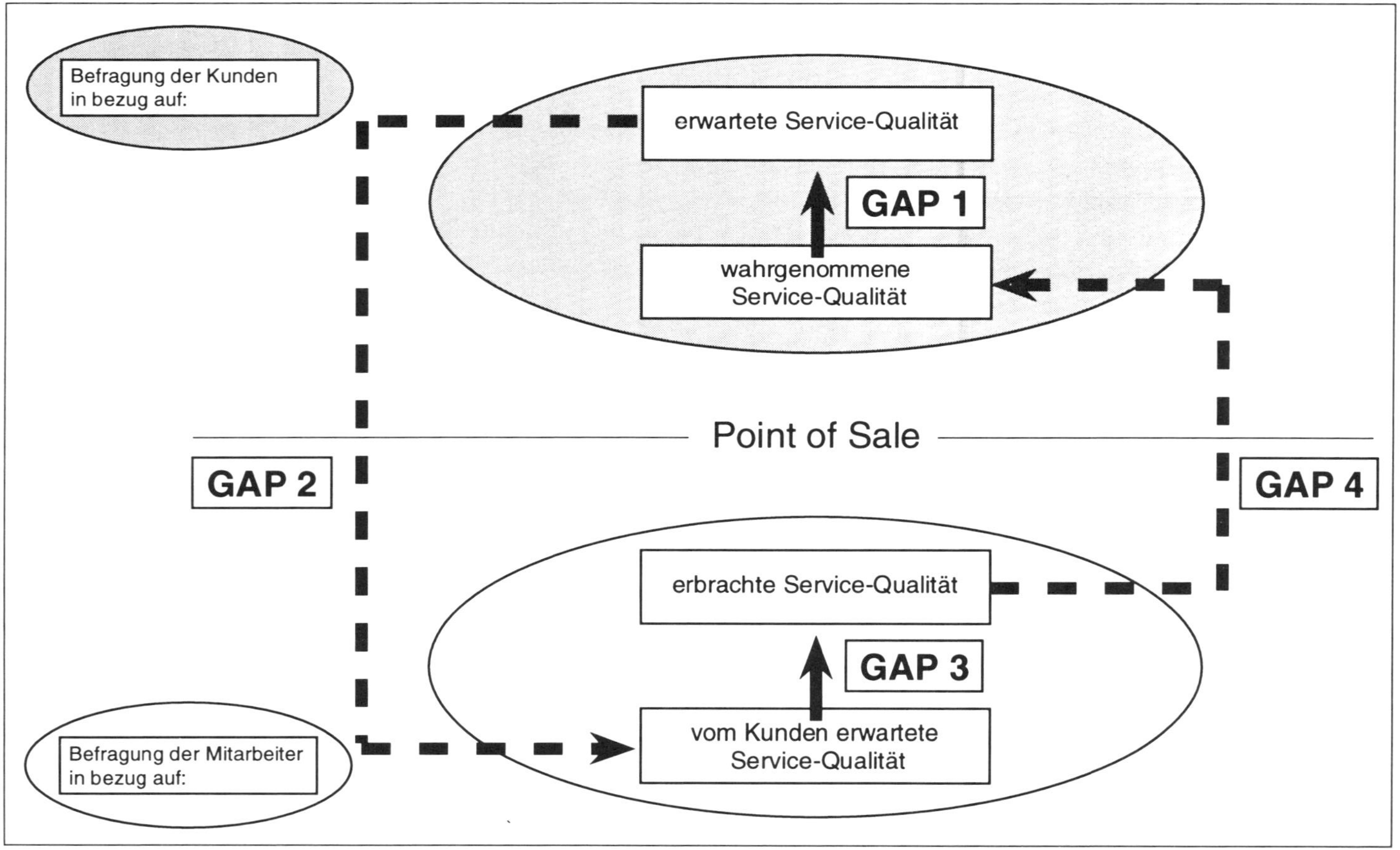

GAP 4

erwartete Service-Qualität

GAP 1

wahrgenommene Service-Qualität

Point of Sale

erbrachte Service-Qualität

GAP 3

vom Kunden erwartete Service-Qualität

Befragung der Kunden in bezug auf:

GAP 2

Befragung der Mitarbeiter in bezug auf:

Zwang zur Marktforschung

In einer Zeit immer komplexer werdender Finanzmärkte wird die Marktforschung für die Geschäftsleitung einer Bank zur eigentlichen unentbehrlichen Notwendigkeit. Marktuntersuchungen, mit Hilfe einwandfreier statistischer Verfahren der Stichprobentheorie und der Wahrscheinlichkeitsrechnung durchgeführt, bringen zweifellos *Zusatzinformationen* und neue Impulse. Den Banken ist deshalb zu empfehlen, auf die Stimme des Marktes zu hören, weil die Marktpartner die Aktivität unserer Finanzinstitute oft anders beurteilen, als man dies in den Chefetagen der Banken wahrhaben will. Eine an sich nur kleine Teilerhebung nach dem Quotenverfahren, welche am Institut für schweizerisches Bankwesen an der Universität Zürich im November 1990 durchgeführt wurde, hat gezeigt, dass viele Klienten, ob Privat- oder Firmenkunden, die modernen Bankgeschäfte kaum mehr verstehen. Eine Mehrzahl der Kunden hat deshalb ein Gefühl des *Ausgeliefertseins* zum Ausdruck gebracht. Man bezweifelt auch, ob Finanzinnovationen wirklich dem Kunden und nicht den wirtschaftlichen Interessen der Banken dienen. Auch sind die Kunden fast einhellig der Meinung, die Banken hätten mit gekonnter *Öffentlichkeitsarbeit* ihr Image dringend zu verbessern.[152] Man wisse zuwenig, was die Banken wirklich tun, wie sie Entwicklungen beurteilen und wie sie bei Auseinandersetzungen zu aktuellen Themen handeln. Bei Streitfragen, welche die Öffentlichkeit beschäftigen - genannt wurden die Diskussionen um den Hypothekarzins, die Geldwäscherei, die Insider-Problematik, die Kapitalflucht vom Ausland in die Schweiz und die Steuerhinterziehung - versage das Verfahren der objektiven *Information*, was sich später bei bankrelevanten Volksabstimmungen sehr negativ auswirken könne. Die Kunden haben in ihrer Mehrheit die Wünschbarkeit persönlicher Kontakte zu Mitarbeitern der Bank betont und auch Wert gelegt auf eine gewisse Konstanz dieser Beziehungen. Bei manchen Bankmitarbeitern wird die fachliche Kompetenz angezweifelt und die Kundenfreundlichkeit einzelner Geschäfte und der Belege hierzu in Abrede gestellt. Eine generelle Abneigung gegen alle Formen der kollektiven Kundenbetreuung (Standardpakete an Leistungen) ist deutlich geworden.

Immer unter der Annahme, dass diese Befragungsresultate für eine Grundgesamtheit *repräsentativ* sind, muss doch gefolgert werden, wie wertvoll es für die Banken sein muss, die «Stimme des Volkes» und des Marktes periodisch zu hören. Es liegt auf der Hand, dass die Kenntnisnahme von Stimmungsbildern und Meinungen noch keine Sanierung des Bank/Kundenverhältnisses zur Folge hat.

---

152 Vgl. Institut für schweizerisches Bankwesen an der Universität Zürich: Die Banken im Urteil ihrer Kunden; in: Schweizer Bank; 10/1990, S. 47ff.

Marktforschung macht ja nur Sinn, wenn deren Resultate beachtet und bei der Formulierung einer tragfähigen Marketing-Politik umgesetzt werden.

9.1.3. Elemente einer Marketing-Politik

Zum Begriff der Marketing-Politik

Die *Marketing-Politik* einer Bank umfasst die Gesamtheit aller Entscheidungen über den kombinierten Einsatz der *Marketing-Instrumente*. Gefordert ist eine konsistente, zielorientierte Marketing-Politik, die sich nahtlos in die Geschäftspolitik der Bank einfügt. *Abbildung 9/4* zeigt im Überblick die heute üblicherweise verwendeten Instrumente eines modernen Marketings im Bankbetrieb. Die Abbildung unterscheidet 6 Instrumente bzw. Instrumentenbündel und verdeutlicht, dass ein Marketing-Instrumentarium nichts Abgeschlossenes zu sein braucht, sondern laufend ergänzt, angepasst und verändert werden muss. Die Funktionsweise der einzelnen Instrumente wird schwergewichtig im Unterkapitel 9.2. erörtert.

Für die Beurteilung der Marketing-Politik einer Bank ist stets der ganze Katalog an Instrumenten einzubeziehen. Auch wenn sich für jedes einzelne Instrument *Kosten/Nutzen-Überlegungen* anstellen lassen, ist bei allen Analysen die kombinatorische Wirkung mit ihren Synergieeffekten abzuschätzen. Mit anderen Worten: ist ein budgetierter Gesamtbetrag für die Gestaltung der Marketing-Politik definiert, so besteht eine der Aufgaben des Marketing-Spezialisten darin, diesen Betrag unter Kosten/Nutzen-Aspekten optimal aufzuteilen und den Instrumenten ihren Anteil zuzuordnen. Man sollte deshalb vorsichtig sein, das einzelne Instrument isoliert zu bewerten, denn seine Wirkung ist immer eine im Verbund mit den anderen.

Dienstleistungs- und Produktegestaltung als Grundlage der Marketing-Politik

Im Zentrum einer jeden Marketing-Politik im Bankenbereich steht die Dienstleistungs- und Produktegestaltung. Hier ist über die Basis-Dienstleistungen, also die *strategischen Geschäftsfelder*, die Zusatz-Dienstleistungen, die standardisierten Produkte, das Zusammenstellen von sog. Angebots-Paketen (Service-

Abbildung 9/4:   Marketing-Instrumente für Banken [153]

Zins- und Konditionenpolitik

- Bonitätsanforderungen   - Kommissionen
- Belehnungshöhen   - Spesen
- Vergünstigungen   - Zinsen

Dienstleistungs- und Produktegestaltung

- Basisdienstleistungen   - Service-Packaging
- Zusatzdienstleistungen   - Sortimentsbreite
- standardisierte Produkte   - Sortimentstiefe

Verkaufsförderung

- Verkaufsunterlagen   - Schalterhallengestaltung
- Verkaufsschulung   - Bedienung und Selbstbedienung
- entgeltliche und unentgelt-   - Öffnungszeiten
  liche Beratung

Vertriebspolitik

- Niederlassungspolitik   - Indoor- und Outdoorautomaten
- Aussendienst   - Videotex und Home Banking
- Anschluss an Vertriebs-   - Point-of-Sale-Transaktionen
  organisationen

Werbung

- Werbestil   - Wettbewerb und Kooperation
- Werbemittel   - Geschenke
- Werbeträger   - Direct Mail

Öffentlichkeitsarbeit

- Referate von Bankmitarbeitern   - Publikationen
- Schenkungen an Institutionen   - Ausstellungen
- gesponserte Veranstaltungen   - Pressekonferenzen und
  in Sport und Kultur   Medienauftritte

---

153 Kilgus, Ernst: Vorlesung «Bankbetriebswirtschaftslehre», gehalten an der Universität
     Zürich; Winter-Semester 1993/94 (unveröffentlicht).

Packaging) je Kundensegment und so über die *Sortimentsbreite* (Anzahl von Dienstleistungen und Produkten) und die *Sortimentstiefe* (qualitative Abstufungen je Dienstleistung) zu bestimmen.

Es liegt im Wesen einer jeden betriebswirtschaftlichen Aktivität, dass die Unternehmungen, so auch die Banken, versuchen, sich auf den verschiedenen in- und ausländischen Märkten mit einer oder mehreren Dienstleistungen zu profilieren. Die Bank legt zu diesem Zweck ein optimal gestaltetes *Leistungs- und Produkte-Portefeuille* fest. In Abschnitt 4.1.3. wurde bereits anhand der *McKinsey-Matrix*, welche zur Gegenüberstellung von Marktattraktivität und Wettbewerbsvorteilen je Erfolgsträger zwingt und auch die jeweiligen Deckungsbeiträge je Geschäftsfeld in die Analyse einbezieht, auf die Portefeuille-Gestaltung eingegangen. Einmal mehr stellt sich die Frage, ob auch in bankbetrieblichen Verhältnissen mit einem solchen, ursprünglich für die Konsum- und Investitionsgüterindustrie entwickelten *Portfolio-Ansatz* gearbeitet werden kann.

Die Antwort ist schwierig und muss wohl eine differenzierte sein. Das Marktangebot einer Bank umfasst heute sowohl die klassischen Dienstleistungen als auch standardisierte Produkte. Unter «Produkten» versteht man Massenleistungen, welche die Bank erstellt und ohne besondere Rücksichtnahme auf individuelle Bedürfnisse von Kunden und Kundensegmenten standardisiert abzusetzen versucht. Kassenobligationen einer Bank stellen ein solches Produkt dar. Man kann sie in der angebotenen Form akzeptieren oder man lässt es eben sein. Noch häufiger aber werden «Produkte» offeriert, welche in Kooperation mit anderen Banken entstehen. Produkte wie Bancomat-Service, Swiss Bankers Travellers Cheques oder Eurocard stellen solch *gemeinschaftlich entwickelte Produkte* älterer Prägung dar. Heute kommen Zahlungsverkehrssysteme, POS- und Home Banking-Varianten, die normierten Börsenhandelsformen, die Wertschriftenadministration mit Sammelverwahrung usw. hinzu. Der ganze Finanzderivate-Markt ist tendenziell dem Produktebereich zuzuordnen, weil hier bei der Geschäftsabwicklung für Individualität wenig Raum bleibt. Eine Ausnahme bildet die Kreation massgeschneiderter Derivate, die nicht über eine Börse gekauft, sondern deren Abschluss direkt zwischen Kunde und Bank erfolgt. Die Nachfrage nach individuellen, nicht standardisierten Risk Management-Produkten ist in letzter Zeit stark angestiegen, weshalb verschiedene Banken den Aufbau spezieller Abteilungen oder Tochtergesellschaften forcieren.

Dieser wachsenden Zahl von Produkten stehen die klassischen Dienstleistungen gegenüber, kundenindividuelle Bankdienste, bei denen die Bank massgeschneidert auf die Besonderheiten eines Klienten eingeht. Jede Bank steht vor der Frage, in welchem Verhältnis und bei welchen Gelegenheiten standardisierte, normierte Produkte mit klassischen Dienstleistungen zu kombinieren sind und in welchem Masse in Kooperation mit anderen Banken Produkte entwickelt werden sollten, welche bisherige, individuelle Dienste *ablösen*. Man kommt dabei nicht umhin, das Sortiment für jede Kundengruppe einzeln zu prüfen, weil die Bedürfnisse von Kundenkategorie zu Kundenkategorie ändern. Auch sind dabei die *Risiken* abzuschätzen, welche die gemeinschaftlich erstellten Produkte schaffen. Bekenntnisse zur Kooperation sind eben rascher abgegeben als konstruktive Vorschläge zur Lösung eines Problems. Deshalb sind Partner sorgfältig zu wählen. *Kooperation* erfolgt nicht immer ganz freiwillig: wenn Kantonalbanken oder Regionalbanken und Sparkassen bei bestimmten Geschäftsarten kooperieren, dann sind einzelne Institute oftmals aus Solidarität gezwungen, sich am gemeinschaftlichen Werk zu beteiligen, auch wenn an und für sich ein Alleingang vorgezogen würde.

Wir berühren damit das heikle Problem der Bankenkooperation in den *geschäftlichen* Sparten, welche von Jahr zu Jahr an Bedeutung gewinnt und sich in den vielfältigsten Spielarten vollzieht. So ist es über weite Strecken zur Gründung eigenständiger Gemeinschaftsunternehmen gekommen, man denke etwa an die Soffex, an die EBS, die SEGA oder die Telekurs AG. *Abbildung 9/5* zeigt im Sinne einer Illustration das heutige Tätigkeitsgebiet der Telekurs AG. Unter Kostenaspekten ist die Kooperation natürlich in der Regel lohnend, weil nach dem Gesetz der Massenproduktion die Durchschnittskosten je Leistungseinheit dank breiterer Verteilung der Fixkosten sinken. Für die einzelne Bank jedoch wird es immer schwieriger, sich auf dem Markte mit wirklich eigenständigen Leistungen zu profilieren. Kommt hinzu, wie später noch zu zeigen sein wird, dass mit der Standardisierung auch der *preispolitische* Handlungsspielraum sehr limitiert wird. Dennoch muss man davon ausgehen, dass sich der Trend zur verbundenen Leistung fortsetzen wird, zeigen doch vor allem amerikanische Beispiele, dass sich betriebswirtschaftliche Einzelaktionen auf dem ganzen, breiten Gebiet des Electronic Bankings nicht lohnen. Zweifellos führen die Entwicklungen in der Computer-Technologie zu immer stärkerer Normierung, es sei denn, eine Bank wende sich, in Opposition zu diesem Trend, in grossem Stil der individuellen Kundenberatung und -betreuung zu. Ob der Bankkunde diese weitreichende Beratung aber sucht und wünscht, bleibt vorläufig offen, genauso wie die Frage, ob die Belegschaft unserer Banken überhaupt in der Lage ist, eigentliche Unternehmens- und Finanzberatung auf qualitativ höchster Stufe bei zumindest kostendeckenden Preisen zu erbringen; denn nach den Prinzipien der Portfolio-Theorie sollte ja jedes strategische Geschäftsfeld einen positiven Beitrag zum Jahresergebnis der Bank liefern.

Abbildung 9/5:   Tätigkeitsgebiete der Telekurs AG

TELEKURS AG - Gemeinschaftsunternehmung der Schweizer Banken	
Geschäftssparte	**Dienstleistungen**

Finanzinformationen

Unterstützung der Banken im In- und Ausland in den Bereichen Anlageberatung, Vermögens- verwaltung und Finanzanalyse sowie bei der Wertschriftenverwaltung und -abrechnung durch:

Marktinformationen

Kurse der wichtigsten Wertpapier- und Roh- warenbörsen, Preisstellungen von Market Makern, Devisen- und Edelmetallnotierungen sowie Zinssätze und Wirtschaftsnachrichten

Unternehmens- und Wertschrifteninformationen

Stamm-, Ereignis- und Bewertungsinformatio- nen, wie Emissionsdaten, Dividenden und Ka- pitalerhöhungen von über 400'000 internatio- nalen Finanzinstrumenten

TELEKURS FINVEST™ (PC oder Workstation)

TELEKURS FINTERM™ (Terminalnetzwerke)

TELEKURS INVESTVISION™ (Databroadcast über TV-Austastlücke)

INVESTDATA System (in Ablösung)

VALORDATA (Stamm- und Ereignisdaten, Bewertungskurse und statistische Marktdaten)

TELEKURS FIMS™ (Finanzinformations- Management System)

FIDM™ (Finanzinstrumente Datenmodell)

Zahlungssysteme

Entwicklung, Verarbeitung und Betreuung von Zahlungsmitteln und Systemen des Zahlungs- verkehrs

Zahlungsverkehr

Schweizerisches Interbanken-Clearingsystem (SIC)

Datenträgerapplikation (DAT)

Lastschriftverfahren (LSV)

Projekt EDI-Dienstleistung (Electronic Data Interchange)

Zahlungsmittel

ec-BANCOMAT

ec-DIRECT (EFT/POS-System für bargeldlo- ses Einkaufen und Tanken mit Debitkarte)

Verarbeitung der Einheitschecks/eurocheques

Projekt Wertkarte der Schweizer Banken

Kartenservice

Operative Abwicklung des Plastikkartengeschäfts für verschiedene Kredit- und Kundenkarten (z.B. EUROCARD)

Hier zeigt sich ein weiteres Problem: es gibt seit Jahren bei allen Banken Geschäftsfelder, die unrentabel sind. Der Zahlungsverkehr mag hier als Beispiel dienen. Nach den Regeln der Portfolio-Theorie wäre ein solches Geschäftsfeld zu liquidieren. Weil man von einer Bank aber die Erbringung dieser auch unrentablen Leistung erwartet, weil sie untrennbar zum Bankgeschäft gehört, sind auch solche Geschäftsfelder mitzuführen. Logischerweise tragen dann lukrativere Sparten dazu bei, das Gesamtergebnis der Bank befriedigend zu gestalten. *Mischkalkulationen* werden da unumgänglich sein. Kredite werden dann zum Beispiel teurer, weil sie unausgesprochen dazu benützt werden, defizitäre Geschäftsfelder zu subventionieren. Der Bankier hat deshalb seine Skepsis gegenüber Portfolio-Ansätzen nie ganz aufgegeben. Sie seien zwar logisch, aber politisch nicht durchsetzbar.

Heikle Fragen stellen sich schliesslich auch im Zusammenhang mit der Festlegung der *Sortimentstiefe*. Eine Ausdehnung der Sortimentstiefe begründet zwar kein neues strategisches Geschäftsfeld, die möglichen Variationen innerhalb eines Feldes nehmen aber aufgrund neuer Finanzierungstechniken und differenzierter Kundenbedürfnisse zu. Tiefere Sortimente schaffen Platz für vermehrte Individualität, führen aber zu organisatorischen Erschwernissen, zu höherer Komplexität bei der Vertragsgestaltung und zu Verschlechterungen in der Transparenz der einzelnen Geschäfte. Preisvergleiche werden überdies erschwert. Ob der Kunde tiefe, variationsreiche Sortimente tatsächlich wünscht, ist generell nicht zu beurteilen. Er ist vielfach beleidigt, wenn er sich in einem Kollektiv eingeordnet fühlt, er ist aber auch aufgebracht, wenn er den Überblick über die geschäftlichen Spielarten verliert und über das Ausgeliefertsein klagt. Den Konflikt zwischen möglichst individueller Bedürfnisbefriedigung einerseits und Unsicherheit bei der Auswahl anderseits kann die Bank nur aufheben, indem sie die Beratung des Kunden verstärkt oder Produktevarianten zielgruppenorientiert bündelt. Das Schnüren von Produktepackages ermöglicht es, dem Kunden Gesamtlösungen anzubieten. Dies ist immer dann sinnvoll, wenn die Komplexität des Sortimentes den Kunden überfordert und er nicht in der Lage ist, die zahlreichen Produktevarianten zu einer optimalen Problemlösung zusammenzufügen. Der anhaltende Kostendruck erzwingt insofern eine Straffung des Sortimentes, als ertragsschwache Dienstleistungen mit stark substitutivem Charakter aus der Angebotspalette entfernt werden.

9.2.   Zum Einsatz des Marketing-Instrumentariums

9.2.1.   Zins- und Konditionenpolitik

Im folgenden sind die Marketing-Instrumente der Reihe nach zu charakterisieren und bezüglich ihre Bedeutung für eine eigenständige Marketing-Politik zu werten. Im Vordergrund steht zunächst die Zins- und Konditionenpolitik.

Preiskampf bei sinkenden Margen

Es bedarf keiner langen Erörterung, um deutlich zu machen, dass die besondere Konstellation der Finanzmärkte und die intensive Kooperation unter Banken den preispolitischen Spielraum für die einzelne Bank einengen. Man kann sich nur schwer vorstellen, dass Banken über längere Zeit hinweg unterschiedliche Preise für die Ausführung von Börsentransaktionen, für Soffex-Abrechnungen, für die Eurocard-Benutzung, für das Inkasso von Wechseln und Checks oder für Dienstleistungen der SEGA zur Anwendung bringen. Mit der Aufhebung der früheren *Zinskonvenien* und *Konditionenkartelle* ist der Wettbewerb zusätzlich verschärft worden, was sich sehr schön am Beispiel der liquidierten *Courtage-Konvention* zeigen lässt. Je nach Grösse und Bedeutung eines Börsenkunden werden Courtagesätze ausgehandelt, die Banken von den gewichtigeren Kunden auch gegeneinander ausgespielt. Dass sich dabei Preise auch ohne ausdrückliche Absprachen auf bestimmter Höhe einspielen, zeigt aber nicht nur das Courtage-Beispiel, sondern das jeweilige Tauziehen um die *Hypothekarzinssätze*. Sobald eine im Markt bedeutsame Bank die Sätze hebt oder senkt, zieht die Konkurrenz nach, ungeachtet der individuell doch verschiedenen Bruttozinsmargen. Auch die Höhe der Betriebskosten, die von Bank zu Bank allein schon aufgrund der Personalkosten erheblich variieren können, spielt da offenbar keine Rolle. Die Banken verhalten sich im Grunde als *Mengenanpasser*. Sie übernehmen über weite Strecken die Zins- und Konditionensätze des Marktes und entscheiden anschliessend, ob sie ein mögliches Geschäft vollziehen oder nicht. Eine eigenständige Zins- und Gebührenpolitik ist dadurch nur begrenzt möglich. Ausnahmen bestätigen auch hier die Regel. Öko-Banken zum Beispiel verfolgen eine eigenständige Preispolitik, indem sie die Einleger unter den Marktsätzen entschädigen und dafür die Kreditnehmer mit vorteilhaften Konditionen begünstigen. Das System funktioniert aber nur solange, als die Bankkunden, von Idealen getragen, bereit sind, eine solche Politik zu unterstützen.

Preisstellung und vertragliche Nebenbedingungen

Man kann folglich feststellen, dass die einzelne Bank in bezug auf eine autonome Preispolitik sehr eingeengt ist, bei den Zinssätzen schon gar, welche die Notenbank und der Markt bestimmen. Dagegen kann sie bei der Festlegung der weiteren vertraglichen Konditionen insofern preispolitisch operieren, als sie grosszügigere oder härtere *Belehnungsmargen* im Kreditgeschäft und variierende *Bonitätsanforderungen* zur Anwendung bringt. Die Bank kann infolgedessen versuchen, über dem Marktzins liegende Kreditzinsen durchzusetzen mit der Rechtfertigung, dass sie eben höhere Risiken zu übernehmen bereit sei. Die vertraglichen Nebenbedingungen im Zusammenhang mit Kreditdeckungen beeinflussen so die Preisstellung. Ob sich allerdings die Übernahme unüblicher Kreditrisiken zur Verbesserung der Bruttozinsmarge für die Bank langfristig lohnt, steht auf einem anderen Blatt und muss in Verbindung mit dem Risk Management äusserst sorgfältig erwogen werden. Die Erfahrungen mit zweit- oder gar drittklassigen Kreditadressen stimmen dabei eher nachdenklich.

Kleinere Margen - höhere Kosten

Kleinere Zinsmargen bei härterem Wettbewerb sind für eine Bank dann zu verkraften, wenn es ihr gelingt, die *Betriebskosten* - Personal-, Sach- und Raumkosten, allgemeine Geschäftsunkosten sowie Informatikkosten - ganz bewusst zu senken. Die zu diesem Zweck mancherorts durchgeführten Gemeinkosten-Wert-Analysen (GWA) zielen ja darauf ab, Betriebskosten nötigenfalls mit härtesten Massnahmen abzubauen. Muss die Bank tatsächlich Kosten sparen, wird sie in erster Priorität die *Personalkosten*, die im grossen und ganzen zwischen 60% und 70% der Betriebskosten ausmachen, zu reduzieren versuchen. Entlassungen sind häufig die Folge. Berechnungen bei ausgewählten Banken haben ergeben, dass der Abbau von 8 bis 10 Arbeitsplätzen die Betriebskosten pro Jahr um etwa 1 Mio. Fr. senkt.

In zweiter und dritter Priorität werden oftmals auch die Budgets der *Sachkosten* redimensioniert: Reduktion der Werbekosten, der Budgets für Vergabungen, für Kultur- und Sportsponsoring, für Öffentlichkeitsarbeit. Weil gerade diese Budgets in der Regel von Stäben verwaltet werden, richten sich GWAs nicht selten gegen eine überrissene Aktivität der Marketing-Stäbe.

Im Zusammenhang mit preispolitischen Diskussionen und dem Aufkommen der Bankkostenrechnung und Kundenkalkulation wird mehr und mehr die Frage erörtert, ob künftig die Zins- und Gebührensätze nicht stärker der konkreten Bank/Kunden-Beziehung hinsichtlich Kosten und Erlösen anzupassen wären.

Dies hat zur Folge, dass jeder Klient auf der Grundlage einer Kundenkalkulation individuell gewürdigt und aufgrund seines Erfolgsbeitrages eingestuft wird. Je nach Lage werden die anzuwendenden Sätze mit ihm neu ausgehandelt. Es gibt Beispiele vor allem aus der amerikanischen Bankpraxis, welche zeigen, dass Kundenbeziehungen nötigenfalls auch aufgekündigt werden, wenn ein positiver Erfolgsbeitrag unterbleibt. Die *Nachkalkulationen* spielen bei solchen Auseinandersetzungen eine bedeutende Rolle, weil sie recht objektiv die Umsätze und die Kosten/Erlös-Verhältnisse jedes Kunden darstellen. Die Preis- und Konditionenpolitik muss somit Sache der *Front-Verantwortlichen* sein, welche die Kundenbeziehung pflegen. Die Führungskräfte in der Linie müssen durch Delegation die Kompetenz erhalten, mit jedem Kunden individuell die Vertragsbedingungen auszuhandeln. Nötigenfalls sind allfällige spezielle *Kundenbetreuer* in solche Verhandlungen miteinzubeziehen. Man sagt zu Recht, die Preisstellung sei auch bei einer Bank Teil des Marketings. Unrichtig aber wäre es, daraus den Schluss zu ziehen, die Marketing-Arbeit habe ausschliesslich in den unterstützenden Stäben zu erfolgen. Die Marktausrichtung ist eine «Philosophie», die alle berührt und zum Mithandeln zwingt.

9.2.2. Vertriebspolitik und Verkaufsförderung

Je geringer der Handlungsspielraum der Bank in den Bereichen der Dienstleistungs- und Produktegestaltung und in der Preispolitik ist, desto bedeutsamer wird ihre Marketing-Tätigkeit im *Vertriebsbereich* mit Einschluss der *Verkaufsförderung*. Wie *Abbildung 9/4* gezeigt hat, werden die Begriffe «Vertriebspolitik» und «Verkaufsförderung» recht breit ausgelegt, so dass es sich wohl rechtfertigt, deren Spannweite etwas abzustecken.

Arten des Vertriebs

Der Vertrieb von Bankdienstleistungen und -produkten vollzieht sich grundsätzlich

- am *Standort der Bank selbst*, d.h. am Hauptsitz und bei den Niederlassungen wie Filialen, Sitze, Depositenkassen usw.

- am *Standort des Bankkunden*, bei kleinen, mittleren und grossen Firmenkunden, bei der vermöglichen Privatkundschaft, bei institutionellen Anlegern, bei öffentlich-rechtlichen Körperschaften usw.

- am *Standort von Unternehmungen des Detailhandels*, nämlich dort, wo sich die Bankkunden bei ihren täglichen oder periodischen Einkäufen mit Gütern eindecken.

Aus dieser Dreiteilung ergibt sich, dass die Geschäftsleitung zu entscheiden hat, in welchem Umfange sie all diese Möglichkeiten der Standortwahl zu nutzen gedenkt. Bei einem Vollprogramm kann sie die eigenen *Schalterhallen* mit *Beraterzonen* und *Automatenbanken* ergänzen, für Anlageberatung und Vermögensverwaltung spezielle Empfangsräume schaffen; sie kann im In- und Ausland eigene *Niederlassungen* gründen und nach Bedarf wieder liquidieren; sie kann anstelle von Niederlassungen Tochtergesellschaften betreiben und mit befreundeten *Korrespondentenbanken* kooperieren. Sie kann ihren Firmenkunden Cash-Management-Unterstützung ins Haus liefern und Privatkunden sowie Haushalten das *Home Banking* ermöglichen. Auch kann sie Vorkehren für den elektronischen *Geldtransfer* mit den Einrichtungen des Detailhandels treffen. Dies alles sind Vertriebsmöglichkeiten, scheinbar unbegrenzte, je nach Einfallsreichtum der Marketingfachleute. So einfach liegen nun allerdings die Verhältnisse nicht, weil die Gestaltung der Vertriebspolitik eine Vielzahl konkreter Detailprobleme aufwirft. Einige der wichtigsten sollen in der Folge kurz beleuchtet werden.

Das Niederlassungsproblem

Banken haben während Jahren ihre Niederlassungspolitik voll in den Dienst der *Expansionspolitik* gestellt. Über das ganze Land hinweg sind Sitze, Filialen, Depositenkassen, Zweiganstalten, Stadtfilialen und Agenturen in grosser Zahl entstanden. Es setzte sich die Überzeugung durch, ein Marktgebiet lasse sich nur ausschöpfen, wenn die wichtigsten Gemeinden und Agglomerationen zu Filialstandorten würden. Manche haben diese Philosophie der umfassenden Gebietsabdeckung als «Saugnapf-Konzept» bezeichnet. Die so entstandene *Filialdichte* charakterisiert noch heute die schweizerische Bankenszene.

Zu allen Zeiten hat das Problem der *Unterstellung* der Niederlassungen zu Auseinandersetzungen Anlass gegeben, vor allem immer dann, wenn Filialen durch unglückliches und manchmal sogar kriminelles Geschäftsgebaren zum Tagesgespräch auch in den Medien wurden. Typisch hierfür war der sog. Chiasso-Skandal, das ungetreue Geschäftsgebaren des damaligen Leiters der Filiale Chiasso der Schweizerischen Kreditanstalt im Jahre 1977. Wer ist vor allem bei Krisenlagen für die Tätigkeit einer Niederlassung verantwortlich? Ist das die Geschäftsleitung als Ganzes oder ein einzelnes Geschäftsleitungsmitglied oder mehrere, ausgewählte im Wechsel? Sind Filialen den Linienchefs zu unterstellen oder beispielsweise einer Stabsstelle, welche sich vollamtlich der Filialbetreuung annimmt? Die Banken haben diese Probleme immer sehr unterschiedlich gelöst, beispielsweise mit Direktunterstellungen unter mehrere Linienchefs oder über Kopfstellen, handle es sich nun um grosse Sitze oder um Regionalzentralen, welche diese Funktion ausüben.

Gegenwärtig werden die Filialnetze fast überall kritisch überprüft und in der Regel *redimensioniert*. Zum einen geht es darum, dem wachsenden *Kostendruck* zu begegnen, zum anderen haben die modernen *technologischen* Möglichkeiten den Stellenwert einer Filiale sicherlich relativiert. Der Standort einer Niederlassung verliert insofern an Bedeutung, als ein Kunde heute auch aus grosser Distanz mit seiner Bank kommunizieren kann. Den Informationskanälen bleibt er so oder so angeschlossen. Auch sehr bedeutende, grosse Banken kündigen jedenfalls an, dass sie den Abbau der Filialnetze in Erwägung ziehen und insbesondere vom Prestigedenken in der Filialpolitik abzurücken gedenken. Die Filialleitungen, an manchen Orten sehr angesehen und im Auftreten recht autoritär, sehen diesen Entwicklungen nicht ohne Grund mit einiger Besorgnis entgegen.

Kommt es zur *Neugründung* oder auch zur *Schliessung* einer Niederlassung, sind umfassende Entscheidungsgrundlagen bereitzustellen, um einen Entschluss anhand von Fakten zu ermöglichen. Betriebswirtschaftlich gesehen handelt es sich dabei um besondere Formen der *Investitionsrechnung*. Ungeachtet der gewählten Rechenmethode kommt es dabei stets zur Gegenüberstellung der jährlich anfallenden Kosten, der zu erwartenden Erlöse und der notwendigen Anfangsinvestitionen. *Kapitalwertmethode* und *Pay-back-Verfahren* dominieren bei solchen Analysen, wobei eine gewisse Schwierigkeit unbestritten darin besteht, der zur Diskussion stehenden Niederlassung die Kosten und Erlöse korrekt zuzuordnen. Das ist bei der verbundenen Leistungserstellung nicht immer einfach. *Filialrechnungen* sind auch nicht überall verbreitet, was bedingt, eine notwendige Investitionsrechnung ad hoc zusammenzustellen. Umstritten ist dabei stets die Art und Weise, wie die Leistungen eines Hauptsitzes zugunsten der Filiale, die allgemeinen Geschäftsunkosten des Managements und die zentralen Informatikkosten in Anrechnung gebracht werden. Manche meinen auch, mit dem Rechnen allein sei es bei der Beurteilung einer Filiale nicht getan: zu beachten sei auch der immaterielle *Nutzenzuwachs*, der Zuwachs des Images oder des Goodwills, den man der Tatsache verdanke, dass es die Niederlassung überhaupt gebe. Im Extremfall rechtfertige sich sogar die Eröffnung einer neuen Niederlassung, welche auf Jahre hinaus nicht rentabel sei, wenn sie dem Prestige der Bank als Ganzes diene. Filialstandorte in einem Flughafen, im Shopville eines Bahnhofs oder in einem grossen Spital seien «unbezahlbar», völlig losgelöst vom Jahresergebnis. Deshalb bestehen auch echte Hemmungen, bestehende Niederlassungen zu schliessen, selbst wenn rote Zahlen zu ständigen Begleitern werden.

Neben der Schliessung von Filialen wird heute verstärkt versucht, ein nach Kunden und Produktesortiment differenziertes Niederlassungsnetz aufzubauen, wie dies in *Abbildung 9/6* zur Darstellung gelangt.

Abbildung 9/6:   Differenzierte Filialtypen[154]

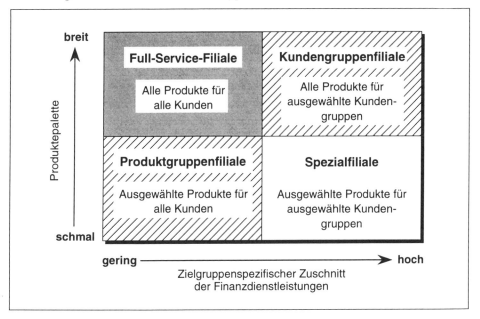

Je nach Art und Bedeutung der wirtschaftlichen Region werden den Niederlassungen die abzudeckenden Geschäftsfelder differenziert zugewiesen. Das volle Sortiment bleibt in der Regel den Sitzen in den grossen Städten vorbehalten. Auch bezüglich der Autonomie der Filiale besteht keine Einheitlichkeit. Meist arbeiten die Banken mit Filial-Grössenklassen und so mit einer Niederlassungstypologie. *Grosse Sitze* in Städten wie Zürich, Bern, Luzern, Basel, St. Gallen, Lugano, Lausanne oder Genf betreiben praktisch alle Bankgeschäfte, von grossen und fast einmaligen Spezialfinanzierungen einmal abgesehen, und werden in bezug auf die organisatorische Gestaltung des Betriebes und für Funktionsbereiche wie Planung, Kontrolle, Rechnungswesen, Personalpolitik, Ausbildung und

154 In enger Anlehnung an: Bühler, Wilhelm: Modelltypen der Aufbauorganisation von Kreditinstituten; in: von Stein, Johann H.; Terrahe, Jürgen (Hrsg.): Handbuch Bankorganisation; 1991, S. 114.

Immobilienwesen fast wie selbständige Banken behandelt. *Kleinere Filialen* dagegen bieten nur ganz bestimmte Angebots-Pakete an oder - in der Praxis weit weniger verbreitet - sie betreuen nur ausgewählte Kundengruppen. Von logistischen Arbeiten sind sie weitgehend entlastet. Für *ausländische Niederlassungen* gelten Sonderregelungen je nach der Rechtsordnung im Gastland. Häufig wird deshalb die Form der Tochtergesellschaft mit eigener Rechtspersönlichkeit der Filiale vorgezogen.

Von der Schalterhalle zur Automatenbank

Immer wieder diskutiert wird auch das Schalterhallen-Problem. An sich versuchen die Banken, das personalintensive Schaltergeschäft mehr und mehr zu reduzieren, weil eben das Kosten/Nutzen-Verhältnis nicht stimme. Für Routinegeschäfte wie Barbezüge oder Geldwechsel sei eine persönliche Bedienung nicht notwendig. Angeboten wird statt dessen die elektronische Schalterhalle mit den Selbstbedienungsgeräten. Die *Automatenbank* mit den Automated Teller Machines (ATM), den Geldausgabeautomaten, dem Bancomat, dem Cassamat, dem Nachttresor wird forciert, die 24-Stunden-Bank, indoor oder outdoor, beliebt gemacht. Die Schweizerische Bankgesellschaft als grösste Schweizer Bank hat hier massgeblich Pionierarbeit geleistet und festgestellt, dass sich heute rund 40% aller Bargeschäfte über Automaten vollziehen. Das Beispiel verdient deshalb grosse Beachtung, weil immer wieder der Frage nachgegangen wird, wieviel an *Electronic Banking* der Schweizer denn ertrage und ob es sich lohne, die bekannten Bemühungen auf dem Gebiete des Home Bankings und der *Point-of-Sale-Transaktionen* (POS) zu unterstützen. Die SBG ist überzeugt, dass in diesen Bereichen der Automatenbank die Zukunft gehört, vor allem mit dem Nachrücken junger Generationen, die schon jetzt mit dem Personal Computer täglich konfrontiert sind. Neben der Geschicklichkeit im Umgang mit elektronischen Mitteln spielen für die Bank natürlich auch *Sicherheitsfragen* eine entscheidende Rolle, von der Betriebssicherheit der Systeme angefangen bis zur missbräuchlichen, kriminellen Verwendung der Einrichtungen. Im übrigen ist auch hier der *Bankenkooperation* grösste Beachtung zu schenken, weil elektronische Vertriebsformen in der Regel die Zusammenarbeit mit anderen Banken bedingen, nicht nur im Zusammenhang mit Bancomat oder Eurocard, sondern auch beim Cash Management mit den *Account-Report-Systemen* (ARS) für Firmenkunden.

Verkaufsförderung

Die Vertriebspolitik schliesst Massnahmen der Verkaufsförderung mit ein. Beide beeinflussen sich gegenseitig. *Abbildung 9/7* zeigt im Überblick, was unter Verkaufsförderungsmassnahmen konkret verstanden werden kann.

Abbildung 9/7: Massnahmen der Verkaufsförderung

Gliederung	Beispiele
Psychologische Massnahmen	- Schulung des Verkaufspersonals
	- Erarbeiten von Verkaufshilfen (z.B. Argumentarien, Verkaufshandbücher, aktuelle Tips für die Kunden)
	- Abfassen von Instruktionen für die Kundenberater
	- Ausschreibung von Mitarbeiterwettbewerben
	- Abfassen von motivierenden Artikeln in der Personalzeitung
	- Durchführung von Kundenveranstaltungen (z.B. Börsenspiele, Börsenapéros, Vorträge)
	- Individuelle Serviceleistungen (z.B. Reservierungen von Gedenkmünzen, Beschaffen von Auskünften)
Räumliche Massnahmen	- Gestaltung der Kundenhallen
	- Entwicklung funktionsgerechter Verkaufsmöbel
	- Bereitstellen von Kundenparkplätzen
	- Spezielle Bankschalter für Kinder
	- Durchführung von Ausstellungen in den Kundenhallen
Weitere Massnahmen	- Kundengerechte Schalteröffnungszeiten
	- Entwicklung kundenfreundlicher Formulare (z.B. Aufdruck des aktuellen Saldos auf jedem Beleg)
	- Abgeben einer Kundenkarte
	- Bereitstellen von Kontoauszugdruckern

Zu beachten sind dabei Stichworte wie «Ausbildung des Bankmitarbeiters zum Verkäufer», Durchführung von Kundenveranstaltungen mit erklärendem Charakter, architektonische Gestaltung der Kundenhallen, Bereitstellen von Kundenparkplätzen und kundengerechte Öffnungszeiten der Bank. Natürlich liesse sich der Katalog an Möglichkeiten ergänzen. *Nicht* zu den Verkaufsförderungs-massnahmen zählen die im 10. Kapitel zur Sprache kommenden Public Rela-tions-Veranstaltungen, welche sich nicht direkt auf die Erläuterung und Förde-rung von Bankgeschäften beziehen und auch nicht das Verhalten der Bankmitar-beiter unmittelbar tangieren. Gemeint ist da etwa das Sport- oder das Kultur-sponsoring.

Vertriebspolitik und Verkaufsförderungsmassnahmen sind nicht leicht zu *würdigen*. Selbst die professionellen Marketing-Spezialisten in der Bank tun sich fallweise recht schwer. Die Gründe allerdings sind leicht zu erkennen; denn letztlich kommt immer dem Kunden, dem einzelnen Menschen mit all seinen Erwartungen, seinen Empfindungen und seinen zum Teil unberechenbaren Re-aktionen die Schiedsrichterfunktion zu. Der Kunde ist fasziniert von der moder-nen Elektronik, aber er möchte trotzdem persönlich bedient, betreut und beraten werden, auch bei Kleinigkeiten. Der Kunde ist beeindruckt von modernen Schalterhallen-Landschaften, schätzt aber doch die intime und weniger pompöse Atmosphäre des kleinen Schalterraumes mit den für ihn bekannten Gesichtern. Nicht umsonst ziehen Tausende von Menschen die bescheidene und oft auch kalte Postschalter-Ambiance der kultivierter wirkenden Verkaufstechnik der Banken vor. Eine jede Bank wird sich aufgrund dieser Tatsachen ihr Verkaufs-förderungsprogramm sorgfältig überlegen und auf ihre Dienstleistungs- und Produktepalette ausrichten müssen. Den standardisierten Leistungen stehen im-mer erklärungsbedürftigere Finanzleistungen gegenüber, welche die Bank in die Rolle der Beraterin beinahe zwingen. Die Verkaufsförderung wird sich so ver-mehrt zwischen unpersönlicher Elektronik und persönlicher Beratung, zwischen Zahl und Psyche, zwischen Vernunft und Emotion, zu bewegen haben.

9.2.3. Werbung

In *Abbildung 9/8* sind die Werbemedien zusammengestellt, die von den Banken immer wieder eingesetzt werden, um auf ihre Dienstleistungen und Produkte aufmerksam zu machen. Im Gegensatz zur *Öffentlichkeitsarbeit* nimmt die Wer-bung unmittelbar Bezug auf Leistungserstellung und -verwertung im Markte. Sie sollte dazu beitragen, eine Leistungsdifferenzierung gegenüber dem Ange-bot der Konkurrenz zu erreichen. Weil dies aber auch werbetechnisch nicht ein-fach ist, konzentriert sich die Werbeaktivität sehr stark auf die Förderung des Bekanntheitsgrades der Firma, also des Namens der Bank, ob in Inseraten, auf Plakaten, in Schaufenstern, auf Werbegeschenken, auf Startnummern an Sport-

Abbildung 9/8:   Werbemedien im Bankwesen

Werbemittel	Werbeträger
Inserate	Zeitungen und Zeitschriften
Plakate	Anschlageflächen an Verkehrswegen, Verkehrs- mitteln, Sportstadien
Leuchtschriften, Schaufenster	Bankgebäude usw. (z.B. Ausstellung von Münzen)
Publikationen, Prospekte	Direct Mail (z.B. Prospekte als Beilage beim Post- versand der Kontoauszüge)
Abzeichen, Signete	Teilnehmer an Sportveranstaltungen, Bankkunden, Heissluftballon usw. (z.B. Startnummern, Kleidungs- stücke, Tragtaschen, Regenschirme, Kleber)
Werbegeschenke	Verwender der Geschenke, Empfänger einer ge- schenkten Ersteinlage
Wettbewerb	Teilnehmer des Wettbewerbs
Diapositive	Kinos und Veranstaltungen
Messen	Messestand
Werbefilme	Fernsehen, Kinos
Gesprochene und vertonte Werbetexte	Sport- und Unterhaltungsveranstaltungen, Radio

veranstaltungen. In diesem Zusammenhang ist die seit 1. Januar 1994 geltende Empfehlung der Schweizerischen Bankiervereinigung zu erwähnen, die Grund- sätze zum fairen Verhalten der Banken aufstellt. Auf taktlose und marktschrei- erische Werbung ist zu verzichten, es ist darauf zu achten, dass das Ansehen der Konkurrenz nicht beeinträchtigt wird und auch die vergleichende Werbung mit Kommissionen, Zinssätzen etc. ist zu unterlassen.

Weil eine stark leistungsbezogene Werbung Schwierigkeiten bereitet, hat sich für die Banken stets auch die Frage einer Zusammenarbeit im Werbesektor ge- stellt, was denn auch zur phasenweisen *Kollektivwerbung*, getragen von der Schweizerischen Bankiervereinigung, geführt hat. Die Werbemittel wurden da- bei oft auch für erklärende Informationen benutzt, so für die Erläuterung des schweizerischen *Bankgeheimnisses* und der umstrittenen *Sorgfaltspflichtverein- barung*. Ob hier im klassischen Sinn allerdings noch von Werbung bzw. Produktewerbung gesprochen werden kann, ist fraglich. Werbung, Öffentlichkeitsarbeit und auch Verkaufsförderung überlappen sich in der Praxis immer wieder, was sich etwa an einer von einer Bank gesponserten Sportveranstaltung manifestieren kann, bei der die Bank nicht nur den Veranstalter finanziell stützt, sondern auch Plakat- und Bandenwerbung betreibt und Sportartikel als Werbegeschenke abgibt.

In allen Fällen stellt sich die Frage nach dem *Nutzen* all dieser Bemühungen und nach den Verfahren zur möglichst genauen *Werbeerfolgskontrolle*. Die einen versuchen, mit quantitativen Methoden den Umsatzzuwachs dank Werbung zu erfassen, andere setzen die Marktforscher ein, um nach erfolgten Werbeaktionen den Bekanntheitsgrad der Bank zu messen. Vor allem in den USA ist die Meinung verbreitet, solche Abklärungen der Marktforscher seien wichtig, denn entscheidend müsse stets bleiben, dass eine Bank immer wieder im Gespräch und in der Erinnerung bleibe, der Anlass dazu dürfe sogar ein negativer sein, eine Affäre zum Beispiel, welche die Bank oder einzelne Exponenten der Bank extrem belaste. Wichtig sei, ob man von dir spreche, ob positiv oder negativ, nicht nur in Hollywood, sondern auch in Wirtschafts- und Bankkreisen. In unseren Breitengraden sehen wir allerdings jene Bankaktivitäten lieber, welche den *guten* Ruf eines Institutes stärken und dennoch eindeutig der kommerziellen Werbung zuzuordnen sind, weil es darum geht, die Bank, die Arbeit des Bankiers, die Bankgeschäfte und das Zusammenspiel der Finanzmärkte einem breiten Publikum zu erklären, ohne dabei langweilig zu wirken. Grossen Erfolg erzielen Banken immer wieder mit Informations- und Seminarveranstaltungen zugunsten von Studenten, Mittelschülern und Lehrlingen und mit computergestützten Börsenspielen, welche dazu geeignet sind, dem Publikum das Wesen der bankwirtschaftlichen Tätigkeit näher zu bringen.

Zusammenfassende Bemerkungen

Vielleicht ist es aber auch müssig, sich zu lange mit der individuellen Messung des Nutzenbeitrages eines Marketing-Instrumentes zu befassen. Weil diese Instrumente ja, wie früher schon erwähnt, *in Kombination* einzusetzen sind und in Kombination auch anders zur Wirkung kommen. Gerade für Banken ist deshalb ein gezielter *Marketing-Mix* bedeutsam und zwingend. Die folgenden Beispiele mögen verdeutlichen, wie sehr das Bank-Management gezwungen ist, zur Lösung eines konkreten Problems alle zweckmässigen Marketing-Instrumente in Kombination einzusetzen.

278

Beispiel: *Passivgeld-Beschaffung*

Viele Banken können ihre strategischen Ziele nur erreichen, wenn es gelingt, den Bestand an Passivgeld möglichst kostengünstig zu erhöhen. Zu diesem Zweck erweitern sie nach dem «Saugnapf-Prinzip» ihre *Filialnetze*, intensivieren gleichzeitig die *Werbeanstrengungen*, propagieren bei Menschen jeden Alters das Sparen, *schulen* das Schalterpersonal für diese zusätzliche Aufgabe, für den Verkauf etwa von Kassaobligationen. In Werbeaktionen wird die Bevölkerung über die Rolle der Bank im Rahmen der Sozialversicherung mit dem bekannten 3-Säulen-Konzept aufgeklärt. Den Sparern werden dabei Sonderleistungen bei der Eröffnung von Sparheften und Kreditorenkonti und beim Zeichnen von Kassa- und Anleihensobligationen angeboten. Bei einer solch kombinierten Aktion wird die Nutzenmessung je Instrument natürlich besonders schwierig. Kommt hinzu, dass viele andere volkswirtschaftliche Faktoren Sparneigung und Spartätigkeit der Bevölkerung fördern oder auch hemmen können, so die Entwicklung des Bruttosozialproduktes, die Höhe der Inflationsrate oder die Formen der Besteuerung. Hier sind zweifellos dem bankbetriebswirtschaftlichen Marketing klare Grenzen gesetzt.

Beispiel: *Vertriebsgestaltung auf internationaler Ebene*

Im Zusammenhang mit der Schaffung des europäischen Binnenmarktes stehen die international tätigen Banken vor der Frage, wie das eigene *Vertriebsnetz* in einem europäischen Wirtschaftsraum zu gestalten sei. Kann ein gross angelegter und kombinierter Einsatz von Marketing-Instrumenten dazu beitragen, am wirtschaftlichen Potential eines 320 Mio. Menschen umfassenden Marktes angemessen zu partizipieren?

Im Vordergrund stehen sicherlich die verschiedenen Varianten von Vertriebsmethoden, so die Gründung oder der Erwerb einer *Tochtergesellschaft* mit Standort im EU-Raum oder die engere *Kooperation* mit Banken aus EU-Ländern. *Werbeaktionen* in Fachzeitschriften und *Verkaufsförderungsaktionen* an Ausstellungen und Messen können die Marktbearbeitung unterstützen. Auch hier zeigt sich aber, dass dem klassischen Einsatz von Marketing-Instrumenten Grenzen gesetzt sind, weil *Rechtsfragen* aller Art den Aufbau einer Marketing-Strategie behindern können. Europäisches Recht regelt den Finanzmarkt, äussert sich zur Standortfrage für Filialen und Tochtergesellschaften, nimmt Stellung zum Bankgeheimnis, zur Insider-Regelung, zur vinkulierten Namenaktie, zu erwünschten und unerwünschten Mergers and Acquisitions, zur Ausgestaltung der Börsen und des Wertschriftengeschäftes, zur Rechnungslegung, zum Beispiel zur Form der Konsolidierung. Mit einer geschickten Vertriebsgestaltung allein schafft es eine Schweizer Bank im Ausland nicht, ausländische Firmen- und Privatkunden anzuziehen und die fremde Konkurrenz im Wettbewerb zu schlagen. Die Schweiz selber muss zunächst europafähig werden und ihr Handels-, Wertpapier- und Aktienrecht dort an das europäische Recht angleichen, wo es sich rechtfertigen lässt. Mit der Intensivierung der Marketing-Anstrengungen allein ist für die Bank nicht alles machbar und erreichbar.

Wichtig ist auch, wie die Bank das Marketing *organisatorisch* verankert und welche Instanzen für den Einsatz des Instrumentariums verantwortlich zeichnen. Manche Bank löst diese organisatorische Aufgabe schlecht, weil sie zuviele Marketing-Aufgaben Stäben überträgt und die Linienstellen zu wenig einsetzt. So muss die Dienstleistungs- und Produktegestaltung Sache der obersten Geschäftsleitung sein, Preis- und Konditionenpolitik Angelegenheit der Linienorgane. Die Vertriebspolitik, vor allem, wenn sie sich schwergewichtig als Konzernpolitik manifestiert, darf nur auf Stufe Geschäftsleitung geregelt werden. Auch für spezielle Formen der Verkaufsförderung kann nur die Linie zuständig sein. Will eine Bank beispielsweise die Spezialfinanzierungen und das Financial Engineering fördern, so müssen zweifellos die entsprechenden Fachspezialisten Regie führen. So verbleiben eigentlich nur die Kommunikation und Marktforschung als schwergewichtig zentrale Marketing-Aufgaben.

Es bleibt die Tatsache, dass es wesentlich ist, das Marketing organisatorisch richtig einzuordnen und ein zweckmässiges Verhältnis zwischen zentralistischer und dezentraler Lösung zu finden. Das gilt auch für die Marktforschung, welche mit den Vertretern der Unternehmensplanung zu koordinieren ist. Für die Stabsstelle «Marketing» ist es deshalb nicht einfach, sich ein eigenständiges Profil zu erarbeiten. Das spricht aber nicht gegen das Marketing oder die Marketing-Instrumente, welche bei freier Marktwirtschaft ihre hohe Bedeutung beibehalten werden

10. Kapitel
Öffentlichkeitsarbeit und Unternehmenskultur

Einführung

Im Verlaufe der bisherigen Darlegungen ist an vielen Stellen deutlich geworden, wie sehr die Unternehmungen und folglich auch die Banken mit ihrer *Umwelt* verbunden und von ihr abhängig sind. In seinen «Grundlagen der allgemeinen Unternehmungslehre», erschienen unter dem Titel «Die Unternehmung als produktives soziales System», erklärte *Hans Ulrich* schon im Jahre 1968: «Zusammenfassend kann festgehalten werden, dass die gesellschaftlichen und gesamtwirtschaftlichen Entwicklungen in unserem Jahrhundert mehr und mehr ein Netz von Beziehungen zwischen Unternehmung und Umwelt geschaffen haben, so dass die Unternehmung immer weniger als isolierbares Wirtschaftsgebilde erscheint, das sich auf ein eindeutig wirtschaftliches Ziel beschränken kann. Die wachsende Bedeutung der Unternehmung für zahlreiche Lebensbereiche innerhalb der modernen Gesellschaft erfordert die Berücksichtigung weiterer Ansprüche bei der Bestimmung des Unternehmensverhaltens».[155] Diese *«Ansprüche»* werden geltend gemacht von den verschiedensten Interessengruppen: von den Eigenkapitalgebern, den Gläubigern, den Kunden, den Mitarbeitern, vom Kader aller Stufen, von anderen Banken und Unternehmungen, von lokalen und regionalen Gemeinwesen, vom Staat, seien es Bund oder Kantone, von überstaatlichen Organisationen und letztlich vom «allgemeinen Publikum», das die sog. «allgemeinen Interessen» repräsentiert und mit einem *System von Normen* Ansprüche an die Unternehmung stellt. Diese existierenden Normen sind zwar nicht immer klar und eindeutig, ihre Anwendung, rein rechtlich betrachtet, auch nicht in allen Teilen erzwingbar, doch bestimmen sie ein umweltgerechtes Verhalten der Führungs- und Leitungsorgane innerhalb einer gewissen Bandbreite, auch wenn sie sich über die Zeit hinweg wandeln und dadurch *veränderbar* sind.

Mit dem zum Schlagwort gewordenen Begriff *«Public Relations»* sollen die Bemühungen umschrieben werden, die Beziehungen zur *Öffentlichkeit* bewusst zu pflegen. Die Gesamtheit von Normen, Wertvorstellungen und Denkhaltun-

---

155 Ulrich, Hans: Die Unternehmung als produktives soziales System, Band 1; 1968, S. 184.

gen, welche für die Führung eines Unternehmens bedeutsam sind, wird heute als «*Unternehmenskultur*» bezeichnet.[156]

Die beiden nachfolgenden Unterkapitel 10.1. und 10.2. sind den Themen «Öffentlichkeitsarbeit» und «Unternehmenskultur» gewidmet, soweit sie die Gestaltung des strategischen Bank-Managements berühren.

10.1. Zur Notwendigkeit der Öffentlichkeitsarbeit

10.1.1. Die Banken im Spannungsfeld der Wertsysteme

Die Öffentlichkeitsarbeit ist wohl in keinem Wirtschaftsbereich so schwierig wie im Bankensektor, ein Wirtschaftszweig, der seit Beginn seiner Existenz und somit seit Jahrtausenden ins Kreuzfeuer der *Kritik* geraten ist. Und auch heute steht er immer wieder im Zentrum vieler staats- und gesellschaftspolitischer Auseinandersetzungen, in den Parlamenten, bei den Parteien, in den Medien und damit in einer weiteren Öffentlichkeit und letztlich auch in Kreisen der Wirtschaft selbst, in der Praxis genauso wie in der volks- und bankwissenschaftlichen Theorie. Oftmals bilden handfeste Ereignisse wie Hypothekarzinsfestlegungen oder sensationelle Gewinnausweise von Banken in Zeiten der Rezession den Hintergrund, manchmal aber auch schwieriger fassbare Themen wie etwa jene der *Bankenkonzentration* und der *Bankenmacht*. Da ist stets nur mühsam erkennbar, ob konstruktiv kritisiert oder einfach emotional polemisiert wird. Lob und Tadel, Vorwürfe und Neid, Vorurteile und Ressentiments auf Schritt und Tritt, nicht nur in der Gegenwart, auch in der Vergangenheit, fast losgelöst von der Frage, wer in verschiedenen Phasen der Geschichte Regie geführt hat.

Banken und Bankiers auf dem Prüfstand

In der Tat fällt auf, wie Banken und Bankiers, wie die Vertreter von Geld, Kredit und Währung über Jahrhunderte hinweg zum Widerspruch herausgefordert haben, ungeachtet der Nationalitäten, der politischen Strömungen, der religiösen Anschauungen, der ethischen *Normen* und *Wertvorstellungen*. Sie werden beurteilt, bewertet, an Wertsystemen gemessen: in der Antike die Geldwechsler, in der Renaissance die Aufbewahrer von Depositen, heute die Kreditgeber und Fi-

---

156 Vgl. Pümpin, Cuno; Kobi, Jean-Marcel; Wüthrich, Hans A.: Unternehmenskultur; in: SBV: Die Orientierung, Nr. 85; 1985, S. 8.

nanzvermittler. Die *Wirtschaftsethiker* sind es vorwiegend, die sich der Wertvorstellungen und -haltungen annehmen, welche für Bankiers typisch sind, um die Art ihres wirtschaftlichen Handelns zu legitimieren. Die Wirtschaftsethik erörtert Fragen der Sittlichkeit, der Usanzen und Gebräuche und begründet Präferenzrelationen zwischen Werten. Die resultierenden «Rangverhältnisse» sind aber nicht statische, sondern wechselnde, dem geschichtlichen Wandel unterworfene. Bei aller Dynamik aber bilden stets die menschlichen Handlungen Gegenstand der Ethik, wobei entweder auf die *Gesinnung* geachtet wird, aus der die Handlungen hervorgehen (die sog. «Gesinnungsethik») oder auf die *Wirkungen*, welche sittliche Gesinnung und innere Haltung erzeugen (die sog. «Erfolgsethik»).

Unter die sittliche Wertfrage werden auch die anderen objektiven Ordnungen gestellt, die Familie etwa, die Gemeinde, die Kirche als Institution, die Armee, der Staat mit seiner Rechtsordnung und der Fähigkeit, neues Recht zu schaffen, durchzusetzen und später wieder zu vernichten. Es geht dabei um die Sinnfrage und um die Suche nach der *ethischen Verantwortung*. Und dabei stehen nicht nur Atomphysik oder Genbiologie im Zentrum, sondern auch die verschiedenen Zweige der Ökonomie, so etwa die Umweltökonomie vor dem Hintergrund der Verpackungsindustrie. Ganz sicher erschallt in allen Fällen der Ruf nach dem Ethos des Bankiers. Gemeint ist eine bestimmte sittliche Gesinnung, eine klare innere Haltung, wobei zu klären ist, an welchen Normen und Werten diese Gesinnung zu messen sei. Darf eine Bank eine Zigarettenfabrik finanzieren oder eine Schnapsbrennerei, einen Spielsalon oder einen Night Club, eine Firma in Jerusalem und gleichzeitig eine andere in Damaskus, ein Atomkraftwerk im Irak? Fragen über Fragen mit sittlichem Gehalt. Selbst Philosophen streiten sich darüber, ob die dem Handeln zugrunde liegenden *sittlichen Willensantriebe* und *Wertschätzungen* angeboren und so in einem bestimmten Ausmasse dem Menschen immanent sind oder ob sie aus der Erfahrung gewonnen werden und so nach Kontinenten, Völkern und Zeitaltern wechseln, in Europa anders beurteilt werden als in Saudi-Arabien, Indien, China, Japan oder Südafrika. Da sind Schmiergelder am einen Ort verpönt, an einem anderen fester Bestandteil der vertraglichen Verhandlungen!

Banken und Bankiers in historischer Sicht

Ein kurzer Blick zurück in die Geschichte mag verdeutlichen, in welchem *Spannungsfeld der Wertsysteme* gerade der wirtschaftende Mensch schon immer gestanden hat. Schon *Aristoteles* (384 - 322 v. Chr.) stellte fest, durch Handel erworbener Reichtum sei verhasst, weil er seinem Wesen nach unnatürlich sei.

Ihm zur Seite trete nur noch das Wuchergewerbe, das deshalb abgelehnt werden müsse, weil es seinen Erwerb aus dem Gelde selbst ziehe und nicht aus den Dingen, zu deren Vertrieb das Geld eingeführt wurde. Denn dieses sollte nur zur Erleichterung des Austausches dienen. Der *Zins* jedoch bewirke, dass es sich selbst vermehre. Deshalb ist diese Art des Erwerbs nach Aristoteles die allernaturwidrigste. Mit Wucher wird in der Antike jegliches Verleihen gegen Zinsen bezeichnet, nicht nur, wie heute, das Ausleihen zu übermässig hohem Zinssatz. So hatten in Griechenland und Rom die Trapeziten wenig Ansehen.

Viele suchen die Gründe für eine gewisse Bankenfeindlichkeit allerdings nicht bei den Griechen, sondern in den *Evangelien*. Christus habe dargelegt, dass Geldbesitz und Güterreichtum den Weg zur himmlischen Glückseligkeit versperrten. Zitiert wird *Matthäus*, der in Kapitel 21 ausführte: «*Jesus* ging in den Tempel und trieb alle Händler und Käufer aus dem Tempel hinaus; er stiess die Tische der Geldwechsler und die Stände der Taubenhändler um und sagte: In der Schrift steht: "Mein Haus soll ein Haus des Gebetes sein." Ihr aber macht daraus eine Räuberhöhle.»[157] Oft wird die Wirtschaftsfeindlichkeit auf diese Szene zurückgeführt. Man vergisst hingegen, dass Christus weder das Fangen der Fische noch das harte Arbeiten im Weinberg verurteilte, wohl aber die Entweihung eines Gotteshauses.

Später, im Hochmittelalter, hat der grosse scholastische Philosoph *Thomas von Aquino* (1225 - 1274) die ökonomische Theorie vom Arbeitswert entwickelt, mit der Arbeit als einzigem kreativem Wirtschaftsfaktor. In Opposition zu den Wucherern hat er den Christen das Zinsennehmen verboten und die Geldgeschäfte den Juden überlassen. Dies in einer Zeit, da *Friedrich II.* (1194 - 1250), der grosse Staufer, im Auftrage Roms seine auch wirtschaftlich motivierten Kreuzzüge durchführte und sich in Jerusalem 1229 zum König krönte. Damit haben die Juden den Kapitalismus in seiner späteren Gestalt möglich gemacht. Erst die Renaissance des 15. Jahrhunderts durchbrach das starre scholastische System, das auch im Geistigen, im Philosophischen zur Zwangsjacke geworden war. Die Wirtschaft begann zu blühen bei den Lombarden in Mailand, in den Fürstenhäusern von Florenz, Venedig, Siena und Neapel und nicht zuletzt auch im Kirchenstaat selbst.

Nördlich der Alpen entwickelten sich die *Fugger* zu den eigentlichen Bankiers, am ausgeprägtesten unter *Jakob Fugger dem Reichen* (1459 - 1525) in Augsburg, dem Bankier des Kaisers, der Päpste und der römischen Kurie. Er finanzierte u.a. den Aufstieg *Karls I.* von Spanien zum Kaiser.

---

157 Die Bibel: Einheitsübersetzung; 1980.

Ganz entscheidend änderte sich die Haltung gegenüber allem Wirtschaftlichen mit der *Reformation*. Viele der überzeugten Protestanten, so jene unter *Johannes Calvin* (1509 - 1564) in Genf, waren Geschäftsleute, für die das Geldverleihen gegen Zinsen sehr wichtig war. Ihr wirtschaftliches Tun wurde sanktioniert, auch wenn später das Ringen der *Hugenotten* um Anerkennung ihres Glaubens sowie der bürgerlichen und politischen Rechte zu den acht sog. Hugenottenkriegen zwischen 1562 und 1589 führte, mit dem Hugenotten *Heinrich IV.* auf dem französischen Thron. Dadurch sah sich denn auch die katholische Kirche genötigt, von ihrem kanonischen Zinsverbot abzurücken.

Der Absolutismus, insbesondere unter dem Sonnenkönig *Louis XIV.* (1638 - 1715), begründete eine wirtschaftsfreundliche Epoche. Sein Minister, *Jean-Baptiste Colbert* (1619 - 1683), schuf mit dem Merkantilismus eine neue Wirtschaftsordnung, die Werkplatz und Finanzplatz zusammenführte. Weil er die Menge des verfügbaren Bargeldes als Reichtum betrachtete, welches nur Industrie und Handel herbeizuschaffen vermögen, versuchte er mit seiner Ökonomie die Exporte zu fördern, die Importe zu drosseln, die Auswanderung des Gewerbes zu verbieten und die Manufaktoren im Lande zu behalten. Er forcierte die Kolonialpolitik und die Schiffahrt in enger Anlehnung an die Entwicklungen in Grossbritannien.

Nichts wäre aber verfehlter als anzunehmen, die Wirtschaft hätte damit endgültig gesellschaftliche Akzeptanz gefunden. So räumte die romantische Bewegung eines *Rousseau* (1712 - 1778) oder eines *Lord Byron* (1788 - 1824) mit den utilitaristischen Idealen auf und ersetzte sie durch ästhetische. Die romantische Haltung war überall mit heftiger Verachtung für Handel und Finanz gepaart. In Deutschland versuchte *Wilhelm von Humboldt* (1767 - 1835) den Geist des neuen Humanismus der geplanten Staatsreform einzufügen. Das eigentliche Ziel humaner, gymnasialer Bildung war für Humboldt «die zur Totalität herausgebildete Individualität». Das Humboldt'sche Gymnasium mit seinem Bezug zur philosophischen Betrachtung der Sprache hat bis heute das abendländische Bildungsideal geprägt, bei den überzeugten Verfechtern zu begreifen als rein geisteswissenschaftlich-kulturelle Stätte, ohne Platz für die Naturwissenschaften und die Mathematik und ohne Raum für den ganzen Komplex «Gesellschaft, Wirtschaft, Recht, Staat und Politik». Das Bank- und Finanzwesen hat nach dieser Auffassung dort sicher nichts zu suchen, wo wahre Bildung vermittelt wird.

Als Humboldt starb, war in England die *industrielle Revolution* gerade so richtig zum Durchbruch gelangt, jener Wandel, der 1776 mit der Erfindung der Dampfmaschine durch *James Watt* begann und im *Manchestertum* des 19. Jahrhunderts seine dramatische Ausprägung fand. Vielleicht hätte ihn das im Jahre 1847 veröffentlichte «Kommunistische Manifest» des *Karl Marx* (1818 - 1883), das die ganz grosse Abrechnung mit dem kapitalistischen Denken bringen sollte, zum Nachdenken über Sinn und Zweck der wirtschaftlichen Aktivität des Menschen bewegt; denn Humboldt war gleichzeitig auch Staatsmann und konnte nicht übersehen, wie sehr die Möglichkeiten des Erwerbs und der Verteilung wirtschaftlicher Güter und die Verfügbarkeit über Geld, Kredit und Kapital den Wohlstand einer Nation bestimmen.

Heute ist der moderne *Sozialstaat* nur bei intakter Güter- und Geldwirtschaft überhaupt denkbar. Der Zusammenbruch der früheren Comecon-Länder unter der Herrschaft der UdSSR verdeutlicht dies besser als viele Worte. Wachsende *Wirtschaftsgrossräume* wie jener der EU oder der NAFTA bieten auf die Dauer einzige Garantie für menschenwürdige Lebensverhältnisse einer explodierenden Weltbevölkerung. Dennoch haben sich die Vorstellungen vom Verwerflichen der Wirtschaft und des Geldes, insbesondere auch des Kredits, bis heute gehalten, in jüngster Zeit auch unter Einbezug der *ökologischen* Aspekte. Und niemand wird bestreiten, dass die brutale Anwendung des ökonomischen Prinzips, der Produktivitäts- und Wirtschaftlichkeitssteigerung, zur untragbaren *Belastung der Umwelt* geführt hat. Die reichen Banken, so die landläufige Meinung, haben für die darnieder liegende Wirtschaft und Umwelt und für die Pflege der Bedürfnisse «der Öffentlichkeit» vieles zu tun.

10.1.2. Formen der Öffentlichkeitsarbeit

Bei allen Banken hat sich die Einsicht durchgesetzt, dass der Ruf des Wirtschaftszweiges als Ganzes und jener der einzelnen Bank von ganz entscheidender Bedeutung sind, will man den Finanzinstituten in der Öffentlichkeit, in Staat und Gesellschaft, den nötigen, positiven *Goodwill* schaffen. Kundenorientierte *Werbung* im Rahmen des Marketings genügt in keiner Weise. Konkretisiert hat sich diese Einsicht in einer ausgebauten und systematisierten *Information* der Öffentlichkeit und in der *finanziellen Unterstützung* von Institutionen, Einrichtungen und Anlässen aller Art, welche den Gesamtinteressen der Bevölkerung entgegenkommen. Die begünstigte Öffentlichkeit nimmt eine solche Aktivität der Banken indessen nicht passiv zur Kenntnis, sondern verlangt sie geradezu, macht in der Form von Postulaten aller Art Ansprüche auf Information und Finanzhilfe geltend. Die Unternehmen, so sieht man dies über weite Strecken auch in den USA, sind zur *gesellschaftlichen Institution* geworden. Der Begriff des «Öffentlichkeitsanspruchs» durchzieht heute die betriebswirtschaftliche Standardliteratur. Die Firmen und so auch die Banken hätten sich möglichst geschlossen dem herrschenden gesellschaftlichen *Normensystem* anzupassen, selbst wenn die persönlichen Wertvorstellungen und Motivationen der Unternehmensführung und der Geschäftsleitungen damit nicht übereinstimmten; nötigenfalls müsse man gegen die persönliche Überzeugung handeln, wolle man wirklich im Interesse des Überlebens der Firma operieren. Die Aufgabe für das Management bestehe folglich darin, die unternehmerische Umwelt möglichst exakt zu erkennen, zu bewerten, um daraus die gesellschafts- und staatspolitisch richtigen Schlüsse zu ziehen.

Im Hinblick auf die Befriedigung dieses Öffentlichkeitsanspruchs haben sich verschiedene *Formen* der konkreten Öffentlichkeitsarbeit herausgebildet. Im Vordergrund steht bei den Banken zweifellos das *Sponsoring*, die finanzielle Unterstützung kultureller und sportlicher Institutionen und Veranstaltungen: finanzielle Beiträge an Aufführungen der Opernhäuser und Theater, Spenden zugunsten von Museen und erhaltenswürdigen Bauwerken, Förderung von Künstlern durch Direkthilfen oder über die Abnahme von Werken, Teilfinanzierung von Sportveranstaltungen wie Radrundfahrten, Leichtathletik-Meetings, Reitturnieren, Bobrennen, Weltumsegelungen, Schachturnieren oder von Institutionen zur Sportförderung wie Fussball- oder Handballvereinen.

Einer zweiten Kategorie sind die Beiträge an *wissenschaftliche* Institutionen sowie an Wissenschaftler und Studierende zuzuordnen. Banken subventionieren wissenschaftliche Kongresse, Tagungen und Exkursionen sowie die Beschaffung von Apparaturen und Einrichtungen an Hochschulen und Universitäten. Sie übernehmen die Lohnkosten bei der Anstellung von Dozenten und Assistenten, schaffen Preisinstitute im Hinblick auf die Anerkennung wissenschaftlicher Leistungen auf den Gebieten der Grundlagen- und der angewandten Forschung. Mit dem *persönlichen Engagement* einzelner Führungskräfte in wissenschaftlichen Gremien, Aufsichtsbehörden, Kommissionen und Räten werden hervorragende Voraussetzungen für eine enge Kooperation und eine zielgerichtete, unterstützende Hilfe geschaffen. Man hört etwa, die Banken würden auf diesem Wege versuchen, die wissenschaftliche Arbeit an den an sich staatlichen und damit «neutralen» Hochschulen massgeblich zu beeinflussen, selbstverständlich die eigenen Interessen in den Vordergrund rückend. Nach eigenen Beobachtungen und Erfahrungen trifft dies in *keinster Weise* zu und wird auch künftig nicht zutreffen können; denn auch bei der wissenschaftlichen Arbeit herrscht das Wettbewerbsprinzip unter den Hochschulen, auf nationaler und erst recht auf internationaler Ebene. Die Publikationen und die beratenden Arbeiten sind mit Recht einer harten und unerbittlichen Kritik auch seitens der Vertreter der Privatwirtschaft ausgesetzt. Jede Universität, jedes Institut und jeder Dozent oder wissenschaftliche Mitarbeiter würde sich der Lächerlichkeit preisgeben, käme es beispielsweise zu liebedienerischen Gefälligkeiten, gegen die Erkenntnisse von

Lehre und Forschung. Ein solches Vorgehen wäre jedoch für die spendende Bank in jeder Hinsicht *kontraproduktiv*, sind doch die Mitglieder eines Verwaltungsrates oder einer Geschäftsleitung bei ihrer Entscheidungsfindung auf das Vorhandensein wahrer *Fakten* angewiesen. Diese Fakten sind in der Regel das Ergebnis einer sauberen, methodisch gesicherten, empirischen Arbeit und nicht Pseudofakten, die man dem Auftraggeber nur deshalb zuleitet, weil er den frisierten Inhalt gerne hört und die Wahrheit nicht erträgt. Gut geführte Banken werden deshalb jede Form von Liebedienerei ablehnen. Findet sie trotzdem statt, müsste der Staat als Träger der Hochschulen Dozenten und Wissenschaftler des Amtes entheben, die ihre Position und ihr gesellschaftliches Prestige für solche Zwecke missbrauchen. Er sollte aber mit der gleichen Härte auch dann einschreiten, wenn Vertreter der Wissenschaft die Wahrheit verdrehen und Institutionen der Wirtschaft anschwärzen im vollen Bewusstsein, dass sie ganz einfach lügen. Sie schaden mit ihrem unverantwortlichen Gebaren dem Ansehen der Wissenschaften und in extremen Fällen auch dem eigenen Lande.

Eine dritte Kategorie im Katalog der Public-Relations-Formen bildet das *Informationswesen*, die Berichterstattung, das Reporting zugunsten der Öffentlichkeit. Völlig zu Unrecht spricht man auch von «der blossen, unspektakulären Information» und verkennt damit die ungeheure Bedeutung und Wichtigkeit dieser Aufgabe. Weil eine klare Information in bank- und finanzwirtschaftlichen Dingen im Vorfeld von Volksabstimmungen auch staatspolitische Relevanz erlangen kann, ist es gerechtfertigt, diesem Teil der Öffentlichkeitsarbeit den nächsten Abschnitt zu widmen.

10.1.3. Information als Öffentlichkeitsarbeit

Der kurze historische Exkurs in Abschnitt 10.1.1. wurde nicht zuletzt deshalb aufgenommen, weil er die jahrhundertealte Skepsis gegenüber Wirtschaft, Banken und Geld zum Ausdruck bringt. Diese Skepsis, ein gewisses Unbehagen auch gegenüber einem den meisten unvertrauten Geschäft, gegenüber den «Verwaltern von Reichtum und finanzieller Macht», besteht nach wie vor. Vielen Bankiers, die dies über Jahre hinweg nicht wahrhaben wollten, wurden die Augen so richtig geöffnet, als die Eidgenössische Volksabstimmung vom 20. Mai 1984 über die *Volksinitiative* «gegen den Missbrauch des *Bankgeheimnisses* und der *Bankenmacht*» der Sozialdemokratischen Partei der Schweiz, unterstützt vom Schweizerischen Gewerkschaftsbund und von einem Dutzend privater Entwicklungshilfe-Organisationen vor der Türe stand. Da ergab sich unvermittelt die Notwendigkeit, dem auch Unvertrauten und möglicherweise in finanziellen

Dingen Ungeschulten das Funktionieren des schweizerischen *Bankgeheimnisses* zu erklären, die Formen etwa der *Auskunftspflicht* der Banken in Steuer- und Strafsachen. Insbesondere musste der Grundsatz der Unterstützung von *Strafverfahren im Ausland* erläutert werden. Ist die Idee des Schutzes vor politischer und rassischer Verfolgung noch einigermassen verständlich, weil auch anhand von Beispielen plastisch darstellbar, fällt es doch wesentlich schwerer, die Kapitalflucht, die Hinterlegung von Mafia- und Drogengeldern in der Schweiz und den Prozess der Geldwäscherei zu erklären. Und auch didaktisch recht schwierig ist es, dem Uneingeweihten nahezubringen, wie Banken über Effektentransaktionen ihr Insider-Wissen und den damit verbundenen Wissensvorsprung missbräuchlich ausnützen könnten. Und Erklärungen mit fast philosophischem Einschlag drängen sich dann auf, wenn es zu klären gilt, ob Banken Macht besitzen und Macht bei der Ausübung ihrer Tätigkeit fair oder missbräuchlich einsetzen.[158]

Wenn sich die Banken bemühen, so wie sie dies im Vorfeld der 84er Abstimmung getan haben, Begriffe wie Bankgeheimnis, Steuergerechtigkeit und Steuerhinterziehung, Einlegerschutz, Geldwäscherei oder Insider-Problematik zu erklären und die Notwendigkeit einer angemessenen *Gewinnerzielung* zur Abdeckung eines ganzen Korbes voller Risiken verständlich zu machen, dann wird Öffentlichkeitsarbeit nicht nur zur bankbetriebswirtschaftlichen Daueraufgabe, sondern auch zu einem unersetzlichen Element beim Prozess der *politischen Willensbildung* im Staat. Denn die politischen Parteien und die Politiker, die sie tragen, sind über weite Strecken genauso überfordert wie der durchschnittliche Stimmbürger und folglich auf das Vorhandensein einer möglichst kompetenten und objektiven *Information* angewiesen.

Dass es in diesen Bereichen vieles zu tun gibt, ist heute vor dem Hintergrund all dieser Erfahrungen weitgehend unbestritten. Fraglich aber bleibt, ob die an sich notwendige Information immer gelingen wird, ob nur schwer Verständliches mit populär-wissenschaftlichen Mitteln erklärt werden kann und zwar so, dass die Botschaft in der gewünschten Form ankommt. In der erwähnten Volksabstimmung von 1984 musste der Stimmbürger beispielsweise auch zum Sinn konsolidierter Jahresrechnungen und zur «offenen» Bewertung von Aktiven und Passiven, zum Prozess der Bildung und Auflösung stiller Reserven Stellung nehmen.

Stellt man Jahr für Jahr fest, welche Schwierigkeiten es selbst in den Hörsälen unserer Universitäten bereitet, die Beziehungen zwischen «Wert» und «Preis» und die verschiedenen Bewertungstheorien anschaulich aufzuzeigen, dann kann

---

158 Vgl. Kilgus, Ernst: Die Grossbanken; 1979.

man sich sehr wohl vorstellen, was wirksame Aufklärungsarbeit zugunsten der breiten Öffentlichkeit bedeutet und welche Anforderungen bezüglich adäquater Information gestellt werden. Trotz aller Schwierigkeiten gibt es aber keine echten Alternativen. Man muss sich als Bank dieser Informationspflicht stellen, unter Zuhilfenahme aller Möglichkeiten zur *Veranschaulichung* «unsichtbarer» Vorgänge in der Wirtschaft. Ernsthafte Versuche haben jedenfalls auch in der Vergangenheit zum Erfolg geführt. Sechs Jahre vor dieser 84er Abstimmung haben es Banken- und insbesondere auch Nationalbank-Vertreter immerhin geschafft, dem Stimmbürger ein neues Notenbankgesetz mit Vorschriften über Mindestreserven, mit Bestimmungen zur Emissionskontrolle und zur Abwehr ausländischer Gelder näher zu bringen und das Funktionieren der Geldmengensteuerung mit Hilfe eines Notenbank-Instrumentariums einleuchtend zu erklären.[159] Deshalb ist Optimismus bei der Bewältigung möglicher neuer Aufgaben durchaus am Platze.

Dass die Erfüllung der Informationspflicht auch *finanzielle Mittel* der Banken bindet, liegt auf der Hand, insbesondere im Vorfeld von Urnengängen. Abstimmungskämpfe sind in der Demokratie generell teurer geworden, handle es sich nun um Bankenprobleme oder Armeevorlagen, Umweltschutzgesetze oder Fragen des Persönlichkeits- und Datenschutzes. Die Zuwendungen für die Öffentlichkeitsarbeit sind deshalb sorgfältig zu budgetieren, die Einsätze der Mittel sollen mit Hilfe strategischer Pläne des Bank-Managements sorgfältig erwogen werden. Öffentlichkeitsarbeit ist somit zum Gegenstand der strategischen Bankführung geworden.

10.2. Bank-Management und Unternehmenskultur

10.2.1. Wesen und Begriff der Unternehmenskultur

Wie in der Einführung zu diesem Kapitel kurz erwähnt, definieren *Pümpin, Kobi* und *Wüthrich* den Begriff der Unternehmenskultur wie folgt: «Unter dem Begriff "Unternehmenskultur" verstehen wir die Gesamtheit von Normen, Wertvorstellungen und Denkhaltungen, die das Verhalten der Mitarbeiter aller Stufen und somit das Erscheinungsbild eines Unternehmens prägen».[160] Der Begriff ist

---

159 Vgl. Nationalbankgesetz vom 23. Dez. 1953, Fassung vom 15. Dez. 1978, in Kraft seit 1. Aug. 1979.

160 Pümpin, Cuno; Kobi, Jean-Marcel; Wüthrich, Hans A.: Unternehmenskultur; in: SBV: Die Orientierung, Nr. 85; 1985, S. 8.

in der Betriebswirtschaftslehre relativ neu, die dem Begriff zugrunde liegende Thematik jedoch recht alt. Zur Diskussion stehen u.a. die Chef/Mitarbeiter-Beziehungen mit Einschluss der Motivationsproblematik, die gruppendynamischen Zusammenhänge und Effekte und die ausserhalb des Unternehmens liegenden Einflüsse auf den Mitarbeiter, handle es sich nun um Gewerkschaften, die Familie, die Gemeinde oder politische Organisationen. *Psychologen* und *Soziologen* haben hier ihr Wirkungsfeld entfaltet. Kommunikationsstil und Kommunikationsgestaltung nach innen geben der Unternehmenskultur zusätzlich ein besonderes Gepräge. Soviel zum ursprünglichen Gegenstand der Kulturproblematik.

Im Verlaufe der Zeit hat sich der Begriff der Unternehmenskultur aber zusätzlich erweitert. Zu den sog. *Kernfaktoren* im psychologischen und soziologischen Bereich sind neu die *Management-Faktoren* hinzugekommen. Damit wird bejaht, dass die strategischen Leitideen, die Art der Selbstbeurteilung mit Stärken-/Schwächen-Analysen, die Abschätzung der wirtschaftlichen, technologischen und ökologischen Rahmenbedingungen, die Form der Ressourcenzuordnung, die Organisationsphilosophie und die Führungssysteme, ein Planungs-, Budgetierungs- und Accounting-System zum Beispiel, die Kultur eines Unternehmens mitbestimmen. An sich rein *führungstechnische Elemente* schlagen durch auf das individuelle und gruppenmässige *Verhalten* und beeinflussen den in einem Hause dominierenden «Stil». *Abbildung 10/1* konkretisiert im Überblick die Ursprungsbereiche kultureller Symptome und vermittelt dadurch ein Bild der Unternehmenskultur.

Die betriebswirtschaftliche Bedeutung einer so verstandenen Unternehmenskultur muss nicht ausführlich beschrieben werden. Die Menschen im Betrieb sind es, welche die Kultur und damit das Meinungs-, Normen- und Wertgefüge über Jahre hinweg massgeblich gestalten und die letztlich einen Verhaltenskodex und einen ganz bestimmten *Führungsstil* akzeptieren. Die Kultur ist, so wie sich Tradition und Gewohnheiten der Bewohner eines Landes oder einer Region verändern, einem stetigen Wandel unterworfen, variiert auch infolge der Auswechslung von Menschen im Betrieb, mit der permanenten Ablösung sich folgender Generationen. Unternehmenskultur ist somit nichts Statisches. Sie wird laufend verändert, laufend aber auch neu bestätigt oder gestaltet. Dies bedingt eine kultur-sensible Geschäftsleitung, die Bildung von Schwergewichten in der Gestaltung, eine Gabe, Visionen zu entwickeln und weiterzugeben und Mitarbeiter für die Realisierung zu begeistern, Lernfähigkeit im Rahmen einer steten Innovationsbereitschaft.

Abbildung 10/1: Ursprungsbereiche kultureller Symptome[161]

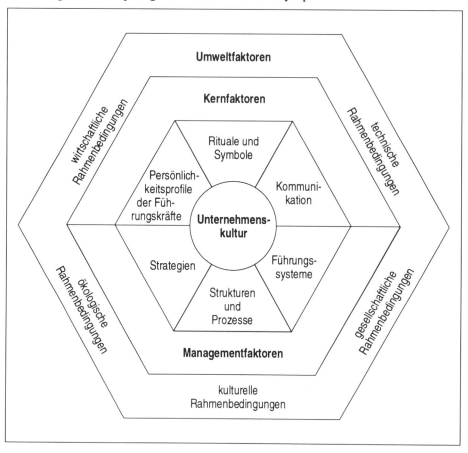

10.2.2. Der Führungsstil einer Bank als Ausdruck der Kultur

In seiner «Unternehmungsführung und Unternehmungspolitik» definiert *Edwin Rühli* den Begriff der *Führung* wie folgt: «Unter Führung verstehen wir die Gesamtheit der Institutionen, Prozesse und Instrumente, welche im Rahmen der Problemlösung durch eine Personengemeinschaft (mit komplexen zwischenmenschlichen Beziehungen) der Willensbildung (Planung und Entscheidung) und der Willensdurchsetzung (Anordnung und Kontrolle) dient».[162] Mit dieser

161 Pümpin, Cuno; Kobi, Jean-Marcel; Wüthrich, Hans A.: Unternehmenskultur; in: SBV: Die Orientierung, Nr. 85; 1985, S. 14.

162 Rühli, Edwin: Unternehmungsführung und Unternehmungspolitik, Band 1; 1985, S. 28.

Umschreibung schlägt er die Brücke zwischen dem *führungstechnischen* und dem *menschlichen* Bereich. «*Führungsstil*» ist für ihn Ausdruck der im konkreten Fall gewählten Ausgestaltung der konstitutiven Elemente der Führung, sowohl was Führungstechnik als auch Menschenführung anbelangt.

Wir schliessen uns dieser Auffassung, auch auf den Bankbetrieb bezogen, vollumfänglich an. Der Führungsstil einer Bank ist geprägt von den führungstechnischen Mitteln, von der Art, wie Planungs- und Budgetierungssysteme zum Tragen kommen, wie Aktionsprogramme verlaufen, Projekte bearbeitet werden, eine Zielvereinbarung zustande kommt, Ressourcen zielorientiert zugeteilt werden, die Organisationseinheiten gestaltet sind. Die Management-Methoden mit einer bewussten Führung durch Zielsetzung, mit einem bestimmten Qualifikations- und Beförderungswesen, mit einem System des Controllings und des Reportings, prägen massgeblich den Führungsstil. Dieser aber ist auch Ausdruck der Gestaltung der zwischenmenschlichen Beziehungen in der Bank, Ergebnis der Wertschätzung für den Mitarbeiter. Er widerspiegelt das Ausmass des gewährten Vertrauens, die Form der Kooperation und Partizipation, des Teamworks und der Teamfähigkeit, ist beeinflusst durch die Art der internen Kommunikation und der Beförderungspraxis. Kunden-, Mitarbeiter-, Leistungs-, Innovations- und Kostenorientierung prägen den Führungsstil und damit die unternehmerische Kultur.

Mit diesen Darlegungen wird deutlich, dass den *Management-Faktoren* gerade im Bankbetrieb mit all den stattfindenden Zählungen, Messungen und Rechnungen eine erhebliche Bedeutung zukommt, wenn es darum geht, die Unternehmenskultur einer Bank zu umschreiben und fortzuentwickeln. Für manche Betrachter vielleicht eine zu starke Betonung der führungstechnischen Belange, was kurz erläutert werden muss. Um dem Vorwurf einer gewissen Einseitigkeit zu begegnen, sei festgehalten, dass eine solche Akzentsetzung nicht grundlos erfolgt. Natürlich spielen bei der Kulturgestaltung Werte wie Disziplin, Gehorsam, Hierarchie, Leistungsbewusstsein, Karriere, Effizienz, Macht, Kreativität oder Kompromissfähigkeit eine nicht minder bedeutsame Rolle. Viele Banken haben über Jahre hinweg dem Element der Menschenführung stärkere Beachtung geschenkt, waren stets loyale und soziale Arbeitgeber, garantierten Arbeitsplätze bis zur Pensionierung, regelten fast vorbildlich die Alters- und Krankenvorsorge. Vernachlässigt dagegen wurden die führungstechnischen Belange. Man verzichtete auf Planungssysteme und jährliche Budgetierungsprozesse, von rudimentären Ansätzen einmal abgesehen, kannte kein betriebliches Rechnungswesen und somit auch keine Kostenanalysen, verzichtete auf Bilanzstrukturoptimierungen und eine systematische Erfassung aller eingegangen Risiken.

Heute halten all diese Instrumente Einzug. Berater bringen sie und empfehlen Gemeinkosten-Wert-Analysen, Rationalisierungsaktionen aller Art, legen die Überarbeitung der Organisation nahe, ermuntern zum «Lean Banking» und zur quantitativen Steuerung der Bank. Mathematiker, Ingenieure, Psychologen, Analytiker und Programmierer ergänzen plötzlich in starkem Masse eine Bankbelegschaft. Damit ist bei fast allen Banken deutlich geworden, dass *Unternehmensstrategie* und *Unternehmenskultur* zusammengehören, sich gegenseitig bedingen und befruchten. Wenn heute überall von einem *Total Quality Management* (TQM), gesprochen wird, dann bedeutet dies, dass Qualität ein wesentlicher Teil der Führungsarbeit ist und sich *zufriedene Kunden* nur bei *zufriedenen und motivierten Mitarbeitern* geborgen fühlen. Gerade diese Mitarbeiter jedoch sind geprägt von den führungstechnischen Mitteln und Verfahren, welche sich logischerweise auf das Verhalten der Menschen in der Bank auswirken. Der Zusammenhang zwischen Strategie und Kultur wird auch beim Management Development (MD)[163] sichtbar, welches als *Teilstrategie* die Unternehmenskultur direkt beeinflusst. MD ist daher eine wichtige Voraussetzung zur Erreichung einer hervorragenden Dienstleistungsqualität durch motivierte Mitarbeiter.

10.2.3. Von der Unternehmenskultur zur Kulturenvielfalt

Die Literatur zum Thema «Unternehmenskultur» ist nahezu unübersehbar geworden. So gut wie überall wird auf die Notwendigkeit der Verankerung *strategiekonformer* Normen, Wertvorstellungen und Denkweisen hingewiesen und in bezug auf die Vorgehensweise die Anwendung einer besonderen *Gestaltungsmethodik* empfohlen. Neben dem Einsatz der vorhin erwähnten *direkten Gestaltungsmittel* wie Planung, Budgetierung, Organisationsgestaltung und Vertiefung der Führungssysteme werden die *indirekten Mittel* besonders hervorgehoben: die regelmässige Information der Mitarbeiter, die Schulung, die (non)verbale Kommunikation, die symbolischen Handlungen und Zeremonien etwa bei Firmenjubiläen, die informellen Kontakte, die Identifikationsförderung usw. Mit Dokumentenanalysen, Firmenrundgängen, Fragebogenerhebungen, Sitzungsbeobachtungen und Einzelgesprächen soll periodisch diagnostiziert und Kultur neu gestaltet werden.

Dagegen ist grundsätzlich nichts einzuwenden. Auf zwei für Banken besonders typische Problemfelder ist jedoch hinzuweisen, *Problemkomplexe*, welche einer vereinheitlichten Kulturgestaltung nur bedingt förderlich sind:

---

163 Vgl. Abschnitt 8.2.1.

Zunächst ist festzuhalten, dass die *öffentliche Meinung* noch immer nicht als bankenfreundlich bezeichnet werden kann. Während grosse Teile unserer Wirtschaft unter einem Nachfrageschwund leiden, verzeichnen Banken auch im Krisenjahr 1993 *Rekordabschlüsse*. Rekordergebnisse aber provozieren unvermeidlich Fragen nach dem angemessenen sowie ethisch und moralisch noch vertretbaren Gewinn. Da nützt alle Aufklärungsarbeit nichts, ob man nun mit der immer noch normalen *Eigenmittel-Rendite* oder mit dem Zwang zur Bildung von Reserven, Rückstellungen und Wertberichtigungen argumentiert. Wenn Banken dann ihrerseits versuchen, die Löhne ihrer Mitarbeiter zu stabilisieren, die Betriebskosten zu senken, Investitionsvolumen abzubauen und die Zahl der *Arbeitsplätze* zu reduzieren, dann verstehen nicht nur die externen Laien, sondern auch die eigenen Mitarbeiter die eingeschlagene *Geschäftspolitik* kaum mehr. Da wird auch für den in Kulturfragen Spezialisierten die Arbeit schwierig. Später sind es vielleicht wieder Zinsdiskussionen im Hypothekar- und Kleinkreditbereich, welche das Klima belasten, von den Dauerthemen wie Kapitalflucht, Steuerhinterziehung, Geldwäscherei, Bankgeheimnis oder Nummernkonti und -depots nicht zu sprechen. Die komplexen, dem Laien nicht immer transparenten Mechanismen des Geld- und Bankensystems erschweren nicht nur die Informationspolitik, sondern auch den bankinternen Kulturaufbau. Wie rasch sich auch bei Bankmitarbeitern das Klima verschlechtern kann, bestätigen Eindrücke, die man etwa aus den Finanzplätzen London oder New York gewinnen kann.

Ein zweites Problemfeld betrifft die für Schweizer Banken typische *internationale Konzernpolitik*. Da werden in regelmässigen Abständen Banken übernommen und in den Konzernverbund integriert, Banken aus der näheren, uns vertrauten Umgebung, aber auch Institute im Ausland, beispielsweise in den USA. Solche Vorgänge bilden Anlass, die eigene etablierte Kultur zu überprüfen, gleichzeitig aber ebenso die neu eingebrachten Kulturen zu erfassen und mit dem Bestehenden zu vergleichen. Die Frage stellt sich, und sie ist nicht leicht zu beantworten, ob solche Kulturvergleiche zwischen integrierten oder übernommenen Firmen Sinn machen, sollte es auschliesslich darum gehen, *Vereinheitlichungen* anzustreben. Wer das versucht, wird erkennen, dass Harmonisierungen innert nützlicher Frist kaum gelingen werden. Fremde Führungskräfte mit völlig anderem Werdegang, vielleicht auch mit anderer Rassenzugehörigkeit, mit anderen Sprach- und Gesellschaftsstrukturen werden über Nacht Mitglieder des Kaders oder der Direktion; Persönlichkeiten, die möglicherweise noch über keine Führungserfahrung in grossen und komplexen Organisationen verfügen. Trotz grosser Anstrengungen stellen viele Banken fest, dass es fast unmöglich wird, die eigene Kultur so darzustellen, wie dies eigentlich notwendig wäre. Offenbar sind auch zu wenig geeignete Massnahmenpakete und Instrumente vorhanden, um neue Mitarbeiter mit *anderer Mentalität* und *Erziehung* «mental richtig an Bord unseres Schiffes zu bringen»[164].

Ebenfalls auf *nationaler Ebene* sind Kulturschübe und -schocks nicht unüblich geworden. Da wird vom Kulturunterschied zwischen der deutsch- und der französischsprachigen Schweiz gesprochen, von den zusätzlichen Besonderheiten des Tessins und der rätoromanischen Schweiz, von den Mentalitätsunterschieden zwischen Ober- und Unterwallis, von den Differenzen zwischen den Kantonen Bern und Jura, von der Tatsache, dass man in manchen Dingen in der Waadt anders denkt und fühlt als im nahegelegenen und gleichsprachigen Genf. Bankbetriebswirtschaftlich notwendige organisatorische Umstellungen führen dann zusätzlich dazu, dass etablierte regionale Verhältnisse erschüttert werden, etwa als Folge einer neuen Geschäftspartengliederung oder einer Restrukturierung der unterstützenden logistischen Dienste. Dies alles spricht noch lange nicht gegen die Notwendigkeit des Aufbaus und der Pflege einer Unternehmenskultur. *Falsch* aber müsste es sein, eine kulturelle *Uniformierung* anzustreben und zu übersehen, wie sehr wir uns im eigenen Lande im grundsätzlichen Denken, Handeln und Verhalten unterscheiden. Wir leben in einer *multikulturellen* nationalen und internationalen Welt, die nicht über einen Leisten zu schlagen sein wird. Wir müssen vielmehr lernen, miteinander zu kommunizieren, in Toleranz die kulturelle Vielfalt und damit den Kulturföderalismus zu akzeptieren, der ja nicht nur belastet, sondern in nicht minderem Masse bereichert. Dabei dürfen gleichfalls in den bankgeschäftlichen Abläufen keine unklaren Situationen entstehen. Die interne Schulung kann hier dazu beitragen, zu gemeinsamen beruflichen Normen zu gelangen, zusammen mit den übrigen Anstrengungen im Bereiche des *Management Developments*.

Mit diesen Darlegungen soll angedeutet werden, dass strenge Vereinheitlichung der Kulturen nicht unbedingt erstrebenswert sein muss. Uniformierung ist im Staate nicht erwünscht, ebensowenig in grossen nationalen und internationalen betrieblichen Organisationen. Selbst innerhalb einer grossen Niederlassung, einer Filiale, spielt dieses Kulturverständnis nur bedingt. Die Kultur eines Devisen-, Derivate- oder Börsenhändlers wird sich stets von jener des Kredit- oder Zahlungsverkehrsspezialisten unterscheiden, und die Logistiker in der Bank, die Fachleute im Rechnungswesen, in der Liegenschaftenverwaltung, im Hausdienst, in der Informatik und im Personaldienst, denken und fühlen anders als die Front-Vertreter mit ihrem Druck zur Umsatz- und Gewinnerzielung. Solche funktions- und ebenenbezogenen Subkulturen sind unter Umständen zu begrüssen, weil sie, geprägt durch die dort arbeitenden Menschen und die Art der zu

---

164 Brüderli, Hanspeter: Unternehmenskultur Schweizerischer Bankverein, Referat vom 7. Juni 1993; (unveröffentlicht).

verrichtenden Tätigkeiten, eine bestmögliche Aufgabenerfüllung garantieren. Vielleicht liegt das Geheimnis bei der Schaffung einer Unternehmenskultur darin, die Vielfalt existierender Kulturen zu erkennen, sie mit Freude zu akzeptieren, die im Bankbetrieb tätigen Menschen aber dennoch dazu zu bringen, sich für gemeinsam akzeptierte Ziele zu verpflichten.

Literaturverzeichnis

Aellen, Marcel: Die Gewähr für eine einwandfreie Geschäftstätigkeit; Bankwirtschaftliche Forschungen, Band 123; Bern, Stuttgart 1990.

Altherr, Walter: Informatik-Controlling und Informationsmanagement; in: Informatik-Controlling im Bank- und Kreditwesen, Tagungsdokumentation UNISYS; Zürich 1991.

Auckenthaler, Christoph; Kilgus, Ernst; Volkart, Rudolf: Vorlesungen zur Bankbetriebswirtschaftslehre, gehalten an der Wirtschaftswissenschaftlichen Fakultät der Universität Zürich; Winter-Semester 1993/94, unveröffentlicht.

Barell, Gabriel: Bewährungskontrollen von Assessment Centern mittels testtheoretischer Validitätsmodelle; Bern, Berlin, Frankfurt a. M. 1992.

Bericht der Expertenkommission zur Revision Art. 23 - 25 VBaG; Verordnung zu den Rechnungslegungsvorschriften; Bern 1994.

Boemle, Max: Die Bedeutung des Anhangs für die Rechnungslegung der Banken; in: Gehrig, Bruno; Schwander, Ivo: Banken und Bankrecht im Wandel; Zürich 1993.

Bramsemann, Rainer: Entwicklung und Zukunft des Controllers; München, Wien 1978.

Brealey, Richard A.; Myers, Stewart C.: Principles of corporate finance; New York 1991.

Breyer, Richard: Die Informationsversorgung marktorientierter Topmanager; Schriftenreihe des Instituts für betriebswirtschaftliche Forschung der Universität Zürich, Band 69; Bern 1992.

Brüderli, Hanspeter: Unternehmenskultur Schweizerischer Bankverein, Referat vom 7. Juni 1993; Basel 1993, unveröffentlicht.

Brunner, Christoph: Bankübernahmen in der Schweiz; Bank- und finanzwirtschaftliche Forschungen, Band 186; Bern, Stuttgart, Wien 1994.

Brunner, Christoph; Gysler, Thomas; Muffler, Jürg: Informatik und Telekommunikation; in: Lehrmittel «Die Bank - Unternehmung im Spannungsfeld ihrer Märkte» (in Vorbereitung).

Bühler, Wilhelm: Modelltypen der Aufbauorganisation von Kreditinstituten; in: von Stein, Johann H.; Terrahe, Jürgen (Hrsg.): Handbuch Bankorganisation; Wiesbaden 1991.

Bult, Adrian; Furegati, René; Stüssi, Mathias: Wozu Informatik in Schweizer Banken; Publikation der IBM Schweiz, 2. Auflage; Zürich 1992.

Chorafas, Dimitris; Steinmann, Heinrich: Expert Systems in Banking; London 1991.

Cole, Leonard: Cost analysis and control in banks; Boston 1985.

Die Bibel, Altes und Neues Testament, Einheitsübersetzung; Freiburg im Breisgau, Basel, Wien 1980.

Duden Informatik; Dudenverlag, 2. Auflage; Mannheim, Wien, Zürich 1989.

Eidgenössische Bankenkommission: Jahresbericht 1990; Bern 1991.

Eidgenössische Bankenkommission: Sammlung der erlassenen Rundschreiben; Bern o.J.

Erne, Victor: Die Angst des Managers vor dem Dialog, Innerbetriebliche Kommunikation als strategischer Erfolgsfaktor; in: Neue Zürcher Zeitung: Separatdruck vom 3. Dezember 1991.

Erne, Victor: Struktur- und Wertewandel: neue Herausforderung an das Management und die Personalarbeit; Vortrag im Rahmen der «Swiss Banking School», gehalten am 25. August 1993 in Genf, unveröffentlicht.

Fischer, Rudolf: Bankbudgetierung; Bankwirtschaftliche Forschungen, Band 64; Bern, Stuttgart 1980.

Gehrig, Bruno: Ausserbilanz-Klumpenrisiken begrenzen; in: Schweizer Bank; 4/1993.

Gehrig, Bruno: Strategische Alternativen von Kantonalbanken; in: Finanzmarkt und Portfoliomanagement; 4/1993.

Gluck, Frederick W.; Kaufmann, Stephen P.; Walleck, Steven A.: The Four Phases of Strategic Management; in: The Journal of Business Strategy; 3/2, 1982.

Graf, Rolf: Eckpunkte eines kreditpolitischen Gesamtkonzeptes, Dokumentation zum Referat anlässlich einer Tagung des Instituts für schweizerisches Bankwesen der Universität Zürich vom 4. März 1994.

Group of Thirty: Derivatives: Practices and Principles; 1993. Zusammenfassung in: Schweizer Bank; 11/1993.

Gysler, Thomas: Informatik-Controlling im Bankbetrieb; Zürcher Dissertation am Institut für schweizerisches Bankwesen (in Vorbereitung).

Haas, David: Informations- und Kommunikationssysteme, Mittel zur Problemlösung im Bankbetrieb; Bank- und finanzwirtschaftliche Forschungen, Band 146; Bern, Stuttgart 1991.

Hahn, Dietger: Stand und Entwicklungstendenzen der strategischen Planung; in: Hahn, Dietger; Taylor, Bernhard (Hrsg.): Strategische Unternehmungsplanung/ Strategische Unternehmungsführung, 6. Auflage; Heidelberg 1992.

Hax, Arnoldo C.; Majluf, Nicolas S.: Strategisches Management, ein integratives Konzept aus dem MIT; Frankfurt, New York 1991.

Heinen, Edmund: Industriebetriebslehre - Entscheidungen im Industriebetrieb, 7. Auflage; Wiesbaden 1983.

Hinterhuber, Hans H.: Strategische Unternehmungsführung, Band 1, 5. Auflage; Berlin, New York 1992.

Hirszowicz, Christine: Schweizerische Bankpolitik; Bank- und finanzwirtschaftliche Forschungen, Band 78, 3. Auflage; Bern, Stuttgart, Wien 1993.

Huschke, Hubert: Der Einsatz neuerer EDV-Techniken für die Bereitstellung von Führungsinformationen; in: Dienste-Sondernummer der SBG; September 1985.

Institut für schweizerisches Bankwesen an der Universität Zürich: Die Banken im Urteil ihrer Kunden; in: Schweizer Bank; 10/1990.

Institut für schweizerisches Bankwesen an der Universität Zürich: Studie über Faktoren der Lebensqualität; Winter-Semester 1980/81.

Institut für Weiterbildung und Persönlichkeitsentwicklung (IWP AG): Konflikte als Chance - Konfliktmanagement, Werkzeug für Führungskräfte; Männedorf 1993.

Kaeser, Walter: Controlling im Bankbetrieb; Bankwirtschaftliche Forschungen, Band 71; Bern, Stuttgart 1981.

Käfer, Karl: Die kaufmännische Buchführung, Berner Kommentar zum schweizerischen Privatrecht, 2. Lieferung; Bern 1976 und 1980.

Käfer, Karl: Rechnungswesen der Unternehmung; in: Handbuch der Schweizerischen Volkswirtschaft, Band II; Bern 1955.

Kilgus, Ernst: Das Rechnungswesen im Dienste der Unternehmungsführung, Mitteilungen aus dem Handelswissenschaftlichen Seminar der Universität Zürich, Heft 130; Zürich 1968.

Kilgus, Ernst: Die Grossbanken - Eine Analyse unter den Aspekten von Macht und Recht; Bankwirtschaftliche Forschungen, Band 53; Bern, Stuttgart 1979.

Kilgus, Ernst: Grundlagen der Strukturgestaltung von Banken; Bank- und finanzwirtschaftliche Forschungen, Band 154; Bern, Stuttgart, Wien 1992.

Kilgus, Ernst; Hirszowicz, Christine: Der Finanzplatz Schweiz im Spannungsfeld der internationalen Entwicklungen; Bank- und finanzwirtschaftliche Forschungen, Band 138; Bern, Stuttgart 1991.

Kilgus, Ernst: Unvermeidliche Restrukturierungen?, Betrachtungen zur Schweizer Bankenszene; in: Neue Zürcher Zeitung; 9. März 1993.

Kilgus, Ernst: Vorlesung «Bankbetriebswirtschaftslehre», gehalten an der Universität Zürich; Winter-Semester 1993/94, unveröffentlicht.

Kilgus, Ernst: Vorlesung «Führung und Organisation der Bank»; Winter-Semester 1993/94, unveröffentlicht.

Kilgus, Ernst: Zur Führung von Banken; in: Krulis-Randa, Jan S.; Staffelbach, Bruno; Wehrli, Hans Peter (Hrsg.): Führen von Organisationen, Festschrift zum 60. Geburtstag von Edwin Rühli; Bern, Stuttgart, Wien 1993.

Kreikebaum, Hartmut; Herbert, Klaus-J.: Humanisierung der Arbeit, 2. Auflage; Wiesbaden 1988.

Lattmann, Charles: Die verhaltenswissenschaftlichen Grundlagen der Führung des Mitarbeiters; Bern, Stuttgart 1982.

Leichsenring, Hansjörg: Führungsinformationssysteme in Banken; Wiesbaden 1990.

Lengwiler, Christoph: Kooperation als bankbetriebliche Strategie; Bank- und finanzwirtschaftliche Forschungen, Band 108; Bern, Stuttgart 1988.

Leu, Robert E.; Gemperle, Albert; Haas, Manuel; Spycher, Stefan: Privatisierung auf kantonaler und kommunaler Ebene; Bern, Stuttgart, Wien 1993.

Lutz, Karin: Das Personalkonzept der Bank; Zürcher Dissertation am Institut für schweizerisches Bankwesen (in Vorbereitung).

Mabberley, Julie: Activity-based Costing in Financial Institutions; London 1992.

Meyer, Conrad: Die Bankbilanz als finanzielles Führungsinstrument; Bank- und finanzwirtschaftliche Forschungen, Band 96, 3. Auflage; Bern, Stuttgart 1991.

Meyer, Conrad: Prozesskostenrechnung - eine aktuelle Standortbestimmung; in: Der Schweizer Treuhänder; 12/1993.

Meyers grosses Taschen-Lexikon: Band 23; Mannheim, Wien, Zürich 1987.

Mintzberg, Henry: Mintzberg über Management - Führung und Organisation, Mythos und Realität; Wiesbaden 1991.

Mittaz, Anette: Die Profit Center-Konzeption und -Rechnung in Grossbanken; Dissertation, Zürich 1993.

Mittaz, Jean-Pierre: Reporting im Bankkonzern; Information der Öffentlichkeit und des Verwaltungsrates; Bank- und finanzwirtschaftliche Forschungen, Band 166; Bern, Stuttgart, Wien 1993.

Murdick, R.: Management Information Systems, Concepts and Design; New Jersey 1980.

Passardi, Adriano: Bank-Management und Bank-Kostenrechnung; Bank- und finanzwirtschaftliche Forschungen, Band 148; Bern, Stuttgart 1991.

Peters, Thomas J.; Waterman, Robert H.: Auf der Suche nach Spitzenleistungen, 14. Auflage; Landsberg am Lech 1991.

Picot, Arnold; Reichwald, Ralf: Informationswirtschaft; in: Heinen, Edmund: Industriebetriebslehre - Entscheidungen im Industriebetrieb; 9. Auflage; Wiesbaden 1991.

Porter, Michael E.: Wettbewerbsstrategie; 7. Auflage; Frankfurt a. M., New York 1992.

Pümpin, Cuno; Kobi, Jean-Marcel; Wüthrich, Hans A.: Unternehmenskultur, Basis strategischer Profilierung erfolgreicher Unternehmen; in: Die Orientierung, Nr. 85, Publikation der Schweizerischen Volksbank; Bern 1985.

Rühli, Edwin: Strategische Unternehmungsführung heute; in: Rühli, Edwin (Hrsg.): Strategisches Management in schweizerischen Industrie-Unternehmungen; Bern, Stuttgart 1989.

Rühli, Edwin: Unternehmungsführung und Unternehmungspolitik, Band 1 - 3; Bern, Stuttgart, Wien 1985, 1988 und 1993.

Saluz, René: Kosten- und Erlösmanagement im Bankbetrieb mittels Profit Center; Bank- und finanzwirtschaftliche Forschungen, Band 169; Bern, Stuttgart, Wien 1993.

Saunders, Anthony: Financial Institutions Management; Boston, Sidney 1994.

Schaub, Vera: Konzernpolitik im Schweizer Bankbereich; Bank- und finanzwirtschaftliche Forschungen, Band 159; Bern, Stuttgart, Wien 1992.

Scheuermann, Johannes: Kontrolle und Revision; in: Enzyklopädisches Lexikon für das Geld-, Bank- und Börsenwesen, Band II, 3. Auflage; Frankfurt 1967/68.

Schierenbeck, Henner: Ertragsorientiertes Bankmanagement; Wiesbaden 1991.

Schmidt, Götz: Organisation im Bankbetrieb; Giessen 1987.

Schwarz, Horst: Betriebsorganisation als Führungsaufgabe; 9. Auflage; Landsberg am Lech 1983.

Schweizerische Nationalbank: Das schweizerische Bankwesen im Jahre 1992; Zürich 1993.

Singer, Brigitte: Aspekte der strategischen Bankplanung; Zürcher Dissertation am Institut für schweizerisches Bankwesen (in Vorbereitung).

Smith, Roy C.; Walter, Ingo: Global Financial Services; New York 1990.

Spillmann, Martin: Führungsinstrumente im Zinsgeschäft der Banken; Bankwirtschaftliche Forschungen, Band 128; Bern, Stuttgart 1990.

Spremann, Klaus: Investition und Finanzierung; München, Wien 1991.

Staehle, Wolfgang: Management; München 1991.

Steiner, Thomas D.; Teixeira, Diogo B.: Technology in Banking - Creating Value and Destroying Profits; Homewood 1990.

Steinmann, Heinrich: Referat zum Planungssystem der Schweizerischen Bankgesellschaft, gehalten an der Swiss Banking School; 1992, unveröffentlicht.

Steinmann, Heinrich: Schweizerische Bankgesellschaft - Dokumentation zuhanden der Swiss Banking School; 1992, unveröffentlicht.

Stüssi, Mathias G.: Aspekte der Informatikstrategie von Banken; Publikation der Swiss Banking School, Heft 60; Bern, Stuttgart, Wien 1992.

Süchting, Joachim: Verrechnungspreise im Bankbetrieb; in: Krumnow, Jürgen; Metz, Matthias (Hrsg.): Rechnungswesen im Dienste der Bankpolitik; Stuttgart 1987.

Sulzberger, Markus: Referat zur strategischen Planung, gehalten an der Swiss Banking School; 1993, unveröffentlicht.

Swiss Banking School: Kursprogramm; Zürich 1994.

Tschirky, Hans: Technologie-Management - ein unterschätzter Erfolgsfaktor; in: Tschirky, Hans (Hrsg.): Technologie-Management; Zürich 1990.

Tzermias, Nikos: Boom am Markt derivativer Finanzinstrumente - Heikles Risikomanagement der Banken und Broker?; in: Neue Zürcher Zeitung; 26./27. Juni 1993.

Ulrich, Hans: Die Unternehmung als produktives soziales System - Grundlagen der allgemeinen Unternehmungslehre, Unternehmung und Unternehmungsführung, Band 1; Bern, Stuttgart 1968.

Vettiger, Thomas: Wertorientiertes Controlling im Bankkonzern; Zürcher Dissertation am Institut für schweizerisches Bankwesen (in Vorbereitung).

Walter, Ingo: Profile of a high-performance wholesale Banker; 1993 (Arbeitspapier, unveröffentlicht).

Weber, Jürgen: Einführung in das Controlling; Sammlung Poeschel, Band 133, 4. Auflage; Stuttgart 1993.

Weinert, Ansfried B.: Einfluss der Organisationsstruktur auf betrieblichen Stress; in: Industrielle Organisation, Heft 11; Zürich 1974.

Welge, Martin: Unternehmungsführung - Controlling; Stuttgart 1988.

Wittmann, Waldemar: Unternehmung und unvollkommene Information; Köln, Opladen 1959.

Wuffli, Peter A.; Hunt, David A.: Fixing the credit problem; in: The McKinsey Quarterly; 2/1993.

Zehnder, Carl August: Informatik-Projektentwicklung; 2. Auflage; Zürich, Stuttgart 1991.

Zenhäusern, Markus; Bertschinger, Peter: Konzernrechnungslegung; Schriftenreihe der Schweizerischen Treuhandkammer, Band 117; Zürich 1993.

Zimmermann, Heinz: Derivative Instrumente und Marktliquidität; in: Neue Zürcher Zeitung: Beilage Derivative Finanzinstrumente; 26. Oktober 1993.

Zobrist, Rudolf: Aspekte der Filialführung mittlerer Banken; Bank- und finanzwirtschaftliche Forschungen, Band 141; Bern, Stuttgart 1991.

Zünd, André: Revisionslehre; Zürich 1982.

Abkürzungsverzeichnis

Abs.	Absatz
Abt.	Abteilung
AC	Assessment Center
AG	Aktiengesellschaft
ALCO	Asset and Liability Committee
ARS	Account-Report-System
Art.	Artikel
ATM	Automated Teller Machine
BaG	Bundesgesetz über die Banken und Sparkassen vom 8. November 1934
BAK	Bundesamt für Konjunkturfragen
BCG	Boston Consulting Group
BdBSt	Bundesbeschluss über die Erhebung der direkten Bundessteuer vom 9. Dezember 1940
BIP	Bruttoinlandprodukt
BIZ	Bank für Internationalen Zahlungsausgleich
bzw.	beziehungsweise
CAP	Customers/Arenas/Products-Approach
CIF	Customer Information File
CIM	Computer Integrated Manufacturing
CM&T	Capital Markets and Treasury
CMIS	Computerunterstütztes Management-Informations-System
CMM-Unit	Convertible Money Market Unit
COMECON	Council for Mutual Economic Assistance
CS	Crédit Suisse
CSIS	Crédit Suisse Information Services
d.h.	das heisst
DAT	Datenträgerapplikation
DBG	Bundesgesetz über die direkte Bundessteuer vom 14. Dezember 1990
Diss.	Dissertation
DSS	Decision Support System
E-Mail	Elektronische Post
EBK	Eidgenössische Bankenkommission
EBS	Elektronische Börse Schweiz
ec	eurocheques
EDI	Electronic Data Interchange
EDV	Elektronische Datenverarbeitung
EFTA	European Free Trade Association
EFTPOS	Electronic Funds Transfer at Point of Sale

EG	Europäische Gemeinschaft
ER	Erfolgsrechnung
etc.	et cetera
EU	Europäische Union
EWR	Europäischer Wirtschaftsraum
f./ff.	folgende
finanz.	finanziell
FW	Fremdwährung
GUS	Gemeinschaft Unabhängiger Staaten
GWA	Gemeinkosten-Wert-Analyse
Hrsg.	Herausgeber
i.d.R.	in der Regel
i.e.S.	im engeren Sinn
IDA	International Development Agency
liqu.	liquid
lit.	litera
LSV	Lastschriftverfahren
MA	Marktanteil
MBA	Master of Business Administration
MD	Management Development
MIS	Management-Informations-System
MIT	Massachussetts Institute of Technology
NAFTA	North American Free Trade Association
NBG	Nationalbankgesetz vom 23. Dezember 1953
Niederl.	Niederlassung
o.J.	ohne Jahr
OECD	Organization for Economic Cooperation and Development
OEF	Office fédéral des questions conjoncturelles
OR	Bundesgesetz über das Obligationenrecht vom 30. März 1911/ 18. Dezember 1936
org.	organisatorisch
OTC	Over the Counter
PC	Personal Computer
PIS	Personal-Informations-System
POS	Point of Sale
PR	Public Relations
PTT	Post, Telefon, Telegraf
ROE	Return On Equity
S.	Seite
SBG	Schweizerische Bankgesellschaft
SBV	Schweizerischer Bankverein
SBVg	Schweizerische Bankiervereinigung

SEGA	Schweizerische Effekten-Giro AG
SEP	Strategische Erfolgsposition
SGF	Strategisches Geschäftsfeld
SIC	Swiss Interbank Clearing
SKA	Schweizerische Kreditanstalt
SNB	Schweizerische Nationalbank
SOFFEX	Swiss Options and Financial Futures Exchange AG
sog.	sogenannt
SWOT-Matrix	Strengths/Weaknesses/Opportunities/Threats-Matrix
techn.	technisch
TG	Tochtergesellschaft
TQM	Total Quality Management
u.a.	unter anderem
UdSSR	Union der Sozialistischen Sowjetrepubliken
UE	Unternehmungsentwicklung
UF	unterstützende Funktion
US	United States
USA	United States of America
usw.	und so weiter
v.a.	vor allem
VBaG	Verordnung zum Bundesgesetz über die Banken und Sparkassen vom 17. Mai 1972
vgl.	vergleiche
Vorb.	Vorbereitung
VR	Verwaltungsrat
VSC-Index	Vontobel Swiss Small Companies Index
WS	Winter-Semester
z.B.	zum Beispiel
z.T.	zum Teil

Stichwortverzeichnis

Prof. Dr. Christine Hirszowicz

Schweizerische Bankpolitik

«Bank- und finanzwirtschaftliche Forschungen» Band 78

3., vollständig überarbeitete Auflage

588 Seiten, 86 Abbildungen
gebunden Fr. 86.– / DM 96.– / öS 749.–
ISBN 3-258-04374-4

Bankpolitik vollzieht sich in einem Spannungsverhältnis zwischen Staat, Zentralbank, Wirtschaftsverbänden, Gewerkschaften, politischen Parteien und den Geschäftsbanken.
Dieses Buch bringt die bankpolitischen Aktivitäten dieser wichtigsten Träger zur Darstellung. Dieses Buch spricht die Bankpraktiker/innen, die Bankrevisor/innen sowie all diejenigen Personen an, die die Bank und ihre Umwelt in den grösseren Zusammenhängen besser kennenlernen wollen. Der/die engagierte Staatsbürger/in findet in diesem Buch eine leicht verständliche Schilderung der komplexen Zusammenhänge eines der wichtigsten Zweige der schweizerischen Wirtschaft.

Bisher ist kein schweizerisches Werk bekannt, das in so umfassender und konziser Weise das Gebiet der Bankpolitik zur Darstellung bringt.

Haupt

Dr. Christoph Auckenthaler

Theorie und Praxis des modernen Portfolio-Managements

«Bank- und finanzwirtschaftliche Forschungen» Band 135

2., vollständig überarbeitete Auflage
(Titel der 1. Auflage: «Trust Banking»)

433 Seiten, viele Grafiken
gebunden Fr. 84.– / DM 94.– / öS 733.–
ISBN 3-258-04971-8

Das traditionelle Portefeuille-Management und die moderne Portfolio-Theorie werden in einer umfassenden Übersicht dargestellt und beurteilt. Der Autor zeigt einen möglichen Weg, die moderne Portfolio-Theorie in die Praxis umzusetzen.

Haupt

Prof. Dr. Conrad Meyer

Die Bankbilanz als finanzielles Führungsinstrument

«Bank- und finanzwirtschaftliche Forschungen» Band 96

3., vollständig überarbeitete Auflage

510 Seiten, 120 Abbildungen
gebunden Fr. 84.– / DM 101.– / öS 788.–
ISBN 3-258-04496-1

In jüngster Zeit steht die Bankbilanz einmal mehr im Brennpunkt der bankbetriebswirtschaftlichen Analyse. Fragen bezüglich Liquiditätssteuerung, Regelung der Eigenmittel, konsolidierte Betrachtungen oder der Risikopolitik der Bank haben in Anbetracht der immer komplexer werdenden Rahmenbedingungen zur Bilanzpolitik eine zentrale Bedeutung erlangt. Mit seiner Publikation gelingt es dem Autor, diese Einflussfaktoren auf die Bankbilanz in anschaulicher und praxisgerechter Art zu einem Ganzen zusammenzuführen.

Haupt

Prof. Dr. Ernst Kilgus (Hrsg.)

Bank Management Development

Zur Entwicklung von Führungskräften für Banken

«Bank- und finanzwirtschaftliche Forschungen» Band 174

265 Seiten, 62 Grafiken
gebunden Fr. 48.– / DM 54.– / öS 421.–
ISBN 3-258-04862-2

Prof. Dr. Ernst Kilgus

Grundlagen der Strukturgestaltung von Banken

«Bank- und finanzwirtschaftliche Forschungen» Band 154

75 Seiten, 10 Abbildungen
kartoniert Fr. 24.– / DM 28.– / öS 219.–
ISBN 3-258-04614-X

Haupt